北京市长安公证处
BEIJING CHANGAN NOTARY PUBLIC OFFICE

公证论谭

——纪念《公证法》颁布十周年文集

北京市长安公证处 编

法律出版社
LAW PRESS·CHINA

序一

2015年9月12日，为纪念《公证法》颁布10周年，北京市长安公证处在京举办“十年足迹见证成长——《公证法》十周年回顾与展望”主题学术讲坛。北京市长安公证处的公证讲坛活动至今已经举办了三届，在他们的精心筹备组织下，此次活动邀请了全国人大常委会法工委、最高人民法院、司法部有关领导和国内知名法学专家等作为嘉宾，与全国各地参会的公证界代表进行了深入的沟通和交流，成果突出，影响长远，讲坛获得了圆满成功。作为中国公证协会会长，我全程出席了此次主题学术讲坛，聆听了业内外专家的发言，印象深刻，感悟良多。如今，欣闻北京市长安公证处将此次讲坛的参会论文集结成册，把讲坛的活动成果跟社会各界分享，值得肯定，特为此文集作序寄言。

自20世纪80年代公证制度恢复重建以来，尤其是《公证法》颁布实施以来，全国公证行业深入贯彻落实《公证法》，奋力进取、攻坚克难，公证事业取得了长足的发展。过去的一年，各地公证协会认真贯彻落实中央决策部署，按照司法部工作要求，认真贯彻落实全国公证工作会议精神，积极推进公证工作服务经济社会发展，公证制度替代诉讼、预防社会矛盾纠纷、提高公民法律素养、扩大对外开放的法律制度作用日益凸显，公证事业呈现了良好发展态势。作为规范和促进公证事业发展的基本法律保障，《公证法》的地位和作用自不待言。在新的历史条件和形势下，党和国家对公证工作提出了新任务、新要求。全国公证行业深入贯彻落实中央决策精神和司法部工作部署，以纪念《公证法》为契机，总结得失，把握趋势，进一步提高使命感、责任感，为服务“四个全面”战略布局作出贡献，具有十分重要的历史意义和现实意义。此次学术讲坛邀请诸多业外人士和法学专家，与公证行业进行讨论和交流，精彩纷呈、亮点颇多，可谓是公证行业提升自我的一次有益尝试，在一定程度上扩大了对公证制度的认知。

北京市公证行业是中国公证事业发展的缩影，也是全国公证工作的排头兵。长期以来，包括北京市长安公证处在内的北京公证行业在服务首都经济建设与社会稳定、服务对外开放和国际交流等方面取得了显著成绩，在服务党和国家工作大局、拓展业务领域、提高公证质量以及公证队伍建设、公证理论研究和行业宣传等方面都走在全国前列。

近年来，北京市长安公证处在保持业务较快增长的同时，进一步加强质量监督、服务规范方面的制度建设，注重学习型、研究型公证队伍的培养和建设，采取业务沙龙、专家授课、在高校开设公证法课程、协助主管部门向立法机关提出行业建议等形式，大力提升公证队伍综合素质，努力扩大公证社会影响力，为行业的发展贡献了一份力量。

探索无止境，公证实践常青。全国公证行业以不同方式举行的纪念《公证法》颁布10周年活动，为中国公证事业的发展起到了提振鼓劲的重要作用。当前，我国正进入全面建成小康社会决胜阶段，我们要进一步贯彻落实《公证法》，找准公证工作服务“十三五”经济社会发展的立足点和着力点，更好发挥公证工作职能作用，进一步健全完善中国特色社会主义公证制度，努力把公证事业发展推向新阶段，为协调推进“四个全面”战略布局做出新的贡献。

中国公证协会会长 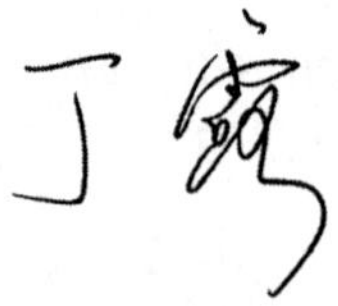

2016年3月21日

序二

2005年《公证法》颁布实施以来，首都公证行业走过了辉煌10年。10年来，首都公证行业坚持“法德并举、秉持正义、诚信执业”阔步前行，行业建设更加规范、服务全局更加高效、执业公信力显著增强，特别是公证业务量突破百万，为首都经济快速发展、社会和谐稳定做出了卓越贡献。奥运会举办、国庆60周年庆典等国家重大活动，旧城改造动迁、农村土地承包等首都大事小情，居民房产交易、遗嘱继承、出国留学旅游等个人民生事项，都蕴含着公证人员的敬业奉献和辛勤汗水。

随着法治国家、法治政府、法治社会一体建设的加速推进，广大市民对公证的认识愈益全面深入，审判机关对公证这一法律证据愈发重视，各行各业借助公证维护权益、预防纠纷的习惯愈加自觉。这一可喜局面的形成，得益于《公证法》的保驾护航，得益于公证行业高质量的专业服务，更得益于首都全体公证从业人员的艰辛付出和执着追求。

为纪念《公证法》颁布10周年，北京市长安公证处举办“长安公证讲坛”，邀请司法同人、专家学者以及行业内的有识之士同台交流，海纳百川、博采众长，将公证研究工作推向新的高度。如今，北京市长安公证处把讲坛上部分专家学者的观点连同本处公证人员的优秀调研成果一道编辑出版，是对这一时期法律工作者关于公证工作研究成果的总结汇集，是对这一时期公证人所思所想的真实记录，更是对这一时期首都公证事业实践经验的升华提升。

从历史中汲取营养，从实践中获得提高，从交流中产生共鸣。希望本书能够发挥借鉴参考作用，并以此为起点，续写首都公证事业的华美篇章。

是为序。

北京市司法局局长

2016年3月19日

序三

2015年10月，在《公证法》颁布10周年之际，北京市长安公证处举办了主题为“十年足迹见证成长——《公证法》十周年回顾与展望”的第三届“长安公证讲坛”。由衷感谢关心、支持和参加本次活动的各位领导、理论和实务界的专家学者、祖国各地的公证同人；感谢长安公证处的同事们，正是他们的辛勤付出，才有了我们眼前的这本文集。文集出版的时间，恰逢《公证法》实施10周年。一次学术讲坛，一本论文集，谨以此作为我们对《公证法》颁布和实施10周年的纪念和献礼。

《公证法》的颁布和实施，在中国公证的历史上，是一件具有里程碑意义的大事件。新中国的公证事业，发轫于新中国成立之前中共建立的东北民主政权时代，重建于拨乱反正的改革开放初期，繁盛于《公证法》颁行至今的“黄金十年”。在这10年里，中国公证以前所未有的鲜明形象进入公众的视野，公证业务量大幅增长，公证队伍素质明显改善，公证业务领域不断扩展，公证机构的生存能力和发展能力普遍提高，公证人的职业自信和职业自豪感显著增强。公证事业日趋成熟、渐入佳境。总结10年经验，检视10年得失，承前启后，继往开来，让中国公证事业在下一个10年更上一层楼，是中国公证人共同的心声。举办这次讲坛，出版这本文集，主要想表达的，就是这样一种心声。

这本文集的前半部分是参加讲坛活动的专家学者和业内同人提交的论文或演讲记录整理稿，后半部分选自《公证法》颁布以来长安公证处同人在各专业刊物上发表的文章。这些文字，或宏旨大义，诸如公证在现代国家治理体系中的定位、公证发展规律和改革方向等，高屋建瓴；或抉隐发微，举凡电子数据保全证据业务、婚姻财产约定公证等，管中窥豹。这其中行业外专家学者可能由于超脱于职业身份和具体业务，所以观察角度和分析方法与业内研究者差异较大，为业内同人开阔视野、调整视角提供了很好的参照。而业内同人由于长期浸淫和亲身体验，所以提出问题每每具体而微、解决方案往往直击要害，为业外专家深入了解、深化研究提供了现实的材料。

本文集的主题是“十年成长”——“十年足迹见证成长”。成长是令人喜悦的，成长意味着希望，意味着光明的前景。但与成长相伴的，一定有成长的烦恼、困惑和痛苦。如公证体制，20世纪90年代司法部开始在有条件的地方推行公证机构事业制改革，在一定程度上恢复了公证作为法律专业服务、公证人作为职业法律人的本质属性，激发了公证人员的积极性和创造力，推动了公证机构走向自负盈亏、自我积累的良性发展轨道，满足了社会公众日益增长的公证服务需求，为公证法实施后公证行业的加速发展奠定了较为厚实的基础。但作为一种过渡性制度安排，中央已明确提出要大力改革事业体制，甄别职能，或予裁撤，或回归政府行政序列，或转为企业制，只留必要少数作为公共财政支持的公益机构。作为公证机构主体的事业制公证处，在发展中也确实遭遇了"左右为难、两头不沾"的困境，体制红利消失，激励作用衰减，可持续发展的能力和意愿都越来越弱化。但这种问题都是成长中的问题，相信随着各项改革的推进，随着公证事业的成长，这些问题终会解决。

公证行业是个小行业，北京市的执业公证员只有 310 人，从业人员近千人；全国有 13,000 多执业公证员，所有从业人员加起来也不过 3 万多人。因为这个行业太小了，很难吸引法学家们的目光，涉及公证的论文和著作数量确实不多。我们迫切需要法学界和法律事务部门的关注，帮助我们提高，督促我们进步。由于可供我们参照的学术资料太少了，就需要我们行业自身、我们公证同人更多地投入力量，加强研究、促进交流、互学互鉴、取长补短，实现行业的自我提升、自我完善。多年以来，全国各地很多公证机构都把理论研究作为与业务并重的一项工作，来自行业内的研究成果已成为支撑国内公证学术研究的主干，殊为可喜。我们长安公证处在这方面也付出了很大的努力，不少公证员、公证员助理在行业内小有名气，他们刻苦钻研、勤于思考，在完成繁重业务工作的前提下，挤出一切可以利用的时间，发表了不少有质量、有价值的论文。大家眼前的这本文集中，就有他们辛勤耕耘的足迹。

最后，再次向参加第三届"长安公证讲坛"并贡献思想成果的领导、专家学者和业内同人表示感谢。对司法部、中国公证协会、北京市司法局为这次讲坛提供的大力支持，在此一并致以感谢！

北京市长安公证处主任 周志扬

2016 年 3 月 22 日

公证论谭

下篇 长安公证人文选

公证大家谈

2005年,我国第一部《公证法》诞生。它的颁布实施,成为公证制度史上的重要里程碑。10年来,公证行业取得了蓬勃发展,公证员队伍不断壮大,公证业务不断拓展,为维护市场经济秩序、保障和实现公民权益、促进对外开放、加强社会诚信建设做出了重要贡献。经过10年的探索,《公证法》到了需要总结和反思的时候。当下,随着国家治理模式的转变,公证工作注定要适应时代发展的需要。处于十字路口的公证制度下一步将如何前行?

2015年9月12日,为纪念公证法颁布10周年,北京市长安公证处在京举办“十年足迹　见证成长”——《公证法》10年回顾与展望为主题的第三届“长安公证讲坛”。司法部律师公证工作指导司司长周院生、中国公证协会会长丁露、北京市司法局局长于泓源等领导出席会议并致辞。最高人民法院执行局副局长赵晋山、中国政法大学教授李曙光、清华大学教授张卫平、中国人民大学教授陈卫东、中央财经大学教授尹飞、中国人民大学教授王轶、中国人民大学教授刘品新、中国公证协会副会长段伟等嘉宾做了主题发言,中国公证协会秘书长孙艳辉做了总结讲话。200余名来自全国各地公证行业和公证管理机关的同人齐聚一堂,围绕公证的定位、公证法的修改等问题展开研讨,展望了公证制度与公证行业的发展前景。

抓住机遇开创公证工作新局面

周院生*

在各地认真学习贯彻党的十八大和十八届三中、四中全会精神,全面推进依法治国的新形势下,北京市长安公证处以“十年足迹、见证成长”——《公证法》10周年回顾与展望为主题,举办“第三届长安公证讲坛”,对统一思想、振奋精神、凝聚力量,促进公证事业又快、又好发展具有重要意义。

10年前,第十届全国人大常委会第十七次会议审议通过了《公证法》,它的实施标志

* 司法部律师公证工作指导司司长。

着公证制度拥有了自己的基本法。"十年磨一剑",10年来,各级司法行政机关、公证协会贯彻中央关于公证工作的要求,依照《公证法》的规定,制定了公证程序规则等规范;完善了办理继承、强制执行、保全证据等行业指导意见;建立了公证机构内部人员、业务和资产管理制度;健全了公证办理、核实和审批制度。中国特色社会主义公证法律制度体系基本形成,公证工作的法制化、规范化水平进一步提高,公证体制、机制不断健全完善,公证队伍的政治业务素质和服务能力显著提高,服务经济社会发展取得了新成绩。这是公证行业上下内外共同努力的结果。

当前公证工作面临着良好的机遇,党的十八届四中全会对全面推进依法治国作出了重要的部署,对建设完备的法律体系提出了崭新的任务,对发展公证法律服务业和发展公证员队伍提出了明确的要求,为我国公证行业的改革发展开辟了新天地。司法部高度重视公证工作,在2014年召开的全国公证工作会议和2015年召开的司法厅局长会议上,都对公证工作作出了重要部署。吴爱英部长就切实履行公证职责、发挥公证职能作用、做好各类公证服务、探索知识产权公证、发展和规范涉外公证业务、推动落实法定公证制度、发展公证员队伍等方面作出了一系列重要指示,为公证工作建设指明了方向。

希望各省市司法行政机关、公证协会和广大公证员以《公证法》实施10周年为契机,创新工作举措,切实加强监管,全面提升公证质量,扎实工作、奋发进取、努力开创公证工作新局面,推动我国的公证制度朝着更加健全完善、更加成熟定型的方向发展,为协调推进"四个全面"战略布局做出新的更大的贡献。

构建公证与律师的良好合作关系

丁　露*

2005年8月28日,是我国《公证法》颁布的日子,也是中国公证行业每位同人铭记在心的日子。在依法治国的大背景下,公证制度在司法实践中的重要性日益凸显,特别是在信息化时代更为突出。

公证制度是大陆法系的一项专门制度。过去,大陆法系的公证制度与英美法系律师制度呈楚河汉界之势,但近年来,国际公证联盟成立了一个专门的委员会,比较研究两大法系法律制度的异同。那么,中国应该如何构建律师和公证之间的关系呢?

笔者认为,公证员要向律师学习,学习律师群体的专业素养,学习律师的专业构成。目前,很多公证员的学历、专业都不错,但基层公证处的公证员队伍素质还有待提高。因此,基于现状,特别是当下的法治现状,我们有很多需要借鉴律师的地方。无论在传统的公证领域,还是在新型的公证领域中,公证人员都需要和律师有良好的合作关系,特别是在一些新的金融、经济类的案件中,与律师之间的合作十分重要。

* 中国公证协会会长。

集思广益促进公证业长远发展

于泓源*

《公证法》颁布10年来，在指引北京公证行业、服务首都经济社会发展、推进依法治国和维护人民群众合法权益方面发挥了重要的作用，做出了积极的贡献。北京市公证人员在学习新法律、适应新需求的同时，不断加强公证理论的研究，始终孜孜以求，在提升服务质量和深化服务方式等方面取得了新的成果。

当前，司法行政全系统上下正在深入贯彻落实党的十八届四中全会精神。十八届四中全会关于全面推进依法治国若干重大问题的决定，也对公证工作提出了明确要求。公证的职能作用，在于防范风险预防纠纷，在于沟通服务监督，这种制度设计决定了公证工作不能脱离社会经济发展而独立存在，同时不能脱离法治建设的整体进程。因此，公证行业的发展，需要司法行政部门的认可和支持，需要法学专家的参与和帮助，需要其他法律行业的关注协同。长安公证处搭建了一个很好的研究交流平台，希望公证人员能够认真听取意见，利用这次机会，把行业的发展、业务办理、机构建设等过程中遇到的各种问题，与各位专家进行充分的交流，形成研究成果，以全面提升北京公证理论研究的水平，促进公证事业的长远发展。

长安公证处10年办证量攀升近3倍

周志扬**

10年前，我国第一部《公证法》诞生。《公证法》的实施，对完善公证法律制度、规范公证行业、进一步普及和发展公证业务，都具有里程碑的意义。10年来，中国公证行业走过了一条服务内容不断发展，队伍不断壮大，业务量不断增长，服务水平、服务条件、服务质量不断提高，行业管理和自律机制不断完善的道路。公证在维护广大当事人合法权益、预防纠纷、避免诉讼中发挥了重要的作用；在维护经济社会正常运行，保持社会长期稳定与和谐发展上起到了不可替代的价值，成为了社会治理结构、治理体系中不可忽视的重要成员。10年来，北京市长安公证处积极适应新形势和新要求，努力为经济民生和法治建设保驾护航，共办理各类公证事项70万余件，办证数量从2005年的3.8万余件攀升至2014年的11.1万余件。

但是，我们不能忽视现有公证制度以及行业发展中存在的问题和不足，不能对互联

* 北京市司法局局长。

** 北京市长安公证处主任。

网主导的技术变革所引起的行业生态变化视而不见。现在的公证改革又走在十字路口，对于下一步怎么走，我们认为，首先要在理论上厘清公证定位，其次行业规划要更加符合国家治理和社会经济发展需要，更加符合人民群众的需要。立法中有所体现，实践中才能全面落实。

公证应定位为法律服务机构

李曙光*

关于公证的定位，法律将其定义为证明民事法律行为、有法律意义的事实和文书的真实性与合法性的活动。但笔者认为，在市场经济中，特别是处在社会转型期的中国，公证是对信用的背书和担保。

因此，公证实际上应该分为两类：第一类是对于公民个人的信息、组织机构的公共信息的公证。这些信息应该属于公共服务的范畴，应由政府来提供公证服务。比如，个人身份证名字同音不同字、个人身份证丢失或者需要证明个人信息，哪个部门要求开具就应负责到底。第二类就是广泛的商业交易行为。公民在私法行为之间的公证活动，应该由专门的公证机构和公证人来进行。实际上，目前的体制把这两类混淆了。

关于公证机构的定位。如果公证活动分为上述两类，则第一类是免费的，政府应该提供这类公证服务，工商局、公安局在办理公证事项时，应免费不应收费。如果是第二类的私法行为需要担保，并且由公证机构提供担保，那么公证机构就应该是营利机构。公证机构应该定位为市场化的一个机构，应是一个类似法律服务或者就是法律服务机构，它与律师事务所、会计事务所没有任何区别。既然没有什么区别就应是行业设立，就应独立进行公证活动。

公证的主要价值在于预防纠纷

张卫平**

公证体制的改革，涉及一些理念的问题。公证究竟能做什么？公证机构能做什么？目前，我们认为公证活动和公证机构存在的价值主要在于预防纠纷公证能预防纠纷的原因在于所有的纠纷或者是绝大部分的纠纷都和事实争议有关，这也是国家对公证活动和公证机关的职能定位。对于预防纠纷发生，公证要做的就是提供证明。

怎样才能通过确定事实、证明事实来实现预防纠纷这样的功能？那就是将公证机构

---

* 中国政法大学研究生院常务副院长。

** 清华大学法学院教授。

定位为服务机构，提供有对价、权利义务对等的服务。而有服务就有报酬，原因是我们都是一般的人，都是理性人、经济人。

换言之，如果将公证机构回归到国家机关序列，那么公证证明会大量减少。因为，作为一个国家机关公务员的公证员，有固定的收入，还会认真思考提供更好的服务吗？答案是否定的。

有一些人可能会质疑：如果一旦市场化，公证活动就是买卖、交易，就会有欺诈、追逐利益。笔者认为，追逐利益没有什么不好，关键用何种方法进行监管。

另外，程序复杂、不方便群众和强制公证是当前应该解决的两大问题，因此我们需重新修改《公证法》。

关于强制公证的适用范围，需要与公证的理念契合。应让所有人都明白，在某些领域强制性是必要的，就如同汽车驾驶需要系安全带一样。因此，应加大对公证的宣传力度，如果连知识分子对公证都没有太多认识，公证机构还如何为别人提供公证服务。

此外，公证体制要改革，包括公证人员的素质、准入的门槛问题都需要调整。

用虚假手段骗取公证文书或将追究刑责

陈卫东 *

《公证法》实施期间存在一种现象，当事人通过欺诈的手段骗取公证文书，并申请法院通过诉讼、通过执行获取财物。这种情况如何认定、如何打击违法犯罪现象？根据《公证法》的有关规定，申请办理公证的当事人应提供真实合法的材料，否则将承担一定的后果，构成犯罪的要承担刑事责任。在司法实务中，当事人通过提供虚假手段，骗取公证文书的行为是否定罪，刑法并没有明确的规定。但是刚刚通过的《刑法修正案（九）》，给出了一个很好的解决办法。其第35条第1款规定，在《刑法》第307条后增加一款，以捏造的事实提起民事诉讼，妨碍司法秩序或者严重侵害他人合法权益的，处3年以下有期徒刑、拘役或者管制，并处或者单处罚金。这就把多年争议很大的虚假诉讼问题，正式纳入刑法规制，作为一种犯罪的证据。所以，如果当事人提供虚假材料，通过虚假手段骗取公证书，进而通过法院骗取财物的，可以按照虚假诉讼来定罪。如果他骗取的公证文书没有通过法院，则这个罪名不能成立。

对于公证员重大失实行为应否承担刑事责任的问题，直接关系我们每个公证员的切身利益。特别是出现了公证书重大失责的情况，公证员是否要承担法律责任？从立法上看，这样的规定没有任何问题，因为社会的各行各业如果出现重大的失误，导致了严重的后果，都要承担责任。公证员要承担刑事责任，必须同时满足以下三个条件：第一，严重不负责任；第二，文书上出现重大失责事实；第三，造成严重的后果。笔者认为起决定性

* 中国人民大学教授。

作用的是第一个条件，即严重不负责任。因此，公证员要避免承担刑责最重要的是一定要恪尽职守，认真履责，认真完成真实核查的任务。

另外，在依照国家规定应提供身份证明的活动中，使用伪造、编造或者盗用他人居民身份证等法定证件，如果情节严重，可以构成犯罪。这是指使用假证的情形，即“假证真人”。在公证实践中，经常出现“真证假人”现象，而现有法规规范对于“真证假人”现象不能适用。所以要想解决“真证假人”的问题，就有必要对这一规定作出扩大解释。

公证债权文书理应作为执行依据

赵晋山*

从实务角度谈公证债权文书执行，公证文书能够作为执行依据，是对债权实现的一种非常便捷、低成本的方式，所以这种优势也被社会大众越来越认可和接受。从法院受理的公证债权文书执行有关的统计数据也可以看出这一点。2010 年北京市海淀区人民法院受理的公证债权文书执行案件只有 24 件，标的金额为 1.3 亿元；到了 2014 年，受理的数字就达到了 185 件，标的金额为 12 亿元。四年的时间几乎翻了 10 倍。从全国的情况来看，2012 年受理的案件是 2 万件，2014 年已经超过了 2.8 万件，同比增长 25.5%。法院这几年来对公证债权文书执行的支持和认可力度是越来越大，这不仅体现在数据上，更多的是体现在法院理念和制度的变化上，也体现在一些典型案例、案件的办理上。

但是客观来说，我们也感觉到公证债权文书制度应有的作用还没有得到充分发挥。2012 年全国法院受理的公证债权文书执行案件，仅占全国执行案件的 0.76%，2014 年也仅占 0.83%，这从侧面说明了这项制度发挥得还不够。

同时，对公证债权文书制度的监督，应当越来越规范。2015 年民事诉讼法的司法解释，就对裁定不予执行的情形做了列举，但是还不够细致，将来有必要进一步完善。

不动产登记必须公证

尹　飞**

在不动产登记过程中，必须经过公证的根本原因在于，在立法的制度设计上，一方面，《物权法》承认登记是有公信力的，登记是一个确权行为。尤其《物权法》明确了不动产登记簿是物权归属和内容的登记，这就意味着不动产登记应当对引发物权变动的各种法律关系进行实质性的审查。另一方面，登记机关的工作本质是形式审查，《物权法》规

* 最高人民法院执行局副局长。
** 中央财经大学教授。

定了登记机关查验、询问当事人的职责要求，只是在极个别的情况下，才会实际核实当事人提供材料的真实性。所以法律赋予登记机关的职责是形式审查，而且客观上讲，法律也不可能要求其承担实质审查的职责，因为一个行政机关无法判断一个合同的效力，或者判断实际的民事法律关系。更何况目前登记队伍通过司法考试的比率很低，要求他们去进行法律上的实质审查是不可能的。所以唯一比较合理的路径就是引入替代审查机制，公证是作为这个替代审查机制最优选择。

在起草《不动产登记暂行条例》包括其实施细则的过程中，笔者本人也提出了一些想法。最后细分可能涉及物权变动的原因，大致有以下几种情况是必须要通过公证来解决的：第一，自然人处分自己不动产。如果委托他人去办理申请，这时的授权委托书需要进行公证。第二，当事人通过继承或者遗赠取得不动产权时，需要公证。第三，对于亲子关系之外的其他监护关系需要公证确认。第四，法律中经常提到的书面同意，很多时候是放弃权利，这种情况下如果自然人不能到场，也需要公证。

民法典应当保留公证制度

王　轶*

对于公证制度如何引入民法典，早在《物权法》起草的时候就有争议，在当下民法典编撰的过程中，这个争议仍然存在。笔者认为，现行的民商事法律关于公证制度的相关规定，将会在未来的民法典中继续保留下来。

至于强制公证制度会不会写入民法典，或者说民法典应对公证制度做出怎样的回应，笔者认为应结合法律规范类型的多样化做出妥当的回应。如果需要规定强制公证制度，建议可以借助倡导性规范的方式，让公证制度在民法典编撰的过程中，有比较多的体现。其实既有的民商事法律相当重视和关注倡导性规范，它提倡和引导当事人采用特定的模式行为。如果当事人不遵循，将会承担遭受损失的法律后果。

电子公证的挑战和未来

刘品新**

当今时代，是被称为“互联网+”的时代，信息和大数据让每个人的生活都跟网络密切相关。

电子公证是虚拟空间的公证。既要对虚拟空间的证据保全，还需要对虚拟空间的法

* 中国人民大学教授。
** 中国人民大学法学院教授。

律关系进行固定。最近公证遇到很多的挑战，有来自其他企业的挑战，比如说有一些公司已经开始介入电子商务还有其他的案例中证据固定的问题；与此同时高校开始跟一些公司合作，做电子数据固定和提取的改革。司法鉴定也已经直接挑战公证，不仅仅是在做事后的检验鉴定，也有很大一部分比例是在做事前的电子数据保全。

今后公证行业的发展有三个趋势：第一，真正意义上的电子公证出现，由掌握计算机技术、互联网技术的专业公证人员来做公证，他要能够对一些看不见的数据交换，或者看不见的电子数据进行固定；第二，引入国外对于电子数据保全公证的做法，比如校验值的使用，通过提存电子数据的校验值来对电子数据进行保全；第三，平台化，所谓的平台化就是开发“公证云平台”，建立“公证数据库”，用平台思维来做公证。

公证行业将面临三大转变

段　伟*

总的来说，《公证法》构建的开放性完成了其历史使命。10 年后的今天，我们必须要认真地审视公证发展所面临的机遇和挑战。笔者认为现在的挑战包括以下几个方面：

第一，从行政管理模式向服务公证模式的转变。《公证法》制定时，公证机构刚从行政管理走出来，所以行为大多是行政管理。这种行政管理的做法很差，公证变成了一种收费盖章的代名词。所以如果不是服务的模式转变，其实路是越走越窄。

第二，以形成合法可行的契约作为工作的核心，使公证人与当事人之间有了可谈判性和互动性，最终实现公证角色从行政官僚向专家的转变，从证明向综合法律服务进行转变。

第三，从真实性、合法性原则向真实、合法、可行原则进行转变。如果只有真实合法，并不能满足当事人的需求，当事人希望经过公证的法律行为是确实可行的。真实性是关注法律行为的成立要件，合法性是关注法律行为的发生要件，而可行性就是关注法律行为的履行和实现。所以公证既要关注当事人的法律问题，也要关注法律行为未实现的各种社会和经济条件，既要关注静态的法律行为，也要关注动态的法律行为。

公证是充满阳光的行业

孙艳辉**

回顾《公证法》10 年的历程，需要解决三个问题：第一，公证是什么？第二，公证要做

* 中国公证协会副会长。

** 中国公证协会秘书长。

什么？第三，公证今后能发挥什么作用？行业开展的研究和论证，目标就是要解决这三个问题，解决了这三个问题，公证就是充满阳光的行业。为此，笔者想提出三点建议：

第一，公证行业要以更加负责的态度和科学的方法来总结和检讨改革开放30年以来的发展。现在中国正在构建以诉讼为核心的司法制度，如果公证能够在其中准确定位，那么公证文书、办理公证的方式以及业务拓展的方向都会发生很大的变化。

第二，公证行业要以更加务实的精神来创新和发展工作的方式。公证发展真正的核心动力是“有用”，既包括公证社会效果的有用，也包括公证员公证服务的有用。公证就是依法对社会公众提供法律服务的一种司法制度，要解决公证有用的问题，应当从公证服务和公证文书做起，这是行业发展的生命。

第三，公证行业要以更加虔诚的态度来构建中国的公证文化。公证要有自己独特的文化，包括公证制度的构建、公证机构的建设等方面。另外，公证行业应当建立一个有特色的职业精神，并把它作为一种忠实奋斗的目标来实现和维护。

上篇　第三届“长安公证讲坛”文选

《公证法》的历史使命和当代任务

段　伟*

一、《公证法》的历史使命

如何客观、公正地评价《公证法》，这是比较棘手的问题。有人认为《公证法》一无是处，对公证的许多问题都没有进行明确界定。例如，从《公证法》颁布的那刻起，公证机构的性质到底如何定义，行业便是争论不休，正如大家所知道的，10 年来也发生了许多关于公证体制的公证大事件。也有人甚至认为《公证法》是部恶法，因为它取消了法定公证的地方立法权，将原有的地方公证经验全部化为乌有，阻碍了地方公证实践。《公证法》已经实施将近 10 年，我们必须有一个明确的评价。笔者对《公证法》的评价基本上是积极、正面的。客观地说，《公证法》实施的 10 年。笔者是公证行业黄金发展的 10 年，笔者认为《公证法》成功完成了制定它时那个时代所赋予的历史使命。这些使命和作用主要体现在三个方面。

一是《公证法》的宣示意义。它以全国性法律确立了公证制度和公证职业。我国《公证法》在世界上第一部公证法典颁布 200 年后才姗姗来迟，但是它毕竟来了，它确定了我国实行拉丁公证制度。制定系统的公证法典是世界各国促进公证事业发展的重要举措。我国《公证法》是公证法典化的产物，它宣告了公证制度在我国的正当性，同时也宣告了公证职业的正当性，宣告了公证人作为法律职业共同体成员的身份。《公证法》成为公证人与法官、检察官、律师进行对话沟通的基础。《公证法》以其自身存在宣示了我国公证制度和公证职业存在的正当性，为我国公证事业的发展奠定了基础。

二是《公证法》的建构意义。《公证法》对公证业务、公证效力、公证责任、公证管理等内容进行了框架性的规定，从整体上建构了我国公证制度的基本制度框架。从制度的完备性来看，我国《公证法》对公证制度基本内容都作了较为详尽的规定，繁简得当，在世界各国公证法典中也是属于优秀的。《公证法》的这点功绩不能被抹杀。

---

* 中国公证协会副会长，云南省公证协会副会长，昆明市公证员协会副会长，国际公证联盟总理事，云南省昆明市明信公证处主任。

三是《公证法》以其兼容和开放性，为我国各种公证实践提供了可能。认真分析我国《公证法》的各种制度和用词造句，我们可以看出我国《公证法》具有较强的兼容性和开放性。例如，《公证法》对公证业务采取了较为宽泛的定义，只要是“民事法律行为、有法律意义的事实和文书”都是公证事项范畴。这种兜底式的规定，在世界各国公证立法中也较为罕见。我国《公证法》对公证业务采取了较为开放的态度。我国《公证法》对公证机构的性质没有进行明确定义，这给各种公证体制以竞争择优的机会，通过竞争来发现合适的公证体制。《公证法》没有说公证应该是哪种体制。但也没说公证不可以是哪种体制，总的来说，《公证法》是将公证体制改革的权限下放，这是公证法开放性的重要表现。公证法确定了“过错责任赔偿原则”，但对什么是公证过错，什么不是公证过错，《公证法》并没有过多纠结，而是赋予法官以“造法权”，通过审判和公证实践来构建公证过错责任标准体系。“真实性、合法性”贯穿于《公证法》始终，但《公证法》并没有像世界其他各国一样对“真实性、合法性”进行多层次定义。这种看似模糊实则开放的规定，可以通过公证实践来丰富“真实性、合法性”内涵。

总的来说，《公证法》以其宣示意义、建构意义和开放性，完成了它构建公证制度并指导近10年公证实践的历史使命。正如许多批评者所指出的，《公证法》也存在这样或者那样的问题，但是《公证法》总体上是成功的。10年来，在《公证法》的指引下，我国公证队伍素质得到根本性改善，公证整体质量得到较大提升，公证的公信力得到进一步彰显，公证事业整体实现跨越式发展。

二、《公证法》的当代任务

虽然《公证法》促进了公证事业的发展，但由于《公证法》是特定历史阶段的产物，不可避免地带有制定这部法律时所具有的局限性。我们所说的《公证法》的当代使命，就是要审视《公证法》在目前公证发展阶段所面临的挑战和其局限性，如何对我国公证制度进行改善。我们谈公证法的当代任务，当然不仅仅是指作为法典意义上的《公证法》，而且是泛指法律体系中所有的公证法律规范。公证法的当代使命，就是必须要在公证思维和具体制度建设上实现“五个转变”。

第一个转变是从行政管理公证模式向参与式公证模式转变。《公证法》制定时，我国公证机构刚刚从行政机关中脱离出来，因此我国《公证法》的整个思维体系和遣词用语许多都是行政管理的思维和语言，公证行为的性质更像是行政行为。硬性而严密的公证程序、法定的整齐划一的证明形式、清单化的证据材料收集机制等，都是行政管理的产物。目前整个公证行业的行政管理思维和将公证视为一项行政行为来处理的做法，都对公证事业的发展构成进一步的阻碍。这种行政管理的思维和做法，只会带来当事人对公证的不好体验，带来公证就是“盖章收费”的感受。所以说，我们必须要从行政管理模式向参与式公证模式转变。参与式公证模式是以实现当事人的最终目的为出发点，公证人与当事人在平等的地位下，通过协商式、互动式的方式形成最终公证结果。参与式公证模式具有三个特点:第一,注重目的性,轻程序。在参与式公证模式下,当事人合法、正当目的的实现,是一切公证制度安排的逻辑起点。第二,公证参与主体具有平等性。公证人与当事人不再是管理者与被管理者的关系。第三,公证属制度结构弹性大,使公证人与当事人之间具有可商谈性、互动性。公证人的角色要完成从行政官僚向法律专家的转变。

第二个转变是从证明向综合法律服务的转变。证明是公证的职责,这个观点本身并没有错,但将公证的所有职责、角色、作用和意义理解成公证就仅仅是一项证明,那么这种证明论思想就是非常错误的并会将公证事业的发展引入歧途。事实上,证明职能只是公证的一项职能,它不能涵盖公证的所有内容和职责。《公证法》制定时正是我国"公证证明论"发展到高峰时候,因此《公证法》也可以说是证明论的集大成者。然而公证除了证明职责之外,还有咨询顾问职责。公证人不仅确认法律行为的真实性,而且还在法律行为形成之前即提供各种专业的法律意见。这种咨询顾问职责并不能被证明职责所涵盖,而且随着社会的发展,咨询顾问职责反而因为当事人的实际需求成为公证核心职责,而证明职责则渐渐丧失其曾经的"独一无二"的统治地位。为此,昆明市明信公证处拉丁鹰公证研究会提出这样一种理念:拉丁公证的精神是顾问而不是证明。按照目前的理解,公证有沟通、监督、证明、服务的功能,证明也仅仅只是其中一项功能而已。公证的本质说到底是提供综合法律服务。综合法律服务是公证的"2.0 版本",证明角色只是公证的"1.0"版本。有专家曾经正确地指出:公证人是不出庭的律师。这个说法点明了公证法律服务的本质属性。公证不能自己把自己限制在证明这个狭隘的区域,而应该放眼于广阔的法律服务领域。公证的本质是一种法律服务,而不是一种证明权。我们应该借助公证工具职能并以法律服务的理念改造我们既有的公证思维和做法。

第三个转变是从证明事务向证明事务与非证事务并举转变。证明事务是过往公证业务领域的总结和梳理。我国《公证法》制定时,正是我国各类证明业务蓬勃发展的高峰时期,因此《公证法》所制定的办证规则基本上都是规制证明业务的。但是,通过近 10 年的发展,我国的非证明业务在《公证法》的框架之外获得了巨大的发展。我国许多地区纷纷尝试帮助当事人"代理法律事务"并取得了较好的社会效果。但是,由于《公证法》对证明事务的偏爱和对非证事务的疏远,使非证业务的发展面临着"无法律依据"和"无具体办证规则"的双重困境。公证的内涵和外延,从来都不是固定不变的,它是通过丰富多彩的公证实践予以补充的。笔者认为,只有将证明手段和非证手段有机结合起来才能灵活实现当事人的需求。从世界各国的发展趋势来看,公证被赋予的职责不再仅仅局限于证明事务领域,而是广泛介入非证明领域,特别是公证人在非讼事件领域获得广泛的权利。最近德国通过《部分非讼管辖权移交公证人法》就赋予了公证人在非讼事件中的广泛权力。我国公证法既要对证明事务进行引导和规制,也需要对非证明事务进行引导和规制。

第四个转变是从"真实合法"原则向"真实合法可行"原则转变。真实合法原则是《公证法》所确定的基础性原则,它贯穿了《公证法》始终。然而,近 10 年的公证发展情况表明,只关注法律行为的真实性、合法性,这样的公证已经越来越难以获得社会的认同,当事人对法律行为的需求也不再仅仅满足于真实合法这个层面。对于当事人而言，他们希望经公证的法律行为不仅是真实、合法的，而且是确实可行的。真实性，主要关注的是法律行为的成立要件；合法性，主要关注的是法律行为的生效要件；可行性，关注的则是法律行为的履行和实现。可行性要求公证人，不仅仅关注法律行为的法律问题，也关注法律行为实现的各类社会和经济条件，它对公证人提出了更高的要求。可行性要求公证人，不仅仅关注静态的法律行为，而且也关注法律行为的动态实现。可行性，对公证人员素质和公证制度建设提出了更高的要求，公证人不仅是证明人还是当事人的顾问，不仅为当事人进行法律规划，还为当事人进行税务筹划、融资筹划等。社会的发展，已经越来越多地提出公证介入法律行为实现的问题中来，这是公证所面临的新的任务，也是我国《公证法》必须要回答的问题：公证能不能以及在多大程度上能确保法律行为的可行性。

第五个转变是从单纯的公证制度构建到实体法中公证制度的构建转变。《公证法》阐释了公证制度的效力，但是《公证法》没有办法规定它在具体实体法中的效力。最近，昆明市明信公证处拉丁鹰公证研究会借助“互联网 +”概念，提出了一个新的概念：“公证 +”的概念。这个“公证 +”的概念，它想说明两点内容：第一，公证本身是作为工具存在的，公证的价值、作用、意义和效力必须从其具体所服务的客体中所衍生出来。公证的价值、作用、意义和效力必须在具体的公证业务中才能得到解释。第二，脱离实体法存在的公证，是没有意义的。公证只有与民法、民事诉讼法、强制执行法等各种实体法相结合，才能具有效力和价值。虽然我国《公证法》建构了公证制度，但是在我国实体法中却甚少规定公证事项和效力。我国《公证法》规定了法律、行政法规有权规定法定公证事项，但 10 年来，我国没有任何一部法律、行政法规规定法定公证事项，我国公证制度的发展也成为无源之水。从世界各国公证立法来看，公证制度基本上是由公证法典和实体法中诸多关于公证的规定两部分构成。因此，从大的公证法体系来说，我国的《公证法》仅仅只是完成第一部分的工作，而第二部分工作目前基本是空白的，需要继续努力。

总的来说，我国《公证法》基本上是成功的，但由于其面临着新的当代任务，因此对于它而言也是一个逐步进步和改革的过程。我国近 10 年的公证黄金发展期，既是对《公证法》的坚守又是对它的发展创新，事物总是在辨证和矛盾中实现发展。1803 年，具有世界意义的第一部公证法典——法国的《风月法令》正式颁布。这部被视为拿破仑两部杰出作品之一的公证法典甚至要比其另外一部杰出作品《法国民法典》要早颁布一年。《法国民法典》也以大篇幅的文字规定了公证文书的效力和必须公证事项。我们不禁要问：尊尚私法自治、意思自由的《法国民法典》为什么却在民法制度中广泛地引入公证制度？公证人作为具有千年历史的职业，他不是公民自由意思的干涉者，反而被视为是公民自由意志的表达者。法国公证的成功，既是因为《风月法令》，更是因为《法国民法典》对公证的肯定。我国《公证法》的制定仅仅只是完成了《风月法令》的使命，我国各类实体法对公证的肯定还将是一个漫长的过程，而这也是大公证法建设的本来使命。在这里，笔者认为:既然我国确定了公证制度,就应该大胆地在各方面运用公证制度,不能一手创建了公证制度,另一手又将之束之高阁。缺乏实体法的系统支持,我国《公证法》本身是不完整的。

最后,希望中国的公证事业在“五个转变”的基础上能够在下一个10年中取得更好的发展佳绩。

《公证法》10周年

——现实与前瞻

陈 勇*

2015年是我国《公证法》颁布10周年。10年来，随着《公证法》的实施，公证工作步入了快速健康发展的轨道，中国特色的社会主义公证制度体系基本形成。当前，我国经济社会发展已进入一个新时期，在以信息技术为代表的新技术引领和推动下，经济形态和经济运行模式发生了深刻的变化，社会管理方式和手段也日趋复杂，公证工作面临着新的形势、新的机遇和新的挑战。如何顺应时代发展的潮流，推动《公证法》的实施、发展和完善，是当前公证行业改革和发展所面临的重要课题。

一、《公证法》在公证改革发展中的主要作用

与《公证暂行条例》相比，《公证法》在以下几个方面构建了现行公证工作体系：

1. 由国家公证机关向非营利的证明机构转变，重新定位公证机构的性质。《公证暂行条例》第3条规定，公证机构是国家机关，受司法行政机关领导。公证员是国家工作人员，使用行政编制，公证机构的负责人职级一般定为相当于同级司法行政机关副职。《公证法》对公证机构的性质进行了新的定位。该法第6条规定，公证机构是非营利的证明机构。从外延上讲，公证机构可以包括但不限于国家公证机关。这种定位，扩大了公证工作的主体范围，公证工作可以不再由国家垄断，从而实现一定程度的社会参与，以有利于公证工作的社会化。《公证法》颁布10年来，在机构职能和公证书效力相同的情况下，公证机构至少已涵盖行政机关、事业单位、合作组织、法定机构四种类型。

2. 由内部审批逐步向外部许可转变，建立健全公证机构和公证员的准入制度。鉴于公证机构和公证员不再是至少不完全是封闭的国家机关体系的一部分，建立公证机构和公证员执业的外部准入制度必然成为现实需要。《公证法》及其配套规章规定了公证机

* 中国公证协会常务理事，中国公证协会理论研究委员会副主任委员，安徽省公证协会副秘书长，安徽省司法厅公证管理处副处长。

构设立的具体条件和审批程序以及公证机构设立的原则和层级;明确了担任公证员的条件和申请程序,引入了一般执业和特许执业两个渠道;同时,把通过国家司法考试作为担任公证员的法定条件,使公证员进入了法律职业共同体的范畴。《公证法》颁布10年来,虽然在机构设立主体上尚未有大的突破,但公证机构的法定保持条件得以有效维持,设立程序依法规范;在人员准入方面,完全实现了由内部审批向行政许可的转变。

3. 由领导管理向监督指导转变,科学界定司法行政机关与公证机构的关系。《公证暂行条例》规定,司法行政机关与公证处是领导与被领导的关系,公证处为司法行政机关的内设或附属机构,其组织、活动和运行均受司法行政机关影响或决定。根据《公证法》第4条的规定,司法行政机关对公证机构进行监督、指导,主要是机构人员的准入、执业活动的日常监督,以及对违法的执业行为实施行政处罚等,不具体决定公证机构的日常管理事务。当然,司法行政机关作为公证机构的设立者、举办者以及机构编制管理意义上的上级主管部门,可以对公证机构执业行为以外的事项进行具体微观的管理,但此种性质的管理不属于《公证法》调整的范围。

4. 由具体行政行为向专家行为转变,优化公证救济制度。与公证处国家公证机关的定位相适应,《公证暂行条例》及与其配套的2002年《公证程序规则》把公证行为视为具体行政行为,对于错误公证书的救济,规定了行政申诉、行政复议、行政诉讼等制度,司法行政机关、人民法院可以决定或判决撤销、维持、变更公证文书。《公证法》则把公证行为作为一种专业性的专家行为,规定只有公证机构才能撤销公证文书,对于错误公证文书不能申诉、复议和诉讼,只能申请公证机构复查和地方公证协会投诉。

5. 由国家赔偿责任向民事责任转变,建立完善公证责任体系。《公证暂行条例》没有规定公证处的责任。《公证法》颁布前,与《公证暂行条例》规定的公证处的性质相一致,在理论和审判实务中一般都把公证机构因出具错误公证书应承担的责任归入国家赔偿责任的范畴。《公证法》明确规定公证机构对当事人承担的赔偿责任性质为民事责任,当事人和利害关系人可以通过民事诉讼等途径主张权利。同时,《公证法》还规定了公证机构和公证员的行政法律责任和刑事责任,建立了完整的公证责任体系。

二、《公证法》实施过程中存在的主要问题

应该说,从总体上看,《公证法》是适应当前公证工作实际的,近10年来公证工作改革和发展的成果充分证明了这一点:公证办证数持续稳定增长、业务领域不断拓展、公证管理日趋规范、队伍建设不断加强、职能作用不断彰显。但是,我们也应当看到,由于种种原因,《公证法》自身确实存在一些不够完善、不够具体、不能适应公证工作实践之处。

(一)公证的性质:行政行为还是服务行为

名不正则言不顺,公证的性质决定了整个公证制度的设计和定位。《公证暂行条例》对公证定位是清楚的,公证处是国家公证机关,公证行为是行政行为,因而公证工作具有

预防纠纷、减少诉讼的司法辅助功能。

《公证法》第2条规定,公证是公证机构根据自然人、法人或者其他组织的申请,依照法定程序对民事法律行为、有法律意义的事实和文书的真实性、合法性予以证明的活动。《公证法》对公证的主体、客体、功能作了规定,但只是从职能的角度对公证的性质进行界定,对于公证是什么性质的证明和由何种性质的主体来证明,未作规定,从而导致了实践中的争议。此外,在公证法条文的逻辑体系中,既可以找到以公法行为对公证进行界定的制度设计,也可以找到以社会服务行为对公证进行界定的制度设计,更加加剧了对公证性质的争议。

当前,理论界和实务界对公证性质的争议主要存在于以下几个方面:一是公证行为是公法行为还是私法行为;二是证明行为是国家权力的行使还是社会服务的供给;三是权力的行使或者服务的提供与机构的性质和组织形式是否冲突。

这些争议对公证工作的开展产生了不利的影响。一是影响宏观政策的制定。在公证的性质不明确的情况下,很难为公证在国家司法体系、社会管理体系中争得一席之地。二是影响公证效力。性质不确定,公证的效力缺少依托,有关部门在决定是否采用公证书时往往按照自己对公证的理解来进行取舍。三是影响公证职能作用的发挥。由于性质不明确,有关部门和机构在考虑是否引入公证作为前置程序时顾虑重重。有的认为公证是一种政府行为,要求办理公证是增加行政程序,增加当事人负担;有的则认为公证是一种的市场行为,仅具有参考咨询意义,且专业性比不上其他法律服务提供者。

(二)公证机构的组织形式:体制还是市场

《公证法》规定了公证机构的定义,但没有对公证机构的性质和组织形式作出规定。实际上,如果公证的性质确定是公法行为,也无须规定公证机构的组织形式,因为没有其他选择:在现行国情下,公法行为应当由公共机构来行使,公共机构只能是行政事业单位。

由于公证的性质不确定,《公证法》对公证机构的定义具有相当大的开放性和包容性,各种组织形式的公证机构都有其存在的合理性,均不违反《公证法》第6条的规定。实践中,公证机构有以下几种组织形式:一是行政体制。公证机构是行政机关或者行政机关的内设科室,完全按机关的管理模式来运作。二是事业体制,其中包括自收自支、差额补助、全额拨款三种类型、有的参照公务员管理,类似于行政体制;有的机构是事业体制,但人员全部是公务员。三是合作制,类似于合伙组织。四是法定机构,以特定立法的形式,界定机构与政府及相关部门的关系。

公证机构组织形式的多样化,固然能适应各地公证工作的实际需要,但国家在对社会组织及其人员进行管理时,是按照行政、事业、非企业机构、企业等类型制定政策措施的,鲜有专门针对公证机构的全国性政策措施出台,导致各地、各公证机构面临的外部环境存在较大的差异。同时,即使有针对公证机构的政策措施,一般情况下也很少对各种组织形式的公证机构进行区分,在适用上存在南辕北辙的情况,给公证机构的正常运行和发展造成很大的困难。

（三）公证工作的方式：直接与间接

《公证法》总结并构建了我国现行的公证工作方式：通过对当事人提供的材料和公证事项的核实，对该事项的真实性和合法性进行证明。这种工作方式在实践中出现一些困难和问题。

从证明标准来看，《公证法》要求对公证事项的真实性、合法性进行证明。从哲学的角度来说，真实性是一个事实问题，需要进行的是真与假的事实判断，只要有相应的证据，是可以被证明的。但合法性是一个价值问题，需要进行的是是与非的价值判断。价值判断是判断者主观的认识，会随着法律、道德、社会舆论等评判标准的变化而进行变化，是无法进行终极证明的。因此，要求对公证事项的合法性进行证明，而又没有赋予公证机构最终的确认权，这种证明就不是真正意义上的证明，只能是一种可靠性较大的法律意见。另外，公证事项有的是事实问题，如出生、死亡等；有的是价值问题，如法律行为的合法性等；有的既涉及事实问题又涉及价值问题，如继承等。如果一律不加区分地以真实性、合法性为标准，会给公证执业活动带来很多不确定性，增加执业风险。

从《公证法》第26条、第27条、第28条来看，现行证明方法主要是对当事人的身份、当事人提供的证明材料进行审查、核实，经过判断后出具公证书。当然，在公证实践中也综合运用人证、物证等方式进行审查。这种证明方式实质上是建立在证明材料基础上的一种推论，类似于司法证明，是一种间接证明。直接证明的真正逻辑是证明者参与形成或在场见证了既定事实，类似于公证实务中的保全证据类公证和签名盖章类公证。如果仅仅对当事人提供的证明进行审查核实就出具公证书，公证机构就不应该对公证事项的真实性合法性负责，而只应该对证明材料范围的事实负责。

从审查的过程来看，《公证法》第27条规定了公证机构的核实权，但没有赋予公证机构调查权。这一方面简化了公证程序；另一方面也导致公证机构无法充分审查判断有关事实的真实性，增加了执业风险。

（四）公证的职能：证明还是非诉法律服务

我国公证制度源自欧洲大陆的拉丁公证制度。典型的拉丁公证具有以下四种职能特征：一是私人法律职业；二是为私法上的当事人提供法律意见并起草法律文书；三是永久保存交易记录；四是代表国家进行认证。我国公证的职能相对来说比较狭窄。根据《公证法》第11条、第12条的规定，我国公证的职能主要包括民事法律行为、法律事实和文书的证明，以及动产抵押登记、提存、保管特定物品、代写与申请公证事项有关的法律事务文书以及提供公证法律咨询等事务。虽然也有代书和法律咨询，但范围有严格的限制，仅限于为办理公证服务，不是一项独立于公证事项之外的业务。

从近年来我国公证工作的实践来看，很多公证机构探索在证明业务和事务类业务之外，开展了一些非诉法律服务业务，如进行尽职调查出具法律意见书、破产管理、遗产处理、公证调解、代办登记、资金托管、电子数据存储等，取得了良好的社会效果。2009 年，司法部发布的第二批要素式公证书格式中，对公证机构出具法律意见书作出了明确的规定，这实际上认可了这一业务的开展。但是，由于在《公证法》中没有明确的规定，社会上有关机构和个人也对此提出疑问，导致此类业务无法进行推广。

(五)公证机构的设立:组建还是发起

《公证法》第 9 条只是规定设立公证机构由所在地的司法行政部门报批，未对公证机构的设立主体进行规定。严格地说，只要具备《公证法》第 8 条规定的条件，都可以申请设立公证机构。但司法部在 2006 年发布的《公证机构执业管理办法》中对此作出了限制性的规定，其第 14 条规定，设立公证机构，由所在地的司法行政机关组建，逐级报省、自治区、直辖市司法行政机关审批。这样将公证机构的设立主体只能是司法行政机关，其他任何组织和个人都不能发起设立。这种做法是否符合《公证法》立法原意，是否符合当前公证工作实际，是否有利于公证事业发展，值得思考。

三、对与公证法有关的几个问题的思考

(一)公证的本质是法律服务，非公共权力

公证行为不应当是行政行为或者司法行为，也不是准行政行为或者准司法行为，而应当是一种服务行为。

公证不是行政行为。行政行为具有强制性、效力先定性和单方意志性的特征，而公证的过程和结果一般不具有强制性也不是由公证机构单方意志来决定的。任何国家国家权力体系中都没有证明权这一说法，实证法中也没有这个语词。国家机关出具的各类证明，其性质是对自己在行政管理过程中获取的有关信息应有关个人和组织的申请进行一定范围内的公开，或者是对自己已作出行为的一种宣示，更多的是一种对社会应履行的义务，而非权力。

公证不是司法行为。司法权首先是一种国家权力，其基本功能是通过解决纠纷以维护法律的价值体系，而公证既不是国家权力，也不具备司法解决纠纷的功能，把公证归入司法权或准司法权也是没有依据的。有人认为部分公证文书具有强制执行效力，因而，公证是司法行为，至少也是准司法行为。这种说法也是没有值得商榷的。首先，赋予强制执行效力的公证书实质是对债务人愿意接受强制执行的一种证明，而不是由公证机构对当事人应当接受强制执行的裁决，不具有司法属性；其次，具有强制执业效力还有仲裁裁决和行政决定，甚至当事人拍卖抵押物的申请，但我们不能认为这些行为是司法行为或者准司法行为。

公证的基本属性是包括证明在内的法律服务。服务是指以提供劳务的形式满足他人某种需要。服务的主体具有广泛性，既有无偿的公益服务、公共服务，也有等价有偿的

市场服务。服务不同于管理(权力)的显著特点是具有主体的平等性,即服务的提供者和接受者之间法律地位是平等的。法律服务是指律师、非律师法律工作者、法律专业人士或相关机构以其法律知识和技能为法人或自然人实现其正当权益、提高经济效益、排除不法侵害、防范法律风险、维护自身合法权益而提供的专业活动。从公证的历史起源来看,拉丁公证具有的职能即代书、保管、提供法律意见、证明等都具有服务的属性。

(二)公证服务具有双重属性

公证属于公益性的法律服务。应该说,能提供证明服务的主体具有广泛性,可以是个人,也可以是社会团体和各种组织,但公证服务具有较强的公益属性。公证的公益属性表现在两个方面:首先,公证活动是由专门设立的公证机构提供证明服务,具有专属性。公证活动的结果即公证书的证明效力由国家法律来保障,任何个人或其他机构提供的证明都不具备这种效力。其次,公证机构具有"非营利性"。这主要表现在:公证机构的设立坚持统筹规划、合理布局的原则,而不是完全按市场规则配置公证资源;公证收费标准由国家制定,不采取市场供需关系决定公证收费的方式;公证机构虽进行收费,但收费的目的不是为了营利,而是为了维持公证机构的正常运转,更好地发挥和行使公证职能;同时,公证机构不能进行剩余收入(利润)分配,剩余收入只能用于自身的生存、发展以及组织为实现其社会使命而开展业务活动。

正如公共产品有纯公共产品和准公共产品之分,公证服务可以分为基本公证服务及非基本公证服务。

基本公证服务是社会公众日常生活、经济活动中必不可少,应该得到国家保障的服务,主要包括以下几类:一是法律法规规定必须公证的事项;二是法律法规虽然没有规定必须公证,但没有其他机构可以提供相应的服务,只能由公证机构以出具公证书的方式才能解决问题的事项,如继承权、提存、动产抵押登记等;三是根据国际惯例和对等原则办理的涉外公证事项以及涉台港澳地区公证事项。获得基本公证服务是每个社会成员的权利,提供基本公证服务是国家的义务和责任,因此,国家要保障每个社会成员平等、有效地获得基本公证服务。

除了上述三个方面以外的公证事项属于非基本公证服务,是自然人、法人和其他组织为了更好地维护自己的合法权利而申办的公证事项。这些事项不属于社会公众的一般需求,而是特定主体的特定需求。当然,并不是说非基本公证服务就不是公共服务,国家在法律中规定了公证,就给了社会公众的选择权,社会公众在有需求时,也有获得国家提供服务的权利,只是相应的公证资源和服务可以适度由市场来配置和调节,但这并不能改变公证及公证机构的基本属性。类似公共教育服务中的高等教育,以及公共医疗卫生机构提供的公共医疗服务以外的服务。

从安徽省的情况来看,2011 年,基本公证服务事项办证 91,198 件,占 24.7%,收费 4006 万元,占 28.3%;非基本公证服务事项办证 278,080 件,占 75.3%;收费 10151 万元,占 71.7%。因此,非基本公证服务是当前公证业务的主体。可以这样说,基本公证服务需求决定了公证的生存，非基本公证服务需求决定了公证的发展。非基本公证服务需求较大的地区，可以适当引入市场调节机制，根据社会需求来确定公证服务资源的配置，以提高服务水平和效率；在内部分配上可以采取更为灵活的政策，以调动公证员的积极性和引进高素质的人才。这既符合国务院批准的《公证体制改革方案》的要求，也符合中发〔2011〕5 号文件精神。

（三）双重属性下的双轨制：一个探索性的思路

公益性与服务提供者的性质和组织形式无关。教育、医疗属于公益性服务，既可以由国家提供，也可以由其他组织和个人提供。律师属于社会主义法律工作者，有维护公平正义维护法律正确实施，维护当事人合法权利的职责和使命，但在组织形式上有个人所、合伙所、国资所等多种形式。因此，公证虽然是公益服务，但其组织形式是可以多样化的。

从公证的双重属性出发，可以考虑实行公证机构的双轨制，类似于法律援助中心与律师事务所之间的区别，但在业务范围上不交叉，实行严格限制。国家设立行政体制或者全额事业体制的公证机构，按行政区域在市、县两个层级设立，由财政全额保障。该类公证处的业务范围仅限于基本公证服务的继承、涉外、提存、抵押登记等法定或者事实上的法定业务，不得办理其他业务，实行低收费或者不收费。除此之外，公证机构实行许可证，只要符合公证法规定的条件，任何组织或者个人都可以申请设立公证机构。该类型的公证机构组织形式可以采取合伙制或者个人开业，业务范围为除上述基本公证服务以外的其他业务，不划定执业区域，可以自由竞争，公证效力不变。

实行双轨制，并没有超出现行《公证法》的框架。正如上文所述，《公证法》没有对公证的性质、公证机构的性质作出限定，具有较强的包容性。在公证基本性质不变的情况下，实行机构双轨制，让公益的部分回归公益，市场的部分回归市场，可以有效解决现行的体制、机制、管理等方面存在的诸多问题，同时，也能够较快地发展公证事业，满足社会对公证法律服务的需求。

（四）双轨制条件下《公证法》的修订

如前所述，实行公证机构双轨制无须修订现行的《公证法》，通过制定或修订现行的行政规章即可实施，但与之相关有关制度安排仍然需要在《公证法》中加以明确。

一是重新确定公证的功能定位。鉴于公证具有公益服务和公共服务的属性，可以将公证行为定性为对私权事实进行证明、对民商事行为提供法律意见以及处理特定的非诉事务。核心功能是通过证明、释明和事务的办理，有效形成并维持合法的法律关系和私权秩序。

二是适当扩大公证的业务范围。除现行《公证法》中的证明、释明业务和事务类业务外，可以将一些具有证明、确认行政的非诉事件纳入公证的业务范围，如我国台湾地区“非讼事件法”上的财产管理事件、继承事件、公司事件等。当前，我国没有制定非讼事件法，《民事诉讼法》中的特别程序也没有对此作出规定，法院不受理这些事件，也没有其他机关处理这些事务，由公证机构来处理，具有职能上和专业上的双重优势。

三是优化公证工作方式。对私权事实的证明，只要求证明真实性，在证明方法上应采取亲身体验的方式。对于未亲身体验，当事人提供了相关证明的私权事实，一律采取认证的方式进行证明。对于民商事行为的合法性，采取法律意见书的方式进行论证，一般不以证明的方式出具。同时，在现行的核实制度的基础上，规定公证机构具有相应的调查权以及有关单位和个人的配合义务。

四是分类规定公证文书的效力。对于私权事实公证书（含赋予强制执行效力的债权文书），仍维持现行的优势证据效力和强制执行效力的规定；对于继承事件、财产管理事件等非讼事件文书，规定其具有确认、公示等效力；同时，明确公证机构为法定的提存机构。

对新形势下公证工作的几点感悟

——写在《公证法》颁布实施10周年之际

刘　乙*

2005年8月28日，第十届全国人大常委会第十七次会议审议通过《公证法》，并于次年3月1日正式实施。时光荏苒，不知不觉《公证法》颁布实施已经将近10年。这10年来，我国经济继续保持高速增长，经济总量从2005年的18.59万亿元猛增至2014年的63.65万亿元。经济的迅猛发展给社会各个领域都带来了重大改变，也为我们公证行业提供了越来越多的发展机遇。

这10年来，公证行业在制度建设、内部管理、业务发展、队伍建设等方面都有了非常大的进步，开拓了新的发展局面。然而，10年后的今天，当我们仔细审视目前公证行业之现状时，我们却深深地感受到，这些成绩似乎并不能让我们觉得踏实和满足。此时此刻，和许多业界同人一样，在我心中始终暗含着一股隐忧。也就是在这10年里，我们逐渐发现了一些异常严峻，且又无法回避的现实：公证似乎不再像从前那样受到普遍的敬畏，公证的权威性和公信力正在经受前所未有的考验，社会舆论之于公证的非议、责难越来越多，公证公开、公平、公正的形象受到极大损害。同时，业务发展也遭遇"瓶颈"，继承、遗嘱、赠与等传统支柱业务已处在岌岌可危的境地……

所有这些让我们意识到，过去10年的成绩固然可喜，但如今我们面临的形势和挑战却更为严峻。中国的公证之路依旧满布荆棘，中国的公证人依旧任重而道远，急需我们解决的问题还有很多。作为一名公证人，30年来的公证工作让笔者对公证有着特殊而深厚感情。回顾过往，展望未来，在我们隆重纪念《公证法》颁布实施10周年之际，笔者想就新形势下的公证工作谈几点自己的感悟，请各位同人多多斧正。

* 中国公证协会常务理事，中国公证协会业务指导委员会主任委员，重庆市公证协会副会长，重庆市公证处主任。

一、严格依法执业，为重塑公证的权威性和公信力奠定基础

权威性和公信力是公证永恒的追求。面对当前公证权威性和公信力不断流失的局面，重塑公证之权威与公信力是一项迫在眉睫的课题。从本质内涵上看，权威和公信力可以被视为同一范畴的概念，两者如影随形，相互关联，缺一不可。权威产生公信力，公信力保障权威。伟大的社会学家马克斯·韦伯对权威有一段经典的论述：在任何一个社会，权威的类型不外乎三种：一是基于古老传统或惯例的传统型权威；二是基于个人超凡魅力的魅力型权威；三是基于对法律的信仰与服从的法理型权威。当今世界是一个民主法治社会，权威更主要的是源于对法律的敬畏与服从、对权利的确认与保障以及对义务的忠诚履行。

公证因权威性而被信任，公证要获得权威就必须敬畏和服从法律。具体到公证实务中，就要求我们必须严格依法执业，使公证过程符合既定的规则和程序规范，因为这是我们做出正确判断，形成公正结论的前提。包括《公证法》在内的公证制度是一项以程序性立法为主要内容的法律制度，程序始终在公证中扮演着极为关键的角色。无论我们目前面临怎样的形势，也无论今后我们要进行怎样的变革与创新，为维护公证的权威和公信力，严格依法执业，在办证过程中严格遵循既定的规则和程序规范都是我们必须恪守的准则。

二、加强宣传和舆论引导，塑造公证行业正面形象

近年来，新闻媒体和社会舆论对公证似乎越来越“关爱”，在网络上、手机上、报纸上、电视上，时不时地就可以发现关于公证的报道。但让人遗憾的是，近报道绝大多数都是一些“负面消息”。近年来，公证遭受了大量的非议和责难，在这当中，有一些确实是因为我们自身存在一些问题，但也有很大一部分，用一句网络流行语来形容则是：躺着中枪，公证做了替罪羔羊，充当他人的出气筒。今天在座的很多人应该和笔者一样，都有一个共同感受，那就是每当出现这些消息时，特别是看到一些公证“躺着中枪”和经过故意渲染的消息时，绝大多数人总会不约而同地对刊发消息的媒体进行抨击和指责，为公证形象的再次受损感动气愤和苦恼。但似乎我们也就仅仅是进行气愤和苦恼而已，除此之外，绝大多数人似乎并没有去做点什么。

唯物辩证法早已告诉我们，内因是事物运动的源泉和动力，是事物发展的根本原因，而外因是事物变化发展的条件，只能通过内因起作用。当我们对这些非议和责难进行抨击和指责，为公证行业的形象屡屡受损感到气愤和苦恼时，我们是否应该思考，在新形势下，公证该如何有效地进行对外宣传和舆论引导？这些年，对那些与公证相关的非议和责难，我们似乎总是缺少权威的声音，在舆论上始终处于被动地位，这种状况对我们来说是非常不利的。我们目前所处的时代是新媒体的时代，在这个时代，人人都是“麦克风”，

任何一个人都可以是信息的发布者与传播者。与广播、电视、报刊等传统媒体相比,新媒体的突出特点就是信息传播量大、传播速度极快,借助手机、微博、微信、QQ 等移动终端,信息的传播量和传播速度可以呈现出几何级的增长。所谓“好事不出门,坏事传千里”,在新媒体环境下就能得到最有力的印证。

《公证法》颁布实施的这 10 年,也是我国新媒体迅猛发展的 10 年。新媒体逐渐取代传统媒体,成为信息传播和议程设置最重要的手段。充分利用新媒体技术加强公证宣传和舆论引导具有十分重要的意义。社会心理学中有一个词汇叫“舆论绑架效应”,传播学称之为“沉默的螺旋”,它是指对于一项议题,当人们发现自己的意见属于少数时,即使有公开表达的机会,为了不被孤立,仍会选择保持沉默。越是保持沉默的人,越是觉得自己的意见不会为他人所接受,如此一来,他们会越发倾向于保持沉默。几经反复,便形成了多数人的意见越来越强大,少数人的意见越来越沉默下去的螺旋式过程。因此,当出现针对公证的非议和指责时,特别是出现了针对公证的谣言和经过故意渲染的消息时,我们应密切关注相关舆论,尤其是网络舆论,掌握舆论走向,及时发布权威的消息,还社会群众以真相,绝不能使自己沦为“沉默的少数”,而应以积极有力的措施维护公证行业正面形象。

非常可喜的是,目前,行业内已经有越来越多的人开始重视新媒体环境下的公证宣传和舆论引导。北京长安公证处、上海东方公证处、昆明明信公证处、成都律政公证处等很多公证处已经纷纷通过开通微信或微博的方式加强公证宣传,既方便了当事人进行咨询和办证,又树立了公证行业积极、正面的形象,取得了社会效益和经济效益的双赢。

三、顺应新潮流,变革服务理念和服务模式,打造公证行业“互联网+”模式

上面提到,我们今天所处的时代是新媒体的时代。新媒体的形成和发展建立在互联网,特别是移动互联网之上。如今,互联网已经重构了一切,并成为日常生活不可或缺的一部分。在 2015 年的“两会”上,李克强总理在政府工作报告中,正式提出要从国家层面制定“互联网+”行动计划,推动互联网与传统产业结合。“互联网+”的提出,不仅为“互联网+”的发展描绘了蓝图,也为传统行业进行升级与转型提供了重要机遇。

人类的发展史已经无数次证明,任何事物只有紧跟时代发展之潮流,顺应时代之需求,才能获取生存和发展的机会。“故步自封,墨守成规”终究会沦为时代的弃儿。在“互联网+”的发展浪潮无可避免的背景下,我们有必要认真思考这样一个问题:传统的公证行业能否与互联网进行融合,实行“互联网+公证”? 笔者认为,让互联网与公证相融合,借助互联网信息量大、信息流动快、交流便捷的优势,对传统的公证服务理念和服务模式进行变革是我们在“互联网+”时代必须做出的选择。

为此,我们至少应从以下几个方面进行努力:一是要进行观念革新,加快清除阻碍公证行业“互联网+”发展的旧观念和旧的体制机制障碍,尽快树立起互联网思维。比如,我们可以改变传统的公证办理程序,借助手机、电脑等终端,推出部分公证事项的网上办

理和预约办理，或开通公证书网上查询和核实系统等。二是要坚持市场需求导向，在条件允许的情况下，公证机构可以与“互联网＋”领域中的企业进行合作，根据其需要提供有针对性的公证服务，或者可以自建平台，开展二手房交易、民间融资公证服务。三是要加快公证体制改革步伐，培养既懂计算机、网络，又懂法律专业知识的跨界复合型人才。

四、着力开展非证事务和延伸服务，充分发挥公证的职能和本质

非证事务和公证延伸服务是充分发挥公证职能和本质的重要举措。《公证法》第12条规定，公证机构除了办理公证事项外，还可以办理如下非证事务：法律、行政法规规定由公证机构登记的事务；提存；保管遗嘱、遗产或者其他与公证事项有关的财产、物品、文书；代写与公证事项有关的法律事务文书；提供公证法律咨询。从目前的情况来看，行业普遍怠于开展非证事务。开展非证事务的公证处极少，绝大多数公证处甚至从未办过非证事务。事实上，非证事务被誉为公证王冠上的明珠，非证领域对公证机构而言是一个大有可为的领域。前面已经提到，在继承、遗嘱、赠与等传统支柱业务已经受到极大挑战的情况下，用我们的智慧和勇气，努力开拓非证业务显得尤为必要。这不但有利于突破公证单一的证明功能，更为重要的是，可以为公证赢得更大的生存和发展空间。此外，党的十八届四中全会将公证定义为与律师并列的法律服务，在法定公证的希望越来越渺茫的情况下，公证行业有必要积极地进行转型，由单纯的“证明”变为提供综合性的法律服务。通过提供性价比较高的公证延伸服务，如代办登记、执行遗嘱、代为申请法院执行、进行破产管理等，以谋求行业的发展与生存是公证行业未来发展的大趋势。

以上是笔者对新形势下公证工作的几点感悟。虽然目前我们面临的形势和挑战非常严峻，但笔者依然对行业的发展充满信心。笔者坚信，在所有公证人的共同努力下，中国公证必将迎来灿烂而辉煌的明天。

中国公证曲折前进之路

——论公证职能的重构与扩充

李　勇*

《公证法》这部新中国第一部公证法典已诞生10周年,这是个值得纪念的事情。回顾《公证法》的发展历程,从1987年司法部开始研究起草公证法送审稿,到2005年表决通过,其间经历了18年的"曲折成长之路"。也许在众多获得全国人大及其常委会通过的法律中,《公证法》并不是一部特别吸引眼球的法律,但对我们公证同人来说,《公证法》的颁布实施,在我国公证事业发展进程中具有里程碑的意义。至此,我们行业终于有了一部属于自己行业的立法,也标志着我国公证事业的发展进入了一个崭新的阶段。

笔者在中国公证协会青年工作委员会这几年以来,与不少青年公证人进行过交流探讨,大家对于公证的看法可谓褒贬不一。但我们要看到总的来说,公证制度的发展至《公证法》的颁布,带给公证行业乃至整个社会的发展与变化是值得肯定的。《公证法》在制定过程中,总结吸纳了国内外最新法治理念和法学理论成果,结合了我国公证制度的特点和发展规律,是公证事业改革实践的重要法治结晶,为完善有中国特色社会主义公证制度奠定了坚实的法律基础。同时作为公证工作的基本法,《公证法》明确了公证执业活动基本原则、公证机构和公证员权利义务、公证程序及公证法律责任等,为规范公证管理工作和公证执业行为提供了基本依据。更为重要的是贡献给社会的价值,《公证法》的颁布实施是规范民商事活动、维护社会主义市场经济秩序、构建社会主义和谐社会的重要举措,通过行使法律证明职责,能够有效防范民商事纠纷发生,保障交易安全,并通过维护诚信,实现法治基础上的社会和谐。

《公证法》10年来,社会影响力不断扩大。2014年出台的最高人民法院《关于审理涉及公证活动相关民事案件的若干规定》以及近期公安部针对开证明在其微博上公布的"十八不开"的多种情形,都多次涉及公证机构。尽管我们业内对此存在不同的看法,有的觉得是好事,有的觉得担子过重,归根结底,都体现出了公证行业不再处于一个孤芳自

---

* 中国公证协会常务理事,中国公证协会青年公证员工作委员会主任委员,四川省公证协会副会长,四川省成都市律政公证处主任,西华大学客座教授。

赏的局面，而是引起了行业外对这个行业的关注与依赖。

行业要发展，就要理性地看待历史。虽然《公证法》意义重大，但为了公证事业能够更远更快地向前走，我们更应当着眼于《公证法》10 年历程相伴随的遗憾和缺失。在此，我在当前我们行业现实基础上就公证职能的重构与扩充进行探讨。

首先，我们应当清醒地认识到，今天的公证行业充满内忧外患。

何为内忧？即公证行业自身存在的问题与困惑，只有看清楚自己，才能找到生存发展之道。

一是行业定性模糊，职能弱化。《公证法》颁布后到现在一个很大的遗憾是对公证机构的性质没有明确定位。1982 年国务院制定的新中国第一部公证行政法规——《公证暂行条例》第 3 条规定，“公证处是国家公证机关”。这就从一定意义上确认了公证属于国家公共职能的一个部分，公证员是国家的干部，公证书的公信力来源于国家公信力这一强大后盾。经过 20 多年的起起落落，《公证法》终于出台，其第 6 条规定：“公证机构是依法设立，不以营利为目的，依法独立行使公证职能，承担民事责任的证明机构。”那么，公证机构到底是国家的证明机构还是法律的证明机构，到底是国家证明性质机构还是公益性事业法人、社会中介组织或是社团法人，《公证法》回避了这一性质界定，使公证机构的地位大打折扣。带来的问题是公证行业对自身身份的争议。直到今天，公证机构的性质这一话题已经成为公证行业发展的一块顽疾。有人说我们公证制度是个“四不像”的畸形配置，以大陆法系独立专职的强势公证组织形式与英美法系的弱势公证职能相混搭，不可避免地会产生机制失衡与功能紊乱。我们需要认识到公证机构定性的重要意义，其关系公证事业的长远健康发展，关乎未来法治信用社会的构建。

二是公证员权利缩水，人才匮乏。翻开《公证法》可见，围绕公证员的准入在第 18 条中规定了与法官、检察官相差无几的硬性条件，同时用大量篇幅规定了公证员禁止性行为和严格的法律责任，而提及公证员所享有的权利却惜字如金。这种权利与义务的不对等、责任与待遇的严重失衡，不仅挫伤了公证人每日忙碌于崇高的公证工作的热情，更限制了高素质人才流入。高门槛、重责任的行业，需要有坚定的政策予以支撑，一旦失去这种支撑，将会难以留住人才、吸引人才，这样的事业前景是不容乐观的。虽然我们没有呐喊“我们要自由我们要权利”，但我们的立法者不能忘记，公证行业本身更不能忘记，我们应当参考《律师法》、《法官法》、《检察官法》等法律的立法思路，制定一部《公证员法》对公证员所享有的权利进行明细化，对应承担的责任也明确化，从而实现公证从业人员权利义务的对等化，执业风险与政策保护的正比例化。

三是信息化程度低，数据分散。公证行业基于体制的多样性、地域的分散性、经济环境的差异性等因素影响，信息化进程参差不齐，甚至某些偏远地区的公证处因人力、物力、财力原因根本谈不上信息化。但是在大数据时代下，信息技术和信息化作为 21 世纪所有行业发展不可缺少的手段，已成为衡量一个行业现代化水平与综合实力的重要指标。公证作为具有预防性司法职能的法律服务行业，必须跟上信息化建设的步伐，否则就可能会被淘汰甚至遗忘。随着近些年公证业务飞速发展，公证管理成本的不断提高，以及社会信息化发展的必然要求，纵观全国，自2000年以来，公证行业先后开发应用了五六十种公证业务办证软件，目前有1/2以上的公证机构使用办证软件。但是到目前为止，公证行业依旧主要是“纯手工”为主，与信息化的最低要求数字化和无纸化相去甚远。所以公证行业应当注重加快公证信息化基础设施建设，逐步建立统一的公证信息平台，促进公证业务软件、管理软件的开发与应用，从而构建公证网络、信息库和数据库，全面推进公证行业信息化与大数据的建设与构造。

再谈外患，是公证行业置身于法律共同体中面临的质疑与挑战。

一是社会认同度低。日前，公安部通过“打黑除四害官方微博”发布消息，图文详解了18个不该由公安机关出具的证明，并就此给出了详细解释，其中有关居民的偿还能力、收入证明、户口登记以外的亲属关系等建议日后均由公证机关来证明。我们看到，公证职能又一次遭遇扩大解释。而愤懑之余，也不禁唏嘘其他部门对公证行业的认同感，对公证职能和公证作用的不解和茫然。除此之外，我们可以比较法学院校毕业生从事律师和从事公证的人数比例，可以统计研究公证的法学专家人数，可以查阅涉及公证的书籍数量，相信大家可以直观地感受到公证的社会认同度。

二是其他行业对公证的冲击，业务流失。法律职业共同体中另一员大将——律师，在近几年蓬勃发展，业务领域不断扩张，掌握了经济、政治、社会公共资源的律师群体继而控制了话语权。一些原本属于公证机构的业务领域也逐渐被律师渗透，甚至有部分律师叫嚣将取代公证员角色。与此同时，法定公证的缺失导致了公证业务的不稳定性，同时也导致了公证机构缺乏应有的话语权。与其他国家的公证机构相比，目前中国的法定公证是少之又少。房地产流转过程中的公证业务是目前中国公证业务中最主要的组成部分，但直到当下却还没有被“正名”。一个法律职业却缺乏应有的法律支持，那么这个职业的运作和发展必将受到制约，其机构开展此项业务的合法性也必将遭到质疑。一边是传统业务的日渐流失，一边是律师行业的步步紧逼，再加之公证机构的内部竞争也日益白热化，公证行业正面临着前所未有的业务冲击。

三是社会诚信体系脆弱，执业风险大。现如今，不可否认的是，我国诚信体制构建尚不完善，社会普遍缺乏诚信，假证书、假证明、假材料漫天飞，就连公证行业也未能幸免地遭遇到当事人不诚信问题。《公证法》第44条看似规定了当事人提供虚假材料的法律责任，却未涉及处罚的具体种类和幅度。这就导致实际工作中，公证员在审查当事人提供的书面文件，发现文件虚假，去公安机关报案，公安机关通常都是以没有造成实际损失为由不予立案。即使立案，也会在追究责任问题上如何定性陷入尴尬境地。如何定罪、如何量刑，没有明确细致的法律规定就无法惩罚这些败坏公证公信力的当事人。一位西方哲人说过：如果法律不能被执行，那就等于没有法律。这让我们公证人感到无辜和无助。有人会说，公证机构有审查材料真实性的义务，也应承担此风险。这更戳中了行业的泪点，我们仅有核实权，有关部门往往会以种种理由拒绝核实请求，而面对较多的人力、物力和时间成本，当事人也不愿意承担。因此公证人员也只能就当事人提供的材料进行形式上的审查。而这种书面审查稍有疏忽，就会使一些提供虚假证明的当事人获取公证，而受害人事后就会起诉追究公证机构的法律责任，公证处面临相当大的赔偿风险。同时，这也严重破坏整个社会的诚信体系，包括群众对公证的信赖感。

综上，这一系列的内忧外患不得不引发我们关于如何进行自身内部改革完善，如何优化公证职能价值体系，如何突出重围实现公证事业大发展的思考。2015 年，司法部党组书记、部长吴爱英同志要求全国司法行政系统以习近平总书记关于“四个全面”战略布局的重要论述为引领，为中国特色社会主义建设提供法律服务和保障。在公证工作中如何贯彻并落实吴爱英部长的一系列重要指示，是我们一直思考并努力的工作重点和方向。众所周知，公证有四大职能：证明、服务、沟通、监管，而且一些公证机构已经就某一方面卓有成效，如明信公证处体现的公证服务职能，如蔡煜工作室体现的公证沟通调解职能，如律师那样提供非诉咨询服务，如行政机关依法执法需要公证介入的公证监督职能。就个人看来，在新常态下，我们必须对公证职能进行再认识。

笔者认为，公证职能应分为“基本法律保障职责”和“专业法律服务功能”两个方面，且是职责和功能的相统一和缺一不可。职责方面强调公证的存在须为政府服务、为民生服务，应作为国家经济发展、社会和谐稳定、法律环境安全的有力保障，属法定公证范畴。功能方面强调公证应为众多经济主体和公民提供高质量且公平公正的法律服务，属自愿公证范畴。正是因为公证机构的这种特殊职能，决定了其在社会管理、经济监管、信用服务上拥有其他国家机关、企事业单位和商业性中介机构所无法替代的优势。

一、基本法律保障职责

就基本法律保障职责而言，主要包括服务政府和服务民生。

（一）服从、服务于国家经济建设和社会公共事务管理需求

2015 年 8 月 12 日，天津地区发生了令国人牵挂和心痛的重大火灾爆炸事故，造成了重大的人员伤亡和财产损失。事故发生后，天津地区的公证员冒着生命危险，不顾个人安危，深入爆炸事故核心区，对受损企业开展证据保全公证，体现了公证行业的责任和担当。

这不仅让我们回想起《公证法》颁布 3 年后的 2008 年“汶川特大地震”发生后，四川公证行业按照“5 · 12”抗震救灾指挥部的要求，成立公证应急派遣队到极重灾区都江堰市办理危旧房屋现场保全证据公证的情形。到达灾区后，看到昔日繁华的城市顷刻间已是残墙断壁、满目疮痍，同志们都被眼前的情景强烈震撼了，不禁泪流满面。这一刻，使我们公证人更深刻体验到了灾区人民的深重疾苦，也更加坚定了为灾区作出更大贡献的决心。在抗震救灾指挥部的统一指挥下，公证人与都江堰市房管局、建设局的同志一道，不顾个人安危，冒着余震带来的危险，穿梭于危房和瓦砾中，以自己的实际行动服务于国家需求，服务于抗震救灾的大局，得到了灾区群众的一致好评。

在大灾大难面前，无论是天津的公证人，还是四川的公证人，我们作为中国公证人，

都肩负了神圣使命。因为我们意识到，公证行业应该将服从、服务于国家经济建设和社会公共事务管理需求放在重要位置。公证行业在应对社会重特大公众事件时表现出了强烈的使命感和社会责任感，这对公众来说，公证行业是担当起了为民解忧的忠诚使命；对社会各行各业来说，公证行业是担当起了树立形象的行业使命；对党委、政府来说，公证行业是担当起了服务大局的政治使命。这不仅体现了公证行业在社会重特大公众事件中的责任担当，而且通过做好应急服务工作提升了行业的影响力和社会地位，为拓展公证行业的发展空间奠定了坚实基础。

（二）保护社会公众普遍利益

《公证法》颁布的这10年，行业一直高度重视服务民生，如全国多个公证机构相继成立家事法律服务中心、社区法律服务中心，专门为老百姓尤其是困难群众提供免费的法律咨询和解答，促进公平正义与社会和谐。最开始，部分街道办的干部和社区群众在质疑，公证机构真的能够长期坚持不懈地将这些为老百姓办好事、办实事的工作开展下去吗？但是通过全国公证人的努力和坚持，我们向社区居民证实了这份责任和担当。无论是寒冬还是酷暑，我们的公证人都定期或不定期坚持深入社区进行普法宣传，老百姓有法律问题可以向我们咨询，有烦心事可以向我们倾诉，有涉及非法律事务方面的困难需要解决的，我们帮忙联系相关的行政机关和办事机构。我们坚持不懈地努力着，老百姓的疑虑打消了，公证公信力在社会公众中得到了提升。

二、专业法律服务功能

就专业法律服务功能而言，可以从证明功能和顾问功能来理解。

（一）高性价比的民事法律服务

民事业务是公证机构的传统业务，在公证业务中能占半壁江山。低廉的收费和快捷的服务是百姓选择公证的重要原因，这点可以从民事业务的两大重头戏——公证遗嘱和继承公证中看出：

根据中国公证协会发布的《公证遗嘱业务发展报告（2014）》显示，全国各公证机构国内遗嘱公证办理数量从20世纪90年代初的每年不到2万件，已经发展到近几年的年办理量9万件左右的规模。此外，通过中国裁判文书网公开的裁判文书以关键词“公证遗嘱”查询，共有1388条记录，其中反映公证遗嘱得到采信的有1345条记录，占96.90%。可见，公证遗嘱在诉讼中绝大多数被采信，公证遗嘱效力优先得到了司法实践的验证。

再看继承公证的相关数据，根据2014年中国统计年鉴显示，全国各基层人民法院一审继承类案件共审结111,285件，而全国的公证机构共办理继承公证792,586件，存在数倍的差异。数据表明，人民法院处理遗产继承案件仅占到公证机构的10%左右，而这些，还不包括遗嘱公证、遗赠扶养协议公证、放弃继承权声明公证、遗产分割协议公证等与继承案件相关的公证事项。事实上,《继承法》实施近30年来,主要适用部门是公证机构和人民法院,而适用该法的最大的一个法律职业群体不是法官,更不是律师,而是公证员。公证机构在实践中承担了大量的继承权确认工作,其以特有的顾问、咨询及证前、证后的调解职能,兼具中立、快捷、亲民、非讼的优势,有利于快速有效地解决继承领域的家庭矛盾,将诉讼消弭于无形。

(二)高效专业的商事法律服务

自改革开放以来,国家经济建设蓬勃发展,与之而来的是在大量的经济交往中,经济纠纷、交易风险不断出现。同时,经济发展与商事法律服务质量的不对称成为掣肘。此时,公证以民间借贷、金融公证、提存服务、股权转让、股东会现场监督、商事交易痕迹保全证据等服务产品参与经济活动,为商事交往的顺利进行和商事领域诚实信用氛围的建立贡献了不小的力量。可以说,公证机构是最早为公民和法人提供商事法律服务和法律保护的机构之一。尤其是《公证法》颁布10年以来,公证服务商事范围不断拓宽,方式愈加便捷,公证在为解决各类经济纠纷提供合法、有效证据过程中起着不可估量的作用。

(三)维权利器——知识产权法律服务

统计数据显示,2006年至2013年全国公证机构共办理知识产权公证事项591,654件,其中,著作权公证事项121,051件,占20.46%;商标权公证事项320,535件,占54.18%;专利权公证事项128,390件,占21.70%;其他知识产权公证事项21,678件,占3.66%。重庆市高级人民法院2014年1月至10月数据表明,一审知识产权案件2096件,涉公证证据案件1832件,占87%。同时,重庆市第五中级人民法院调研发现,被控侵权方对公证证据的接受和认可度往往较高,在没有相反证据可以推翻相应的公证侵权证据时,往往较容易与权利人达成和解。近5年审理的涉公证证据知识产权一审案件中,有671件案件以调撤方式结案,调撤率近63%,尚无公证证据未被采信的情况。公证证据以其证据优先效力得到了人民法院的认可,也为司法审判节约了资源,提高了效率。

2014年,《国家知识产权战略实施推进计划(2014年)》和《深入实施国家知识产权战略行动计划(2014~2020年)》颁布,将公证工作明确纳入国家知识产权战略,更为公证知识产权法律服务指明了方向,搭建了发展的平台。

(四)前景可观的法律顾问服务

公证机构为当事人提供委托书代书、代拟合同、审查股东会会议方案、法律咨询、调解等增值服务,实际上充当了当事人的法律顾问,但因为行业内部的种种原因以及没有系统的学习、培训、宣传和制度,"公证法律顾问"的称谓并未得到承认和重视。

顾问应是法律服务行业的首要职能,是法律人的基本功。公证要成为法律顾问,不仅要提高法律素养,培养服务意识,更要走特色化道路,发挥公证证明职能优势,不走律师法律服务模式。

三、搁置争议,突出重围

引用狄更斯在《双城记》中的一句话:“这是最好的时代,也是最坏的时代。”面对目前公证行业在内部未统一、外部不友好的局面,公证人应有变革的觉醒和团结一致的觉悟,需要搁置争议,突出重围,努力做到以下五点:

1. 把握公证职能定位,保障与服务相统一。

目前的公证从业人员缺乏群体归属感,一方面是公证体制的不统一,全国3000余家公证机构,有行政化管理的,有企业化管理的,有商业化运作的,公证职能受体制的影响必然出现过窄或过宽的现象;另一方面是法律商业主义的渗入,“经济人”的角色导致目前公证从业人员各自为政,单打独斗的现象较多。这就必然导致公证职能的混乱。我们需要统一职能认识,将法律保障和法律服务相统一。证明职能是公证职能的基础,行使证明权,履行证明职责为国家、社会、公民出具公证文书,保障公证相对人的公证需求是公证机构的基础。服务职能是公证职能的扩充,以公证增值服务开拓市场,并反哺公证,是公证站稳法律服务市场脚跟的必要条件。保障职能与服务职能应是统一、联系的关系,保障是基础,服务是延伸;保障促进服务,服务提升保障。保障不同于“唯证明论”,服务也不等于“纯商业化”。公证机构应抛开体制的束缚,以坚固的公证法律保障和高效、立体、全面的公证法律服务维护和提升公证的地位和作用。

2. 寻求认同,主动与多部门合作与沟通,加强话语权。

纵观《公证法》颁布10年,尽管公证有各种各样的“短板”,但公证作为“非讼法官”确实起到了证明、沟通、预防、服务的作用,其与老百姓的日常生活和企业公司的日常运营朝夕相关。而现实却令人寒心,社会舆论、其他法律职业者、普通百姓、法学院校对公证知之甚少,甚至颇有微词确是不争的事实。这归结于公证业和外界其他部门的沟通并不多。一个部门要获得社会的尊重和认可必须获得话语权,只有获得了话语权,才能获得资源。

因此,公证行业必须主动出击,积极与各部门沟通,建立公证行业的宣传舞台,形成强有力的公证声音。各公证机构应心往一处想,劲往一块使,确立行业宣传方向,形成具有行业特色的宣传阵地,打破“墙内开花,墙外不香”的尴尬局面,让公证行业在法律群体中发出强烈的声音,让其他行业感受到公证行业勤于思考、精于业务的氛围,认识到公证的不可或缺性。

有时单单依靠公证行业内部的力量远远不够,当务之急是要集聚全行业的力量为公证寻求法学专家的智力支持、立法者的认同和首肯、政府部门的政策支持、其他与公证息息相关的单位的理解和配合以及法学专业学生的认知和选择,为公证打造出立体、全方位、正能量的宣传网。

3. 发挥职能优势,从坐、等、推转变为走出去、引进来。

面对现实生活中老百姓升学、就业、出国留学对证明的迫切需要,如何在公安部门等行政机关不再开具相应证明的情况下，充分发挥公证在保护社会公众普遍利益方面的职责，对公证机构和公证工作来说，既是一种挑战，也是一种机遇，而就个人而言，笔者觉得机遇的成分更多于挑战。笔者认为，以这次“公安机关十八不开”事件为契机，公证行业思考的重点应该是如何加强自身建设、提升公证工作服务公众日益增长的公证法律服务需求的能力与水平。当前我们可以抓好以下两个方面的工作：

一是在大数据时代背景下，我们公证行业必须充分挖掘、整合公证信息资源库。2015 年 5 月，国土资源部下发通知，提出 2017 年要基本建成覆盖全国的不动产登记信息平台，并在通知中提到“国土资源云”概念。这意味着不动产登记信息平台建设已基本完成顶层设计，全面进入实质性建设阶段。2014 年，全国公证遗嘱备案查询平台建成并投入试运行，也是我们对全国公证行业信息资源的整合利用，增强了公证遗嘱在《继承法》修法中的话语权。其实，我们在办理公证过程中，会依法了解当事人的很多信息，如有无子女、有无违法犯罪记录、学历程度、财产信息，甚至亲子鉴定报告公证中了解到的非婚生子女情况。如果我们能够将这些资源在依法保密的前提下进行整合，最终将形成我们公证行业的公民信息库，我们难道还不能出具户口登记以外的亲属关系公证吗？将来房屋登记部门、公安机关甚至纪检监察机关都要寻求公证机构的帮助和信息共享，我们将真正做到无可替代。

二是公证机构应该组建自己的调查核实部门。以往，我们更多依靠当事人自己提供的证据材料加以证明，在当前“证明你妈是你妈”被社会公众普遍诟病的大环境下，我们需要转变工作思路和方式。通过我们调查核实部门的专职工作人员深入社区、学校、医院的调查，既是以实际行动向老百姓宣传了公证、普及了法律知识，也会通过我们实实在在的艰辛和热情，让当事人体会到公证的价值和独特魅力，更让假证明材料无处遁形。

4. 迅速提升公证队伍整体素质。

“专业法律服务功能”中有两个重要的定语，即“专业”和“法律”。专业要求从业者要像律师、医生一样以专业、精准、高效的服务赢得法律服务市场，而法律向来是精英的舞台，公证作为法律职业共同体的一员，就必须求贤若渴地吸纳精英者，而且还要努力使已经从事公证工作的人员人人成为精英。因此招贤纳才和专业培训是刻不容缓的。

对外广纳贤良，严格准入机制，采取有效措施健全人才储备。任何一个行业要发展，优秀人才的补充是关键。如果得不到精英人才的认可和加入，那么它只会停留在初级阶段，无法得到提升。我们需要制订人才引进规划，拓宽选拔视野，创新选拔渠道。目前，一些公证处已经和部分高校合作成立教学实习基地或者设立奖学金，旨在达到优化公证队伍结构、加强公证影响力、为公证行业提供高素质人才资源储备的目的。

对内加强培训，打造复合型人才。新时代赋予专业更丰富的含义，不再仅仅局限于所学专业特长这一狭义理解，而是强调各个领域的涉猎与了解，要求公证员不仅能够清晰明了地阐述办理公证有关问题，而且能够洞察公证产品在市场中的作用价值。可见，新时期的公证人才需求应当由传统单一的证明人向复合型的法律人转变，由法律专业人才向全方位专业人才转型。公证机构应积极引导公证人员加强学习研究，完善多层次、多角度、多领域的业务培训机制，加快公证人员知识更新，打造人才梯队建设，提升公证队伍整体专业素养及服务能力。

5. 加强公证机构的公益服务理念，防止商业化倾向，塑造公证公信力。

小到个人，大到集体，都属于社会的一分子，都必须肩负相应的社会责任。况且，公证机构本身具有法律保障职责，更应率先垂范，履行保护社会公众普遍利益的义务。

公证机构力求公证工作达到社会效果与法律效果的相结合，秉承以人为本、执业为民的理想信念，坚持公证职能与为民服务相统一，想群众所想，急群众所急，为社会提供优质便捷的公证法律服务。投身公益、勇于担当，积极做好涉及公民人身关系、财产关系、家庭关系的公证服务，完善便民、利民、惠民工作措施。对涉及重大社会民生、重大经济建设以及涉及社会和谐稳定的重大案件提供强有力的公证法律服务，这些都是着眼社会效益的举措，使公证人员认识到只有创造了社会效益才能真正地获得经济效益。

同时，公益服务的开展有利于公证公信力的塑造。公益服务将服务为民理念实实在在地展现在群众面前，使其切身感受到取惠于公证，拉近群众感情。要培养全行业的公益思想，并深入贯彻到公证人员的灵魂深处，着力引导公证员培养公证为公、公证尚信的意识，树立正确的职业道德观和人生价值观，准确把握公证公信力内涵，增强对公证失信行为的免疫力和排斥力。

综上，笔者认为，在新常态下的公证职能应当兼顾“基本法律保障职责”和“专业法律服务功能”相统一，依据保障职责彰显国家证明权的权威性、唯一性、独立性，依靠服务功能凸显公证机构的公益性与社会担当，形成一种公证质量与社会效益的相契合。这种公证职能的重构与扩充，既是审视和反思公证从业者所肩负的职责，也是实现迈向法治社会的宏伟目标赋予公证机构的历史使命。在当下，我们全体公证同人，特别是青年公证人，应远离愤懑与抱怨，将压力转为动力，将空谈转为行动，将被动转为主动，众志成城地肩负历史社会赋予我们的使命。

最后笔者引用莫言先生的一句话：梦想，不是浮躁，而是沉淀和积累，只有拼出来的美丽，没有等出来的辉煌。

关于《公证法》颁布10周年的随想

张宇红*

《公证法》颁布10年来，对我国公证事业的发展起到了积极促进作用。《公证法》构建了公证的框架原则，列举了公证的业务范围，明确了公证的法定证据效力和执行效力。10年前，《公证法》勾勒了一幅公证的写意山水图——真实合法原则渲染了公证发展的广阔空间，16项业务范围描摹出公证制度建立和拓展的筋骨和维度，公证效力作为核心主题彰显公证的法律价值。10年来，我国公证事业在《公证法》的写意空间中不断探索，锐意创新，中国公证发展的潮流日益迅猛，涌现出许多或独当一面，或引领方向，或另辟蹊径，或别具特色的优秀公证处，也锻造了许多或深入思考，或点燃灯火，或传道授业，或勇于创新的行业精英。公证的社会影响力、业务拓展度和行业公信力与日俱增。《公证法》颁布后的10年，是中国公证发展历史上最好的10年。

狄更斯说过，这是最好的时代，也是最坏的时代。狄更斯所处的时代是工业革命兴起的社会大变革时代，一切的制度、行业，思想、价值都要放在新时代的天平上重新考量。2015年的今天，我国也处于重要的社会变革时代，公证行业在社会变革的洪流中应该如何立足、如何定位、如何发展，就成为亟待做出抉择的重大问题。

对于任何一个在当前的变革时代想要独立发展的行业而言，人才、技术和制度是保障发展、开疆拓土的“三驾马车”。人才对于任何一个行业的发展都是决定性、关键性的因素。公证是小众行业，公证人才的数量和素质决定着公证发展的广度、深度和厚度，决定着公证法律服务的质量和行业的社会公信力。对于公证行业而言，一方面要吸引高端人才、优秀人才的加入，另一方面要快速提升公证人职业群体的法律素养和业务能力。近10年来，公证界人才辈出，但远没有出现千帆竞秀、百舸争流的局面，有些公证员的业务能力甚至始终停滞不前。改革的大潮大浪淘沙、优胜劣汰，时代和潮流已经到了时不我待的时刻，必须举全行业之力，打一场整体提升公证战斗力之战，集中开展全国范围的综合素质培训、服务能力培训、业务技能培训及互联网能力培训，快速提升公证人的整体

---

* 中国公证协会理事，中国公证协会公证质量评估委员会主任委员，黑龙江省公证协会副会长，黑龙江省哈尔滨市哈尔滨公证处主任。

水平，为进一步的改革和发展储备能量、奠定基础。

谈到技术，最不容忽视的就是网络技术。不论公证在与不在，互联网技术每天都在飞速发展。互联网领域日新月异的发展所带来的效率、快捷、直接、透明度、低成本的冲击对于任何行业而言都是颠覆性的挑战。对公证行业而言，它直接挑战的是公证的纸质化模式、真实性的认知、认证类公证以及公证法律服务的成本，动摇着公证界的基础性业务和公证传统方式。那么在不久的将来，也许 3 ~ 5 年内，就会出现其他领域的跨界抢劫者和技术替代者。10 年前，我们可以忽视互联网，但是 10 年后的今天，我们必须重视并加强科技力量和研发力度，掌握互联网的核心技术，充分发挥公证的证据优势和效力优势，不仅实现互联网 + 公证，而且要实现公证 + 互联网。

最后，要谈到制度。关于公证机构的性质定位以及公证体制问题业界一直在争论，在探讨，在求索。如今，《公证法》对于上述问题的回避和模糊定位已成为阻碍公证事业发展的“瓶颈”，尤其在我国当前公证体制改革的关键阶段，如不适时加以解决，必将导致公证改革的停滞甚至公证事业的倒退。

公证机构的性质决定了公证的发展方向。2000 年，国务院对于公证机构的改革意见中就已将公证机构定位为法律服务社会组织，而 2005 年《公证法》订立之初，对于公证机构的性质定位偏离了改革的初衷，存在定位模糊的弊端。当前，随着市场经济体制的日益发展，政府宏观管理、指导与监督的职能与定位日益明确，公证机构也应适时回归其大陆法系的性质与职能，在市场经济体制中发挥其公共法律服务社会组织的重要作用。建议在公证体制具体模式上参考德国、法国的成熟模式加以构建，以有效保障市场经济及现代国家治理的法律安全及社会稳定。

中国的传统文化是由家长官僚制度为核心的政治文化、宗法家族制度为纽带的社会文化以及小农自然经济为基础的经济文化组成。当今中国的法治基础薄弱，法治社会的进程依然任重而道远。公证起源于欧洲的代书人，其实质是中世纪欧洲最有法律文化素质的群体，促进了欧洲法律文化与贸易的萌芽与发展。《风月法令》颁行于法国大革命时期，是现代法律制度与权利制度对于封建土地与财产制度的解构与挑战。在我国的现阶段，公证作为法律服务与权利证明机构，释明并保障物权、意思表示及权利意识，衡平公益与各方利益，提升社会治理行为的规范化与透明度，维护司法安全及降低纷争与诉率，是公证的重要职能及不容懈怠的社会责任。公证的价值不仅为当代社会法治构建所急需，而且契合中国传统的非讼、中庸、中和的文化理念。目前，公证的应然范畴与实然范畴还存在不小的差距，我们对此要有清醒的认识和不断锐意进取的精神，从做好或基础或高端的每一项公证法律服务做起，为《公证法》的修改与完善积极探索，奠定基础，积累经验，在顾问、规范、调解、监督、证明、服务的细节与职能中推动国家法治进程与法治文化的构建与发展。

近年来，哈尔滨公证处在公证实践中认识到修改及完善《公证法》的重要性及紧迫性，并进行了深入调研。2014 年全国人大会议期间，在哈尔滨公证处的积极宣传与推动下，黑龙江省的全国人大代表高广生等 30 位全国人大代表向全国人大递交了《关于修改公证法的议案》。2015年“两会”，高广生代表又递交了《关于加快修改公证法的建议》。建议从五个方面修改并完善《公证法》：

一是明确公证机构的性质。公证机构应适时回归其大陆法系的性质及职能，定位为法律服务社会组织；二是对于公证业务范围加以修改完善，规定不动产领域的继承、接受遗赠、抵押等法律行为应依法办理公证；三是在《公证法》中加强公证在依法登记等非证明事务中的重要作用，建议以公证机构为依托设立登记平台，对于民间借贷、遗嘱进行依法登记；四是在《公证法》中增加公证的确权效力；五是在《公证法》中规定公证机构的公告权及调查核实权。毋庸置疑，公证制度对于我国现阶段的司法安全及社会稳定至关重要。因此，修订原有的《公证法》在公证机构性质、业务范围、公证效力以及公证程序等方面存在的不足之处，进一步发挥公证作为国家法治体系前置环节的独特作用，对于建立有中国特色的法律服务体系，推进我国的法治化进程，具有十分深远的历史意义及现实意义。

为适应公证行业改革发展的趋势，公证行业应树立全国一盘棋的全面发展的思想，在人才培养、核心技术掌握、体制、机制变革等方面群策群力，共谋发展。同时，还可参照法国公证制度建立行业内统一的养老保险制度，设立行业发展互助基金，以增强全行业的竞争能力和基础保障，推动公证行业的整体发展。

协同创新　奋力推动公证事业取得新发展

张丽宏 *

回顾过去的10年，既是《公证法》在太原市得到深入贯彻的10年，也是太原市公证机构快速发展的10年。

一、发展成果

2006年，根据《公证法》的立法精神，太原市司法局按照“十处合三处、三级归一级、一城划三区”的机构设置调整思路，将太原市市区范围内的10家公证机构整合为太原市城南、城北、城西3家公证处，为自收自支的事业体制，并为新成立的3家公证机构划分了执业区域。太原市公证机构设置调整的做法得到吴爱英部长的充分肯定，被总结为“太原模式”。

1. 机构建设得到加强。机构成立后，我们着眼办证需求，积极完善办公设施，实现了办公现代化的同时，极大地提升了服务效率。10年间，通过加强制度建设、文化建设，机构的规范化管理水平也得到有效提升。

2. 队伍建设成果显著。自城北公证处成立以来，高度重视人才培养和队伍建设，通过鼓励公证人员继续教育、采取对学历晋升人员进行奖励等措施，大力营造“励学习、重提升”的队伍建设环境。

3. 业务发展持续增长。在城北公证处上下积极拓展服务领域的努力下，受惠于《公证法》实施后，太原市公证机构设置调整带来了政策和制度设计红利。

4. 公证质量不断提升。《公证法》实施后，我们坚持开展对公证人员的警示教育和风险教育，不断规范办证流程审核，定期开展公证质量检查和执业技能培训。

5. 公证服务领域不断延伸。自城北公证处成立以来，紧紧围绕政府中心工作，积极服务社会经济发展和民生建设。10年间，城北公证处为“山西煤博会”、“山西省十大杰

---

* 中国公证协会常务理事，中国公证协会维护公证员依法执业权益委员会委员，山西省公证协会副会长，山西省太原市公证协会会长，山西省太原市城北公证处主任。

出青年评选”等众多由政府主办的活动提供了公益服务。

6. 公证服务方式与内容不断创新。自城北公证处成立以来，通过推行首问负责、一次告知、公开流程、公开身份等措施，大力开展上门服务、延时服务、预约服务等活动，为群众办理公证大开方便之门。

二、面临的问题和应对思路

当前，我们面临的主要问题是传统业务面临发展“瓶颈”，而新兴业务又拓展乏力。我们分析主要有四个方面的原因：

1.《不动产登记条例》与国家清理整顿中介服务政策并行出台，对继承等传统公证业务的拓展构成了冲击。

2. 房地产投资增速放缓与房地产销售大幅下滑，对涉及商品房的公证业务构成了冲击。

3.《民事诉讼法》新增的关于实现担保物权的相关规定削弱了公证赋予债权文书强制执行效力的职能作用，对“赋强类公证业务”的拓展构成了冲击。

4. 传统公证业务存在随着互联网技术、通信技术、数据存储技术的不断提升而逐渐消弭的风险。

当然，还有相当多的公证机构，正在积极推动公证服务适应电子信息技术革命对公证工作的需求，努力提升公证的信息化服务水平。

公证是我们共同的事业，推动公证事业健康发展、科学发展、可持续发展，任重而道远。让我们携起手来，通力合作，为实现中国公证事业的腾飞，做出我们应有的贡献！

我的公证历程与梦想

章　勇*

10年前，《公证法》的“诞生”，犹如一个呱呱坠地但四肢发育不健全的婴儿，我们爱他却也为他愁肠百结。如今，陪他走过了10年不寻常的发展之路。

毋庸置疑，《公证法》的颁布与施行大大提升了公证人的法律地位，给行业发展带来了机遇，尽管它是那么的不尽如人意。前后10年对比，无论是公证业务发展总量、社会对公证行业的认知程度，还是公证从业人员的基本素质、公证机构的综合实力，都不可同日而语。就我所在的公证处而言，今天，我的公证团队发展到42名，是当年人员的3倍；年公证业务量达到2.5万件、业务收入1000万元，是当年的6至7倍；即将启用的新业务用房面积3000平方米，是当年的10倍；我所在的中国五线城市六安，2014年常住人口规模不足60万人，GDP刚超1000亿元。

通过对比，我们看到了自身的发展与成绩，心中应当充满自豪与自信，但面对当下，我们的心情也同样的沉重，因为我们的面前还有重重困境待破，更有业内精英人士对我们行业前景表现出无尽的担忧，也让我们时刻警醒着！

应该说，处于一个在全国经济发展相对落后的农业大省，翱翔公证处还算是幸运的。这些年的不断发展，得益于我们尚能游离于政策的宽松地带和各方面的鼎力支持，更得益于我们能够不断汲取全国优秀同行带给我们的经验和启发。但是，还有许多同行却没有我们幸运，他们常年处在“水深火热”之中，为生存、为发展拼尽一己之力尚不见任何希望。其实，放眼全国，这些情况也都大同小异，包括体制、分配、业务发展、队伍建设、内外部环境等。我们今天在谈中国的公证制度、《公证法》，当前面临的这些不尽如人意的现状，我们能够埋怨、全部归责于一部法律的不完善吗？我们经常去比法国、我国台湾地区公证制度的优越性，但我们有去与他的公证人作过对比吗？当然，我也不是要妄自菲薄，我只是希望，行业内的同人，尤其是年轻人，应该减少抱怨，放弃浮躁，静下心来，去思考一下我们行业本身、我们每一个公证人自身存在的不足和短板，哪些需要我们去改进和

* 中国公证协会青年公证员工作委员会副主任委员，安徽省公证协会副会长，安徽省六安市皋翔公证处主任。

完善。每一个人应首先做好自己，努力为推动公证法制建设奠定点滴的基础。同时，我们也寄希望于管理者和专家学者能够看到公证制度的价值和优越性，看到我们行业的作用和需求，通过完善立法给我们的事业带来生机与活力。

我从入行之初就不断地畅想着我的“公证梦”，当初的梦想今天还真实现了不少！在今天这样一个具有纪念意义的场合，也还是要谈谈一个从业20年、已经不再年轻的公证人对未来的梦想：

希望在下一个10年，通过行业内外人士的共同努力，推动公证法制建设更上一层楼，并能够实现以下愿景：

1. 公证体制机制改革到位，建立责权利高度统一、体现公证工作自身发展规律和价值的法律与制度体系。

2. 公证队伍素质提升到位，通过加强学习培训，加上不断的新鲜血液的补充，早日建成一支“政治坚定、业务精通、维护公正、恪守诚信”的职业化公证队伍。

3. 公证执业环境改善到位，包括《公证法》在内的更多法律法规，给予公证恰当的法律地位，保障公证人员正确行使职责，使公证职能作用全面正确发挥，公证服务更加广泛地深入到社会、政治、经济和生活的方方面面，体现公证这一伟大的制度设计与生俱来的魅力。

“谋事在人，成事在天”，我坚信人是决定性因素。10年的公证发展，今天我们看到了公证队伍结构上发生的显著优化，已经形成了一个老中青相结合的公证群体——老同志老当益壮、中年人勇于探索、青年人志存高远，这是一个能够思考、敢于担当、乐于奉献的公证队伍，我们离希望、离梦想越来越近！

公平与正义是人类的不懈追求，即使在今天的和平年代里，实现公平与正义仍然是任重而道远。“公证”是一项无比优越的法律制度，它是以构建和维护公平与正义作为其根本目标的，因此，作为一名公证人，我感到无上的光荣与自豪。

下一个10年，无论公证前进的道路多么艰难与曲折，我仍然会选择坚守，我坚信我的梦想一定会实现！

新疆公证事业与《公证法》共成长　同发展

赵卫利*

公证是司法制度的重要组成部分。作为非诉性质的预防性司法制度，公证的职能日益广泛，它不仅有助于预防纠纷，也通过提供真实、合法的证据促进纠纷解决。作为一种专业的法律服务活动，公证在社会关系的调整中发挥着举足轻重的作用。在立法机关和司法机关无法及时对社会经济生活中出现的新情况予以调整，而社会关系本身需要由法律进行确认时，就需要公证人在公证活动中凭借自身的法律智慧和专业经验，对法律尚未明确规定的情况进行裁量。作为扎根西部边疆的公证人，我们一方面积极服务民生，秉承"立足民生、公证为民；便捷高效、便民惠民"的服务理念，根据群众的实际需要，不断创新工作思路，改进工作方法，实实在在为经济发展、服务民生做出贡献；另一方面积极开展《公证法》法制宣传活动，为经济困难公民或特殊案件的当事人提供免费法律服务，切实贯彻了把法律援助落到实处，把党和政府这项"民心工程"做实做好的"大法援"的工作格局精神。

一、与《公证法》同行，为建设新疆稳定大局保驾护航

公证是预防和解决民事纠纷的第一道防线。公证作为预防性的司法制度，它通过对民事法律行为的设立、变更和终止进行公证，调整民事法律关系，最大限度地使之成为有效的民事法律行为，从而预防纠纷、减少纠纷，有利于市场经济的有序发展及社会的安定团结。尽管我国实体法律中有关公证的规定相对欠缺，但公证机构通过公证活动对公民、一些企业单位、事业单位的一些法律行为进行引导，预防社会纠纷的发生已经产生了明显的效果。在实践中，随着经济发展、公民法律意识增强，如今，许多公民不仅熟悉了公证事项，而且在接触到的新鲜事物需要法律保护时，把公证作为一项重要的选择，公证的数量呈不断上升的趋势。公证的服务领域不断拓展和深化，由服务涉外工作为主转为国内和涉外并重，由服务民事领域为主向服务社会生活各领域全面延伸。公证发挥的普

* 新疆维吾尔自治区昌吉回族自治州公证处主任。

遍性引导效力，对整个社会来说，具有维护社会稳定，促进经济发展的作用。在整个预防和解决民事纠纷的系统工程中，公证、调解、仲裁、诉讼、执行这五个环节，从系统内来讲，形成一个体系、一个链条，其中公证是站在最前面、最前线的第一道防线，从社会高度来看，公证发挥了不可替代的作用。在公证工作中新疆维吾尔自治区昌吉回族自治州公证处切实承担起应有的社会责任，在为政府、企业、社会提供服务的过程中，着眼于预防和化解社会矛盾，引导群众依法正确表达诉求，将各类可能发生的矛盾纠纷控制在萌芽状态，减少不和谐因素，维护社会稳定。例如，为规范殡葬用品市场，昌吉市殡葬用品市场建设领导小组办公室对我们提出了财产清点的公证申请，在新疆维吾尔自治区昌吉回族自治州公证处接到公证申请后，主动积极地与"殡葬办"的工作人员联系，了解现场情况、准备办证手续、商量第二天有可能遇到的"突发事件"的对策等。经过充分的准备，新疆维吾尔自治区昌吉回族自治州公证处公证工作人员与昌吉市民政局、昌吉市行政执法局、昌吉市公安局、昌吉市工商局四部门联合就现场搬迁工作进行了密切配合，最终在各部门的协作下搬迁工作得以顺利进行。在此次搬迁工作中，新疆维吾尔自治区昌吉回族自治州公证处充分发挥了公证服务职能，为政府保驾护航，促进了社会安定和谐。

公证事业在中国还是一个年轻的事业，应加强它对社会发展与稳定的积极作用。在构建和谐社会的体系中，下岗职工的再就业问题显得极为突出。针对下岗职工在二次就业中资金紧张不利于扩大经营的实际，国家实施了一系列措施，如小额贷款发放。新疆维吾尔自治区昌吉回族自治州公证处在办理这批合同公证中，坚持把为人民群众提供满意的公证法律服务作为衡量新疆维吾尔自治区昌吉回族自治州公证处公证工作成效的标准。公证员多次主动与下岗职工联系、沟通，在具体办证中简便办事程序，降低费用，在办证时间上，方便个体经营者；同时不失时机地根据来办证的每一位下岗职工的实际情况，面对面开展法律宣传，引导下岗职工在扩大经营中自觉运用公证手段来规范、管理和经营企业，避免恶性循环。

每年元旦、春节将至，农民工要提前回家过年，可农民工们辛苦10余月的工资一直未如数发放，然而令房产公司苦恼的是工资能够保证全部发放，但今天领取工资的大部分人是代领工资者，房产公司非常担忧今后会有纠纷发生，因而双方都迫切需要通过公证来解除彼此的后患之忧。新疆维吾尔自治区昌吉回族自治州公证处对此公证的办理进行了全面安排。农民工问题一直以来就是社会的焦点之处，如何办理此证并恰如其分地处理好此事是非常关键的。通过对双方所提供材料的审查，决定对百余名农民工的工资发放以办理承诺书、保全行为的公证形式为双方解决这一难题。通过此次公证采取的一系列有效措施，有力地确保了农民工如数领取工资，顺利解决了房产公司困惑的难题，保证了百余名农民工的合法权益，从而有效地避免了群体性纠纷的发生。为构建和谐昌吉，促进社会稳定起到了积极作用。

其实做到这些还远远不够，要让社会认识到程序法（包括公证制度）是实体法得以实施的保证，而程序法特别是公证制度的推行又依赖于实体法。在实体法中规定某些法律行为必须办理公证，不仅使公证得以有效运用而且能切实保障实体法的贯彻实施。另外，在实践中完善公证制度，使公证的公信力得到切实的保障。随着国家法制逐步完备、公证行业自身素质的提高、公证公信力的提高，公证活动将得到社会高度认可。

公证是保护国家利益和公民、法人合法权益的有效手段。公证证明有预防纠纷、减少纠纷的作用，但并不能保证不发生纠纷和诉讼。经过公证的民事法律行为发生纠纷、诉讼后，公证书就是一种特殊的证据。我国《民事诉讼法》第69条规定："经过法定程序公证证明的法律事实和文书，人民法院应当作为认定事实的根据。但有相反证据足以推翻公证证明的除外。"该条明确了公证书有证据效力，能够作为认定事实的根据，且如果有相反的证据足以推翻公证证明，人民法院才可以不采证。2002年的最高人民法院《关于民事诉讼证据的若干规定》(修订)明确规定，已为有效公证文书所证明的事实，除当事人有相反证据足以推翻的外，当事人无须举证证明。经过公证、登记的书证其证明力一般大于其他书证、视听资料和证人证言。在实践中，公证业务中的证据保全业务正发挥着越来越重要的作用。每一个诉讼案件的认定都离不开证据，当事人如果举证不力将可能承担不利的诉讼结局，但当事人及诉讼代理人调查取证的权利是非常有限的。而公证的证据保全业务，则在不少诉讼案件中为当事人及律师的取证提供了一个有效的手段。尤其是在网络侵权、专利、商标、著作权等知识产权领域的诉讼中，对侵权行为证据保全公证有着不可替代的作用。当然证据保全公证还应不断地完善，使之真正朝着《民事诉讼法》规定的——人民法院应当把公证文书作为认定案件事实的根据这个目标迈进。

二、与《公证法》同行，为西部经济建设添砖加瓦

强制执行效力是打击不良贷款行为、确保信贷资金安全回收的重要法律措施。公证机构具有赋予债权文书强制执行效力的职权，这是法律赋予公证机构的特殊职能。近年来，公证机构通过为金融部门办理借款合同、抵押合同、担保合同、赋予债权文书强制执行效力等金融公证事项，提高了合同的履约率，切实保障了国家债权的实现，为维护国家的资金安全做出了更大的贡献。昌吉回族自治州有十几家银行，昌吉回族自治州公证处与各大银行密切合作，办理了大量的《个人购房借款合同》、《流动资金借款合同》、《个人汽车消费借款合同》以及相关的担保合同公证。在办理银行系统各类借款合同公证业务时，派出办理此项公证的公证员及助理要见到每一位借款人和担保人，并做详细的谈话记录，通过公证人员对证明材料的严格审查，加强与银行信贷员的沟通，做到全面了解借款公证相关问题的全部情况，以最大限度地保障合同的有效性，避免被当事人提供的虚假证明材料所蒙骗，以保障银行顺利的实现债权。同时，在办理过程中昌吉回族自治州公证处进行了及时总结，对于公证机构认为不妥或者存在风险的问题及时与各银行了解沟通，为各银行出具《法律意见书》。在借款发生拖欠后，积极配合各银行追索，取得了非常好的成效。对于一些违约严重的借款人，根据银行的申请及时出具了《执行证书》，并被法院予以执行。近年来，昌吉回族自治州公证处共办理金融借款标的高达上百亿元，累计出证近10万件。在这段保驾护航的历程中，各大银行也深刻地意识到了公证法律

服务的积极作用，主动将公证程序加入合同内容，公证在金融领域得到了极大的肯定和认可。

在中国的经济建设中，公证工作不断扩大其服务领域，目前已涉及金融、信息、房地产业、国企改革、公司事务、西部大开发、家庭事务及各种经济、科技、文化合作等众多经济活动领域和电力、交通等国家大中型建设项目，为依法规范市场经济活动，制止不法行为，维护经济运行秩序和安全，推进经济体制改革和发展起到了保驾护航的作用。金融危机到来后，国家规定对于符合标准的小额贷款可予以发放。一些公司或个人的小额贷款业务，如公司创业贷款、个人消费贷款等，单笔数额较少但是笔数不少，可能发生的借贷双方都希望公证可以充分发挥职能作用，避免可能发生的纠纷。为此，昌吉回族自治州公证处与多家担保公司合作，为“小额贷款”提供公证服务。这对于一些处于创业阶段的企业、今后可能是富有潜力的行业或企业以及下岗职工，公证处的参与解决了融资难问题，推动了中小企业和民营经济发展。

昌吉回族自治州公证处为昌吉回族自治州“中小企业及青年创业”开发性金融贷款提供的公证法律服务，充分发挥了公证服务经济社会发展、保障民生的积极作用。为推进该州“中小企业及青年创业”开发性金融贷款工作，按照州开发性金融领导小组的安排及国家开发银行新疆分行的要求，昌吉回族自治州银信公司（助贷机构）向昌吉回族自治州公证处提出了公证申请。昌吉回族自治州公证处接到昌吉回族自治州银信公司（助贷机构）关于此次贷款的公证申请后，严格按照《公证法》、《公证程序》及相关法律法规的规定对经审核后符合条件的多家中小企业及青年创业者进行了谨慎审查，不厌其烦地向各位当事人耐心解释，缜密地从每一个环节上把好公证质量关，努力争取不疏漏每一个细微的环节；对上报材料进行全面了解、核实，积极去发现问题，及时与企业及个人沟通，坚决要求企业及个人按程序补充、完备贷款及公证所需材料；为扶持自治州中小企业及青年创业项目建设，促进社会信用环境建设，支持县域经济发展，实现昌吉回族自治州社会经济各项事业健康发展做出贡献。

近几年来，昌吉回族自治州按照“两个先行、两个优先”即“新型工业化，交通要先行，建设新农村，交通要先行”和“优先发展社会主义新农村建设示范县、乡、村公路，优先发展重要园区和旅游景区公路”的发展思路，大力加强农村公路网建设，坚持建设、管理和养护并重，不断完善公路运输服务体系，从而使昌吉回族自治州交通事业得到了又好又快发展。昌吉回族自治州公证处为了贯彻昌吉回族自治州党委关于“两个先行、两个优先”的发展思路，州交通局为加强州公路网路建设，要求投标人的投标书中必须附经过公证的《法人授权书》、《企业营业执照》、《建筑企业资质证书》及相关的技术人员的学历、职称、资质等。这就要求在办证过程中，承办公证员严格按照公证程序规则规定的程序办理公证，仔细审查申请人提交的证明材料，核对每一份复印件与原件内容是否一致。公证书使用范围涉及省道311线、玛纳斯县公路、呼图壁县公路、阿勒泰公路、和田公路等多个工程项目。经济发展交通要先行，交通的便捷度，从来就是决定地区经济社会发展的基础条件之一。交通因素对经济社会发展的重要作用将愈加明显。

三、与《公证法》同行，为新疆新农村建设添砖加瓦

社会主义新农村建设的最显著特点就是发展经济。只有经济发展了，新农村建设的步伐才能加快。发展农村经济是新农村建设的基础，是新农村建设工作的中心工作。当前，农民面临的法律事务越来越多，社会矛盾和纠纷也不断增多，通过法律手段防止和解决社会矛盾和纠纷已经成为我国法律服务的重要方式，而公证就是其中一个独特而又有效的重要方式，所以公证机构也要顺应社会发展，深入基层，力图通过公证依法保障和维护农村市场经济秩序，树立为农业、农村、农民服务的理念。每年 11 月到次年的 4 月，农民为了保证农业生产的资金，大部分农民向农村信用社申请贷款。昌吉回族自治州公证处为了拓展此项业务，多次与农村信用社召开联系会，并针对这一阶段的工作，专门召开农村农贷公证工作会议，提前与农村信用社客户经理接洽、沟通，向其介绍公证的宗旨是预防纠纷，避免不法行为的发生，减少诉讼，提供公证法律服务和法律保障。

农贷贷款的形式是由五户至九户不等的拥有本地户口，并从事农业种植、养殖、经营的农民组成联保小组，联保小组成员每人均要申请小额贷款，其他成员提供连带保证责任担保。农村牧区小额贷款存在风险，农牧民小额贷款从信用社成立之日就有。如今，小额农户贷款被放在政治的高度大力提倡并在全国范围内加以推广，但各地农村信用社管理水平、经营能力、农户贷款基础、农牧民信用程度以及道德水准参差不齐，而在短时间内用一个标准来衡量，容易产生农牧民对小额信用贷款政策理解的偏差，急于利用小额农贷脱贫，但缺乏市场、信息、风险的认识准备，易诱发债务负担；对农村信用社信贷人员而言，认为拓展农户小额信用贷款是政策要求，为了尽快完成任务，对农户贷款对象、条件、金额等贷款要素降低标准，加之农牧民信用观念淡薄，从而有可能导致新一轮贷款沉淀。

昌吉回族自治州公证处与农村信用联社紧密合作，自实行贷款合同公证以来，贷款逾期率明显下降，信贷资产质量得到有效提高。其主要做法是：加强贷前调查，摸清借款人及担保人的资信状况，找准降低贷款风险突破口。信贷人员与公证处公证工作人员经过贷前调查，做好贷前准备。健全手续，规范操作。为使贷款合同公证制度化和规范化，昌吉回族自治州公证处进一步完善和规范贷款合同公证办理手续，制定了具体的贷款合同公证操作办法。现场办公，提高办事效率。昌吉回族自治州公证处指派公证工作人员到信用社各网点现场办理公证业务，由信用社和借款人、担保人三方自愿申请办理公证，公证人员现场审查，核实借款人及担保人及合同内容的真实性和完整性，从而提高了贷款手续操作的透明度，有效防范了操作风险和道德风险。

办理贷款合同公证初期，个别借款人对办理合同公证费用的收取有加重负担的想法，但经过一段时间的办理及信用社的宣传，借款人逐步认识到了办理公证的好处，从而得到了借款人的信任和支持。经过昌吉回族自治州公证处同农村信用联社的共同努力，通过近几年的实行贷款合同公证收到了以下成效：一是增强了借款人及担保人的诚信意

识、责任意识和法制观念,保证了信用社的资产安全。自贷款合同公证以来,农户联保贷款收回率达到99.5%以上。二是减少了诉讼环节,提高执行效率。由于实行依法公证,对赖账不还的借款人和担保人,可以申请公证机构出具执行证书,直接申请法院强制执行,免去了案件诉讼的前期环节,提高了案件诉讼效率。三是进一步规范了信贷管理。在借款合同公证中,由于信贷操作的公开化、程序化和标准化,最大限度地规避了人为形成的贷款风险,不仅促进了信贷人员素质的不断提高,而且使信贷管理更加规范化和制度化,从源头上有效控制了信贷风险。四是增强了信贷人员的职业道德和法制意识,因贷款发放而产生的投诉现象大为减少。昌吉回族自治州公证处5年来为昌吉周边各乡镇办理农贷工作近万笔,为30万农民保障了春耕资金。农贷工作不仅仅是一项工作任务,更加是法律人的义务和价值所在。公证机构应当更加精益求精,让农牧民当事人更加了解法律知识,有效地预防和调控农村社会的矛盾纠纷,维护和保障广大农民群众的合法权益,做到在工作的同时普及法律知识,为国家的法制建设尽一份力!

四、与《公证法》同行,为新疆公益活动锦上添花

公证是监督社会公益活动和其他经济活动,防止徇私舞弊的有效措施。近年来公证活动越来越多地在监督社会公益活动和其他经济活动中,扮演着重要的角色。例如,许多公证机构致力于为政府采购工作提供优质、便捷、高效的公证法律服务,昌吉回族自治州公证处也积极介入昌吉回族自治州政府采购活动,充分发挥公证的监督职能作用。昌吉回族自治州公证处在昌吉回族自治州政府采购中心的行政事业单位的办公自动化设备、重点水利工程专项审计、医院的医疗器械、学校的实验室设备等多项招标活动中参与了全过程监督,依据招投标法的公开、公平、公正、诚实信用的原则,按照公证的法定程序,认真负责,仔细审查了各投标单位的主体资格;有效控制了投标文件的提交期限;严格监督了当众拆封的投标文件的报价情况,保证了招标、投标、开标、评标、中标各阶段的真实性、合法性。维护了政府采购招标工作的严肃性和有效性,保障了招投标双方的合法权益。政府采购有了公证机构的参与,保证了市场竞争的公平秩序,促使了政府的廉洁。

多年来昌吉回族自治州公证处始终坚持:要做公益活动,就要真真切切地落实到贫困老百姓身上。法律援助是政府的一项重要职能,是为经济困难公民或特殊案件的当事人提供免费法律服务。该公证事项的受理与审查办理过程,昌吉回族自治州公证处切实贯彻了把法律援助落到实处,把党和政府的这项“民心工程”做实做好的“大法援”的工作格局的精神,直接面向社会困难群体,促进法律的正确实施、维护社会公平正义,法律援助工作成效显著。昌吉回族自治州公证处办理各类公证法律援助案件千余件,受援人数1948人,依法对伤残军人、孤寡老人、社会低保人员、农牧民等弱势群体减免公证服务收费,并做到法律援助公证事项服务热情不减、服务质量不降,所办法律援助公证事项质量好,案卷整理规范,归档及时。对于这类本来就处于生存和发展弱势的人群,承办公证员

经核实，得知确属实情后，领导对当事人提出的“请求减免公证费的报告”立即给予批准，让其享受到“法律的阳光”。通过办理援助公证不仅给这些弱势群体提供了帮助，更增强了公证员的社会责任感和爱心，反映出了我们公证行业和公证人的价值取向。

除此之外，昌吉回族自治州公证处多次组织开展以“诚信为民”为主题的宣传活动，大力宣传《公证法》和公证制度，使社会各界和广大人民群众更加了解和支持公证工作。首先组织专门人员准备宣传材料，将公证的适用范围、作用、程序及办理条件等内容制作成宣传单，在闹市区悬挂出“公证法宣传”的大幅宣传标语，营造《公证法》实施的氛围，扩大影响。同时，邀请昌吉回族自治州电视台记者来公证处现场录制办理公证的全过程并采访当事人和公证处主任，通过现场办证解读《公证法》。昌吉回族自治州电视台连续2天6次在《昌吉新闻》、《新法介绍》栏目中对此进行了报道。昌吉回族自治州公证处专门针对出租车驾驶员和边远农牧山区不方便收看电视的农牧民与昌吉广播电台共同制作了《公证法》知识讲座栏目，进行广播宣传，还将公证法律带进社区，在昌吉市辖区的北京南路、延安北路、硫磺沟镇等7个街道办事处47个社区开展了公证法律宣传进社区，公证到“家”活动。昌吉回族自治州公证处服务社会发展，把公证的触角延伸到社会生活的方方面面，为自然人办理了大量委托书、声明书、财产继承、房屋买卖、赠与、担保及涉外民事等公证，服务了群众，促进了昌吉回族自治州社会生活的有序健康发展。昌吉回族自治州公证处在继承、遗嘱、委托书、房屋买卖、赔偿、财产分割、夫妻财产等各个方面都通过公证及时妥善地处理，避免了纠纷。通过这一系列活动和业务的开展，昌吉回族自治州公证处公证的服务、沟通、证明、监督职能得到充分发挥，公证服务的社会影响得到了进一步扩大，加深了社会各界和广大人民群众对《公证法》和公证相关知识的了解，提高了昌吉市民对《公证法》颁布实施重要意义的认识，为《公证法》的实施营造了良好的社会氛围，进一步树立了昌吉回族自治州公证处公证法律服务诚信为民的良好形象，在社会各界起到了预防纠纷、减少诉讼、维护公民合法权益的积极作用，扩大了公证法律服务的社会影响力，同时为构建和谐社会、打造和谐平安昌吉，提高群众法律意识，创建文明城市做出了贡献。

五、与《公证法》同行，为新疆公证事业增光添彩

公证制度是中国法律制度的重要组成部分。中国公证制度自1979年恢复重建以来，经过30多年的改革和发展，已经成为促进改革开放和社会主义现代化建设，推进整个社会文明进步的一支重要力量。公证工作为促进中国的社会主义经济建设和民主法制建设，加强对外交流，维护社会稳定做出了积极的贡献。值此《公证法》颁布10周年之际，作为西部边远地区的公证人我们感慨万千。《公证法》是新中国的第一部公证法典，具有里程碑式的意义。10年来，相关的法律法规进一步明确了公证改革的目标和任务，我国公证制度在恢复和发展的过程中获得了前所未有的全面发展。公证行业不仅在促进市场经济发展、维护社会稳定的过程中积累了大量丰富的法律服务经验，还在建立和

完善"两结合"公证管理体制的过程中探索到诸多宝贵的行业发展规律。《公证法》是对公证制度作用于社会主义市场经济和社会生活所取得的成果的重大肯定。同时,新疆维吾尔自治区昌吉回族自治州公证处也追随《公证法》的脚步度过了10年的风风雨雨迎来了它的第十个年头。它由改制初期的2名公证员,租用两间100平方米的办公室发展为现有7名公证员,27名公证员助理及专职档案员、出纳,办公室面积1000余平方米,宽敞明亮,设立的每个部门有业务用车,在办理经济、民事、涉外公证事务等领域为社会各界提供公证法律服务,公证书通行几十个国家,促进了社会秩序和经济秩序的稳步发展,累计办理各类公证10万件以上,赢得了社会的信赖,在本行业中备受好评。它如雪莲般迎风傲雪、婷婷绽放、英姿勃发,坚守在天山脚下。10年来,认真贯彻落实了党的基本理论、基本纲领、基本路线、基本方针,坚持贯彻党的群众路线,全面贯彻落实《公证法》、《公证程序规则》,恪守《公证员道德基本准则》,运用法治思维和法治方式解决涉及群众切身利益的矛盾和问题,用诚信架筑与当事人之间的桥梁,在依法执业、行业规范、队伍建设、执业活动以及民生领域等方方面面取得了显著成效,为经济社会发展提供优质、专业、高效的公证法律服务,为公证事业及推进法治社会做出了积极的贡献。

既然公证在构建社会主义和谐社会中能够发挥巨大的作用,就有必要使其尽量发挥到极致。但我们必须承认,我国目前的公证制度还远未释放出其应有的能量。要促进公证在建立和谐社会中发挥更大的作用,就要积极应对以下现实的问题:

(一)公证机构的性质问题

《公证法》对公证机构性质的明确规定使公证失去了国家作为公信力的强大后盾,公证机构及公证人的地位可能达不到法律的预期效果。回顾我国公证的发展历程,我们会清楚地看到,法律对公证机关的定性对促进公证事业的发展所起的决定性作用。《公证法》规定公证机构不是国家机构,而这"证明机构"失去了国家公信力的强大支撑,公证机构和公证员的社会地位、公证书的社会公信力必然会受到严重的影响。

(二)寻求立法支持

公证要切实做到依法维护金融秩序的作用,确保金融信贷合同的全面履行,就必须通过立法形式赋予公证机构参与某些民事活动,规范和强化公证职权。许多大陆法系国家,为了充分发挥公证的预防作用,从实体法上规定了许多重要的民事法律事务必须办理公证,否则不能受到法律的保护。例如,对公司的章程、股东大会的记录和决议、公司资产变更的重要合同等,都规定了必须或应当公证。一些国家还规定了公司章程的修改、不动产所有权的取得与买卖、抵押等都必须或应当公证。许多国家在民法中还规定某些法律行为必须经过公证或由当事人协商选择公证。在这种情况下,公证就成为法律行为成立的必备条件之一。对民事法律行为的设立、变更和终止采用公证的程序进行调整,可以最大限度地使之成为有效的民事法律行为。通过这一程序可以减少出现矛盾和纠纷,有利于社会安定团结。

（三）体制改革问题

改制公证机构能否稳步发展起来，很大程度上取决于改制时的工作。改制中的基础性工作做得不好，将对改制后的工作产生消极影响。各级司法行政机关要充分认识落实各项配套措施的复杂性、艰巨性，在支持改制的同时，要积极为改制公证机构真正成为独立事业法人创造理想的条件。这其中包括以下方面：（1）公证机构设置问题；（2）公证机构人员安置和人事管理问题；（3）改制后的经费管理与财税优惠政策；（4）改制后的独立法人地位；（5）改制公证机构必须大力加强规范化、制度化建设。改制后，按照改革方案的规定，公证机构将自主开展业务，独立承担法律责任，按照市场规律和自律机制运行。这就意味着改制公证机构，除了实现财产权的独立外，还要实现人事权的独立，也就是公证业务活动和公证机构内部自律性民主管理活动的独立。要行使好这些权利，公证机构自身就必须建立一套完整、科学的制度。其中包括民主管理、公证质量管理和同业行为规范等自律运行机制；建立符合兼顾国家、集体和个人三者利益原则的合理的分配机制；自觉接受司法行政机关和行业协会的指导和检查监督。

（四）公证机构名称问题

《公证法》第8条规定：设立公证机构，应当具备自己的名称。公证机构新名称中不再含有省、市各行政区划的名称或与之近似的文字。按照司法部《公证机构执业管理办法》要求，公证机构统一按照"市＋字号＋公证处"的样式重新命名。虽然公证机构只是名称变更了，公证机构依法行使证明权的性质并没有发生变化，公证机构出具的公证书的法律效力也没有变，但这样的命名方式无疑弱化了公证机构的公信力。我国公证是由国家专门司法证明机构依照法定程序进行的一种特殊的证明活动，既然在公证运作活动中受到司法行政机关的监督，行使着国家的公共证明权，那么就应该取消字号，在名称上赋予公证机构更强的行政机关色彩。

十八届中央委员会四次全体会议作出的中共中央《关于全面推进依法治国若干重大问题的决定》（以下简称《决定》），是指导新形势下全面推进依法治国的纲领性文件。《决定》明确指出，要"发展律师、公证等法律服务业，统筹城乡、区域法律服务资源，发展涉外法律服务业"；要"发展公证员、基层法律服务工作者，人民调解员队伍。建立激励法律服务人才跨区流动机制，逐步解决基层和欠发达地区法律服务资源不足和高端人才匮乏问题"。令人欣喜的《决定》让公证人如沐春风，我们再一次深切地感受到，在构建社会主义和谐社会的过程中，与其他行业相比，公证肩负着更为突出的责任，公证工作既是构建社会主义和谐社会的组成内容，也是社会主义和谐社会的建设力量。时代赋予我们的历史使命要求公证人必须进一步发挥公证职能，努力促进经济和社会和谐、健康、可持续发展！

回望与畅想

王士刚*

纪念不仅是为不要忘记过去，更是为了更好地规划未来。

《公证法》出台之艰难，可能是在座的很多人无法想象的。我是1983年3月分配到公证管理处，1985年司法部开始做《公证法》起草的准备工作。这一做就用了整整20年，《公证法》才最后出台。从准备到最后出台可以看出这部法律的制定过程是多么的艰辛。为了回顾，我这几天翻箱倒柜翻出一些过去的资料、当时我的一些草稿、研讨会的发言等。我发现，当时对《公证法》内容迟迟不能达成一致，关键还是在于中国是否应该建立用公证规范某项法律行为、预防纠纷这样一种制度上纠缠不清。当然还有一些今天看来的关键性问题，如是推进公证像律师一样的体制，还是保持现有状态等（我记得当时全国人大内司委的秦剑主笔起草了一版《公证法》，就是将公证的体制放开，基本类似于律师体制）。当然还有一些到最后才解决的问题，如保全证据和强制执行效力，一开始都没在公证业务中。我们知道《公证暂行条例》中这两项都是作为业务列举的，而在《公证法》曾经的草案中业务列举中没有这两项，理由就是在立法的公证效力部分中，已经有所明确。经过我们多方协调、争取，说明保全证据是为当事人的一些证据的提取、固定、保管的一种业务方式，而公证的证据效力是公证的作用，是两个完全不同的概念。最后《公证法》在业务中增加了保全证据。而强制执行业务就没有那么幸运。2000年最高人民法院、司法部《关于公证机关赋予强制执行的债权文书执行有关问题的联合通知》中都是说公证机关赋予债权文书强制执行效力。第一，这是一个公证处的主动行为；第二，公证处在办理此类公证中应该主动建议办理赋强；第三，赋强的文书可以是再办公证合同时赋强，也可以对未经公证的合同（契约）经合同双方事后确认、同意后赋强。公证法把它列为效力，变为在办理合同公证时当事人自己愿意接受强制执行的，即有了强制执行效力。说这段的意思是在整个立法过程中，各种博弈还是很激烈的，尤其是法定公证，司法部在跟各个主管机关进行协调、博弈，但最后，出台的法律就是这样。是公证行业向社会妥协

---

* 中国公证协会理事，中国公证协会培训委员会主任委员，北京市公证协会监事长，北京市方正公证处主任。

了。法律是妥协的结果。

最后颁布的《公证法》虽然与我个人的希望相去甚远,出台的法律存在一些缺陷(对公证的定义没有体现大陆法系公证的本质)。对公证员独立地位没有确定;对公证与公证认证没有加以区分等。但是,不能否认的是,《公证法》的出台在法律层面确立了公证在我国法律体系中的地位和作用。这种确立使公证工作的开展有了法律依据,我们的业务由此出现了较快的发展。

但我们也不能不看到,由于我们法律制定的不完善、不明确,导致社会对公证的认知出现了错位,也导致了我们的公证员在公证过程中谨小慎微,不能满足社会对我们的正常需求,使这种需求转向其他行业(如遗嘱、继承)。也由于各地对《公证法》执行的程度不同,甚至很多公证处并未按《公证法》的要求对机构进行改革,还延续着行政体制,造成公证处发展动力不足等。这些问题,都是我们对《公证法》执行乃至《公证法》本身存在一些遗憾造成的。

今天的我们,要坚持公证制度的初心,那就是我们是为社会提供法律服务的专业人员,我们一方面靠法律确认的效力;另一方面凭着自己的专业和能力立足于法律体系之中。我们的工作就是在引导社会经济秩序的良好运行,我们没有单单靠证明来预防纠纷,而是靠我们专业的法律辅导、劝告、指引来完成预防纠纷的目的。我们要坚信只要中国走大陆法系制度,公证的作用、职能就不可替代。

虽然,我不断揭示行业目前面临困难环境和自身存在的问题,不断抨击行业内赖证、怠证、怕证以及乱管理的现象,但是我对行业仍然充满着信心。我的信心来源于我们的公证行业还处于蓬勃发展期,业务仍在不断上升中,说明全行业没有懈怠,都在积极努力之中。尤其是那些发达地区的公证同人们,无论新老他们都朝气蓬勃、刻苦钻研进取,有知耻而勇之志。我在"拉丁鹰"若干微信群,昌雄飞的千人 QQ 群等若干自媒体平台,各地论坛、座谈、文化节等活动中看到我们的公证同人不甘现状、迫切改变的心情和努力。尤其是那些入行不久的年轻人们,他们摩拳擦掌、跃跃欲试,有些已经初露锋芒。这就是我们行业不断向前的基本动力。只要这些年轻人的向前之心不被泯灭,我们的行业将会不断向前。

我们正处在一个互联网时代,我们要用互联网思维来审视我们的行业。我们已经涌现出很多跨界的发展模式,如公证顾问、公证调解、公证代办、公证保管、与互联网企业合作、网上公证等。这些都告诉我们,行业在向新的业态拓展之中。我们用我们的行为、业绩来推动着行业的前行。行业内很多人在说,我们目前受制于僵化的管理体制。我想告诉大家的是:马克思主义告诉我们,经济基础决定上层建筑。底层的迫切希望,涌动的向前动力必然会推动顶层设计的完善和进步。

在当今这个"去中心化"的互联网时代(可参见凯文·凯利的《失控》),我们每一名努力奋发的公证人员都是一个独立的战斗堡垒、一个创新的基础。我们每一个人都要用自己顽强的意志和社会所能接受的工作技巧来推进公证向社会扩散,并以自己的业绩来推动公证法的完善,去迎接公证行业更加美好和光辉的未来。

公证回顾与展望

——不要让你过去憎恶的一切披着未来的外衣又回到你面前

翁庆国*

这两天，对于讲坛的主题，在我脑海里曾闪现如下之多的词语，占用大家一点时间，请允许我把它读出来：光明、平坦、曲折、成绩、数据、改革成果、巩固、发展、差距、不足、要求、理想、追求、价值、诚信、形势、环境、机遇、挑战、突破、思维、研究、探索、政策、团结、统一、规范、创新、茫然、平衡、体制、国情……这可能还没记全！（里边有近义词，但展开来讲，内容有不同，时间关系，不会展开。词语排列没有分类、没有先后顺序。）

这么多的词语，每一个词语就是我的一个思绪。这么多的思绪，我从何说起呢？最后，突出主题，还是想着重谈一下展望，对于展望中我关注一个词——挑战！

公证经过了几十年的风雨，特别是新世纪之初，北京公证行业改制以来，北京公证人奋发前行，一路走来，行业地位及影响力从小到大、由弱到强、服务领域从窄到宽、从传统到新型，行业形象从稚嫩羞涩到成熟、稳健。到今天，我们的业务领域在不断拓宽，公证队伍不断壮大，行业地位得到极大提升，行业形象不断提高，业务收入大幅增长。我们首都公证人都在为我们共同的公证理想而努力着，为首都公证事业付出着青春、热情和汗水。在此，向我们北京公证行业的全体同人致敬！

回顾也是总结，总结是为了发展、提高、完善。只有不断地总结过去，找出差距和不足，才能不断地推动我们的事业向前发展。

总结之后，我们会发现诸多问题。例如，现阶段我们所面临的紧迫形势是什么？要把握的机遇在哪？要挑战的是什么？我们的发展空间还有多大？我们在哪些方面还需要加强？太多太多需要我们思考的问题。我时常在想，我们到底要不要出台太多的规范？我们能事无巨细地对每一个事项都制定出那么严密的规定、规范吗？不能，这行业需要的不光是各种法律规定，还需要行业理念、职业纪律、职业道德和职业操守的约束与外部社会环境的改善、提高相适应、相匹配、相互融合。

记得在欧洲参观考察时，实地参观法国、奥地利等公证人事务所后，当时给我印象最

* 北京市公证协会副会长，北京市潞洲公证处主任。

深、最大的感触就是:秩序和安静。不管是大所还是小一点的事务所,没有排队办证的人群,全是预约办理。因此,人家的办公很有秩序,办公环境很安静。反观我们自己的工作环境、工作状态,每天要面对不同层次的当事人,办公环境里的人是熙熙攘攘,多数时候是人声鼎沸、嘈杂,环境里充斥着急躁、不满等情绪,造成公证人员精神状态紧张、工作压力大、身心疲惫。可能这就是我们的行业工作现状,是由我们的国情决定的。什么时候我们能达到法国公证人的工作状态就好了。这是我们要追求的工作目标,也将是我们面对的挑战。我不是说外国的东西就好,国情不同,我想说的是,我们能不能总结出、开拓出适合我们行业发展的带有我们特色的相对轻松的工作模式以及舒心、舒畅的工作环境呢?其实我们的要求并不高。就让我们以这样简单的目标来展望我们朴素的未来吧。

谈到展望,我认真思考了"挑战"一词。反向思维,我自己对于展望的视角就是:不希望"看见你过去憎恶的一切披着未来的外衣又回到你面前"。不希望看到来之不易的行业发展出现倒退趋势!(社会文明程度高度发展到今天,身处改革年代,我们行业是不进则退。)

从公证改制到现在的事业单位分类改革上看,从传统业务的消亡、萎缩到新兴业务的分歧、不确定性上看,从社会诚信严重缺失、道德滑坡上看等这些都将会是我们面临的挑战。

行业要想大发展,需要具备诸多条件,如制度上、体制机制上、队伍素质上、行业文化理念上的方方面面条件。我个人感觉,我们现在的形势面临前所未有的来自社会上、体制上、政策上、自身上的方方面面压力。近些年的发展步伐好像是慢了,公证改革阻力重重。我们应该时刻警惕,这个行业发展趋势和方向最怕的就是"看见你过去憎恶的一切(掣肘行业发展的体制、机制等)披着未来的外衣(换个包装)又回到你面前"。这会是这个行业的悲哀,是行业发展史的倒退!

面对挑战,我们要发展,首先要做好行业自己。挑战实际上也是机遇。体制机制问题太难、太复杂,需要管理层的智慧、勇气和决心。行业发展上的问题,我们还是要尽自己的能力。如针对当前社会上出现的"诚信缺失"、"道德滑坡"现象,好像与我们关系不大,但是,大环境不好,我们能独善其身吗?那么,我们行业就应从我们自身做起,加强诚信体系建设,做好我们行业自己,用我们的正能量和职业优势,能教育多少人就教育多少人,能影响多少人就影响多少人,尽量避免"破窗效应"的发生。

因此,公信力的建设就显得尤为重要。它不光是我们行业自己的事,更是全社会的事。作为社会的一个组成部分、社会诚信的代表,我们行业要依靠自己特有的职能优势,在弘扬诚信意识、坚守社会诚信底线方面发挥重要作用。

借用一句话来说"探索的旅程不在于发现新大陆而在于培养新视角"。思路决定出路。我认为,我们北京的公证不缺资源、不缺精英,稍有欠缺的一点儿是将资源和精英们整合起来的机制。

最后,为了公证更加精彩的明天,让我们的公证同人共同努力吧!

遵循法治　完善自我

——公证法颁布10周年有感

齐京凯*

2015年8月28日是《公证法》颁布10周年的纪念日。在这样一个极具特殊意义的日子里，我感触良多。作为入行较早的公证员，我见证了中国公证这10年的发展脉络，回首过往，深感公证行业发展之路的崎岖。

随着改革开放进程的加快，社会结构深刻变动，利益结构深刻调整，社会稳定进入了风险叠加期阶段。为了更好地发挥公证本身所具有的预防和减少纠纷的功能，维护社会稳定，《公证法》在千呼万唤中颁布实施。《公证法》的颁布，将公证机构的性质由行政属性转变为“依法设立，不以营利为目的，依法独立行使公证职能、承担民事责任的证明机构”，自此公证机构脱离了行政属性的外壳，向着法律服务机构的方向迈进，这为我国公证的发展奠定了法律基础，是国家法律的进步。

新事物的出现和发展总是不能一帆风顺的。记得《公证法》颁布之初，在思想上，很多公证人员的观念没有及时转变，认识出现偏差，不能接受公证机构就这样从行政属性中脱离，一脚踏入市场经济的洪流当中，一切都要自力更生。有的人认为没有了政府的保障，公证必将举步维艰。在公证实践上也确实遇到了一定的阻碍，公证人员深入基层法律服务的同时，很多单位和个人不接受我们法律职业共同体的身份，在办证中屡屡碰壁。

然而，生活从不眷顾因循守旧、满足现状者，从不等待不思进取、坐享其成者，而是将更多的机会留给勇于和善于创新的人们。10年来，通过我们全体公证人员的不懈努力，公证行业迅速发展起来。从公证业务量的大幅度增加到公证服务类型的不断丰富（公证服务类型已由最初的继承、遗嘱、委托发展到复杂的遗嘱信托、保全证据、赋予债权文书强制执行效力、向相关部门出具专业的法律意见书等），公证为家庭财产的分配、市场经济的发展、和谐社会的建设做出了重大贡献。

随着中国经济社会的迅猛发展和各项法律制度的不断完善，公证行业也面临着新的

---

* 北京市公证协会监事，北京市东方公证处主任。

机遇和挑战。中国公证如何深化改革，如何提升社会公信力，我们的很多同人都在积极探索新的路径。但值得我们肯定的是：随着我国法治不断进步，我们的公证法律服务质量也应该不断完善和提升。停顿和倒退没有出路，思想僵化、故步自封，必将被时代所淘汰，唯有以更严谨的态度、更专业的服务、更坚定的信念来服务大众、奉献社会，才能保护好群众利益、维护好社会稳定，才能顺应潮流、与时俱进。

遇见下一个公证10年

马晓宁*

我是2005年1月4日到公证处工作,2015年正好是第十个年头,工作从热火朝天干到了小心翼翼。公证体制改革我们山东最惨烈,没有之一。湖南、湖北还在公务员序列,旱涝保收;浙江、东三省、北京都有绩效奖励,多劳多得,能者居上。而山东大部分地区既没给保障,又取消了绩效奖励,一线公证员在办证的同时还要调整心理落差和生活落差。由俭入奢易,由奢入俭难,原来加班到九十点很正常,现在6点不走楼道里就黑了,保安开始赶人,加班的成了异类。要说公证员数量,山东省有1000多人,人数最多,但收费全省才2亿多元,也就跟蜀都公证处一个处的收费差不多。业务呢,《公证法》颁布10年,不但法定公证渐行渐远,甚至连准法定公证都朝不保夕,强执业务因我们地方法院的不配合导致越做越少。2014年赠与公证被改成了亲属关系公证,在我临来之前,继承权公证也传将要被改成亲属关系公证。证源越来越少,同志们又没有积极性,这样下去,大山东不知还能不能等来改革的春风。刘疆老师在拉丁鹰公证讨论群中提到的那个诉苦的年轻公证员就是我,第十个年头倒是迷茫了。但同时刘老师也给我了回答,他反问我,乡镇法律服务所有法定业务吗?房屋中介有法定业务吗?律师有法定业务吗?这些中介服务机构没有法定业务,不都过得好好的吗。这些机构从事的半数以上的业务我们公证处都可以做,我们怎么会活不下去。要用开放的思维解读公证法,用改革的思维实施公证法,公证法没有确定法定公证事项,但也没有限制我们从事非诉讼业务的范围,还是要转变思想。

半个多月前公安部"打四黑除四害"微博发布的"18个证明"不再出,把四类证明送给公证机关,我本来写的发言稿是"展望四类带给我们重振山河的契机,建立公证机构的全民信息备案数据库"。人从一出生,父母就持出生证到公证处备案,之后上学、就业、结婚等都免费备案,并且跟相关部门数据库时时对接。从生到死,他们人生中的每一个点都由我们来掌握,然后只要提供公民身份号码,支付公证费,我们可以给他出具任一经历的公证书。自然人之间信息相串联后,我们也可以给他公证他的任一亲属关系。

---

* 山东省济南市泉城公证处公证员。

今天我想换个思路，现在我们办证大部分还是以证换证，当事人提交证明，我们依此出具公证书，你给我提供能证明"你妈是你妈"的证明材料，我给你公证"你妈是你妈"。做得稍好是查证换证，就像现在明信公证处的绿色继承业务，"你办继承，我找证据"，通过公证人员专业的法律工作经验，替当事人完成整个继承公证的证据收集环节。长安公证处的短片中也有关于绿色继承的讲述，这是变被动为主动的一步。那么我们还可不可以再进一步，策划换证，当当事人有公证需求时，我们为他量身定做，策划出一整套公证方案，如为上市公司策划股东大会。更甚一步，按需创证，由我们公证人来为当事人创造公证需求，在深入了解了当事人所从事的行业后，主动发掘公证可以帮到他的地方，为当事人提出公证法律意见书。

就像周志扬主任讲过的，有开明的领导和良序的环境，北京公证是幸运的。我期盼，也相信我们山东公证、中国公证也能是幸运的，也会是幸运的。我也会继续为公证的下一个 10 年，也是我自己的下一个 10 年，不懈努力。

合作制是我国公证机构体制改革的发展方向

陶　泓*

国务院批准的司法部《关于深化公证工作改革的方案》实施已经15年了，由于受当时的客观条件限制，思想不够解放而求稳怕乱，结合公证工作发展要求的实际不够到位，将过渡性质的事业体制作为公证机构体制改革的主要方向，积极探索公证组织的新形式并做好试点工作得不到认真贯彻落实，公证机构的体制改革进展缓慢，很大部分公证处依然维持行政体制，没有按方案要求改为事业体制。已经改为事业体制的公证处，有的司法行政机关依旧把公证处作为一个内部科室来管理，也没有真正成为执行国家公证职能、自主开展业务、独立承担责任、按市场规律和自律机制运行的不以营利为目的的事业法人。唯有把合作制作为我国公证机构体制改革的发展方向，加大公证机构体制的改革力度，深化公证工作改革才能有所突破，也才能促进公证事业健康、持续、稳定的发展。

一、公证机构体制改革停滞的主要原因

公证是一种活动（行为）。公证的性质是指它区别于其他活动的根本特征。公证是国家授权专门机构和人员依法定程序，对有法律意义的行为、事件和文书进行居中证明、监督，并赋予其特定法律效力的活动。公证的这种性质，不应当也不可能受公证机构的体制、组织形式、资金来源、开业方式的影响而改变。采用何种组织形式、由谁出资、以什么方式开业，关键要看能否最大限度地同时满足以下条件：

1. 适应开展公证活动的要求，符合公证的性质；
2. 充分调动公证机构、人员的积极性；
3. 明确公证机构和人员的责任承担，保证公证质量；
4. 保持公证机构和人员的相对稳定；
5. 能够真正独立运行并承担民事责任；
6. 符合当时、当地实际情况，为公众所认可。

---

* 云南省公证协会常务理事，云南省昆明市国信公证处主任。

为此,国务院批准的司法部《关于深化公证工作改革的方案》在要求“现有行政体制的公证处要尽快改为事业体制”的同时,又要求“积极探索公证组织的新形式并做好试点工作”,并在《公证法(征求意见稿)》中把公证员改称为公证人,将公证处改称为公证事务所。即使是最终由全国人大通过的《公证法》,也没有对公证机构的组织形式、资金来源、开业方式等作出明确具体的规定,就是要为进一步推进公证机构体制改革留够空间。这充分说明,事业体制并不是公证机构体制改革最好、最终的组织形式,只是稳妥推进体制改革的过渡形式,因而要“积极探索公证组织的新形式并做好试点工作”。

2005 年《公证法》的公布,标志着深化公证工作改革取得了阶段性的成果。然而,随之而来的是,国务院批准的司法部《关于深化公证工作改革的方案》提出的“现有行政体制的公证处要尽快改为事业体制”的要求没有得到大力推进,“积极探索公证组织的新形式并做好试点工作”的要求也没有得到认真贯彻落实,公证机构体制改革基本上处于停滞状态。

造成公证机构体制改革停滞不前的主要原因如下:一是对公证机构体制改革不够重视。在《公证法》公布实施后,忙于各方面工作的贯彻落实,忽视了进一步推进公证机构体制改革。二是公证机构体制改革缺少政策规章引导。在公证机构体制改革中,对于合作制还有《关于设立合作制公证处的规范性意见(试行)》一个不太完善的政策性文件,对事业体制公证处就只有原则性规定。三是边远贫困地区缺乏改制的客观条件。按现行做法将这类公证机构改为事业体制,只能实行全额拨款或差额补助,改制将不是公务员,不改还能保留公务员身份。四是对公证机构体制改革没有主动性。主管司法行政机关与公证处有着千丝万缕的利益联系,不可能有主动改制的积极性。五是已经改为事业体制的公证处没有号召力。改制的公证处在管理上难以到位,既不能自主也不能独立,除了失去公务员身份外,改与不改一个样。六是在公证机构体制改革上思想不解放。受一个县区设置一个公证处的传统做法束缚,公证机构的设置不是从适应和满足公证法律服务市场的需求出发,而是违背法律服务市场规律维护传统做法。七是公证处改为事业体制没有吸引力。对于公证机构及人员而言,改为自收自支的事业体制与改为合作制所承担的风险基本相同,但预期目标却不如改为合作制。

二、合作制公证处与事业体制的比较优势

合作制作为公证员的“集合”,在本质上决定了合作制公证处更注重以公证员为本位,这与行政、事业体制以机构为本位形成了鲜明对比。注重以公证员为本位的制度设计,更加符合公证智力活动的要求,也更能调动公证处人员的积极性。

同时,合作制与目前占主流的事业体制公证处相比,也存在一定的比较优势。这里所说合作制公证处的比较优势,主要是针对有比较意义的自收自支的事业体制而言的。属于公证人本位的个人开业与合伙制形式,自身固有缺陷明显:一是容易夭折散伙,缺乏开展公证活动所要求的相对稳定性;二是无提留基金和积累,在经济上没有开展公证活

动所要求的扩大发展和责任承担能力；三是人员数量一般规模小，不能满足开展现场公证类业务的要求；四是表面上负个人或连带责任，实际上对被侵害人的利益保护并不利；五是与公众对公证的传统认知不符，不利于充分发挥公证的职能作用。总而言之，在我国如实行以个人开业与合伙制的公证人本位，既不利于公证服务、沟通、证明、监督职能的发挥，也不利于公证公信力的提高。为此，我国公证法摒弃公证人本位而肯定机构本位，其第2条明确规定："公证是公证机构根据自然人、法人或者其他组织的申请，依照法定程序对民事行为、有法律意义的事实和文书真实性、合法性予以证明的活动。"故不在比较之列。

国务院批准的司法部《关于深化公证工作改革的方案》要求，改（为事业体）制的公证处应当成为执行国家公证职能、自主开展业务、独立承担责任、按市场规律和自律机制运行的公益性、非营利的事业法人。司法部律师公证工作指导司《关于开展合作制公证处试点工作的通知》要求，把（合作制）公证处真正建成不要国家编制和经费、自主开展业务、独立承担法律责任、实行民主管理、按市场规律和自律机制运行的法律服务机构。同时，此通知还强调，公证机构体制改革是在坚持公证机构作为国家法律证明机构、公证人员依法行使国家法律证明权、公证书的法律效力不变的前提下进行的，公证机构组织形式的变革，对公证文书的效力没有影响。公证的效力是由国家法律、法规赋予的，不是由公证机构实行什么样的机构组织形式决定的。公证机构作为国家专门的法律证明机构，其构成的基础，是公证员及辅助人员，它首先是由人的集合组成的，其工作成果是公证员制作的公证书，是公证员智力劳动的结晶。此后公布的《公证法》第6条规定："公证机构是依法设立，不以营利为目的，依法独立行使公证职能、承担民事责任的证明机构。"由此可见，合作制与事业体制公证机构在依法设立、不以营利为目的、独立行使公证职能并承担民事责任、自主开展业务、按市场规律和自律机制运行等方面都是相同的。不同的地方在于：事业体制公证处是公益性的事业法人，占用国家编制和经费，实行主任负责制，主任由主管司法行政机关聘任，资产为国有；合作制公证处是法律服务机构，不要国家编制和经费，实行民主管理，主任按章程规定产生和确认，资产为集体所有。据此，合作制公证处相对于事业体制公证处，有以下比较优势：

1. 事业体制公证处是公益性的事业法人，占用国家编制和经费，注重公证法律服务的公益性；合作制公证处是法律服务机构，不要国家编制和经费，注重公证法律服务的服务性，在为公众提供公证法律服务时会更加积极主动。

2. 事业体制公证处实行主任负责制，主任由主管司法行政机关聘任，公证人员对主任负责，主任对主管司法行政机关负责，其性质决定了公证处领导不是公证处的人，公证处的发展与其自身利益无太大关系；合作制公证处实行民主管理，所有公证员均为合作人，主任按章程规定产生和确认，公证人员对自己负责，主任对合作人会议负责并受其监督。因而，合作制公证处要比事业体制公证处更能充分调动公证人员的工作积极性，提高公证人员依法执业的纪律性。同时，合作制公证处同事业体制公证处相比，没有主任由主管司法行政机关聘任的行政约束，人财物相对独立，更加能够真正成为依法设立、不以营利为目的、独立行使公证职能并承担民事责任、自主开展业务、按市场规律和自律机制运行的法律服务主体。也可以看出,能够直接地对某一特定的公证机构行使行政管理权,是司法行政机关能够依旧把事业体制公证处作为一个内部科室来管理,致使事业体制公证处难以真正成为"执行国家公证职能、自主开展业务、独立承担责任、按市场规律和自律机制运行的公益性、非营利的事业法人"的重要原因。

3. 事业体制公证处资产为国有,在增加资产积累与提高公证人员收入上矛盾突出,增加资产积累与提高个人收入成反比,容易发生个人收入违规侵占国有资产问题,同时由于其违规执业的经济责任最终由国家承担,再加上规范执业会降低工作效率影响个人收入,更容易冒险违规执业,既不利于事业体制公证机构的国有资产保值增值,也不利于行政主管机关降低管理成本。合作制公证处资产为集体所有,公证处与公证人员的经济利益一致,会更加注重资产积累做大做强,更加注意规范执业。

三、对推进公证机构体制改革的几点想法

深化公证工作改革已经进行了15年,再走回头路已不可能。不继续迈开深化工作改革的步伐并加大改革力度,维持现状也没有出路。要打破目前公证机构体制改革出现的僵局,必须思想解放、目标明确,规范完善、措施有力,试点放开、稳步推进。具体来讲,应做好以下三个方面的工作。

(一)思想解放,目标明确

思想解放就是要从公证法律服务的实际出发,按法律服务的市场规律办事,实事求是。依照国务院批准的司法部《关于深化公证工作改革的方案》,在公证机构的设置和分布上,以市场经济发展状况和对公证服务的需要为依据。在公证机构的执业区域确定上,以地区经济发展程度、人口数量、交通状况和对公证业务的实际需要为根据。为适应保全证据公证的需要,在交通、办公条件基本实现现代化的情况下,要冲破以一个县(区)的行政区域为一个执业区域设置一个公证处的束缚,对公证法律服务需求少的县(区)公证处予以撤销。以市(地)行政区域为执业区域,在此区域内至少设立一个公证机构,为推进公证机构体制改革腾出活动空间。

目标明确就是要毫不犹豫地把合作制作为公证机构体制改革的方向。暂不具备成立合作制公证处的市(地),一律改制组建一个自收自支的事业体制公证。对该区域内不具备设置公证处条件又有一定公证法律服务需求的县(区),由该公证处派出公证员设立办证室办理公证。

(二)规范完善,措施有力

对合作制试点公证处和事业体制公证处的情况进行全面深入的调研,广泛征求和听取对公证机构体制改革的意见、建议,认真总结合作制公证处试点工作和事业体制改制

工作的经验和教训，做好顶层设计工作，出台相对完善的事业体制公证处规范性意见，修改、补充、完善合作制公证处规范性意见，制定合作制公证处章程标准范本，建立完善对合作制的规范发展机制。同时公证机构的设置布局权、执业区域划分权及事业体制公证处主任的聘任权，由省级司法行政机关独揽，市县司法行政机关对公证处只有执业活动的监管权，为推进公证机构体制改革消除阻力、清除障碍。

（三）试点放开，稳步推进

对合作制试点工作解禁，在不违反公证机构设置和分布规定的前提下，取消设立合作制公证处的数量限制，符合条件的及时给予批准。在审批过程中，要严格执行有关规范性意见的规定，认真审查合作制公证处章程是否符合相关法律和规范性文件的规定，成熟一个批准一个，稳步推进。

深化公证工作改革的实践证明，在现阶段公证机构采用合作制最符合我国公证工作的实际和发展要求，应当毫不迟疑地把合作制作为公证机构体制改革的发展方向，打破公证机构体制改革出现的僵局，全面推进深化公证工作改革的各项工作，促进公证事业的繁荣，为经济社会发展和民主法治建设做出公证工作应有的贡献。

完善公证法律制度体系中的几个问题

戚　磊*

公证法律制度体系所要承载的是公证实体法、公证程序法、公证组织法三个方面的任务。2005年《公证法》颁布后,司法部先后制定了《公证程序规则》、《公证机构执业管理办法》、《公证员执业管理办法》等行政规章。中国公证协会先后制定了关于委托、夫妻财产约定、保全证据、继承、具有强制执行效力的债权文书等公证事项的行业规范。

通过以上三个位阶的法律法规和行业规范,目前已初步形成了以《公证法》为核心、以公证行政规章和公证行业规范为基本内容的公证法律制度体系,使公证活动在实体法方面有法可依,在程序法方面有规则可循,在公证机构设立和公证人员执业权利义务等组织法方面有制度依据。正如司法部副部长赵大程同志在中国公证协会党组第四十六次(扩大)会议上就建立完善的公证制度体系时所指出的,"要努力推动公证法律制度顶层设计,进一步完善法律法规与部门规章、行业规范相互衔接、相互协调的公证制度体系"。因此,完善公证法律制度体系,必须加强公证法律的废改立工作,制定与公证行业发展相适应的各项公证法律规范,其中有这样几点应在公证立法活动中引起重视。

一、通过立法,将法定公证落到实处

大量的民事行为一成立就生效,而有的民事行为需要具备一定的条件时才生效。比如,法律可以规定有些民事行为的生效,必须以办理公证为条件。《公证法》第38条规定"法律、行政法规规定未经公证的事项不具有法律效力的,依照其规定",这就在立法层面上规定了法律和行政法规可以设定必须经过公证才能具有法律效力的事项,即法定公证。

我国目前虽在《公证法》中规定了法律、国务院行政法规可以设定法定公证事项,但还没有一个法定公证的实例。在今后的国家立法工作中,对重大民商事活动规定应当经过法定公证程序方为有效,应当逐步提上议程,当然,我们公证行业也应主动提出立法

* 中国公证协会业务规则委员会委员,新疆维吾尔自治区乌鲁木齐法诺公证处调研室主任。

建议。

目前将有些公证事项上升到法定公证的层级，实际上已经到了比较紧迫的状态。比如，现在继承房产、根据有效的遗嘱取得房产，以及具有涉外、涉港澳台地区因素的房产所有权转移活动，在实践中都必须办理公证后，房产管理部门才给予办理房产过户手续。这实际上已相当于法定公证，但这个法定公证的法律规定，其实来源于司法部和原建设部1991年关于房产登记的一项联合通知。联合通知既非行政法规，更非法律，只能算得上是司法部和原建设部的一个规范性文件。也就是说我们现在实际是以部委联合通知、以规范性文件的形式，来规定房产过户必须办理公证，而不是以法律或国务院行政法规的形式来规定这个法定公证事项。

在实践中，现在已经出现了，有些当事人继承房产时，因未办理继承公证，房产管理部门不予办理房产变更登记手续，引起行政诉讼的案例。法院审理认为，办理公证不是继承房产的必经程序，判决理由就是司法部和原建设部的联合通知不能作为法定公证的法律依据。

当然，我们公证行业也应该有思想准备，一旦法律赋予了公证行业对某些事项有法定公证权，给公证从业人员提供了一块稳定的公证业务，同时也会增加公证的法律责任。因为法定公证与非法定公证对我们的证明责任的要求是不同的，法定公证要求我们承担的公证责任要高于非法定公证。

例如，上海某法院曾审理过一个案件，即银行出借款项给某公司，由第三人以个人的房屋提供抵押担保，并在公证处办理了借款强制执行公证。抵押的房屋系夫、妻、子三人共有。最后查明抵押担保方中妻子是真实的，夫、子均为冒名顶替，故该房产的抵押担保无效。在债务方某公司清偿不足的情况下，因为房产抵押无效，债权方银行遂起诉公证处承担赔偿责任。法院审理后判决公证处无责。理由主要有以下几个方面：(1)公证处对人、证的审查目前仅能处于眼力识别的水平，不可苛求。(2)目前我国公证并非法定公证，故银行在签订抵押合同时，也有审查义务，不能怠行其审查责任。这个判决让我们认识到，目前因为我国的公证并非法定公证，不能因为办理了公证，公证当事人即本案中的债权方银行，就可怠行自己的审查责任。但如果是法定公证，就会相应加重公证审查的法律责任，所以法定公证是把“双刃剑”。

二、通过立法、修法，消除公证法律制度体系内部的法律冲突

在公证法律制度体系中，全国人大制定的《公证法》、司法部制定的行政规章、中国公证协会的行业规范是上位法和下位法的关系，上下位法之间应该是上位法高于下位法、上位法引领下位法、下位法补充上位法的关系。三个位阶的法律对同一问题的规定应当是统一的，不能规定不一，产生冲突。对公证法律体系中现存的一些规定不一的情况，应当通过立法、修法，消除公证法律体系内部的法律冲突。目前关于公证法律体系中内部法律冲突表现的比较突出，而且引起外界关注的是关于公证管辖和公证执业区域的冲突

问题。

《公证法》第25条规定了公证管辖制度，内容为：自然人、法人或者其他组织申请办理公证，可以向住所地、经常居住地、行为地或者事实发生地的公证机构提出。申请办理不动产的公证，应当向不动产所在地的公证机构提出。也就是对一般事项的公证，可以向多地的公证机构提出申请，而对不动产公证事项，只能向不动产所在地的公证机构提出。

司法部《公证程序规则》第13条规定了公证执业区域制度，内容为：公证执业区域是指由省、自治区、直辖市司法行政机关，根据《公证法》第25条和《公证机构执业管理办法》第10条的规定以及当地公证机构设置方案，划定的公证机构受理公证业务的地域范围。公证机构应当在核定的执业区域内受理公证业务。

在公证实践中，公证处按公证管辖制度的规定，可能会受理公证执业区域外的公证事项。此时，公证管辖制度与公证执业区域的规定即会产生冲突，对公证书的法律效力亦会发生争议。

例如，江苏某法院审理过一件与公证管辖有关的案件。北京一公司音乐作品的著作权被江苏甲市某公司侵犯，北京公司向江苏乙市某公证处提出申请，并派员与乙市公证人员同赴甲市，办理了音乐作品著作权被侵犯的证据保全公证书。

在北京公司诉江苏甲市某公司侵犯其音乐作品著作权的诉讼中，侵权人江苏甲市某公司以乙市的公证处到甲市办理公证，违反《公证程序规则》中"公证机构应当在核定的执业区域内受理公证业务"的规定为由，请求法院认定该公证书无效。

法院经审理认为，《公证法》第25条关于公证管辖制度的规定，除对涉及不动产的公证实行强制管辖以外，对其他事项的公证并没有作出强制性的规定，因此，江苏乙市的公证处在甲市地域内办理公证的行为并不违反《公证法》的规定。《公证程序规则》第13条关于"公证机构应当在核定的执业区域内受理公证业务"的执业区域的规定，只是司法部为规范公证程序制定的部门规章，违反该《公证程序规则》有关执业区域的规定，并不影响公证行为本身的效力。故公证处的公证行为合法，出具的公证书具有法律证明力。

本案属于典型的公证管辖与公证执业区域制度产生冲突的案例。江苏乙市某公证处的执业区域必定在乙市的范围内，不可能扩张到甲市。因此，乙市的公证处到甲市办理公证，违反了公证执业区域的规定，但乙市的公证处如按《公证法》关于"自然人、法人或者其他组织申请办理公证，可以向住所地、经常居住地、行为地或者事实发生地的公证机构提出"的公证管辖规定，则又有管辖权。

本案最终以《公证法》关于公证管辖制度的法律效力高于《公证程序规则》关于公证执业区域的规定，判定公证书有效，但也提示公证行业应当尽快通过修改现有法律等途径，消除公证管辖与公证执业区域的冲突。

三、公证行业内部立法的严谨性和避免重复性的问题

从广义上来说，无论是制定涉及公证的行政规章，还是制定公证行业规范、指导性意见，都属于广义的立法活动，只不过是法律位阶的高低不同，因此立法用语都应力求严谨。

例如，《遗嘱公证细则》第 16 条规定“对遗嘱人是年老体弱的，应当录音录像”，此处的用语是“应当”。也就是说如果没有对年老体弱的遗嘱人录音录像，这个遗嘱公证可能就是无效的，但是年老体弱实际上不是一个非常明确的客观标准，通常是指年满 70 周岁以上且因身体虚弱影响其思维意识能力或语言表达能力的人，这里的“身体虚弱、影响表达”在具体的公证业务中，需要公证员按情况确定。《遗嘱公证细则》实施以后，因为第 16 条中“应当”录音录像的规定产生了很大的争议，有些公证员在办理遗嘱公证时，虽然立遗嘱人年老体弱，但思维表达都正常，所以没有录音录像。还有些公证处因为录音录像技术设备不全，也没有录音录像。但是因为《遗嘱公证细则》规定“应当”录音录像，所以很多因公证遗嘱发生争议的继承人或利害关系人，就对没有录音录像的公证遗嘱提出质疑。诉讼到法院后，法官受遗嘱公证细则中“应当”一词的约束，也无法认定未经录音录像的公证遗嘱的有效性。为此司法部在《遗嘱公证细则》实施的第二年，以给天津市司法局复函的形式对“应当”一词进行了进一步说明，规定“一般不宜以欠缺录音或录像形式而认定遗嘱公证无效”。从这个例子就可以看出，立法用语确实应当慎之又慎。

同时，在制定行政规章、规范性文件时，要充分论证、不要轻易制定，不要重复制定，制定出来的法律不能被束之高阁，长期处于休眠状态。制定法律要以切实解决实际问题为要务。

需求视角下公证制度研究

徐梁栋* 谈 者**

"需求拉动供给"，这是一个经济学常识。为保护野生动物，姚明就曾大声呼吁"没有买卖就没有杀害"，说明了需求的巨大驱动力。而反观公证行业，我们这些年来长期受社会媒体质疑，危机重重，并连自己都困惑于公证价值是什么，公证的出路在何方。其根本原因是，我们均过多地关注了自身能够提供的服务，而忽略了社会需求，如同庄子所称"姓朱者学屠龙于支离益，单千金之家，三年技成，而无所用其巧"。因此，我们应当将视角从内转向外，从需求角度，务实地探索公证的发展之路，制定发展战略并实现它，而不是舍本逐末、缘木求鱼地自说自话，贻笑大方。

一、外部需求与司法制度

（一）正义秩序需求塑造出基本司法制度

人是社会动物，其"本质是一切社会关系的总和"。而在社会关系中，人与人之间冲突的发生在所难免。为了解决这一问题，最初人类使用暴力方式解决问题：谁的拳头硬、力量大，谁说了算。从远古时代部落之间的战争，到中世纪贵族之间的决斗，甚至于近现代国家之间的战争，均是这种暴力方式的体现。这种方式的后遗症是显而易见的：力量会此消彼长，暴力会带来更多的暴力，人人自危，毁灭大于创造。这是"丛林法则"的动物世界，是一种最糟糕的社会环境，没有任何秩序可言。

个体的力量是单薄的，集体的力量是强大的，智慧的人类开始寻求力量联盟。冲突发生时，其中一方开始主张己方在冲突中地位的正当性，以获得更多的同情和力量支持。于是，正义性价值判断被引入冲突解决方法。在原始氏族社会初期，人类社会出现了神灵或者具有较高道德和威望的氏族首领对其内部矛盾纠纷进行裁判的情况。这种裁判是种权威裁判，司法制度开始萌芽，人类秩序开始被塑造。

* 江苏省南京市钟山公证处综合科科长。
** 江苏省南京市钟山公证处主任。

随着国家的建立，氏族首领们裁判活动所依据的原始习惯变成了习惯法；又随着经济、文明的提高以及文字的创造，习惯法进化为成文法，最后形成了综合性法典，如汉谟拉比法典等。在此过程中，国家权力逐步附加于裁判之上，氏族首领的权威裁判逐渐演化为权力裁判，司法制度进一步发展。

到了近现代，人类文明进一步极大提高，权力也不可以为所欲为，其行使的正当性也同样需要正义性标准考察。人们意识到裁判的核心价值在于正义性判断，而不是权力，以形成公平的社会秩序。权力裁判终于进化为现代意义上的以正义价值判断为核心的司法裁判。

可见，是人类社会对正义秩序之需求，促成了司法制度的形成。在这样的司法制度下，其核心机制是法官之正义性裁判。那么，这给我们带来一个问题：除了法官裁判制度，为什么还存在其他司法制度？

（二）人类社会之多元需求形成补充性司法制度

法官裁判机制当然是司法制度之核心，满足了人类社会对正义秩序之基本需求。但人类社会是复杂的，其需求也是多元的，除了必备的秩序，还有平等、自由、经济等多种诉求。

一如律师制度。冲突双方在裁判过程中，其中一方认为其智力、经验均不足以应对审理中的双方对抗，而又认为如果不是事实和法律上的原因，而是应对审判能力不平等的原因导致其败诉，是不公平的，于是他委托了有足够能力的代理人协助其参加庭审。可见，为应对诉讼而产生的法律知识和技能方面的需求，形成了律师制度。

二如仲裁制度。正如前文所述，裁决的核心是正义性价值判断，而不是裁判人所拥有的国家权力。因此当双方发生冲突时，如果对所在国家的法院不能产生足够的信任，可能是职业能力方面原因，又或者是道德水平方面原因，双方需要更多的选择裁判者的自由，可以同意共同选择某一民间性质之仲裁人作出同样具有强制力的裁决。这反映了当事人双方对于弹性司法之需求，形成了仲裁制度。

三如调解制度。司法裁决的过程往往会伴随着激烈的对抗，冲突双方会最大可能地动用资源以赢得胜利，这不仅伤了和气、感情，还会带来巨大的个人、社会成本，形成不和谐因素。为避免这种情况发生，双方在自愿的基础上可以选择调解机构进行调和。在调解人的斡旋和法律后果阐明的基础上，双方各作一些退让，达成和解协议，从而消除冲突，重新恢复以往稳定的社会秩序。这反映了当事人双方对冲突成本厌恶之需求，形成了调解制度。

由此可见，因为人类需求的多样性，在裁判制度这一核心司法制度的基础上，人们创制了多种补充性司法制度，其中还包含了公证制度。

（三）确定性需求促成公证制度

在社会生活中，冲突不能带来额外的增值。在上述司法制度中，不管是裁判制度、律师制度、仲裁制度还是调解制度，均是在冲突发生后，人们所创设出来的冲突解决方式，然而对冲突有强烈厌恶的人，希望冲突初始就不会发生。

在罗马法时代，就有人使用预先审判的方式来避免可能发生的后期冲突。具有罗马市民资格的当事人，将买卖标的物或其标志携带到大法官或者其他长官面前，假装对买卖标的物发生争执，长官发问，受让人（原告）以手触标的物主张："依罗马法律，此物为我所有"，出让人（被告）则表示同意或者默认，长官把标的物判归原告，完成所有权转移，这就是罗马法上的拟诉弃权。以后各方当事人就此事不得再诉。

罗马后期，法律事务越来越繁忙。为了解决这些法律事务需求，从法院书记官中分离出"达比伦"（代书人）。他们具有法律专业知识，为当事人提供法律帮助，代拟各种法律文书，并在上面签字做证。这些文书经提交法院审查确认并予以记录后，成为无可争议的文件。这是公证制度的萌芽。由此可见，公证与裁判关系渊源深厚。

到了近现代，公证职能脱离了法院，出现了专职的公证人事务所，专门从事冲突预防工作。公证制度更是发展为纠纷预防制度。其运作机理是通过公证人预先介入民事事务，对事实和法律进行事前固化，使之获得事实和法律上的确定性，并且这种确定性因公证人的背书而具有公信力，从而预防了冲突的发生。国际拉丁公证联盟副主席尼克拉斯自豪地宣称，"开一家公证处，等于关一家法院。"还有俗语称，公证是社会的润滑剂。我国《公证法》更是开宗明义第1条明确规定："为……，预防纠纷，……，制定本法。"

二、确定性需求与我国公证实践

在民事领域，人与人之间的关系，在法律上表现为民事法律关系。依民法理论通说认为，法律事实是导致民事法律关系变动的唯一原因，其分为两大类：自然事实和行为。其中自然事实分为以下两种：(1)状态，是指某客观情况；(2)事件，是指某客观情况的发生。其中行为又分为以下三种：(1)单方行为，是指仅由一个意思表示成立的法律行为；(2)合同行为，是指两方以上合意一致成立的契约行为；(3)多方共同行为，是指多人参与共同一致意思表示所形成的行为，其与合同行为的区别在于不存在对立意思表示。

冲突消失依赖于民事法律关系的明确，而民事法律关系的明确又取决于法律事实的确定性。因此，人们为避免冲突带来的成本，基于厌恶冲突之原由，需要公证机构对法律事实进行公证，以获得对内的确定性、对外的公信力。正是这种法律事实确定性之需求在纷繁复杂、多姿多彩的社会生活中的彰显，形成了我国目前百花齐放、种类繁杂的公证业务。

（一）事实类公证

与自然事实确定性需求相呼应，公证实践中产生了广义的事实类公证，其包括各类有法律意义的事实公证，如出生、生存、死亡、曾用名、学历、无犯罪记录、亲属关系等公证，共有24项；还包括有法律意义的文书公证，如毕业证书、文书上签名属实、影印本与原本相符等公证，共有 3 项；还包括保全证据公证，如保全证人证言、保全物证、保全行为等。

这些事实对于当事人而言，可以引起法律关系发生、变更或消灭，因此为取信于与此相关联的第三方，当事人申请办理了公证。举例而言，当事人为申请出国留学、移民、旅游、定居、探亲等原因，而应相关国家使领馆要求而办理相关事实公证。又或者当事人为达成在诉讼中其主张和诉求获得法院的支持这一目的，而为取信于法院，对不易取得或易于灭失的证据办理相应的保全证据公证。

(二)单方行为类公证

与单方行为确定性需求相呼应，公证实践中产生了委托公证、声明公证、承诺公证、赠与公证、受赠公证、保证公证等。

单方行为是当事人一方所完成的意思表示。这个意思表示可能是完成了一次授权、作出一次担保义务方面声明或承诺，又或者作出一个赠与要约等。当事人进行相应的单方法律行为后，与之相关的民事法律关系亦发生了变化，影响了潜在的进入该民事法律关系的第三人利益。而如果第三人对该单方民事法律行为心存疑虑，会要求该名当事人办理公证，以获得法律关系的确定性。比如，当事人准备出售房产给他人，因种种原因而不便出面办理，委托其信赖的朋友代为办理，那准备与之签订合同的另一方及房屋产权登记部门可能就会要求该名当事人办理委托书公证，以确定委托之单方法律行为的确凿存在。

(三)合同行为类公证

与合同行为确定性需求相呼应，公证实践中产生了合同公证与具有强制执行效力债权文书公证。

合同是多方当事人就某一事项达成的合意，存在对立意思表示，一方权利便是另一方义务。实践中，当事人申请办理公证的原因相对复杂，常见的原因有以下几种：一是因相关部门的确定性需求，而被要求办理公证，如公房承租权转让合同公证、股权转让合同公证等。二是因债权人之确定性需求，为避免合同债权不能被得到切实履行，预先取得的执行依据，而要求办理强制执行公证，债务人应债权人要求，不得不与其同时申请办理该项公证。常见的有金融贷款合同公证和民间借贷合同公证。三是合同本身直接体现了某种财产权利，必要时权利人需要对外展现，获得第三方的认可，满足第三方确定性需求，如夫妻财产约定公证、股权代持协议公证等。这种情况下，权利人为在必要时向第三方证明其权利的存在，而要求申请办理公证，义务人配合其需求，参与至公证活动中。四是个别特殊情况合同，合同一方对另一方极不信任，自身对法律也不甚了解，担心落入合同陷阱，而申请办理公证，借助于公证人的知识与经验，以期获得法律上保障，如职业技术学校的保障就业协议公证。

（四）多方共同行为类公证

与多方共同行为确定性需求相呼应，公证实践中产生了招投标公证、股东会公证、开奖公证等现场监督类公证以及继承人共同参与遗产分割活动所引起的继承公证。

此类公证多为第三方确定性需求而引发。在招投标等现场监督类公证中，当事人之所以申请办理公证，均是因为担心事后需要向第三方证明其活动的真实性和合法性，才申请办理公证。具体而言，如招投标公证，申请人是因为担心落选的投标人会对招标活动提出质疑，才申请办理公证；股东会公证，常常是因为股东之间出现矛盾，一方发起召开，担心另一方提出质疑，才申请办理公证；开奖公证，更是因为申请人为向所有参与开奖活动而未中奖的参与者证明开奖的公平性，才申请办理公证。

依据我国继承法，继承开始于被继承人死亡，有权继承的人可以参与遗产分割活动，分割完毕相关继承人取得死者财产所有权，并且取得时间依法追溯至死亡时。因此，遗产分割活动具有重要的法律意义，直接决定了继承结果。在房屋继承中，产权登记部门因制度设计和机构性质的限制等原因，无法直接采信诸多复杂的原始证据，以认定遗产分割活动之结果，因而存在确定性需求，要求当事人提供继承公证书。于是，意图办理产权转移登记的当事人，对继承情况需要申请办理公证。

三、确定性需求与公证申请人

从上文分析我们可以看出，社会确定性需求确实存在，并且正是这些确定性需求引发了公证需求。但除了部分合同公证——这些合同公证是因为其中一方存在确定性需求而申请办理公证，另一方不得不随同其要求共同办理，如强制执行公证等，当然在这种情况下，也仅仅是具有确定性需求的一方与公证申请人具有了同一性，随从的一方虽也是公证申请人但却没有确定性需求——其他情况，确定性需求方多为第三方，与公证当事人更不一致。因此，严格意义上讲，确定性需求方与公证申请人并不具有完全的同一性，存在错位。

这种不一致会带来当事人对公证制度本身的误解。典型的例子有：继承公证中，部分社会公众会认为，公证不是应当自愿申请吗，怎么房产登记部门强制我先办理公证，然后才可以过户；金融强制执行公证中，债务人会认为，这是银行需要的，保障的是银行的利益，为什么强迫我们客户申请。实际的工作中，公证人也经常会有听到当事人抱怨"为什么要其办公证"，甚至有些当事人会怀疑公证机构与相关部门的利益勾结。

事实上，虽然公证服务直接满足的是确定性需求，需求方可能与当事人并不一致，但需求方之所以有公证之确定性需求，是因为当事人有事务办理之需求。这是一种需求的传递。以出国留学为例，因为当事人存在需要出国留学这一事务性需求，触发了某领使馆对当事人自身某些事项的确定性需求，而要求当事人办理公证，于是当事人只能"自愿"办理公证。再如，因为当事人不能亲自参与房产交易，只能委托交易，存在需要委托交易这一事务性需求，触发了房屋登记部门对授权情况的确定性需求，而要求当事人对委托书办理公证，于是当事人只能“自愿”办理公证。继承公证同样如此，因为当事人需要办理继承过户手续，存在需要办理产权转移登记这一事务性需求，触发了房屋登记部门对继承情况的确定性需求，而要求当事人办理继承公证，于是当事人只能“自愿”办理公证。从这个意义上而言，公证法所规定的“自愿公证”原则是当事人自我事务性需求的反映。

通过上文确定性需求与事务性需求分析，我们可知，真正引发公证、从公证中获益或消费公证的一方是确定性需求方，虽然这一方常常隐藏在事务性需求方（当事人）背后。如果确定性需求方能够自己完成相关法律事实之确定性审查，那么即便存在事务性需求，也与公证无关。从某种意义上讲，公证服务的本质是为事务性需求者向确定性需求者作出法律上的担保。这也就是公证工作实践中公证人虽然强调对当事人的服务，但更强调审查当事人提供的材料，监督当事人的行为，不断一遍又一遍向当事人确认其意思表示的原因，因为我们实际上是为潜在的接受公证书、信赖公证书的人和机构服务。

四、确定性需求与公证发展

（一）公证的基本价值

价值是客体对于主体的有用性。公证之价值首当其冲当然是对确定性需求的满足。这种确定性需求具有外源性，也就说在某具体事项中，确定性需求到什么程度，是由需要者决定的，不是公证机构。因此公证机构要实现其基本价值，首先要了解现有公证业务中确定性需求的范围和程度，而不是自以为是地扩大公证的审查，增加当事人的负担或缩小公证的审查，达不到确定性需求者的目标。与此相适应，公证业内应当逐步放弃统一的定式公证书，转变为要素式公证书，以满足不同层次需求。当然，每份要素式公证书中均应当明示本公证书所证明的范围与程度。与此同时，公证人应当加强与当事人的沟通，阐明事务性需求与确定性需求之区别，获得其理念上的认同，树立公证正面形象。

（二）公证价值的拓展

根据确定性需求，提供公证服务，可以实现公证的基本价值，但纵然现实生活中已存在多种确定性需求，以及为了满足它，而存在多种公证业务，依然存在很多需求没有被社会察觉，是隐形的，这就需要我们公证人激发这些沉睡中的需求，进一步在更多的领域拓展和实现公证的价值。也就是说，公证价值的拓展离不开对确定性需求的拓展。确定性需求根植于各类具体事务中，我们公证人应当通过对这些事务过程的研究，挖掘出确定性需求，并向相关人员宣传公证解决方案。在相关人员接受后，公证人提供相应的公证服务。

法定公证，是立法者基于国家或公共利益考虑，对于存在全局性重要的确定性需求之领域，以立法的方式强制要求某些民事行为必须办理公证，否则为无效的一项法律制度。这是一种国家层面的确定性需求体现。公证人呼吁某些领域应当设立法定公证，那么我们应该做的是，说服立法者“这些事务办理过程中的确定性需求是什么”、“其全局性和重要性体现在哪里”、“如果没有公证介入，后果会怎样”等。

（三）公证价值的延伸

确定性需求由当事人事务性需求所引起，其是事务性需求中的一个环节，可能是一个重要的环节，但不是全部。如果公证服务仅仅局限于满足确定性需求，那是一种消极被动的服务方式。我们可以提供一种更加积极的公证服务，延伸公证基本价值从确定性需求之满足至事务性需求之满足。在为当事人事务进行服务的过程中，除提供作为基础的事实和法律上的证明，还提供法律咨询、起草文本等法律服务，可以提供与事务相关的代办服务，可以将碎片化的公证服务整成一个系统提供给当事人。当然，一切的前提都是当事人的自愿，而不是强迫。

例如，在存量房买卖事务中，传统公证只是对买卖合同进行公证，只证明签署情况，不保障合同履行情况。这使传统的公证方式无法彻底、完全地保障交易的顺利完成。而如果转变方式，公证人可以对交易的全部环节提供全程服务，使交易达到完全安全这样一种状态：可以对房屋装修等物理状况进行确认，办理保全证据公证；可以协助买卖双方签订合同，提供咨询服务和文本起草服务，并办理合同公证；可以为买方保障首付款安全，办理提存事务；可以经买卖双方授权，代为办理过户手续；可以协助买方办理贷款，办理银行借款合同公证等。

在公证价值延伸理念下，以事务性需求之满足为目标的公证服务，成为了一种公证产品，而不再是某单一的公证种类。

论中国公证制度的渊源流变及当代价值

陈晓枫[*]　张　沫[**]

一、公证制度发展的一般规律

公证制度发展主要有以下方面的一般规律：

1. 在制度定位方面，体现了一种基于独立（或相对独立）第三方主题认可和证明的制度设计，其功能特点与价值依归，反映了公证制度本身极强的专业化的特点。从早期奴隶阶级中分化出来专司书写的诺达里，到执业于特定公证事务所之中的达比伦，再到宗教公证人与世俗公证人在王权和教权夹缝中的竞争，直至近代国家独立公证人的地位确立，以及现代公证制度作为第三方证明法律地位的完善，可以看出公证机构与公证制度的发展，一方面在主体地位上，是一个不断从服膺于某个特定社会阶层、阶级走向服务于普罗大众的相对独立和超然的嬗变过程；另一方面也体现了公证制度在主体价值本位上从手段工具主义走向自身独立主义的位移与流变。

2. 在基本制度动因方面，反映了一定社会生活中尤其是经济事务交往活动中客观需要的要求和推动。从历史来看，公证制度最大的特点就是表面上的非政治性，以及与经济生活的紧密联系。从奴隶社会时期契约文书的拟定，到封建社会时期民事诉讼的记录，到资本社会时期产权信用的证明，再到当代社会时期民商领域的多元化功能发挥等各个方面，都需要一种客观事实（如新身份）和主观意思真实性（如合同签订）的第三方证明。从个体上，反映了特定历史条件下的社会共同体当中，每个“理性经济人”在日常生活当中不断追求自身经济利益最大化的基本诉求和直接影响；从整体上，也体现了特定社会结构下的经济地位上占主导地位的统治阶级，为维护法治的社会秩序，而通过公证固定法律事实的要求。

3. 在服务对象方面，公证制度经历了一个从依附于各类统治者到服务于市民社会以及各个阶层的范围扩大过程。人类社会的发展史，是一个从权威主体不断变迁的等级化

* 武汉大学法学院博士研究生导师。

** 中国公证协会青年公证员工作委员会委员，湖北省公证协会秘书长，湖北省武汉市楚信公证处副主任。

金字塔形结构向民间主体不断强大的扁平化结构演进的动态过程。与此相对应地，作为社会上层建筑的公证制度，也经过一个从依赖于上层到服务于中下层的类似进路——在专制统治社会，公证制度成为统治阶级实现自身根本利益的工具和依赖；在民主自由社会，公证制度则成为不同主体和阶层维护自身利益的手段和凭借。

4. 在技术功能方面，公证经历了一个从书写人、代写人之单一简单功能定位，到代理人、记录人，再到司法人、监督人之复杂多元功能演进过程。公证制度在早期阶段，所扮演的角色和发挥的功能和当代律师代理业务中的一种颇为类似，即主要体现在为当事人代拟文书、起草协议及部分会议记录职能；随着经济交往逐步扩大与社会生活日趋复杂，才开始慢慢由非诉讼领域内的证明功能发展和扩张到诉讼领域中的证明功能以及相随附的记录功能；进而由于贸易领域的扩张和国际交流的推动，又逐步创生出了产权证明、信用保证以及跨国身份认证等其他方面功能；最终得由国家通过立法予以规范，将其与作为防范和控制法律风险的整体司法监督制度联结起来。

5. 在法律功能方面，在调整对象上，公证经历一个从行为自发到行为自觉的过程；在调整方式上，经历了一个从习惯到习惯法再到成文法的规制路径。首先从对象来看，公证制度从一开始发端于日常生活中专门事务管理之需要，而带有明显的自发性特点；随着时间的演变与制度的进化，才成为一种社会广泛接受与普遍认同的行为规则体系。其次从方式上看，公证制度由于其创制伊始的自发性、零散性特征，不可能一开始就通过完备的法律规范进行调整。事实上，自奴隶制社会萌芽诞生起，一直到法国资产阶级革命胜利以后，始才得以正式文本形式对公证制度进行法律地位的确认。

6. 在公私法关系方面，公证体现了国家权力对私人意志的逐渐尊重和加大保护的总体趋势。公证制度的发展与社会形态的进化和演变密切相关，从一开始就是为了应对和解决一般人类生活中的专业法律服务要求而“自下而上”地产生，带有明显的私人意志印记。虽然它也曾依附和服务过不同的权威主体与统治者，但就关联关系而言，它的社会自治性色彩十分浓厚，并与西方国家市民社会的崛起、第三等级的兴起，以及以王权、教权为核心的传统权威主体的衰落进路是一脉相承的。从这个意义上讲，公证制度本身就是国家权力意志不断让渡退缩、私人权利诉求不断彰显昭示的圭表。

7. 在效力范围方面，公证经历了一个从单纯的国内场域逐渐扩展到国际场域的效力扩张过程。公证诞生之初是首先为了满足国内民商事活动的基本需要，随着西方封建主义生产方式向资本主义生产方式的转变，生产力水平的提高，以及各种生产要素流动性的不断扩张和增强，海商文明条件下对跨国贸易需求不断增长，国际贸易的财产流转越来越依靠公证的方式取得公信力，国籍变更、异国继承、技术与投资移民等已不可脱离公证这个基础，司法审判中的誓词、检验意见、质证中职业身份等相关公证也日益显现出其重要作用。这个趋势特点，将随着世界经济全球一体化进程的加深，以及各个国家、地区与民族之间的交流也日益频繁而在未来更加显著。

总体而言，公证制度作为一项在人类文明进程中历史非常悠久、作用十分重要的风险规避机制与制度设计安排，总是与一定的社会历史与现实条件要求紧密相关，并集中体现了特定发展阶段中社会交往多样化、利益主体多元化、行为模式类型化、一元权力消融化以及权利诉求广泛化等综合因素在法现象领域的回响和映照，其社会化倾向与人民主权化取向在制度属性上日益重合。首先，从发生学来看，公证总是体现了法律本身之固有局限性的深层次动因刺激，即在调整范围上不可能穷尽社会生活的每一个角落与细节，而总需要借助一个第三方的证明机制和信用平台来实现对既往真实的再现，利于法益权利的保护。其次，从对象学来看，它总是表现为针对特定意思表示的真伪性判别问题，因审判实务实际上不能也没有必要涉及此其中，而不得已必须依赖第三方来对其进行真实性的辨析和证明，借以达到获得大众认可的正义结果之目的。再次，从宪法学来看，它总是在一定程度上体现了“国家—社会”二元体系中，权力和权利之间在作用场域与效力划分上的分野和界限，并体现了两者之间一定范围内的勾连与信任的相互凭借关系。最后，从法律社会学来看，它总是体现了一定社会中在法律风险防范与纠纷解决机制上，承认司法局限和认可社会力量的理想化认知前提下，用于分散矛盾与化解风险的新型思想结晶和制度设计，同时也是社会进化的高级形态、文明形态与现代形态的集中反映和体现。所以，公证制度在近代以来的任何社会形态中，其角色和地位的自治性、主体性与独立性都是不容忽视和抹杀的。

二、新时期中国公证制度建设的重要意义

（一）在经济基础层面，公证制度能满足市场经济发展的客观要求

市场经济作为一种旨在追求利益最大化的经济形态，在刺激和发挥市场主体积极性、主动性与创造性，并在此基础上进行资源优化配置的同时，不可避免地会在客观上存在诸如交易信息不对称、主体地位不平等、权义配置不平衡和交易效率不迅捷等结构性缺陷。在主观上，则会引发过度投机和知识能力不足等道德性风险与技术性瑕疵。正基于此，公证制度特别是基于有权第三方认证的当代公证制度，在公权力或经公权力认可的其他社会组织的保证监督下，通过搭建信息共享平台，确证信用责任，平衡各方力量关系，在提供法律保障服务以及引导主体行为预期等各个方面，都具有不可替代的重要作用。

具体来看，首先，公证制度产生的自在性契合了市场经济本质的自由性。市场经济的基本功能是通过价值规律这只“看不见的手”，来对社会资源进行优化配置，带有极强的自在性与自治性特征，而公证制度“自上而下”的历史进路与“自我认证”的运行方式恰好与市场经济可形成良好的契合和共鸣。其次，公证制度权力的公共性呼应了市场经济调控的宏观性。两者都体现了独立第三方主体在利益和资源配置过程当中的主动干预和居间调和，并力图弥补各自体系的原有缺陷。再次，公证制度的信用性保障了市场经济的安全性。任何交易投资行为都是行为主体在利益和风险之间进行衡量和取舍的过程，人们总是希望以最小的风险投入来获取最大的利益回报。从这个意义上讲，公证制

度独特的信用保障功能将为市场主体合理识别、预测、控制与化解各类风险提供基本信用保证与可靠参考。最后，公证制度的客观平台作用促进了市场经济的效率性。正所谓“时间就是金钱”，提高流动性和生产效率是市场经济亘古不变的基本追求。公证制度独有的信息证明功能和合同保障功能可以在实践中大大减少当事人因为信息不对称下导致的悲观预期倾向与时间拖曳效应，在相当程度上易于促成交易的有效达成和及时履行。

（二）在社会信用方面，公证制度具有完善社会信用体系的补充功能

在任何类型的社会结构当中，人与人之间的交往总是建立在相互了解的基础和前提之上，第三方有信用力的证明，正是社会经济运行的条件与保障。传统的中国社会，诚如费孝通先生所言，是一个纯然的乡土社会。在这种社会共同体中，一种基于土地农业耕种和宗族聚集居住为基础而形成的人际关系网络里，社会信用的分配规则主要是建立在人与人间天然的和自生的了解基础之上的。这种传统生产生活方式条件下“熟人模式”之信用体系和文化沉淀，在中国历经数千年的社会发展与文明进化中发挥了极其关键的作用，对今天的生活仍然沉淀着巨大的影响。在从传统过渡到现代的转型过程当中，从“熟人社会”向“陌生人社会”、从“身份”到“契约”的转变过程中，传统社会信用体系基本崩塌，当下社会信用极度缺失。在这种客观情势下，“公证制度作为一项重要的信用保障法律机制，是社会信用体系的重要组成部分”，其旨在对交易过程本身信用证明的补充功能，则更是有其必要。

（三）在依法治国层面，公证制度是促进法律体系完善的必要手段

中共中央《关于全面推进依法治国若干重大问题的决议》中提到“依法治国，是坚持和发展中国特色社会主义的本质要求和重要保障，是实现国家治理体系和治理能力现代化的必然要求，事关我们党执政兴国，事关人民幸福安康，事关党和国家长治久安”。欲达此目的，首要和基本的任务就是要“完善以宪法为核心的中国特色社会主义法律体系”。公证制度则正是嵌入其中的一个重要环节。

1. 在民法领域，公证制度通过对其行为、文书和事实的证明功能，集中体现了它对意志自由、意思自治和表意瑕疵的重要弥补功能。从《公证法》第 2 条可以看出，公证制度的证明对象主要有三点：行为、事实与文书。在这当中，除了事实因其是引起民事法律关系产生、变更和终止的客观情况，而与民事法律关系主体意志没有直接联系以外，行为和文书本身较强的主观意志附着性特点则是毋庸置疑的。因此，由于诚信原则的效力，从公证制度的基本功能而言，在实质上主要便是民事法律关系领域的各种意思表示要素的真实性与合法性的一种证明活动和证明过程。鉴于民法本身便是一种基于意志自由基点、体现意志自治精神的权利本位法，而整个民法理论与现实大厦的构建，在本质上也是紧紧围绕着如何贯彻意志自由之精神、弥补意志表示之缺陷以及矫正意志恣意之危害来进行——从这个意义上来说，公证制度所具有的对意志及其相关衍生问题的补充证明作

用，在一定程度上成全了针对民法之基本精神和根本宗旨的庇佑，从而成为民法实施条件的重要弥补和有益补充。

2. 在诉讼法领域，公证制度分别依次在诉前、诉中与执行阶段中，集中体现了它对诉讼活动的秩序保障与诉讼主体的利益保护功能。首先在诉前阶段，公证制度主要是通过它的证据保全功能，来实现还原事实的要求与争议焦点的固定。从保全的证据类别来看，其范围涵盖针对书证、物证、视听资料、证人证言、当事人陈述乃至行为过程和事实的证据保全各个方面。其次在诉中阶段，公证制度主要是通过它的证明力优先功能，来实现对待证事实的确认与证明责任的分配。在这一点上，1991 年《民事诉讼法》关于公证证据的规定（第 67 条）、1992 年最高人民法院《关于适用〈中华人民共和国民事诉讼法〉若干问题的意见》关于无须举证的规定（第 75 条）以及 2002 年最高人民法院《关于民事诉讼证据的若干规定》中关于免证事由的规定（第 9 条）中，已经记载得十分清楚，在此不赘述。最后在执行阶段，公证制度则是通过它的预约强制执行功能，来满足对债权关系的实现保障要求。《公证法》第 37 条明确赋予了经公证债权文书的强制执行效力，而 1991 年《民事诉讼法》第 218 条亦相应地将其纳入强制执行的依据范围中。

3. 在司法体制领域，公证制度作为事前风险防范的有效手段，发挥其节约司法资源、实现利益保护的有效替代功能。公证行为和诉讼行为虽然同属于程序法的范畴，但相对于后者针对争议待解决之诉讼的被动性和事后性特点，前者作为一个典型的非诉行为，在防范和化解法律纠纷风险方面，则具有明显的主动性和事前性特征。其一从发生阶段来看，当事人主动向公证机关寻求从对行为、文书和事实的有权证明活动，通常是发生于诉讼（或潜在诉讼）之前，其直接目的主要就是规避未来在民事诉讼中因其无法满足证据高度盖然性的证明标准，从而导致不能充分履行证明责任最终引发可能的败诉风险。其二从具体内容来看，一方面公证制度所固有的第三方权威认证机制及其对证据证明力的有效确认，在司法实践中使得针对待证事实的举证、质证与认证过程获得省略与简化，实现了诉讼中的司法资源之节省与诉讼效率之提升；另一方面公证制度所特有的针对债权执行力的预先公证功能，使该债权所涉及的潜在诉讼标的和诉讼利益能即刻进入执行保护程序，实现了诉讼外的司法功能之替代与法益保护之实现。

（四）在政治治理层面，公证制度也是实现依法治国的必要保证

从宏观层面来看，随着当前改革开放不断走向“深水区”的摸索与尝试，社会转型时期利益格局的变革和调整，利益主体与诉求日趋多元化和多样化，以及相关的法律制度、措施配套未能及时到位等综合因素的影响，导致社会矛盾与法律纠纷将在未来时期内广泛存在，从而给中国当下的政治管理与社会治理带来了新的压力和挑战。为了回应与应对这种执政上的复杂局面，党的十八届四中全会才将依法治国作为解决问题的基本思路和治国安邦的总体章程提高到一个前所未有的重要地位，明确提出要“推进多层次多领域依法治理。坚持系统治理、依法治理、综合治理、源头治理，提高社会治理法制化水平”。在这个方面，公证制度自身所具有的基于非诉机制下法律风险预防功能，在各种利

益纠纷与社会矛盾中，确认利益主体的真实主观诉愿、利益交换行为的真实意思表达、利益参与人的真实身份关系以及纠纷解决过程中意思合致的真实愿望，可以设置一个“缓冲地带”和“屏蔽系统”，或消除因为信息误差引发或加剧的矛盾，使得社会潜在冲突与紧绷张力自行缓解乃至消融。

（五）在国际交往层面，公证制度是维护国家对外形象、保障国家根本利益的有效凭据

从过去来看，公证制度的域外功能一直都是该制度当中一个不可忽视的重要组成部分。西方公证制度随着跨国贸易的发展而不断实现其国际范围内的扩张自不待言，中国公证制度的演进过程也莫不如此。世界上任何一个国家或地区，都不可能做到完全不依赖于其他国家和地区而独立关门进行发展建设。因此，这种基于跨国经济、文化、社会等交流交往下而自然形成的国家之间、地区之间，以及它们相互之间的涉外公证之客观需要，已经成为公证基本制度以及日常公证工作中的一个重要领域。在此过程中，公证制度、公证机构与公证人员一方面成为一个国家体现自身文明发达水平、法治完善程度和工作效能展示的重要国际形象窗口；另一方面，随着国际民商事交往程度的日益深化，国家决策或行政决定，都不能产生国际上商贸框架中商事主体商事活动的财产法后果，投资、贸易的跨国交往都需要通过公证这个平台确认自身。不仅如此，公证还能在公民域外财产的输入、国家非外汇贸易的保护促进等方面，发挥重要的经济利益维护和合法权利保障作用。从现在来看，随着经济全球一体化程度的不断加深，特别是在加入世界贸易组织以后中国参与国际经济合作交流更广泛深入的大趋势下，跨国公证及合作中的中国公证将更加凸显其重要价值和意义。

公证改革发展若干规律性认识

何思明 *

习近平总书记在中央政治局第四次集体学习时讲话指出,“公证是一项重要的预防性法律制度”。公证法律制度的核心问题是如何确保公证书的效力得到切实保证,而要做到这一点,最关键是建立一套有效的公证体制。从1979年公证制度恢复重建至今已经36年了。党的十八届四中全会吹响“四个全面”的号角,公证事业又站在一个新的起点。及时总结、提炼和正确认识公证改革发展的规律性认识,不仅对全面深化公证体制改革非常必要,而且对推动法律服务领域深化改革也有借鉴意义。

一、公证改革发展的一些规律认识

规律是人们认识世界的依据、改造世界的遵循。从公证事业的改革发展来看,认真总结公证实践中的成功经验和失败教训才有可能从总体上把握住我国公证制度的发展趋势和内在规律,从而制定出我国公证体制的战略方针和部署进一步健全和发展我国公证制度。

(一)公证改革是公证发展的动力和手段,公证发展必须依靠公证改革创新来推动

我国公证事业30多年的快速发展,最根本的动力来自改革。30多年的公证发展史,可以说就是一部改革史,每一次的公证发展浪潮和发展繁荣,从根本上都是公证改革浪潮和改革繁荣。

服务实体经济和促进经济社会发展是公证改革发展和公证工作的根本目的。认识并处理好公证改革发展和公证体制的关系是现阶段面临的重要课题。从长远来看,要做到公证体制积极、长期、可持续发展,必须进一步深化公证改革发展,培育强大的公证体系,提升服务水平和抗风险能力。无论遇到什么困难,必须坚持培育公开透明、长期稳定、健康发展的公证服务市场不动摇,一手抓发展,一手抓改革。

---

* 广东省广州市广州公证处业务研究委员会委员、公证员。

我国公证行业的问题不是发展过度，而是发展不足。要凝聚改革发展共识，推动公证服务市场化改革。要把稳定的公证发展和改革结合起来，认真研究并积极应对公证发展波动暴露出来的问题。要树立底线思维，坚持稳健发展在公证工作中的优先地位。只要公证总体稳健，我们在发展中遇到的各种问题，就有比较充分的时间和空间去解决。

（二）时代变化和实践发展是公证改革发展的根源和动力

1. 始终坚持一条主线。公证改革发展从属于国家政治形态设计，始终与经济、政治体制改革相向而行，同频同调。在经济建设和法制建设的每一个重要时期，党和政府都十分重视运用公证这一法律武器。20 世纪 80 年代初期，我国公证制度有效顺应拨乱反正、落实侨务政策、国际交往频繁、涉外公证事务越来越多和公证停滞 20 年来公民对公证的迫切需要，回应群众迅速恢复办理的呼声。80 年代中期，为了适应发展社会主义民主、健全社会主义法制、推进城乡经济体制改革的要求，以及贯彻中央关于加强和改革政法工作的指示精神，更好地为以经济建设为中心的社会主义现代化建设事业服务，加强和改革公证工作势在必行。90 年代初期，党中央、国务院根据我国经济体制改革、政治体制改革和与国际接轨的需要，在十四届三中全会通过的中共中央《关于建立社会主义市场经济体制若干问题的决定》，指出了公证机构在社会主义市场经济中的性质、地位和作用，明确界定了公证机构为中介组织，为公证改革发展指明新方向。90 年代末期，为实现改革开放和现代化建设跨世纪发展的宏伟目标，党的十五届四中全会通过的中共中央《关于国有企业改革和发展若干重大问题的决定》，再次明确提出要健全和规范会计、律师、公证等社会中介机构的行为，并要求中介机构要与政府部门彻底脱钩。在全面建成小康社会的关键时期，2014 年党的十八届四中全会通过的中共中央《关于全面推进依法治国若干重大问题的决定》，对全面推进依法治国作出了重大部署，为公证工作指明了发展方向，拓展了发展空间；对法律服务工作作出总体部署，为公证工作发展确立了基本方位，赋予了重大任务；明确提出要"发展公证法律服务业"，为公证事业发展明确了战略布局，提出了新的更高要求，以推动公证事业全面发展。

2. 始终坚持三个适应。一是始终坚持适应社会主义市场经济发展。公证机构在管理体制和自律运行性机制上符合市场经济要求，保持独立、客观、公正地执业，使公证机构真正成为自主经营、自担风险、自我约束、自我发展、平等竞争的执业组织。二是始终坚持适应政府职能转变。公证机构与举办单位在人员、资金、实物、财产权利、义务、名称等方面彻底脱钩，成为社会专业服务行业从业机构，政府部门不再为公证机构招揽、指定业务或干预公证机构执业。三是始终坚持适应社会公证需求。紧紧围绕使市场在资源配置中起决定性作用，公证机构认真办理涉及经济活动、公民权利义务、社会和谐稳定和涉外涉港澳台地区公证事项，促进和保障市场积极活动依法有序进行，加快构建覆盖城乡基层的公证法律服务体系，从源头上预防矛盾纠纷的发生。同时，积极适应经济全球化新形势下，国际国内要素有序自由流动、资源高效配置、市场深度融合的发展态势，努力为我国参与国际经济合作、构建全方位开放新格局和人员往来提供服务。

（三）推动公证改革发展必须破除计划经济思维

公证改革对象是束缚公证事业发展的观念和体制。这些观念和体制是计划经济时期形成的，但是随着改革开放的深入发展，这些观念和体制不断被“破茧”。

1. 1982 年《公证暂行条例》从领导体制上确立公证处是司法行政机关领导下的国家机关，人民法院兼办公证业务只是在条件不具备的地方所采取的一种过渡形式。这些具有典型计划经济特征，公证资源按行政方式配置，公证机构是行政单位的附属物，具有浓厚的计划经济色彩。1986 年，中央领导同志在谈机构改革时指出“公证部门很弱，要加强”，说明中央认识到公证体制的完善直接影响社会主义经济建设和法制建设的发展，因此亟待进一步健全、完善和发展。

2. 1993 年党的十四届三中全会提出要建立社会主义市场经济。经过 10 年的实践，对公证改革发展有四点新认识：一是公证的发展，根本出路在改革。按照中央的决定，不改变国家行政机关的形式，很难说清楚公证机构是究竟是一个什么性质的组织。二是改革将有力促进公证事业发展。当时的公证发展比较缓慢，一直徘徊在 3000 家左右，队伍就是 16,000 多人，原因很多，其中一条是与行政编制有关系的。公证的社会需求在逐步增加，队伍增加不了，形成矛盾，需要通过改革解决阻碍发展的编制问题，而“自收自支”的公证机构就很容易解决。三是实行公务员制度以后，公证机构和公证员进不了公务员系列，公证员的待遇要按专业职务序列。四是“收支两条线”对一些经济发达地区、业务量比较高的公证机构来说十分不利，收入全部上交国库，对自身发展有很大影响。

3. 2000 年进一步明确改制的公证机构应该成为执行国家公证职能、自主开展业务、独立承担责任、按市场规律和自律机制运行的公益性、非营利的事业法人，不再审批设立行政体制的公证机构。同时，按照国务院对中介组织的要求，积极进行公证组织新形式的试点，抓好合作制公证机构的试点工作。公证机构整体由行政机关转制为事业单位，变财政拨款为自收自支，公证收费不再上缴财政和上级司法行政机关，公证机构成为纳税人。

4. 2008 年 8 月 25 日《公证法》对公证机构的性质进一步法定化，即根据公证法规定的条件和程序设立，履行法律赋予的专门证明职能，证明机构就是公证机构的性质，中立性和服务性让公证机构脱掉了“官衣”，法律责任和地位有别于一般“中介”机构。

思维上的每一次突破，就会引领公证改革发展向前迈出一大步。经过 30 多年的改革发展，公证逐步成为与经济、政治和社会相发展的“大公证”。到党的十八届四中全会，公证改革发展已经被纳入依法治国总体布局，并与法院、检察院、公安、律师等法律行业改革发展在全局上一同部署，公证地位有所提升。公证改革发展已经不可能再是封闭的“自我循环”，而要融入国民经济和社会发展“大循环”。公证改革发展不能再是“两张皮”：一方面公证离不开国民经济体系的支撑；另一方面公证要与国民经济、国民教育、城乡建设、科技旅游、对外开放、政治建设、社会建设、对外开放等深度融合，渗透于国民经济各个行业，提升公证服务品牌价值，增加公证服务业的附加值和科技含量。

（四）理论创新和实践创新是公证改革发展的两个基本领域

公证改革发展理论上的创新是指人们在公证实践中，对公证改革发展原有理论体系或框架的新突破，对原有理论和方法的新修正新发展，以及对理论禁区和未知领域的新探索。公证改革发展实践上的创新是指公证实践目标、实践过程和实践手段的创新。理论创新和实践创新的具体互动过程揭示了公证改革发展的内在机制和机理。36 年来，公证改革发展理论和实践上的重大突破主要体现在三个方面：

一是将公证机构明确为法律中介组织。1993 年和 1999 年的中央全会文件明确指出，公证机构是市场中介组织，"要与政府部门彻底脱钩"。以公证机构提供保全证据、提存、保管遗嘱和其他文件、为当事人起草文书和提供咨询服务为例，这些行为应该说是一种法律服务行为，主要体现具有中介性质，达到为社会预防纠纷的公益目的，它承担由政府部门转移出来的证明行为，是一个能够沟通政府和社会的中间层次，提供客观公正的信息。同时，它又超然于政府与企业、公民之间，以独立性、客观性、专业性为特征，具有独特的社会功能。它按照市场运行规范，维护各方的权益，保持市场秩序的稳定有序，起到调节市场的作用。

二是将公证机构的设立明确为不以营利为目的。公证机构行使司法证明权，担负着很重的社会责任。公证行为关注的公共利益主要是在司法证明领域内的特殊公共利益，带有很强的非营利性和公益性。换言之，公证机构的设立旨在承担部分社会职能，预防纠纷，减少诉讼，因而具有公益性。同时，公证受益人不是社会全体成员，国家不应承担公证人提供服务所需求的费用，公益性与收取公证费并不矛盾。非营利性要求公证机构不能唯利是图，单纯追求经济效益，而要以社会正义为己任。

三是公证机构的体制形式与公益特性不画等号。公证制度的社会化性质决定公证公益服务的主体形式多元化，不同体制的公证机构都可以提供公益性的公证法律服务。对公证职能的管理并非由国家完全包下来，而是实行司法行政机关管理与行业协会管理相结合的形式。公证人是法律授权的法律工作者，国家不给予财政拨款，公证人的工资、退休金等均从公证收费中支出等做法与国际上通行的制度是接轨的。

（五）在"破"与"立"辩证统一中完善公证改革发展

改革是一个行业生存发展之道。培育合格的适应市场的公证法律服务主体是整个公证改革发展的中心环节。公证改革发展中的破与立，令原有思维方式、行为方式和发展模式发生深刻改变，形成一套既要符合公证发展的客观规律，又要适应社会主义市场经济发展的新理念和新体制。公证微观改革上的"破"，倒逼宏观改革上的"立"。

一是力推公证人力资源配置最优化。以往公证队伍实行行政化管理，难以充分体现公证职业特点，不利于公证队伍专业化和职业化建设，很多优秀人才游离于公证体制之外。正确确立公证员在公证业务中的主体地位，严格具有行业特色的职业准入机制，让公证人才专注于公证核心工作，真正把最优秀人力资源用于公证事业。

二是力推公证执业职责明晰化。公证执业具有鲜明职业特点。公证员必须遵从公证程序，熟知法律规范，秉持社会良知，对公证事实的认定和法律适用作出正确判断并独立承担相应责任。以往公证员层层请示、层层审批的机制不符合公证客观规律。力推主办公证员制度，赋予公证员更加明晰的执业职责，从而最大限度地发挥公证员执业优势。

三是力推公证质量安全问责制度化。实行严格监督，严厉追责。公证执业监督管理由比较模糊转变为有章可循、全程留痕。以公证机构为主，司法行政机关和公证协会为辅的专门监督体系基本形成，绝大多数地方对公证质量一票否决，部分地方建立了公证机构和公证人员的诚信档案。

四是力推公证职业管理规范化。职业管理规范化是公证队伍专业化和职业化发展应有之义。制定《公证员职业道德基本准则》、《公证行业自律公约》，对公证人员实行严格职业操守管理，确保公证人员德行操守符合职业规范要求。

公证改革发展既是一项宏大的行业战略，也是始于公证机构的实践探索，必将是一个长期过程。有时候，公证的“破”是一种扬弃和继承中的创新；公证的“立”是一种对趋势的把握和渐进生长。尊重公证机构的创新创造和客观规律，不断总结新经验，形成新机制是一个长期过程。打破公证行业自家“一亩三分地”的思维定向，打破公证与其他行业条块分割的隐形壁垒的实践证明，凡是懂得“破”、“立”哲学的公证机构，都能够植入创新发展全新机制，以科技创新为核心带动能力；凡是善于抓住机遇的公证人都能活泼泼的重生，反之则求生艰难。

（六）市场经济为公证改革发展提供新契机

邓小平同志指出，政治体制改革同经济体制改革应该相互依赖、相互配合。对于公证来说，既要为经济体制改革服务，又要对自身进行必要改革，使之与经济体制改革相适应。

单元经济向多元经济的转变，使社会经济关系呈现更加错综复杂的新特点，公证业务数量大大增加，而且逐步向精细化、专业化和系统化方向迈进，为公证法律服务的对象、内容及范围的调整与扩大提供了一个基本前提。在价值规律、供求规律、竞争规律、利益机制等基本市场运行准则的调节和支配下，公证从内容到形式都呈现复杂、多样，且极富个性的重大变化。这种变化就要求大量的、高层次的公证法律服务和保障。从另一个角度来说，公证改革发展只有顺应经济生活的变化、反映经济生活的要求，才能具有进一步发展的潜力和生命力。

在传统的计划经济体制下，计划是主导。在这种体制下，公证失去服务的依据和对象。在市场经济条件下，公证法律调节成为国家调控的手段，只要法律规定不改变，公证的地位和作用是不可改变和替代的。《公证法》以规范性、普遍性、强制性及相对稳定性的特点，能够保证不同体制形式的公证机构高效、有序、健康的发展，而且克服过多依赖行政手段、人为干预公证活动所产生的不良结果。

随着国家行政管理体制改革演进和国家行政机构职能的转变，公证机构逐步走进市场经济轨道，完全由国家创办公证机构和包办公证服务业务的条件和局面已不复存在。公证机构既有国有性质，也有合作性质。即使是国办机构，也打破了以往行政管理体制，在人员安排、设备配置、分配制度、经费使用等各方面进行了重大改革，有利于实现国家机关工作效益化，降低工作成本，为国家节省财政开支；有利于建立制约机制，强化管理职能，推进依法行政。

（七）用政策化解矛盾和问题

政策的制定与执行同等重要，公证改革发展推动要认真研究政策，积极面对改革，用政策手段解决重点和难点问题，化解因利益调整而引发的矛盾，为改革发展提供强有力的支撑和保障。这是公证改革发展的一个特点。公证改革发展配套政策的利益导向很明确。

一是早改早受益。国家税务局《关于司法公证机构改制后有关所得税问题的通知》（国税函〔2001〕739 号）规定，按照国办函〔2000〕53 号规定，由原行政体制改为事业单位或合作性质的公证机构，可以视为新办从事咨询业的经营单位，依法缴纳企业所得税，并享受财政部国家税务总局《关于企业所得税若干优惠政策的通知》（〔1994〕财税字 001 号）规定的企业所得税优惠政策；合伙制性质的公证处，按照国务院《关于独资企业和合伙企业征收所得税问题的通知》（国发〔2000〕16 号）和财政部国家税务总局《关于印发〈关于个人独资企业和合伙企业投资者征收个人所得税问题〉的通知》（国发〔2000〕16 号）以及财务部、国家税务总局《关于印发〈关于个人独资企业和合伙企业投资者征收个人所得税的规定〉的通知》（财税〔2000〕9 号）执行。

二是早改早主动。改制的公证处成为执行国家公证职能、自主开展业务、独立承担责任、按照市场规律和自律机制运行的公益性、非营利的事业法人。这从组织形式、运行机制、方式方法、管理模式等方面，真正建立起公证处的独立法人地位，调动公证人员的主观能动性和工作积极性，促进了公证事业的健康发展。

（八）公证改革发展需要精细化

公证改革发展不是口号，更不是标签，必须要有标准，做到“可核查，不可逆”。公证体制改革是公证改革发展的中心环节，也是公证改革发展中难度最大的。借鉴其他领域改革的经验教训，公证改革发展确定以下具体标准：一是基本解决公证工作的法律保障问题，明确公证的法律效力和公证工作的法律地位，健全公证法律体系；二是建立与市场经济体制相适应的公证机构；三是建立高素质的公证专业队伍；四是规范和完善公证处内部运行机制；五是建立中国特色的公证管理体制；六是强化公证效力，充分发挥公证的职能作用。

公证改革发展涉及公证人员的切身利益，在操作上特别需要精细化。公证改革发展 36 年，公证事业保持较快发展，一条重要的经验就是，坚持以人为本，注重发挥公证人员的积极性，切实维护公证人员的合法权益。

公证改革发展没有走减员增效之路。改革开放初期，公证改革发展注重发挥中央和地方两个积极性，采取多种形式、多种渠道，加速公证人员的配备。在对外开放的 14 个沿海港口城市、经济特区以及进行经济体制综合改革的城市，公证机构的建设和公证队伍的发展，纳入这些城市的总体规划，同步建设、同步发展。在广东等沿海地区，公证费全部不上缴，用于发展司法业务，用公证收费来发展公证队伍。从 2002 年起，根据公证行业的性质和特点，对已通过司法考试的人员申请公证执业的，对其业务能力、道德品质等方面进行考核，提高公证员入门条件和入门标准，不断吸收文化素质高、业务素质好、道德品质过硬的新人进入公证队伍。改为事业体制的公证处，人员实行聘任制，公证处主任由同级司法行政机关从在职的公证员中择优聘任。公证处的其他人员经公证处领导集体研究后，由主任聘任。

退休待遇差距大是公证改革发展中最棘手的问题，也是影响参与改革发展积极性的重要因素。在机构改制时，对符合离退休条件的人员，可以申请离退休。离退休人员关系一律转到同级司法行政机关，对新人除了参与社会保险外，有的公证处根据自身财务状况，建立企业年金，个人缴一块，单位补一块，进行市场化运作。按照政策提取的发展、福利、住房、医疗、养老、失业等基金划归公证处，对政策规定属于个人的，划归公证人员个人所有，解决公证人员后顾之忧。

（九）公证全面深化改革发展需要寻求新的突破

改革发展就像“接力赛”，应该保持连续性。公证体制改革不存在要不要改的问题，而是按照既定方向何时完成改革，继续向前发展的问题。公证改革发展 36 年，动摇了传统体制的根基，全行业在探索一条中国特色社会主义公证发展之路。大胆地推进公证改革发展是沿着这条道路继续前行，不应该“摇摆”，更不能走回头路。

公证在改革发展的推进方式上，自上而下，以行政推动为主，这是过去 36 年公证改革发展的主要特点。深化事业体制改革，落实公证机构真正独立法人地位是公证事业发展的核心。这就决定在改革推进方式上，要从过去以行政推动为主转向以经济手段为主。事业体制公证机构要进一步深化改革发展，难点在于出资人制度与主管主办制度相衔接，基本途径是落实公证机构独立法人地位，推动政事分开和管办分开，使公证处从原来行政机关的附属物，转变为真正的市场主体。不仅要呼唤出资人和公证机构到位尽责，而且“倒逼”主管主办部门彻底转变职能，从原来的“管脚下”转变为“管天下”。

改革发展是寻求共识的过程。共识越多，阻力越小。反过来说，当改革发展被搁置，根子就在思路观念上。在公证改革发展过程中，思想认识上的分歧主要集中在三个问题上：

一是如何看待法律服务市场和公证证源阵地的关系。如果把二者统一起来，认识到占领法律服务市场就是巩固和扩大公证证源阵地，改革发展力度就会加大，步伐就会加快；反之，如果将二者对立起来，把市场作为“异己力量”，改革发展就会“裹足不前”。

二是如何看待资源和导向的关系。如果把二者统一起来，认识到公证资源的控制力决定公证改革发展的影响力，对法律服务市场的引导力影响对导向的把控力，改革发展空间就会增大，改革发展的成效就会明显；反之，如果把二者对立起来，把资源当成导向不正确的“罪魁祸首”，改革发展就会“畏首畏尾”。

三是如何对待事业单位和非事业单位的关系。如果认为非事业单位不好管理，只有公证事业单位甚至行政单位才可靠，改革发展就一定会走“回头路”，成果也会丧失殆尽。

对上述三个问题的认识，不仅制约公证改革发展全面深化的过程，而且影响法律服务管理体制的重构。公证改革发展任重而道远。

二、牢牢把握公证改革发展规律，为中国公证现代化布阵筑基

“凡益之道，与时偕行。”公证工作是完备经济立法和经济司法体制的一个重要环节。公证事业发展起来以后的问题一点都不比不发展时少。全国公证行业进入新的发展阶段，具有普遍规律；各地实现发展的条件和背景不同，具有特殊规律；发展的阶段和程度不同，具有阶段性规律。“三大规律”同时发力，同向而行，为实现中国公证现代化布好阵、筑好基。

（一）问题导向：坚持“三个面向”推进中国公证创新发展

随着改革发展的不断深入、依法治国基本方略的全面推进，公证体制僵化和公证执业能力不足与人民群众日益增长的公证需求之间的基本矛盾逐渐显现。反思历轮公证体制改革，也存在顶层制度设计的系统性、整体性、协同性不够；改革力度层面“问题导向”不足，一些影响公证现代化建设的体制性障碍、机制性束缚、保障性困扰尚未突破，改革发展呈现“负和博弈”、“零和博弈”的现象。公证改革发展步伐一定程度上滞后于经济体制、文化体制、社会体制改革。

公证体制及其运行的突出问题表现在以下几个方面：一是公证地方化。公证机构和公证人员在公证活动中受到地方部门和利益集团的不当控制和干扰，导致公证机构及其公证人员丧失应有的独立权利和地位。二是公证行政化。即违背公证规律，将公证机构和公证人员独立办公证的过程纳入行政体制的命令与服从，按照行政权的形式行使法律证明权。三是公证职业化水平较低。缺乏统一规范科学的公证员准入遴选细则。

始于问题、源于实践，是改革发展的规律。公证改革发展以实践发展为基础、以回应和解决问题为导向。

1. 面向现代化，强化时代意识，正确把握时代特征和发展脉络，回应中国公证改革发展进程中的重大问题。一部中国公证发展史，既是不断在理论上回应和解答公证时代问题的历史，也是不断在实践中探索和解决公证发展问题的历史。当前，针对中国公证面临的问题，需要我们冷静客观地研判形势，作出正确抉择。为此，应以中国公证问题中心，聚焦公证改革发展和现代化进程中的重大理论和现实问题，诸如体制问题、发展模式、信息化建设等，在研究和回答新问题中推进公证理论研究。要培育和弘扬科学探索

精神，善于总结实践经验，敢于试验、敢于突破、敢于创新，在法治化进程中开拓公证新境界，在创新中国公证理论中不断推进实践发展。

2. 面向世界，强化世界眼光，正确把握世界走势，借鉴其他国家公证经验，回应中国公证挑战。中国公证是在吸收借鉴其他国家公证经验的基础上产生和发展的，始终具有开放性。这种开放性始终是与面向世界联系在一起的。中国公证要赢得与其他国家公证相比较的优势，就必须大胆吸收和借鉴其他国家创造的一切公证有益经验，吸收和借鉴当今世界包括发达国家一切反映现代社会公证规律的先进经营方式和管理方法。

从世界公证制度的历史发展来看，公证是随着商品经济的产生而发展起来的，是为巩固和维护商品经济秩序服务的。当前，公证制度的法律地位和作用在各项法律中缺乏充分体现；公证制度建设与国家其他法律制度建设缺乏有机的衔接和协调发展，已经给公证工作带来难以想象的困难。世界上法制比较健全的国家都十分重视公证的法律保障体系建设，使公证组织具有与法院等其他司法组织相同的法律地位。

中国公证要在拉丁公证格局中认识和把握自身发展方位，在顺应发展大潮中推进自我发展，就必须正确处理中国公证民族特色与拉丁公证共性的关系，克服封闭僵化与全盘西化的极端片面性。要追踪和了解公证发展前沿，了解各国公证研究新进展，了解国外公证管理新经验，并在此基础上批判地分析和借鉴一切有价值的成果，使公证制度与其他法律制度协调发展。

3. 面向未来，强化思维前瞻性，正确把握当代中国公证走向，在开创未来的实践中不断丰富和发展中国公证。总结历史、立足现实、面向未来，是中国公证改革发展的基本特点之一。中国公证既要超越而不超现实，又要坚持面向未来，把促进经济社会进步和人的全面发展作为自身21世纪改革发展的出发点和归宿。要用发展的公证理论指导公证事业发展。公证理论不仅要像“黄昏才起飞的猫头鹰”那样对历史做事后总结，而且要像“报晓的雄鸡”那样科学预测未来。

（二）创新思维：深刻把握当代中国公证发展的辩证法

认识新常态，适应新常态是当前和今后公证改革发展的大逻辑。深深认识这个大逻辑，必须增强辩证思维。

1. 逻辑与历史的辩证关系

公证发展体现公证自身运行规律。36年来，在生产力迅猛发展的同时，我国公证事业实现了从高度集中的计划经济体制到充满活力的社会主义市场经济体制的历史转折。现在，我国公证正站在新的历史起点，与依法治国的宏伟目标相比，发展中不平衡、不协调、不可持续问题依然突出，科技含量不强，业务结构不合理，制约行业发展的体制机制障碍较多，深化公证改革和转变发展方式要开辟新征程、取得新突破、迈上新台阶，促使行业发展更加平稳、科技更加进步、结构更加优化、体制更加完善，公证制度的优越性得到更加充分的体现。可以说，公证事业与经济发展共同进入新常态，体现了理论逻辑和历史逻辑的统一。

2. 速度与效益的辩证关系

一方面,应看到速度与效益不是对立的而是紧密联系的。没有一定的增长速度,公证业务长期处于低迷甚至停滞状态,就谈不上什么效益。公证业务保持快速发展是效益不断提高的基础。另一方面,应看到长期以来,公证事业在经济增长中确实存在偏重数量扩张、过分追求高办证量的问题,公证发展质量不高、效益不理想。在新常态下,我们需要的是实实在在没有水分的业务增长,是符合公证发展规律和客观实际的增长,是更加健康、更高质量、更持续、人民群众能够得到更多实惠的增长。这就要求我们必须推动公证改革发展提质增效升级,把转变服务方式、调整业务发展结构放到更加重要的位置,推动公证发展迈向中高端水平,努力做到调速不减势、量增质更优。

3. 投入与创新的辩证关系

推动公证发展的直接因素有两个方面:一是增加资金、劳动力等生产要素投入;二是技术和理念的创新。公证发展的一个基本规律是,发展越来越少依靠要素投入,越来越依靠技术和理念创新。但也应该看到,任何发展都是以一定的要素投入为基础的,没有要素投入就谈不上公证资源配置效率。当技术水平和业务结构处在相对稳定状态,资金等要素投入的规模和质量仍然是至关重要的。如果公证书没有市场需求,公证改革发展就无法进行下去。如果只有技术创新和理念而缺乏市场需求,公证发展同样无法正常发展。

4. 公证与市场的辩证关系

在社会主义市场经济中,现代公证的有效运行离不开市场。在推动公证发展中要更加注重市场经济规律,不断提高驾驭社会主义市场经济的能力,更好地发挥公证作用,有效履行公证在保持宏观经济稳定、加强和优化公共服务、保障公平竞争、加强市场监管、维护市场秩序、推动可持续发展、弥补市场失灵等方面的职责,使"看不见的手"与"看得见的手"更好结合起来,推动经济更有效率、更加公平、更加可持续发展。

5. 挑战与机遇的辩证关系

挑战与机遇是一个事物的两个方面,二者又可互相转化,并依赖于人的主观能动性。经济发展进入新常态,我国公证发展运行遇到不少困难和挑战,如行业发展下行压力增大,业务发展增长新动力不足和旧动力减弱的结构性矛盾依然突出。但是,如果我们不囿于短期经济增长速度的波动,而放眼于经济发展的长远趋势,就会认识到,这些困难和挑战并没有改变我国公证仍处于重要战略机遇期的基本判断。在克服困难、应对挑战的过程中,我国公证发展正在迈上新台阶、迎来新机遇。这包括公证现代化和科学技术不断进步,创新能力不断增强,业务结构优化升级,新增长点增多,空间格局进一步拓展,等等。因此,新常态蕴藏新机遇、展现新前景。我们应全面把握机遇、沉着应对挑战,主动适应经济发展新常态,实现公证发展由大到强的历史性跨越,迎接我国公证更加光明的未来。

（三）基本目标：构建与现代国家治理体系相适应的公证体制

公证体制是公证领域中的一种“客观结构”，是公证领域各组成部分或者诸要素比较持久稳定的相互联系模式。在中国，公证体制是围绕公证领域中真正的活动主体，即公证人员和公证机构权利保护，政府和其他多元主体适用多种机制和相配套的社会政策等多种手段，以主动构建和循序渐进同时并进，以培育充足的公共性和提供充裕的公证服务为前提，以通过他律和自律相结合规范公证行为，协调利益关系，形成公证在公民权利保障和公证服务享受上充足充裕又公平公正，在总体执业运行和状况上，既有秩序又有活力的正式与非正式制度体系。应该坚持“三个不变”，即公证机构作为法定证明机构的性质不变，公证人行使公证证明权的身份不变，公证书的法律效力不变的前提下，实现公证机构组织形式的多样化。要构建现代中国公证体制，必须具备五个关键部件：

一是公证与行政分离的主线轴心。公证机构按照《公证法》、《公证程序规则》、《公证机构执业管理办法》、《公证员执业管理办法》进行监管，依法享有独立法人地位。

二是公平公正的价值核心。公证机构及其公证员在办理公证过程中忠于客观事实，公正地评价双方利益，对当事人各方提示法律风险，引导当事人各方达成合法、公平的协议，为各方当事人乃至为整个社会的利益服务。

三是公证执业状态既有秩序又具有活力。公证机构享有法定事权，拥有管理、人事聘用和分配自主权，依法自主办理公证业务，独立承担法律责任。

四是积极参与负责任和善于自律的组织体系。公证机构通过明确资产管理者、执业监督者、营运执行者、法律服务实施者等各个利益相关者权利义务与责任，形成既相互理解支持，又相互监督制约关系，实现决策、执行和监督的有效制衡。

五是配套而合法有效的规划体系。依法建立与公证机构事权相适应的严格执业监管体系，公证机构应当自觉接受来自立法机关、政府相关部门、社会有关人士以及内部制度的监管，确保公证机构宗旨的实现和法定职责的履行。

新型公证体制的构建和公证改革发展要分层次逐渐地把这些部件锻造出来，有机结合起来，分别形成公证体制中的五个次级体制，即作为基元的人员体制、作为基础的公共服务体系、作为载体的组织机构体制、作为保障的公证人员安全体系和作为动力的内部治理体制。

（四）路径选择：公证改革发展政策要择优而用之

在国家实行社会主义市场经济的今天，计划体制下的公证模式已经失去赖以生存的经济基础。尽快建立与我国政治体制改革和经济体制改革相适应、与我国经济发展水平相适应、与我国公证制度自身发展相适应的中国特色公证制度，是社会中市场经济和法治建设的大势所趋。任何过细、过死的僵化管理体制都将导致公证在一定程度上失去中立性，公正性和权威性难以达到应用的程度。不少公证处仍然活力不足，就是一些富有活力的公证处，其动力源泉主要也是来自改革开放的政策、司法行政机关的“开明”和公证处主任的能力，而不是源于公证体制本身。实践证明，只能通过体制改革，才能从根本上解决体制上的矛盾，否则公证工作的未来难以实现飞跃。因此深化公证体制改革的目标必须是革除现行公证体制的种种弊端，建立新型公证体制，使之充满生机与活力。从总体和长远的观点来看，“转制”是一条符合现阶段我国国情的深化公证改革的正确途径。

1. 顶层设计抓规划

一是研判发展形势。以登高望远的视野和客观审慎的态度，对区域发展、公证政策、业务趋势、人才需求等宏观状况进行全面分析和研究，为制定富有前瞻性的改革发展规划提供可靠依据。二是突出规划实效性。深入调查研究，掌握实际情况，找准制约当地公证发展“瓶颈”问题，提出切实可行的解决办法。三是抓好配套衔接。公证改革发展牵涉多个行政层级、多个管理部门，跨度大、交叉多，既要以中长期发展规划为龙头，又要注意加强指导和协调，形成科学统一的发展规划体系。

2. 深化改革抓政策

一是构建灵活多样的改革发展体系。应根据区域经济社会发展的需要，灵活采用刚柔并济的方法突破改革发展中遇到的难题。二是创新导向鲜明的改革发展体系。围绕经济社会发展重点领域，培育和释放公证主体活力，推动公证持续健康发展。三是健全各尽其能的改革发展体系。搭建舞台，提供充足的工作条件；减少束缚，鼓励人才发展；拓宽渠道，让公证机构各类人才各尽其能。

3. 优化服务抓环境

一是营造良好的社会环境。大力破除“官本位”、“坐堂办证”思想，让公证得到尊重、体现价值。二是营造良好的制度环境。围绕公证人才培养开发、激励保障，出台一系列具有竞争力的政策制度，让公证成为有施展才华的广阔天地。三是营造良好的创新环境。在公证行业内培育创新意识，鼓励公证人员在万众创新中实现职业价值。

4. 统筹协调抓合力

一是贯通上下。既要认真学习领会中央和司法部关于公证工作的大政方针、决策部署，结合自身实际采取相应的落实措施，又切实加强沟通和指导，及时总结各地的好经验好做法，形成上下联动的整体合力。二是衔接左右。推动各职能部门在职责范围内支持公证改革发展，把相关力量和资源统筹起来。特别是在一些涉及多职能部门的重点难点问题时，要善于组织力量协同攻关、重点突破。三是跟踪问效。建立健全问效机制，对公证改革发展重大问题全程跟踪指导，抓好督促检查，确保各项工作部署和目标任务落到实处。

三、结语

实际上，公证改革发展是一个干中学、学中干的过程。公证机构要总结经验，创新求实；管理部门要把握规律，完善机制；社会各界要鼓励成功，宽容失败。风物长宜放眼量，对公证改革发展中没有先例的创新与探索，要有发展眼光，要有改革思维，要有稳定意识。大家共同努力，构建一个公开透明、长期稳定、健康发展的公证体制。

公证功能与私法创制关系初探

——公证法与民法典互动关系的构建

葛宇锋*

《公证法》颁布10年以来,我国的公证事业取得了蓬勃的发展。据统计,年办证数量已经数年连续在1000万件以上。在党的十八届四中全会决议中,不仅提出要“发展公证法律服务”,还明确要制定民法典。公证法作为国家法律制度重要组成部分,公证员作为法律职业共同体的一员,自然应不惮力微,共襄盛举。

由于各种原因,我国民商事实体法中并无法定公证的规定,甚至任意性规定都极少。① 对此,徐国栋教授认为是实体法中的公证规范缺失造成了“公证制度预防纠纷、增加行为成本、促使当事人慎思是否进行行为之功能的正常发挥”,②从而建议在民法典立法中增加公证的规定,并需要吸收公证人参加民法典的制定。今天,我国公证理论与实践研究已经取得了长足的进步,对于公证的独特功能及公证在民事法体系中的地位已经有了深入认识的实践和理论基础。众所周知,任何解决问题的一般方法论都是以“认识自己”为前提的,即首先必须要明确自己“是什么”,然后才是现在“为什么成为这样”,然后才筹划今后“可以成为什么”,在怎么样的条件下“能够成为什么”。显然,公证能在“私法一般法”乃至于民事法体系上证成其重要性的途径无非是其曾经发挥(历史渊源)、已经发挥(现实重要性)及可以发挥(未来展望)的功能。鉴于此,本文拟先归纳、抽象出系统化的公证功能(公证功能“是什么”),然后从公证独特的功能出发,在历史、现实、未来三个维度对公证与民事法的关系作一探讨(公证可以、能够在民事法典中“成为什么”),扎根现实,面对未来,构建大致的公证与民事法典关系构造。

* 中国公证协会业务指导委员会委员,浙江省绍兴市上虞公证处主任助理。

① 根据徐国栋10年前的统计:在中国现行民法法律体系中,11部主要民事法律总计1260条,其中涉及公证只有6条,占全部条文的0.48%,“法定必须公证”条文为0。参见徐国栋:“公证制度与民法典”,载《中国司法》2005年第7期。当然,10年过去了,立法数量大为增加,我们尚未见到哪一部法律“增加”了公证条款,也就是说“占全部条文的0.48%”比例还在下降。

② 在这里,徐国栋对公证功能的表述是传统大陆法系公证制度的“描述式”表述,法理上的提炼似乎不足。

一、公证独特功能归纳[③]

（一）对我国现行公证制度功能权威表述的分析

关于我国现行公证制度功能的权威表述，呈现在政治文献、[④]政策文件[⑤]和法律规范[⑥]中。对于这些权威表述进行分析，我们能够得出以下的结论：

1. 政治文献对公证作出表述的社会经济基础是“建立市场经济”，因此，是将公证作为一项“市场经济重要法律制度”来表述的。

2. 政治文献首次和第二次（十四届三中全会和十五届四中全会）表述公证时，都是将公证与律师、会计、评估、咨询等“中介组织”一并表述，并且在表述时是将“服务、沟通、公证、监督”四项“作用”同时修饰律师、会计、评估、咨询等“中介组织”，并由此会引发可能的疑义。

3. 政策文件首次系统阐述公证是在“尽快建立健全适应社会主义市场经济要求的公证制度”的“要求”下，与政治文献要求一致。

4. 政策文件首次将“服务、沟通、公证、监督”中的“公证”改成“证明”是《公证法》实施之时。

5. 自 2005 年起，政策文件对公证职能或者说功能发挥的领域开始包括“维护人民群众合法权益、保障民商事交易安全、维护市场经济秩序、创新社会治理等”，比较全面。

6. 我国大陆的公证法律规范的表述中，均包含了“建立健全公证制度（法律地位，法治的法理）、维护民商权利（实体效力）、预防纠纷减少诉讼（程序减省）、证明和认证等（信息汇集）”等这些职能或者说功能。

7. 我国台湾地区公证相关规定和澳门特区的公证法表述中，使用的都是我们较为熟悉的“法言法语”，比较系统、严谨、专业、逻辑。两者均明确的公证主要职能有：法律行为做成公证书、非讼职能、信息汇集加工传递职能等。尤其是澳门特区公证法既概括又逐条罗列的方式，让我们对公证各项职能（即立法者希望公证在社会实践中所发挥的功能）一览无余，并且澳门特区公证法是受罗马法浸润的正宗大陆法系葡萄牙法与中国大陆实际密切结合的产物，对于我们这个动辄言必称德法公证的行业来说，其实更符合实际、更为值得学习。

---

③ 在这里，理论上需要区分“功能、职能、职权、效果、作用”等相似又不同的术语。简单地说，功能是实际体现出来的作用；职能是国家为达到某种目的或效果而安排的某类组织应当发挥的作用期待；职权是为发挥职能赋予的权力。本文重点在宏观分析，故不再具体区分这些相近的术语。

④ 例如，十八届四中全会中共中央《关于全面推进依法治国若干重大问题的决定》、十四届三中全会中共中央《关于建立社会主义市场经济体制若干问题的决定》、十五届四中全会中共中央《关于国有企业改革和发展若干重大问题的决定》中均有涉及公证的表述。

⑤ 如司法部 2000 年《关于深化公证工作改革的方案》、2005 年《关于学习贯彻〈中华人民共和国公证法〉的意见》、2014 年《关于推进公共法律服务体系建设的意见》、2014 年《关于进一步加强公证工作的意见》。

⑥ 如原《公证暂行条例》、现《公证法》、《浙江省公证条例》、《黑龙江省公证条例》、《上海市公证条例》，我国台湾地区“公证法”以及澳门特区《澳门公证法典》。

（二）政治文献、政策文件语言应当“转译”成法律语言⑦

首先，政治语言、政策语言与法律语言显然是不同的，它们都属于与我们日常生活语言不同的团体语言，是“一整套的符号系统、表达手段的系统，却是全民社会中某一部分的人所选择、产生、改造或创造的”。⑧ 它们在表达、转递、接受、反馈等机制上不同于日常语言；它们有自己特殊的句法、语用、术语、概念体系。相对于政治、政策语言，法律语言更为严谨、专业、逻辑，甚至是独立封闭。其次，将政治、政策语言“转译”成法律语言，类似于外国法律文献翻译成中文，“翻译”总是面临着双方文化、思维方式、语言结构、语句结构等差异。为此，翻译者必须担任“文化操作者”角色，⑨运用“整合、分立、同类、异类、原位、异位、同步、差异”等“补偿方法”，⑩弥补语言翻译的效果。

在公证界，众所周知的“翻译谜题”即是“公证”一词的翻译。⑪ 其实，也许是笔者“多虑”了：因为对于具有“政法传统”的中国法律人来讲，翻译外国法律文献可能存在困难，而将“政治、政策语言”“转译”成法律语言则是轻车熟路。⑫ 例如，“发展市场中介组织，发挥其服务、沟通、公证、监督作用。当前要着重发展会计师、审计师和律师事务所，公证和仲裁机构，计量和质量检验认证机构，信息咨询机构，资产和资信评估机构”可以翻译为：在“市场经济”范畴下（即主要是以合同法、公司法、经济法等市场法律体系规制的法律语境中），会计、审计、律师、公证机构在市场中的功能是“市场中介”（即司法、行政规制与市场调节的法律途径），要发挥这个功能，这些“中介组织”应当具备“服务、沟通、监督、公证”的“实际作用”。

同理，我们可以将“不那么严谨（法律语言）”的我国公证法律规范“转译”成同学校教授给我们的、司法考试时法理学题目一样严谨、传统的大陆法系法理体系概念和法律语言。例如，“公证是国家公证机关根据当事人的申请，依法证明法律行为、有法律意义的文书和事实的真实性、合法性，以保护公共财产，保护公民身份上、财产上的权利和合法利益。公证处是国家公证机关。公证处应当通过公证活动，教育公民遵守法律，维护社会主义法制”可以翻译为：公证的功能得以发挥的运作是“审查合法性、证明真实性”，⑬并具“教

---

⑦ 法律语言学目前比较热门，可参考的著作很多，本文主要参考孙懿华著：《法律语言学》，湖南人民出版社 2006 年版。

⑧ 关于团体语言特征，参见高名凯著：《语言学》，商务印书馆 1995 年版，第 139 页。

⑨ 关于法律翻译者“文化操作者”角色，参见马莉著：《法律语言翻译的文化制约》，法律出版社 2009 年版，第 88 ~ 90 页。

⑩ 马莉著：《法律语言翻译的文化制约》，法律出版社 2009 年版，第 150 ~ 157 页。

⑪ 关于“公证”（Authentique）一词翻译，可能几篇论文都难以解决，这甚至深深困扰了留法私法学博士唐觉。请参见其于 2008 年译出的［法］让·叶戈著：《公证执业法》，法律出版社 2008 年版，导论，第 1 页。直至 7 年之后的今天，唐觉博士仍然困扰于这个术语的翻译问题，并为此写了篇长长的说明，请参见其最新译作：［法］让 - 吕克·奥贝赫著：《公证人之民事责任》，唐觉译，上海人民出版社 2015 年版，译者序。

⑫ 在这里，我们可以阅读一篇以“干部”这一“革命语言、政策语言”如何“转译”成“法律语言”即“公务员”的杰出范文，参见周尚君：“韦伯的科层制理论及其合法性问题——思想史的谱系与中国语境”，载付子堂编：《经典中的法理》2010 年第 1 卷。

⑬ “审查合法性、证明真实性”（而非“证明真实、合法”），是苏联公证的经典表述，参见《苏联公证章程》第 1 条。

化”功能。

(三)公证独特功能的简单归纳

综上,我们可以得出公证独特、主要的三种功能:

1. 在实体法效力上(实体功能),公证员辅助并接受当事人意思表示,并作成有公信力(公式力)的文书,承担法律行为(意思表示)合法性保障功能。例如,债务提存、物权变更、继承权接受或放弃、登记、公告等。

2. 在民事程序法上(程序功能),公证员是“非讼法官”,承担司法、行政辅助功能。例如,确认身份关系、确认继承权即为显例,⑭而登记、公告等除实体法效外,亦准用相应非讼登记程序;保全证据、现场监督也可归入此类。

3. 在法律事件、状态等“有法律意义的信息资料”(信息汇总、沟通功能)上,公证员是一名信息加工汇总人员、信息法定传递者,承担国家治理触角、当事人与国家间信息交换功能(即辅助当事人实现私法行为转化为国家公法秩序的具体“手续”过程)。例如,向司法、行政机关传递法律文件;“办证”时的“举证、核实、审查判断”;作为公证事务的保管。

显然,如果我们再“简化”,这三种功能其实只有四个字“化私为公”,即将当事人私下的、私自的(法律语言:私法事实)通过公证这一机制,转化为国家(或社会)公法(或公共)秩序。这种功能,同法庭功能一样,公证生而具有,甚至不需要某一历史阶段的立法者“法律‘授权’”——这是与“其他市场中介组织如律师、会计、鉴定”截然不同的“公证自然法统”。⑮ 这才是公证最独特的功能。⑯

那么,这三种独特的功能或者说“化私为公”的公证,如何在私法创制领域发挥作用

---

⑭ 德国已经于2013年将非讼事件法移交给公证人管辖。参见《中国公证》2015年第5期。

⑮ 在这里,我们可以从历史上明显比较出公证与会计、审计的不同:公证本身就是法律行为(法律交易、市场交易)之有机组成部分,不是行为本身的外在“异质”之物,而会计、审计都是“先有事实后审之”的“异质”。公证与律师的不同在于:在古罗马法庭甚至是民众审判时代,公证人是记录人,律师是当事人意见表达人,“记录”天然成为“公共(公的)信息”,而律师的“辩护”则不是;“辩护”不被法庭“记录”,则什么也不是。在律师功能上,其实恰恰相反:是“化公为私”,即将公法秩序,运用律师法律知识与智慧,转化为当事人的保护力,即保护当事人之私权利,故为当事人之委托人。这些会计、审计、律师的“中介机构”才是需要“法律授权、赋予法律地位”的,因为它们没有“生而就有”的“独特法律功能”的“法统”。所以,我们可以看到两个在公证界“很难理解”但在法院系统却最“天然正常”不过的现象:其一,在“公证主体”认识上,最高人民法院在公证责任司法解释以前,一直坚持称公证组织为“公证机关”而非公证法所规定的“公证机构”。因为“机构”不是法律制度中独立的构件系统,不是独立的意思作出单位,“机关”才是。这与“私有、公有”无关:所有的公司法著作中均将公司之法定代表人称为意思表示机关。而私有化的外国公证人他们一个“公证人”就是一个“公证机关”,组成的或者公证人活动的场所自然称“事务所、役场”。其二,在公证司法辅助功能认识中,如最典型的“保全证据”领域,法院需要的是公证承担“推事”职能,以公证员的“认识”(整理后的证据,而非不分轻重“客观、忠实、全面的记录”)直接作为“判官”的裁判依据(实质上将公证书之“书证”转化为证据法效上更高一级的“司法推定”或“司法认知”),从而批评公证界“公证书越厚越有价值”的观念。从这里,我们也可以看到:电子鉴定(证据方法,证据法效同公证书书证)+网络经验法则(证明方法,与司法认知、司法推定在证据法效上同价位)如果“成本、时间合理”,在证据法上,确实是完全可以取代公证保全的。

⑯ 对于公证功能的另一个详尽、精彩分析的文本,参见张红光:“中国公证功能之重构”,载北京市长安公证处编:《长安人》2014年第2期、第3期。

呢？这就需要将这三种功能一一“嵌入”私法创制（如目前的民法典制定）中去。也就是说，公证界必须构建“公证功能进入民法典的正当性、必要性、可能性”。

二、公证与民法创制互动关系的分析

前文已述及，公证在民事法体系上证成其重要性的途径无非是其曾经发挥（历史渊源）、已经发挥（现实重要性）及可以发挥（未来展望）的功能。粗略点，其实这正好对应着公证的“法统”（法律传统）、“道统”（在当前大变局的社会，公证正当性问题）、“政统”（在今后怎样的公证组织是符合社会需要的，或者说怎样的公证组织是最能发挥公证功能的）。在我国公证界，对于公证史的研究尚处于起步阶段，⑰本文亦无力对中西公证发展史作出详尽的宏大叙事。因此，此处采取一种比较“讨巧”的进路，抛开公证史的枝节，紧紧围绕着公证上述三功能，对照中西近代民族国家形成（经济工业化、贸易全球化、政治政党化、法律理性化）中的商法、民法、诉讼法立法轨迹，来探寻公证与理性化成文法创制的关系理路。

（一）西欧近代民族国家构建过程中的公证与立法关系⑱

1. 意大利、德国、法国的商事、民事、诉讼法立法演进的大致时间

（1）意大利对罗马法的传承与法学院教育的贡献众所周知，意大利还是近代公证制度、会计制度、保险制度的发源地。立法经历了10～13世纪的城市立法、海商和商业立法。在该阶段，最大的贡献是城市法的汇编和海商法及汇票、保险法的出现，为意大利帝国立法做了经济与材料的准备。19世纪上半期，意大利仍然只是“一个地理上的名词”，直到1871年完成了罗马的统一。意大利统一的民法典、民事诉讼法典于1865年颁布，商法典1882年颁布，1942年又制定了新的民法典和民事诉讼法典，采取民商合一模式，吸收了1882年商法典内容。

（2）德国具有深厚的日耳曼法传统。德国法的发展经历了公元1000～1400年的封

⑰ 目前，为公证史研究开创性贡献的有中国公证协会王剑先生（“中国近现代公证制度开端之初考——东省特区及其法院与公证事务的由来”，载上海东方公证处编：《公证研讨》2013年第2期）、中国公证协会理论研究委员会蔡煜先生（“东省特区及其法院与公证事务再考”，载北京市长安公证处编：《长安人》2015年第2期）、山东泰安公证处的肖文先生［“中国古代公证的官方样式与民间样式”，载谢晖主编：《民间法》（第2卷），法律出版社2003年版］等。

⑱ 本节由于叙事“太过宏大”，资料散见于众多著作，难以逐一列举资料出处，主要参考资料为方连庆等主编：《国际关系史（近代卷）》，北京大学出版社2006年版；［法］德尼兹·加亚尔等著：《欧洲史》，蔡鸿滨、桂裕芳译，海南出版社2000年版；［英］梅特兰等著：《欧陆法律史概览》，屈文生等译，上海人民出版社2008年版；［美］伯尔曼著：《法律与革命》，高鸿钧等译，中国大百科出版社1993年版；［德］维亚克尔著：《近代私法史》，陈爱娥等译，上海三联书店2006年版；［英］迈克尔·曼著：《社会权力的来源》（第2卷），陈海宏等译，上海人民出版社2007年版；［德］韦伯著：《城市类型学》、《法律社会学》，康乐等译，广西师范大学出版社2005年版；陈颐著：《立法主权与近代国家的建构：以近代早期法国法律为中心》，法律出版社2008年版等著作。其中关于意、德、法三国历史及法律史的概括，主要依上述《国际关系史（近代卷）》、《欧洲史》、《欧陆法律史概览》，不再一一引用出处，特此说明。

建法时代,公元1400~1600年的罗马法继受时代,公元1600~1806年自然法学、法律理性主义、国家主义时代,公元1806~1908年的国家统一及法典化时代。代表法典分别是《萨克森明镜》、《德意志明镜》、《士瓦本明镜》、《诉讼明镜》、《加洛林刑法典》、《普鲁士邦法》等。关税同盟成立后,在1848年颁布了第一部统一的法典《票据法》。1873年德意志联邦立法权终于扩展到民法、诉讼法、刑法领域。1861年、1897年分别制定了统一的商法典,1877年制定了司法法、民事诉讼法、刑事诉讼法、破产法法典,1896年颁布了民法典。在1512年普鲁士曾经制定公证法,1933年制定了统一的公证人规则,1961制定了《公证人法》,1970制定了《公证文书作成法》。

(3)法国法的发展经历了公元1100~1500年的罗马法和地方习惯法时期,公元1500~1789年的国家主义与王室立法时期,公元1789~1804年的法国大革命及法典化时期。官方编纂的著名习惯法典有16世纪的《巴黎习惯集》、《奥尔良习惯集》、《布列塔尼习惯集》等。路易十四时期开始编纂统一的法典,如1667年民事诉讼法典、1670年刑法典、1673年商法典。作为杰出政治家的拿破仑时期,于1804年颁布了民法典,1807年颁布了商法典与民事诉讼法典,1808年、1810年分别颁布了刑事诉讼法典和刑法典。1803年颁布了《公证机关条例》。

2. 意、德、法三国同时段的国家基础能力构建

从前面极其简单的意、德、法三国近代国家构建和法律史发展的勾勒中,我们可以直观地看到西欧民主国家构建过程就是不断的战争过程。事实上,许多学者都认为是"战争驱动"下国家强烈的对社会的整合、对民众的组织、对税收的渴望,才使这些国家的治理结构、国家政权开始现代化。[19] 那么,这些汲取社会财富、整合社会资源、规划和发展社会经济的国家能力的基础是什么呢? 是国家对境内的人、财、物、行、事等进行识别、确认、统计、归类、评估、规则、标准和规范的能力,我国学者称为"国家认证能力"。[20] 在法律层面上,我们最简单地可以认为:"徒法不足以自行",法的施行更需要对法律的对象进行精确的识别。所以,秦帝国改革第一项措施就是"编户齐民",我国清末立法时进行了大规模的商事与民事习惯调查。如果没有这些"基础数据"、"基础信息"作为支撑,那么"良法美意"就是空中楼阁,不接地气。

接下来大致看一下意、德、法三国"编户齐民"的时间段:意大利于1861年、德意志于1719年、法国于1796年完成了第一次人口普查。德国于1792~1896年、法国于1736~1792年完成了对全国人口的出生、婚姻、死亡登记。意大利于12~13世纪在威尼斯、热那亚、佛罗伦萨等"汉萨同盟"时完成了全面人口、财产调查。德国于1871年、法国于1796年、意大利于1861年开展了全国经济普查,并分别于1891年、1909年、1864年开始

---

⑲ 赵鼎新著:《社会与政治运动讲义》,社会科学文献出版社2006年版;赵鼎新著:《东周战争和儒法国家的形成》,华东师范大学出版社2007年版;[英]曼克尔·迈著:《社会权力的来源》(第2卷),陈海宏等译,上海人民出版社2007年版;[美]西达·斯考切波著:《国家与社会革命》,何俊志等译,上海世纪出版集团2007年版。

⑳ 欧树军著:《国家基础能力的基础》,中国社会科学出版社2013年版,第13~15页。

第一次征收所得税。这意味着国家对社会财富的最终统计、确认完成，近代国家构建完毕，正式开始了现代国家的历程。[21]

3. 意、德、法三国法典化运动前后公证人职能粗略对比

对于11～19世纪西欧公证人的“风光地位”，中国的公证员并不陌生。在此仅引述几例说明：

（1）意大利公证人曾经创造出经济的血液——票据；[22]曾经签发第一份执行证书。[23]在制定德国民法典过程中，为了向有公证传统的南部邦妥协，德国民法起草委员会修改了第一草案中的“登记官面前缔结物权契约”的条款，加入了公证条款。[24]

（2）法国教育部总监让·皮埃尔·里乌主持的洋洋四卷本《法国文化史》中为我们描述了那个公证人风光无限的情景：“……国王的掌玺大臣公署中公证人从1286年的10人增加到1343年的98人，1333年时，这些公证人为国王寄出公函20,000份，密函15,000份，与教皇秘书室文件相等。……最高法院、审计院、文献库、秘书室、公证人五个方面的文献称为‘国家的备忘录’，保存于巴黎王宫。……1737年毁于一场神秘的大火，公证人事务所当然保存着一份原件。……公证人成了法国国家历史的‘记录者’。”[25]可谓尽显公证人的荣华矜持。

（3）法国最高法院奥贝赫在其名著《公证人之民事责任》开篇即以文学笔调，引用巴尔扎克小说：“尽力用你的心智照着我教你的小计谋去做，不要问为什么；但如果你猜中了，我命令你还是将它扔进‘斯提克斯’河中，那个所有公证人放置别人秘密的地方。”[26]可谓尽显公证人的高贵任性。

（4）最后，让我们用社会学宗师韦伯的《法律社会学》一书中基本全是描述公证人的“欧陆的法律名家和中世纪的‘法书’”章节中一些内容予以结束激情澎湃的回忆：

“……关于商人的法律行为，及城市和行会的自治法的起草，都是公证人的事务。……商人之间的交易往来，在此打一开始便是以公证人的证书为凭据；……公证人对于有价证券之发展的影响，我们已有所认识；非但如此，一般而言对于法律的发展，公证人亦为最具决定性阶层；甚至，意大利之所以有富于学养的法官身份阶层的发展，恐怕都还是取决于他们。……公证人本身的传统、其与帝国法庭长期的联结、急需把握理性的法律以应付急速成长的贸易需求的必要性，以及诸大型大学的社会势力等，都促使意大利的公证人接受罗马法为真正的交易法。……意大利公证人不仅是最重要的而且也是最

---

[21] 以上年份与数据请参见欧树军著：《国家基础能力的基础》，中国社会科学出版社2013年版，第73页、第77页、第118页图表。

[22] ［美］伯尔曼著：《法律与革命》，高鸿钧等译，中国大百科出版社1993年版，第438～439页。

[23] ［韩］姜大成著：《韩国强制执行法》，朴宗根译，法律出版社2010年版，第47页。

[24] 王茵著：《不动产物权变动和交易安全——日德法三国物权变动比较研究》，商务印书馆2004年版，第181页。

[25] ［法］里乌等主编：《法国文化史》（第1卷），杨剑等译，华东师范大学出版社2011年版，第258～260页。

[26] ［法］让－吕克·奥贝赫著：《公证人之民事责任》，唐觉译，上海人民出版社2015年版，导论。

古老的法律名家阶层，而不是像英国律师那样，成为国族法律的担纲者。因为，他们不像英国的法律家那样，由于司法集中于王室法庭而拥有国民的统一性。……而门阀也全然仰赖于从罗马法里导出的政治原理。在法国和西班牙的城市里，公证人的处境亦无不同。”㉗请注意笔者所加的上文画线部分，实际上韦伯已经将公证人与近代民族国家构建的关系说清楚了。

4. 小结：公证人的贡献及困境

（1）战争驱动型的西欧近代民族国家构建过程需要打破“四座壁垒”：教权、帝国权、王权、封建权。㉘ 西欧有《圣经》契约的传统与希腊贵族民主实践，作为“最有文化又接近统治权力”的法学家阶层（公证人一度为主要的代表）为西欧近代国家（资本主义）取代封建王国（封建社会）构建出社会改造的技术：公意（民主）、主权（主权国家）、法律（法治国）三位一体。具体操作方法是用私法代理制度改造出选举理论，取代君权神授；用法人理论构建国家，国家作为“法人”取代神圣罗马帝国的“上帝之城”；用罗马法中抽象出来的法律方法整合罗马法、封建法、城邦法、庄园法等繁杂的法律，使理性、客观、中立的法的治理技术取代个人偏好治理。结果是国家取代教会，立法主权、司法主权取代宗教裁判，国家认证取代教会牧领。在这个过程中，公证人为代表的法律人为政治统一、政权形式、治理方式在治理智识、组织方面做出了杰出贡献。即是韦伯前引文中“商人的法律行为，及城市和行会的自治法的起草，都是公证人的事务。……商人之间的交易往来，在此打一开始便是以公证人的证书为凭据……而门阀也全然仰赖于从罗马法里导出的政治原理”的含义。

（2）公证人在西欧国家构建的过程中凭借的是“本身的传统”（指公证特殊功能及所运作的职业技能——即巴尔扎克所称的“小计谋”），在行政治理需要、司法辅助需要、商业需要、信息收集这些领域，做出了难以取代的贡献。这就是前引文《法国文化史》中公证人风光地位的由来，即韦伯说的“公证人本身的传统、其与帝国法庭长期的联结、急需把握理性的法律以应付急速成长的贸易需求的必要性以及诸大型大学的社会势力等”的含义。

（3）西欧民族国家构建过程中及构建完成后，立法都是极其重要的，即“立法以变革社会，巩固革命成果”。我们看到：生产力决定生产关系，私法领域的商法一般先统一，然后是统一私法实现程序（国家认证能力的渠道）的诉讼法（司法程序法），最后民法典作为集大成者出现。我们将会看到：中国也是一样的。

（4）韦伯在前引文中不仅精准地看到西欧公证赖以成功的基础是“公证人传统、与法庭关系、法律理性化、商业需要”，还看到了“与英国律师的不同”在于“不是像英国律师那样，成为国族法律的担纲者。因为，他们不像英国的法律家那样，由于司法集中于王室法

㉗ ［德］韦伯著：《法律社会学》，康乐等译，广西师范大学出版社 2005 年版，第 195～199 页；另也可参见韦伯同系列作品集《城市类型学》第 93～95 页。

㉘ 方连庆等主编：《国际关系史（近代卷）》（上册），北京大学出版社 2006 年版，序言。

庭而拥有国民的统一性”。[29] 在这里，韦伯明确而精准地点中了公证人的软肋：由于公证人为分散的诸侯、城邦、庄园服务，虽然共享同一套罗马法体系，但“分割的生存状态”以及自身“职业的传统”必须使他们牢牢占据手上的“客户信息”，即国家急需的（今后必然要从公证人手上拿走的——这一点与中国的书吏阶层的命运惊人的相似[30]）“人、财、物、事、行”的基本信息。于是我们不会对前引文《法国文化史》中1792年法国民众由教会登记“出生与死亡”转向到国家机关登记而兴高采烈感到惊奇，[31]也不会对公证人最终被放逐出国王的掌玺大臣公署感到惊奇了。[32]

（5）在国家统一立法的“安排”中，公证的职能被高度“规范”化了。被国家法律所确认或者说“保存”下来的公证职能（业务领域）一般限定于：民法典中总则之法律行为的形式；债法部分的证明与债务证书制作；物权法部分物权变动；亲属法部分辅助身份官员、继承法部分的遗嘱、遗产清单、遗嘱执行、继承证明；诉讼法领域的证据制度、执行名义制度；商法典中的商行为形式、辅助登记等。其基本上退出了“公证人传统”的统治者“治臣”地位；退出或淡化了“与法庭密切关系”的清算、拍卖、执达领域；退出了国家基本信息收集的领域。公证的职责（业务）变成了“法定”的，比起前辈在动乱中“风雨创业”，自然安稳舒适得多。但是，公证人再也不是这些领域的主导者、规则的创造者，不是统治者只能也必须倚仗的“能臣”了。

接下来，我们将满怀感情地回视我们中国公证与国家构建过程。

（二）中国现代民族国家构建过程中的公证与立法关系——与西欧的比较

在公证的法统上，根据本文前面归纳的公证独特功能，中国公证的法统承担者其实

---

[29] “英国法问题”也是韦伯著名的“问题”之一，即看似非理性化的判例法英国，为何反而是资本主义最先成功的地方？这方面精彩的分析文章，可参见李猛：“除魔的世界和禁欲者的守护神：韦伯社会理论中的‘英国法’问题”，载李猛编：《韦伯：法律与价值》，上海人民出版社2001年版。

[30] 中国的书吏阶层（县衙）也是“共享”着相似的价值观，有相同的技能，同样将钱谷刑名信息据为私有，同样在服务不同的地方官员的同时，同行间保持密切联系。然而，随着清朝覆灭和随后军阀割据的结束，这些书吏要么转化为正式办事人员并交出手中的资料信息，要么被新体制淘汰。请参见一本精彩的著作：周保明著：《清代地方吏役制度研究》，上海世纪出版集团2009年版；以及一个有名幕僚的经验总结：汪祖辉著：《佐治药言　续佐治药言》，商务印书馆1937年版。

[31] 《法国文化史》第3卷中有对1792年后民众无须向教会登记（向教会登记，即是教会公证人登记，要交钱的，民众“结不起婚死不起人”）出生、死亡、婚姻而“兴高采烈”地向国家登记机构登记的生动描写：“大革命旨在普遍地改造法国人的风俗习惯，这个雄心壮志往往在家庭范围内进行，家庭是社会的基础。自1792年户籍非宗教化以来，出生、婚姻、死亡都到市政府去注册，教会的认可变得可有可无了，神父们不再有权保管这类籍册。在共和历第一年至第三年间，结婚人数显著增加，第一年24万对，第二年32.7万对。这项政策促使了18世纪一项最高的出生率：在共和历第二年，出生了110万个新生儿！”参见该书第3卷第147页。这不禁让人联想到“通过卫生机制，规训身体”的医学社会学，参见同样杰出的一本著作杨念群著：《再造“病人”——中西医冲突下的空间政治（1832～1985）》，中国人民大学出版社2006年版。关于教会当时收税的“额度”及教会税被国家废除的过程，参见欧树军著：《国家基础能力的基础》，中国社会科学出版社2013年版，第106～109页。

[32] 法国国家主权构建过程中，巴列门和国王联合，驱逐中央的其他法律家、剥夺地方割据势力权力的过程，参见陈颐著：《立法主权与近代国家的建构：以近代早期法国法律为中心》，法律出版社2008年版。

是儒士、书吏阶层。法律渊源的法统是清末“变法图强”引入的西方法制。其中,“变法”是成文法渊源,“图强”是成文法确立公证制度的“道统”(即政治正确性)。由于当时军阀割据的现实,中国自然没有统一实现法制的组织能力,所以推行现代公证制度以取代传统的儒士、书吏阶层的“政统”残缺。按黄仁宇的说法“(中国现代国家构建中)国民党创造了上层组织,共产党创造了下层组织……抗战的过程本身就是民族国家构建过程……土地革命才使得国家权力直达乡村。”㉝

1. 革命根据地时期与新中国成立后的公证在治理者、立法者心目中的地位

(1)在抗战时期边区除适用民国法律外,边区政府还制定了大量的土地、贸易法令。其中1942年《陕甘宁边区土地租佃条例(草案)》第29条规定:“双方约定缔结租佃契约者,须依本条例为依据,以字据为之,并得聘请合意之公证人。”㉞

(2)1951年最高人民法院、司法部《关于保护国家银行债权的通报》中称为“证明契约时,载明强制执行条款”。

(3)1952年《中南区公证试行办法》中分“作成公证书”和“认证私证书”。公证书制作(第15条)认证书(第16条)明确区分:公证书记载公证事项,认证书粘贴私证书末尾。

(4)哈尔滨市人民法院1950年的《非诉案件包括公证案件总结报告》中提及了“公证委托书与认证委托书没有区别”。

(5)1951年西南司法部《公证制度参考资料》中表述为“公证是证明人民间订立契约或其他法律行为或发生法律事实的合理性和真实性,借以减少纠纷防止诉讼。公证就既存事实加以证明,不能替当事人创设资格或权力”。“公证业务包括公证和认证,由当事人举出事实经法院调查后作成公证书发给之者称公证,当事人自己提出文件或契约,经法院调查审认给以证明者称认证”。

(6)1953年,最高人民法院西北分院公证工作专题报告:填发公证书,贴于正本合同之上。

(7)在新中国成立后我国制定的民法典草案中,总则、委托、赠与、供应(保全证据)、结算(执行证书)、继承和收养的部分均设计了的公证条款。㉟

㉝ 黄仁宇著:《万历十五年》,三联书店1997年版,第309页。

㉞ 韩延龙等编:《革命根据地法制文献选编》(下卷),中国社会科学出版社2014年版,第1185页。

㉟ 何勤华等编:《新中国民法典草案总览》,法律出版社2003年版。该书序言中并说:“从1955年到1985年,总共汇集了民法典总则和分则草案96个……新中国成立已经50多年了,至今没有一部统一的民法典,是中国立法者没有法律素养吗?是中国的立法者没有敬业精神和职业道德吗?答案显然是否定的。本书所汇编的资料显示,从1955年年初即新中国成立不到6年起,我国的立法者就已经制定出第一批民法典草案。中国迟迟未能颁布实施民法典,中国立法工作者的智慧之花迟迟未能结成法典之果,主要原因是这50多年时间内新中国成长过程中所遇到的种种经济和政治的动荡和变革。”笔者看来,深以为然,与笔者认为的现代化国家构建过程(新中国成立并不意味着“构建完成”,对照现代化的“经济工业化、贸易全球化、政治政党化、法律理性化”的标志,显然新中国成立后仍然需要继续构建)看法相符。

2. 商事、民事、诉讼法立法大致时间段和国家基础能力构建

改革开放后，1981 年颁布《经济合同法》，1982 年 4 月颁布《公证暂行条例》，1984 年最高人民法院颁布《民事政策法律若干意见》，1986 年颁布了《民法通则》。1982 年 3 月《民事诉讼法》试行，其中第 59 条规定“经公证证明的法律行为、事实、文书，应当确认其效力”（实体法效力的确认，实体法效推定）；第 168 条则规定了公证书强制执行效力。1991 年《民事诉讼法》正式颁行，第 67 条规定“经法定程序公证证明的法律行为、事实和文书，应当作为认定事实的根据”（证据法效力的确定，诉讼事实推定）。

而相对于西欧完成的对国民身体与财富的精确认证（黄仁宇所称“数目字管理”），中国在这方面是相对落后的。中国封建王朝最后一次全国性人口普查是在 1850 年，其后因战乱而停滞，到 1953 年才再次开始全国性人口普查。1949 年至 1952 年开始出生、婚姻、死亡的统一登记，1958 年建立起全国统一户口登记。1951 年完成了全国土地房屋丈量登记。1950 年统一征收所得税。[36] 由此可见，中国现代社会的构建确实比西方晚了 100 ~ 200 年。考虑到新中国建立后全靠“自力更生”，不像西欧崛起时有殖民地可汲取财富，所以我们常常说的“新中国用 30 年时间走完了西方 300 年工业化历程”，大致上是正确的。

（三）国家能力（或资本力量）、私法创制与公证关系总结

综上，我们可以得出几点结论：

1. 国家现代化（国家构建以及随后的现代化进程）均需要借助公证的特殊功能。当然，承载这些特殊功能的组织有可能不叫“公证人或公证处”这类专职的“公证组织”。例如，中国就是儒士阶层和书吏阶层承担。新中国成立后由基层人民组织、单位、公证处共同承担。[37] 中国农村的“中人”仅仅起到了民间证明人的角色，没有如同西欧公证人的特殊职能，显然不是中国公证的渊源，担当不了中国公证的“法统”角色。

2. 中西“公证组织”功能是一样的。即为国家治理“出谋划策”、民事承担非讼、商事承担流通安全、辅助司法和行政、收集和过滤信息并传递给国家。

3. 中西公证的“发展史”的不同是：国家构建、统一过程中总是要利用最丰富的或者最有利的或者说最有效率的现有资源。由于西欧封建权力、庄园权力、城邦权力与教会权力之间的矛盾与张力，故近代西欧国家构建只能以立法主权、司法主权出发，去构建行政主权、私法主权，从而使国家完全掌握经济主权，从封建地主、教会手中剥夺资源，从而使原先为教会、封建主“经世理才”掌握资源的公证人变成立法认可和司法助手。而中国“普天之下莫非王土”的政治传统使国家权力早已扩张到县一级，无欧洲“封建”残余，自从秦代起中央政府均有明确的财政税赋清册，即行政主权统率。通过行政权力构建国家

[36] 以上年份与数据参见欧树军著：《国家基础能力的基础》，中国社会科学出版社 2013 年版，第 73 页、第 77 页、第 118 页图表。

[37] 这在现行的《民法通则》、《继承法》上还有明确的规定，如基层人民自治组织对监护、继承事务的处理权限。

主权、司法立法主权时直接从地主、乡绅、官府县衙手中剥夺资源，然后构建出近代国家雏形。在统一、磨合、掌握、发展经济主权的过程中，作为新构建出来的国家司法权标志的法院，因具有行政主权所缺乏的意思表示接受功能和私人意思表示与公共意志表达巧妙合一（典型如调解、“马锡五审判方式”、非讼确认）的功能，自然成为治理的得力工具。在这个挟裹过程中，中国公证一开始就是直接依附于司法（法院）、间接依附于行政的工具化暂时存在。即先有“法定公证（行政或司法文件中规定公证）”，后再剥离。那么在正式立法中，中国的“法定公证”必然先体现在为司法服务的诉讼证据法中，而在民商事实体法中必然依附于行政权。这就是延续至今我们看到的现实情况。

4. 中国公证（精确讲是“专职的公证组织”，即公证法规定的“公证机构”）可能不利的因素是：由于中国地方行政权与中央行政权之间的冲突与张力，资本扩张与宏观调控之间的张力，在“发挥中央和地方两个积极性”、“发挥市场机制在资源配置中主导功能”的情形下，如果中国公证不能正确认识自身、正确定位“行使职责”、“发挥功能”，那么比公证更具效率、公信力的行政权（如审查、鉴证、鉴定、备案、通过政府平台签约等行政技术），比公证更具资本力量、更快捷的市场中介技术（如支付宝、财付通支付结算平台，保全证据、强制执行的司法保险险种等信用平台），比公证更具技术含量、更灵活的社会信息收集系统（如安存公司、中华遗嘱库等信息收集保管主体）必然将在民商立法（包括地方性立法、部委立法）、民商经济活动、行政和司法辅助等全领域逐步取代公证（专职公证组织的功能）。[38]

接下来，我们将重构公证独特的功能如何在私法创制领域发挥作用，即如何将这三种功能一一“嵌入”私法创制（如目前的民法典制定）中，构建“公证进入民法典的正当性、必要性、可能性”。

三、公证在民法典创制中的进路“三角四方”模型

（一）在正确认识公证功能的基础上，厘清公证功能内部关系

非讼显然是司法或民事司法行政功能，具司法权力或行政权力属性。非讼“功能”可以被其他法律机制所取代，但其显然是不能被市场化的。稍微准确地说：是没有市场化因子，不适宜市场化，其完全能由司法机关或民事行政机关行使。而信息汇集功能在20世纪八九十年代信息割据的时候，甚至是“文化大革命”时代，公证收集自然有其独特优势：公证是“公家机关”，有调查权；公证员还多少具有法律知识，懂得如何发现、筛选、判断信息；对外交流需要公证汇集信息后出具被外国认可的法律文书，等等。这种“公证的途径依赖”被公证程序所固化，直接延续到现在的“拿证来证”。但是在信息化时代，公证已不足以保持其主体地位，信息汇集功能完全可以由市场化的公司或者社会组织来承

---

[38] 注意：这些“取代技术”或机制的功能本质就是“化私为公”的功能。

担。“法律服务”,是需要个体的“法律运筹”并向“用户”提供差异化、个体化产品的,即乃至于可以以一个公证处、一个公证团队、一个公证员就能“单打独斗”,提供“优质法律服务”的。[39] 这才是可以与律师、代理人等“法律、行政服务群体”充分竞争的领域。

我们还需要明确:在“公证业务或事务”中,任何一类或者一件公证,都或多或少地包含着公证的三个功能,只是哪个功能占主导地位或者为重心而已。因此,我们在考虑“公证参与市场竞争”时,既不能不区分地一概“推向市场”,也不能一概“公证是一项司法制度,公证是证明权”而“排除竞争”,甚至不能认为某某一类“公证服务”能全部推向市场,或者全部不能推向市场,不能认为某一项具体公证“都是法律服务”,或者“都不是法律服务”。应当正确认识公证功能的前提下,准确“筛选”、“过滤”出“法律服务”的部分,将这一部分充分调动公证员的积极性,推向法律服务市场竞争,而不是笼统地推脱到“体制”、“机制”。

(二)正确认识民法典“需要什么(法律供给需要)?”

中国现在进行民法典编纂而非汇编,显然看中了法律的“变(修)法图强”功能。从这个意义上来说,中国的现代化进程还没有完成,还是进行时。[40] 所以,民法典当然需要满足中国政治与中国社会、经济的迫切需要,否则就是失败的民法典。也就是说,民法典必须满足中国现代化国家的经济工业化(信息化)、贸易全球化、法律理性化及其“国家能力的基础——信息收集认证能力”的需要。那么民法典的具体篇章、条文的设计,必然离不开这些“中心要求”。显然,公证作为承载这些功能的“专职的公证组织”,如果真正发挥出公证功能的话,“比较优势”极为明显,是民法典相关功能条款设计的最佳“备选单位”。[41] 也就是说,民法典需要公证。

(三)公证功能与民法典“三角四方”模型

1. 公证功能的“三角”即非讼、受领、汇信功能,我们从前述历史发现很难说哪一个功能是“基础功能”。“三角”的核心本质是“化私为公”,即人类社会必需的纽带机制之

---

[39] 反过来说,这正是所谓的一些行业中的“好模式”得不到推广或“复制”的根本原因所在:因为基于非讼确认权的公证,排斥了市场竞争,需要至少在一个司法区域内集中、统一、划一地行使,是可以在单位司法区域“复制”的。而提供法律服务类的公证,则是可以由公证个体提供的,是可以在公证单位“借鉴”的。至于信息汇集类,则“各村有各村高招”——与信息拥有者的关系、信息收集的渠道等,纯属“地方性知识”,当然是较难复制和借鉴的。我们以昆明明信公证处“房地产公证服务体系”为样本分析,其重心因为恰恰在于信息汇集——以房地产交易链的信息链,绑上部分行政辅助功能,所以,它难以在技术上复制与借鉴。这同时又是一个公证处在自己处内都无法推广“公证证据宝”之类“产品”的原因——忽略了司法辅助功能的本质属性(司法区域)。

[40] 中国共产党的十八届三中全会主旨是建立、完善现代国家治理模式,紧接着的四中全会即是依法治国主旨,这是非常明确的信息:国家现代化还没完成,还要修法图强。我们在日常工作与生活中,对信息割据、财产登记不全、民商事交易缺乏保障也是深有体会的。

[41] 这方面两个典例是:国家对公证知识产权领域的保全证据的认可,可参见《国家知识产权战略实施推进计划(2014 年)》和《深入实施国家知识产权战略行动计划(2014～2020 年)》;及公安部治安局 2015 年 8 月 22 日发布的“公安 18 条”,确认了公证组织对身份的部分“认证”权限。

一，如前述都是公证的"自然法统"，不以有没有成文公证法、成文民法典、专职公证组织为条件。[42] 成文的公证法与民法典、专职的"公证机构"只是定型化的产物，是结果而不是开始（但从公证史来看，公证要避免"被淡化"，就必须"持续创业"，从这个角度来讲，即使有了法定公证，也只是开始，而不是结束）。如果公证的功能偏重于某一方面，必然带来畸形，必然破坏最稳定的"铁三角"结构的平衡。例如，日本19世纪末期以村董作为不动产变动的公证职能承担者，就只偏重了村董的"信息汇集"功能而忽略了非讼的专业能力，所以失败是必然的。越南民法典1995年规定不动产变动法定公证，结果越南公证员只偏重了"证明"——只是非讼功能之一小部分，或者甚至说只是非讼功能的一个"效应"而非"功能本身"，被取消也是很自然。我国台湾地区"民法典"第166条规定了不动产变动的"法定"公证，台湾地区公证人的专业素质与受领功能（"实体法"辅助）是无可置疑的，但是其信息功能却不足，"政统"不够——一直掌握在土地代理人手中，于是该条文被台湾地区"司法院"无限期冻结实施。我们的公证，当然不能再犯同样的错误了。

值得注意的是：这是说"一国公证总体上不能偏废三功能中的任何一种"，而不是说"每一地每一处必须保持三功能"。前已经述及：任何一类或者一件公证，都或多或少地包含着公证的三功能，只是哪个功能占主导地位或者为重心而已。在全国公证保持均衡的前提下，各地当然应当因地制宜、因事制宜，发挥各自的优势功能。[43]

2."四方"即根据前述的2014年12月司法部《关于进一步加强公证工作的意见》规定精神，牢牢盯住民法典的"民权维护、商事快捷安全、理性秩序、国家治理（信息汇集）"四项主要"法典功能"，将公证功能"铁三角"全面、深入地辐射到这四个领域中。

3. 在具体的实践行动策略的层面上，即"具体公证业务构建方法"层面上，应当紧紧抓住公证的独特功能，运用社会学和法治思维分析社会法律问题，寻找公证功能发挥领域；再根据该领域的法律体系分析，运用策略思维，制定公证功能如何在该领域发挥的恰当途径，同时要有责任担当。[44]

---

[42] 一个对于我们法律人非常明确又容易理解的证据是：在日本法律分类上，公证法与登记法、户籍法、破产法都是归入到"民事类"的，参见南洋公学译书院初译，商务印书馆编译所补译校订，何佳馨点校：《新译日本法规大全》（点校本）（第1卷），商务印书馆2007年版，目录部分。而在我国台湾地区"法律"分类上，是将"公证法"、"登记法"、"破产法"分入"民事诉讼法类"的，参见陈聪富编：《月旦小六法》，台湾元照出版公司2006年版，目录部分。诚如梁慧星所言，民事诉讼法、民法、商法、涉外民事法都是广义的"民事法体系"中的；传统的法律体系观念认为民法典还需要施行法、辅助法才能实现实施，而诉讼法即为辅助法，日本和我国台湾地区的此类规范都是显例。这就告诉我们：如果没有成文或体系化的"民事法典"，民事法规范仍然会以习惯、惯例、文件、政策等自然法源和载体发挥效果，即民法法源不限于、不源于成文民事法典。那么，作为民事法重要构成部分的公证，当然也不以成文公证法、成文民法典、专职公证组织为条件。

[43] 显然，这将直击前述的"公证政统"：现有的公证体制是公证暂行条例时期匹配的公务系统化组织形式，自2000年公证改革后开始碎片化，导致"集体行动能力"的缺失。如前引韦伯所述，虽然共享同一套法律体系、法律技能，但"分割的生存状态"决定了在激烈变革年代"生存能力"的不足。欣喜的是，司法部、中国公证协会乃至各省协会近年一系列规范动作都在弥补这个短板。

[44] 本文主要是宏观分析，故微观实践层面上并非本文的任务；可参见笔者另一篇文章"公证服务体系构建方法浅谈"，将刊载于四川律政公证处编的《证道》。

四、结语

作为一个中国最基层的公证员，笔者一直有一个法定公证的梦想，但是笔者也清楚地认识到：即使有了法定公证，也只是公证“法统”得到了立法暂时确认而已。法定公证从“公证创造”的角度来讲，它也只是开始，而不是结束。

发挥强制执行公证延伸服务在银行信贷业务中的作用

安建刚*

降低银行在信贷业务中的风险，确保信贷资金的安全是银行工作中的重中之重。作为为银行提供公证法律服务的公证机构，也应把如何为银行建言献策，确保银行贷款在流转过程中畅通无阻作为公证为银行提供法律服务的重中之重。这些年来，由于主动探索，我们在实际工作中也积累了一些经验，形成了一套行之有效的做法。其中以下几点是很重要的。

一、帮助银行完善信贷债权文书

目前，包头市各商业银行的信贷合同多为格式合同，合同内容中没有约定强制执行的条款。对此我们处在办理银行信贷强制执行公证过程中，在与银行沟通中，要求银行与借款人通过另行签署《还款协议书》的方式，约定强制执行的必要条款。这些必要条款主要包括以下两点：一是约定关于出具《执行证书》前的核实方式条款。将核实方式列为必要的条款，对于具体的核实方式，可以建议当事人采用信函核实、电话核实、短信核实、去债务人家中送核实函、向债务人的配偶、父母或子女送核实函等。上述方式均可达到核实债务履行情况的效果。二是约定关于《还款协议书》效力问题的条款。因银行信贷合同里约定的争议解决方式通常是仲裁或者诉讼，而《还款协议书》里约定的争议解决方式又是强制执行公证程序，可能导致无法启动强制执行公证程序。因此，在还款协议中约定还款协议书的效力高于借款合同的效力，从而避免了争议解决方式的冲突。

* 中国公证协会常务理事，中国公证协会惩戒工作委员会副主任，内蒙古自治区公证协会监事会主席，内蒙古自治区包头市方正公证处主任。

二、开展抵押(质押)登记代办业务

为了拓展业务领域,充分地发挥公证职能在银行信贷工作中的作用,我们处积极协调房管局、工商局、车管所等职能部门,针对银行的房屋及土地使用权抵押贷款业务和动产及权利质押贷款业务,开展了抵押(质押)登记的代办业务。我们的主要做法如下:一是以公证的公信力确保抵押(质押)登记的有效性。代办抵押(质押)登记工作涉及面广,要抓好这项工作,需要相关职能部门的配合,共同防范风险。为了防范利用假权属证书诈骗贷款的行为,我们要求代办工作人员调阅权属档案,确保抵押(质押)登记的房屋、土地、车辆、动产及权利信息的真实性。二是提高代办效率、建立代办体系。为了使代办登记工作能够高效规范的开展,我们从规范自身登记工作入手,规定了各类代办业务的办理工作流程,确保了办证质量和办证效率。

三、加强强制执行效力公证文书的落实

针对银行消费信贷不良率高、申请强制执行难等现实困难,我们与多家金融机构达成一致,在自治区率先推行了强制执行特色服务——协助执行核实告知,帮助银行防范和化解金融风险。我们的主要做法如下:一是出具《执行证书》前的核实告知。方正公证处每月都要求承办银行信贷公证业务的工作人员将银行当月的逾期名单收集回处内,并统一安排人员进行电话和上门的核实告知。这样做一方面为我处准确地掌握借款人未还款的信息,为下一步给银行出具《执行证书》提供依据;另一方面也是对非恶意拖欠债务的借款人的一种提醒和告知,以免发生纠纷,扩大借款人的损失。依靠上述核实告知手段,方正公证处每年为银行催回逾期贷款 30 多亿元。二是与律师合作,由其代理银行启动法院的强制执行程序。对于确实履行不能的借款人,方正公证处在出具《执行证书》后,与多家律师事务所合作,由律师代理银行申请法院启动强制执行程序,并由公证处按照执行回款额向律师支付风险代理费。这样做不仅降低了银行的维权成本,使银行了解强制执行公证的真正价值所在,而且也保障了公证文书的强制执行效力在银行防范和化解金融风险中的主导作用。

关于办理手机内存储的谈话录音音频文件电子数据保全证据公证的大胆尝试

韩永启*

河北省石家庄市太行公证处曾经为当事人办理了一起手机内存储的谈话录音音频文件的电子数据保全证据公证。基本案情:甲将大额资金出借于乙,现甲向法院起诉要求乙归还借款,甲乙双方就出借资金的金额存在争议。在甲起诉之前,甲乙已就偿还借款事宜进行过协商,乙委托律师丙参加了此次协商,在协商过程中丙使用手机在甲不知情的情况下,对三人谈话的内容进行了录音,乙需要将录制的该段音频文件作为证据向受案法院提交,于是乙委托律师丙向公证处申请对该段音频文件电子数据进行保全证据公证。

对于该公证能否办理存在不同的观点。有观点认为,因该段音频文件系丙在甲不知情的情况下偷录的,丙的行为涉嫌侵权,证据取得非法;再者,从丙提交的电话费交费发票显示,该手机电话号码的交费人不是丙本人,而是丙的亲属,也就是说丙不是手机的机主;还有,如果公证处办理该公证,公证处就会知悉了该段录音的内容,这又涉及公证处侵犯甲的隐私或者商业秘密。因此,该公证不宜办理。

本人不同意上述观点,认为该公证可以办理。

一、丙的录音行为并未侵害甲的合法权益,该行为不违反法律禁止性规定

上述观点认为丙的偷录行为涉嫌侵权,证据的取得非法,该观点来源于最高人民法院在法复〔1995〕2 号《关于未经对方当事人同意私自录制其谈话取得的资料不能作为证据使用的批复》,该批复规定:“证据的取得必须合法,只有经过合法途径取得的证据才能作为定案的根据。未经对方当事人同意私自录制其谈话,系不合法行为,以这种手段取得的录音资料,不能作为证据使用。”该批复的规定属于民事证据中的非法证据排除规则。但在 2002 年 4 月 1 日起施行最高人民法院《关于民事诉讼证据的若干规定》(以下

* 河北省石家庄市公证协会业务指导委员会主任委员,河北省石家庄市太行公证处主任助理。

简称《民事证据规定》）对民事证据非法排除的规则规定了新的标准。《民事证据规定》第68条规定：“以侵害他人合法权益或者违反法律禁止性规定的方法取得的证据，不能作为认定案件事实的依据。”该条规定是民事证据规则中的非法证据的排除的标准。另外，根据《民事证据规定》第70条第3项规定，有其他证据佐证并以合法手段取得的、无疑点的视听资料或者与视听资料核对无误的复制件，对方当事人提出异议但没有足以反驳的相反证据的，人民法院应当确认其证明力。上述的所谓“合法手段”是指取证的过程不违反法律规定。本案中，丙作为乙的委托律师亲自参与了出借人与借款人的洽谈，乙和丙都是甲谈话的受众，乙和丙作为甲谈话的受众当然有权知悉甲谈话的内容，该内容对丙来说不存在侵犯隐私问题。因此，丙作为三人谈话受众之一，未经甲的同意对谈话内进行录音不侵害甲的合法权益，也不违反法律禁止性规定。假若丙不是甲、乙二人谈话的受众，丙未经甲、乙二人同意，其作为第三人偷录了甲、乙谈话的内容，则丙的行为侵犯了甲和乙谈话的隐私权，该行为属于侵权，该证据属于非法证据应当排除。

二、手机作为动产，交纳该手机话费发票显示的名字，并不是对手机的物权登记

按照物权法理论，一般动产的占有人可被推定为该动产的所有人。丙持该部手机来到公证处，其自称其为该手机的所有人，且丙自认手机内存储的音频文件中有其本人的谈话，公证处有理由依法推定丙为手机的合法权利人。就此问题，在制作谈话笔录中对丙进行告知：“你占有该手机，我们可以推定你是该手机的所有权人，你必须保证该手机的确为你本人合法占有使用的财产，如果是非法占有使用的，因基础的不合法造成证据本身的不合法，非法证据不被法院采纳，对此你清楚吗。”丙表示对此清楚明白，并保证其本人是该手机的合法权利人，否则愿意承担由此引起的法律责任及一切不利后果。

三、公证处办理该公证不侵犯甲的隐私或者商业秘密

《公证法》第23条第8项规定，公证员不得泄露在执业活动中知悉的国家秘密、商业秘密或者个人隐私。《公证法》第42条第1款第5项规定，公证员泄露在执业活动中知悉的国家秘密、商业秘密或者个人隐私的，由省、自治区、直辖市或者设区的市人民政府司法行政部门对公证机构给予警告，并处2万元以上10万元以下罚款，并可以给予1个月以上3个月以下停业整顿的处罚……

从上述规定可知，公证员在执业活动中是有权知悉国家秘密、商业秘密或者个人隐私的，但是，公证员负有保密义务，不得对外泄露，如果泄露则要依法受到相应的处罚。如果公证员在执业活动中无权知悉国家秘密、商业秘密或者个人隐私，则《公证法》第23条和第24条没有对此规定的必要。

四、公证处办理此公证仅是对提取复制手机内存储音频文件电子数据的过程进行固定，对该音频文件的来源不予证明

该音频文件存在的原始载体是丙所持的手机，当事人办理该公证的目的是公证证明自音频文件的原始载体——手机磁卡内复制该音频文件的过程，以及所复制音频文件与原始载体内存储的音频文件内容一致，至于该文件的来源及申请办理公证之前，该手机内存储的该音频文件是否完整，是否经过人为的剪辑，则公证处不予证明。以下是太行公证处办理该公证所出具的公证书，在公证书中完整载明了固定证据的整个过程及所使用的相关设备等，在证明结论部分对公证证明的对象进行了限制性说明：

公　证　书

(201×)×××证民字第××××号

申请人：××乙，男，一九××年××月××日出生，公民身份号码：××××××××××××××。

委托代理人：××丙，女，一九××年××月××日出生，公民身份号码：×××××××××××××××××××。

公证事项：保全证据

申请人××乙的委托代理人××丙于二〇一×年×月××日来到我处称，××甲与××乙存在民间借贷法律关系，××甲是出借人，××乙是借款人，现出借人×××甲以借款人××乙为被告向××市人民法院提起民事诉讼，原告与被告就出借资金的金额存在争议。起诉之前，在××甲与××乙的一次关于借款归还事项洽谈过程中，申请人××乙的委托代理人××丙曾受××乙的委托参与本次洽谈，在洽谈过程，申请人的委托代理人××丙使用三星牌手机录音功能现场录制一段音频文件，该段音频文件对案件事实具有一定的证明力，申请人需要将该段音频文件作为证据向受案法院提交，因不便向法院提交该音频文件的原始载体——手机，特此申请公证处对复制该手机内存储的该段音频文件的过程及所复制的该段音频文件的内容进行保全证据公证。

申请人的委托代理人××丙向我处提供的主要证明材料如下：1. 申请人××乙及委托代理人××丙的身份证；2.《公证申请书》；3.《授权委托书》；4.《×××省×××市中级人民法院应诉通知书》；5.《×××省××市中级人民法院民事诉讼证据举证通知书》；6. 以申请人为被告的《民事起诉状》。根据《中华人民共和国公证法》和《公证程序规则》的规定，我处受理了该公证申请。

二〇一×年×月××日下午，在我处的×××室，本公证员与公证人员×××开始进行保全证据，保全证据过程中申请人的委托代理人××丙及随同其来到我处的郭××(男，公民身份号码：××××××××××××××××××)同时在场，保全证据的主要过程如下：

1. 十七时十四分（本公证员手机上显示的时间），公证人员×××开启我处的索尼数码摄像机，开始进行实时录像。

2. 本公证员使用我处的索尼数码照相机对申请人的委托代理人××丙提交的一部三星手机前屏和后盖进行拍照。

3. 由在场人郭××取下该手机的后盖、手机电池、手机卡，本公证员对该手机内部及手机电池、手机卡进行拍照。

4. 郭××将手机卡、手机电池、手机后盖与手机进行安装，安装完成后开启该手机。申请人的委托代理人××丙称该手机号码为"×××××××××××"，本公证员使用手机拨打上述手机号码"×××××××××××"，随即申请人委托代理人××丙所提交的该部三星手机处于等待接通状态，该手机屏幕上来电显示出本公证员的手机号码。本公证员对该两部处于等待接通状态的手机屏幕进行了拍照。

5. 申请人的委托代理人××丙翻阅其手机内存储的通话记录，本公证员对显示有通话记录的手机屏幕进行了拍照。

6. 通过数据线将申请人委托代理人××丙提供的该部三星手机与我处电脑的USB接口连接，郭××操作该手机，使该手机与我处电脑处于联机状态。

7. 打开电脑资源管理器，资源管理器界面上显示出了"可移动磁盘(I)"和"可移动磁盘(J)"，打开其中的"可移动磁盘(I)"，再打开"可移动磁盘(I)"中的名称为"sounds"的文件夹，在该文件夹中有一名称为"语音×××.3ga"的音频文件。

8. 将我处的一张空白光盘放入与电脑相连接的便携式刻录机光驱，打开电脑上所装载的Nero刻录软件，将"可移动磁盘(I)"中的"sounds"文件夹中的名称为"语音×××.3ga"的音频文件添加至Nero刻录软件，将Nero刻录软件设置为"允许以后添加文件"，点击"刻录"按钮，将名称为"语音×××.3ga"的音频文件电子数据刻录至空白光盘。

9. 刻录完成后，将该光盘重新放入光驱，打开光盘中存储的该名称为"语音×××.3ga"音频文件，拖动播放器中的进度条进行播放，该音频文件能正常播放。

10. 将该部三星手机退出与电脑联机状态，将手机与电脑分离。

11. 将本公证员以上拍照所使用的数码照相机通过数据线与电脑联机，打开电脑上所装载的Nero刻录软件，将以上现场拍照所取得的编号DSC×××至DSC0××××的数码照片添加至Nero刻录软件，仍将Nero刻录软件设置为"允许以后添加文件"，点击"刻录"按钮，将上述数码照片电子数据刻录至已存储有名称为"语音×××.3ga"音频文件的光盘。

12. 刻录完成后，将该光盘再放入光驱，打开该光盘，逐一打开光盘中所存储的数码照片，上述数码照片均能正常打开。

13. 该部三星手机交还给申请人的委托代理人××丙，由××丙操作该手机，打开手机内存储的名称为"语音×××.3ga"音频文件进行播放。

14. 该段音频文件播放完毕后，本公证员继续操作我处电脑，打开电脑上装载的

Nero 刻录软件，取消 Nero 刻录软件的“允许以后添加文件”的设置。

15. 十八时十三分，公证人员×××关闭数码摄像机，停止实时录像。

16. 随后，由本公证员将该数码摄像机通过数据线与电脑联机，打开电脑上所装载的 Nero 刻录软件，将数码摄像机内存储的×××以上实时录像所取得的编号 00000、编号 00001 的两段视频文件，添加至 Nero 刻录软件（前面已述该软件已取消“允许以后添加文件”的设置），点击“刻录”按钮，将上述视频文件电子数据刻录至已存储有名称为“语音×××.3ga”的音频文件和数码照片的光盘，本次刻录完成后，该光盘转换为只读光盘。

17. 以该张只读张光盘为母盘进行复刻，所复刻的光盘作为本公证书的附件。

本公证员对上述过程制作了工作记录。

兹证明本公证书的附件袋内装有光盘一式二张（其中一张经我处封存，另一张未封存），光盘内所存储的电子数据系在上述过程中取得；光盘中存储的名称为“语音×××.3ga”音频文件与申请人委托代理人××丙于二〇一四年八月二十二日所提交到我处的三星手机内所存储的相同名称的音频文件的内容一致；该部三星手机由申请人的委托代理人××丙取回。

本公证书证明该光盘中所存储的名称为“语音×××.3ga”音频文件与申请人委托代理人××丙于二〇一四年八月二十二日所提交到我处的三星手机内所存储的相同名称的音频文件的内容一致，不证明该段音频文件的来源。

附件：光盘二张（其中一张经我处封存，另一张未封存）。

中华人民共和国××省××××××公证处

公证员

二〇一×年×月×日

五、结语

作为一名公证员，我们仅懂得我们自己办证程序是不够的，我们还必须努力学习民商实体法、诉讼程序法、证据规则等方面的法律知识。只有提高我们自身的综合法律素养，我们在工作中才能从容应对各种公证事项，才能敢于创新。

改变传统公证办理模式，从我做起

——以办理继承公证为视角

赵祥禹*

继承公证业务一直是我们的主要业务，占的比重很大。目前当事人来到公证处办理继承公证并非自愿，而是被相关部门要求来的。当事人对继承公证的体验就是手续烦琐，收费高。自2013年10月1日后，我们的继承公证收费已从遗产价值的2%降到了最高只能收取1.1%，许多继承公证收费的下降幅度达到了50%以上，但当事人仍然觉得收费高。因为当事人没有感受到公证活动的价值所在，所以他们认为公证就是薄薄的两页纸，公证就是盖章收费。从国土资源部向社会公布的《不动产登记暂行条例实施细则（草案征求意见稿）》的有关规定和专家、学者的观点来看，不动产继承公证的危机已经到来，继承公证可能不再是当事人申请办理不动产继承和受遗赠的必经程序，而只是当事人自愿选择的途径之一。试想，如果我们还是官僚式的坐堂办证、清单化的证据材料收集机制，此项业务也会如同我们办理了多年的赠与公证业务一样在一夜之间消失殆尽。改变我们的传统办证模式已刻不容缓，那么如何改变呢？

一、做好接待工作

简单、命令式的接待当事人是我们目前存在的普遍现象。公证人员与当事人之间只有简单的几句问话，接着就是让当事人按照公证处的要求提供证明材料，不去分析个案的特殊性，都是千篇一律的要求。实际上，办理继承公证在第一次接待当事人的环节非常重要，在耐心地与当事人的交流过程中，我们可以对继承公证的相关情况有一个全面的掌握。接待当事人的谈话内容一方面可以作为当事人的陈述入卷；另一方面也为我们下一步工作的开展提供了相对可靠的线索（当事人的第一次陈述隐瞒真相的可能性相对较小）。交流的内容大致可从以下几个方面进行：

---

* 贵州省公证协会业务指导委员会委员，贵州省遵义市公证协会业务指导委员会委员，贵州省遵义市中心公证处公证员。

1. 了解咨询者与死者的关系:不同的咨询者对死者的相关情况所掌握的程度是不同的,公证人员在与其交流时问话的方式和交流的内容可能也各有侧重点。

2. 了解死者的姓名:实践中会出现户籍登记的姓名与记名财产上的姓名、死亡材料上的姓名、人事档案记载的姓名等不相吻合的情况。如果出现上述情况,在证明材料的收集上就有所不同。

3. 了解死者的性别:如被继承人是男性,其死亡时才21岁,就无须证明其配偶情况;如果是女性,则不然。相反,50岁的女性再生育子女的可能性很小,男性则不然。这些情况都关系到有关法律事实的判断。

4. 了解死者死亡时的年龄:不同的死亡年龄呈现出不同的社会关系特点。比如,死亡时年龄较高的人(八九十岁),其父母先于他死亡的可能性极大,在无法提供证据证实其父母已死亡的情况下,可以推定死者的父母先于其死亡。

5. 了解死者的死亡时期:不同死亡时期的人,能够证实其死亡事实的材料有所不同。例如,20世纪八九十年代很多地方还没有实行殡葬火化制度,当然就不能提供火化证明了;80年代早期的户籍登记还不健全,死亡后的户籍注销证明也难以出具;在普及电脑办公以前,很多地方的户籍管理也不规范,一些死者的户籍注销证明也无法出具。

6. 了解死者的死亡地点、原因:如在家中死亡的就没有医院的死亡通知书或死亡证明书,在医院死亡的一般都有此材料;交通事故或其他意外死亡的,一般都有公安机关的死亡鉴定报告。

7. 了解死者的出生日期:如60年代出生的人,80年代处于婚育期,80年代开始我国计划生育工作抓得很紧,这一年代出生的人有很多都只生育了一个子女。

8. 了解死者的职业:不同的职业有不同的人事信息特点,如国家工作人员、老的国企职工其人事档案比较健全,可以通过他们的人事档案了解其继承人的情况。

9. 了解死者的住所变化情况:如是本地长期居住的居民,基层组织、邻居都比较了解情况,可向这些单位和个人收集死者的相关材料。

10. 了解死者安葬于何处:如果安葬于公墓的,一般都有墓碑,碑文的内容也可以作为证明材料使用。

11. 了解死者的婚姻状况:是否结婚,何时结婚,有过几次婚姻,有关证件、文书是否保留,通过这些材料可以了解死者的配偶、子女、财产等情况。

12. 了解死者子女的情况:根据咨询者与死者的关系不同,问话应当采取不同策略。如果是死者的子女来咨询,直接问死者有多少子女和问咨询者在死者的子女中排行第几(即问其是死者的第几个子女),其效果可能就不一样。如果是死者的配偶来咨询,询问死者的子女们是否生活在本地,比直接问死者有多少子女的效果会好(如果直接问有多少子女,可能会隐瞒在外地工作的子女,如是问子女都生活在本地吗,一般的回答是:不是,或者还有在外地的)。了解完有多少子女后,要接着问子女的性别、居住在何地、在哪里工作、是否成年等情况,这些情况可能会影响到继承公证材料的收集。有的当事人在咨询时,我们的公证人员在还没有问清楚所有子女的情况下,就说所有的子女都要来公证处签字,这样是不妥的,如果有被继承人的子女在外地或国外或相处不好等情况,当事人可能会因怕麻烦而故意隐瞒真实情况。

13. 了解死者父母的情况:父母是否健在,如果健在,年纪多大,居住何地;如果已过世,何时何地过世。注意了解是否存在养父母、继父母的情况。

14. 了解其他相关情况:如遗产的类型、遗产取得的时间、继承人之间对遗产处理的基本意见等。

总之,接待工作非常重要,我们一方面要有耐心和热情,让当事人能够与我们像老朋友一样没有任何负担地交流,把死者的情况毫无保留地呈现给我们。另一方面我们要不断提高自己的法律知识,积累生活经验,提高我们的接待能力和水平。

二、帮助当事人收集材料

继承公证涉及的法律关系复杂,需要的材料也比较多。每次告知当事人需要提供死亡证明、亲属关系证明等材料时,他们都会感叹办公证很麻烦。甚至有当事人说,交钱并不怕,怕的是到各个单位去出具证明。当事人受自身经历、阅历、知识等因素的限制,他们去相关部门调取资料、档案,开具有关证明,由于表达上的欠缺,经常会与相关单位的人员有沟通不畅的地方,导致能够调取的材料和可以出具的证明不能顺利取得。来回跑路让当事人苦不堪言,这个时候他们总会埋怨公证的种种不是,认为公证就是拦路虎。另外,相关单位也经常质疑公证处,怎么公证处办理公证,收取了公证费,自己不去调查,还老让我们出证明,让我们替公证处承担责任。所以,我认为我们应当在接待当事人的过程中详细了解整个继承公证的情况,做好案情分析,确定应当收集的证明材料范围,主动陪同当事人或单独到相关单位去收集材料。这样做,既能让当事人少跑冤枉路,又能让当事人感受到公证服务的内容和价值之所在,还能够使公证机构更充分、更直接地与继承案件的证据材料及其掌控部门接触,能够有效地避免遗漏继承人或其他影响案件事实认定情形的出现。如果我们主动走出我们的办公室,去帮助当事人收集材料,让他们不再为提供证明材料而苦恼,让他们只需提供继承涉及的线索就能顺利取得公证书时,他们自然就不会认为公证就是盖章收费、雁过拔毛了。

三、向相关单位、人员介绍公证

公证不被社会所认知,公证宣传的缺失也是主要原因之一。公证制度有服务、沟通、证明、监督、预防纠纷、减少诉讼等功能。面对这么好的制度设计,现在的情况却是普通民众基本不了解公证,就连法律职业共同体中的法官、检察官、律师对公证的了解都很少。社会大众都不知道公证是什么,公证能干什么,他们又怎么会去主动消费公证法律服务呢?我们作为公证从业者,应当尽可能地去宣传公证,这是我们的义务和责任。因此,我们应当利用主动为当事人收集证明材料的机会,向我们接触到的单位、个人宣传公证。当我们在主动帮助当事人收集材料、解决当事人实际困难的同时，还做了我们自己最应该做的公证宣传工作，这种一箭双雕的好事，我们又何乐而不为呢！

四、整理公证过程中获取的信息

我们每办理一件继承公证都会接触到一定数量的人员和单位。我们应当对这些人员、单位的相关信息进行收集、整理、归类，这些信息就是我们公证的资源，是我们的财富。一方面我们可以利用这些信息资源发掘有潜在公证需求的客户。例如，根据继承人所从事的职业特点，可以向他们定期寄送公证资料、发送公证知识的短信息，一旦他们遇到民商事方面的法律问题可能就会在第一时间想到向公证处和公证员寻求帮助。另一方面这些信息也可能成为我们办理其他继承公证所需材料的线索来源。在信息化、大数据时代，你掌握信息、数据量的多少有时也决定了你的话语权，所以，我们不能只为办证而办证，应当学会在办证过程中去收集、整理接触到的信息。用好这些信息，不但对我们的工作能产生事半功倍的效果，还能为公证事业实现可持续发展增添活力。

五、帮助当事人解决公证书出具后的事务

当事人拿到公证书并非是为了保留它，而是要使用公证书去办理如房产登记、股权变更登记等事务。许多当事人到公证处领取公证书的时候都会问，我要办理房产证，还需要办理哪些手续？我们的公证人员的回答就是这个我们不清楚，你自己去咨询登记部门吧！我们成天在抱怨没有法定公证，其实民众的需求就摆在我们的面前，而我们却没有去关注它。当事人拿到我们出具的继承公证书后还要去产权登记部门办理房产证，拿到房产证后可能还要出售、出租房屋，去银行办理抵押贷款等事务。我们完全可以为当事人去代办房产证，可以介入他们的房屋交易、出租、贷款、抵押登记等领域。如果我们把这些公证书出具后涉及的法律服务领域做好了，我们就不会为了没有法定公证业务而发愁了。昆明市明信公证处在多年前就在做房产证的代办等公证延伸服务，这样的延伸服务赢得了良好的社会效果。延伸性法律服务是公证职责的必然要求，我们应当以当事人的需求为导向，提供公证延伸服务。只有这样做，并且把它做好了，公证才会被认可、被需要，才真正有用。出具公证书不是公证活动的结束，而仅是开始，所以，我们应当抛弃官僚的办证作风，主动去学习税收、金融等知识，了解房产登记的流程，了解当事人在民商事活动中的法律服务需求，主动帮助当事人解决公证书出具后的一系列法律事务，让公证的价值真正得以体现。

最后，借用段伟主任文章里的话作为自勉吧！“与其坐等别人施舍，不如我们主动去改变，从此刻起，去认真对待我们的每件公证，认真去满足当事人那些看似无理、看似苛刻的要求。变革公证模式是我们唯一的出路，只有破釜沉舟，只有死而后生，只有革了我们已经略显陈旧的传统和理念，我们才会有新的前景和更好的蓝图。”

开展“藏宝湾计划” 助推公证大数据化

刘 崴*

所有中国公证人的心中都有一个大数据梦。

从2014年在西安举办的第三届全国青年公证人讲坛到今天纪念《公证法》颁布10周年的第三届“长安公证讲坛”的一年里，“互联网+公证”一直是一个被反复提及和讨论的话题。在这个过程中，至少有不下10人次提到了公证大数据的建设，但一直都是“只听雷声响，不见雨下来”。应当注意的是，与现今公证行业如火如荼进行的平台建设相比较，公证的大数据化可能更具有不可替代性，更能够成为未来中国公证行业发展的核心竞争力，需要我们着力去推动。因此，当“要不要做”的问题有了定论之后，接下来需要考虑的就是“如何去做”。“不积跬步，无以至千里。”不从最基础的数据采集开始做起，公证行业的大数据之路永远都只能是纸上谈兵。从这个理念出发，我们从2015年年初开始进行了公证大数据库构建的可行性研究，并在9月正式投入开发。该项目被命名为——“藏宝湾计划”。

一、什么是“藏宝湾计划”

从外化形式来看，“藏宝湾计划”的主体包括“一体两翼”，即一个数据库和两个平台。

（一）公证信息采集和存储数据库

在整个大数据建设体系中，数据采集是最为基础且最为重要的环节。尽管目前很多公证处已经完成或正在进行档案电子化的工作，但这种电子化仅仅是将纸质的卷宗扫描进电脑，只是改变了信息的载体，而没有将这些卷宗材料中附着的有用信息从物理载体的束缚中解放出来。因此，“藏宝湾计划”最初和最重要的任务就将公证处卷宗中纸质载体上的信息输入数据库中，使信息数据化，从而可以进行公民信息的分类、归纳、整理和利用。

* 上海市公证协会宣传委员会委员，上海市卢湾公证处公证员。

(二)信息交换平台

在一个互联网和大数据为主导的社会中，一个机构或行业所拥有的有效数据量实际上就代表了它在社会中所能获得的话语权。以往由于公证行业缺乏数据积累，所以在与其他部门的沟通过程中就处于明显的劣势。通过“藏宝湾计划”的建立，公证将拥有自己的大数据库，一方面提高了公证行业在与民政、户政、房产、征信等部门进行信息互联互通过程中的地位；另一方面也可以公证机构法定证明机构这一半官方的身份主动向有关部门调取证明材料，从而有效解决政府部门简政放权后不出证明和社会公众的实际证明需求之间的矛盾，使公证机构成为各类证明材料统一的对外出口，切实减少人民群众为了开具证明在各部门之间的往返奔波。

(三)身份验证平台

与一般的公证信息数据库不同，“藏宝湾计划”采用了以公民个人信息为纬度的归类方法。也就是说，一旦可以通过上述大数据库和信息交换平台对某个公民的真实身份进行认证，那么就可以结合我们卢湾公证处目前已经拥有的由数字认证中心授权的制发电子签名权力为其颁发电子签名，从而用于在网络世界中验证身份，达到公民个人身份在线上和线下的统一。同时，公证行业自身还可推出在线预约办理、电子合同、电子签名、时间戳等多项服务进行对接。

从本质上来看，“藏宝湾计划”代表的是一种全新的思维理念。信息化的时代需要信息化的思维。这种思维就要求我们不能只做一个旁观者，而必须“身在此山中”，从信息化的主动参与者的角度来不断推进公证信息化建设在正轨上继续向前发展。

二、为什么叫“藏宝湾”

对于公证行业的信息化，我们往往是又爱又恨。一方面我们希望行业能够有足够的信息化水平来助力在信息化社会中的未来发展；另一方面又由于缺乏明确的指导思想和完整的实践体系而往往受制于人。应当承认，作为信息技术方面的专家，引入第三方互联网企业来助力公证信息化建设是无可厚非的，但需要警惕的是，企业都是由逐利性的，特别是这种逐利性如果是以覆盖公证的效用为目的的，就需要特别予以警惕。于是，这种情况迫使我们去思考，什么是公证行业独有而其他行业没有的？什么是每家公证处都有的？什么是每家公证处都能做到的？这三个问题的答案就是公证未来发展的核心竞争力所在。

问题的答案是如此的显而易见：那些沉睡在档案室内的公证卷宗就是我们无可比拟的优势所在。自恢复重建至今，全国公证行业已经有了30余年的发展。根据上海市公证协会的统计，2014年，全市公证机构共受理各类公证案件60万件，20世纪90年代初，这个数字大约是10万件。按此统计，30多年以来，公证行业至少已保存了超过1000万份的公证卷宗。这些卷宗中沉淀着大量的诸如出生年月、长相、婚姻、经历、社会关系、财产情况的公民信息。但由于过往技术条件所限，这些信息都没有进行数据化地转化，没有得到有效的整合和利用。倘若我们可以通过对公证处卷宗的数据采集、录入和整理工作，构建公证大数据库，以大数据的方式实现有关证明材料的实时调取，并在此基础上在民政、户籍、房产登记、银行征信等部门之间搭建桥梁和数据的对外开放出口，就能从根本上解决老百姓的证明之殇。

所以，每一家公证处的每一间档案室其实都是一个充满宝藏的藏宝海湾，等待着我们去发掘。以往未能发掘的原因，是缺乏“工具”和“勇气”。“藏宝湾计划”就是“工具”，我们自己又能否找回“勇气”？

三、为什么要开展“藏宝湾计划”

可以说是基于两方面的压力促成了我们去研究和开展“藏宝湾计划”：

一是传统业务消亡的压力。以上海的情况为例，支撑以往“黄金十年”发展的三大支柱——涉外房产买卖合同公证、具强公证和继承公证都有了很大程度的削弱。自2015年以来，占上海市公证行业业务创收极重要部分的涉外不动产买卖合同公证将被取消的消息就一直甚嚣尘上；需要具强公证的银行越来越少，民间借贷又纠纷易发；至于继承问题，大家可能都有切身的感触。对于继承公证的衰落，大家可能都会觉得很委屈：我们为登记部门做了那么多事情，最后却只得到了“自愿公证”这样一个结果，实在是有种被“过河拆桥”的感觉。但实际上，继承公证今天的这种结果早在它刚刚开展时就已经被注定了。必须承认，与我们国家现行的许多法律制度相类似，现代意义上的公证制度是一个由西方传入的舶来品。尽管许多饱学之士仍然指出，我国古代有“中人”、“书铺”这种公证人的雏形存在，但这些萌芽从根本上没有形成一个完整并流传至今的公证制度。这种情形就如同说中国的“蹴鞠”是足球运动的来源一样——似是而非。要真正理解一项法律制度在特定社会中是否是一个合理的存在、是否会消亡，我们就需要跳出公证甚至跳出法律的层面，退回到一个宏观文化的高度来检视。因为“（人们）对于具体法律机构的喜欢或厌恶总是与培育出这种法律制度的传统和文化相联系”。

西方是一个商业社会，而中国是一个乡土社会。商业社会讲究的是规则，乡土社会讲究的是人情。因此在中国的传统文化中其实是没有公证制度生长的土壤的。那么我们具体到继承公证来看，在中国人的传统观念中，“父债子偿”、“子承父业”这是天经地义的，因此，倘若在这种天经地义之中还要加入一个“证明”的环节，那么必然会被认定为是一种雁过拔毛式的不合理制度。而且尽管我们可以讲出诸如帮助登记部门解决法律风险、维护社会稳定等一系列理由，但却无法在为何要老百姓出钱上自圆其说。“当法律规定和根深蒂固的态度及信念之间展现鸿沟时，法律就不能改变人们的行为。”所以我将公证业务分为了从传统文化中发展而来的继发性内容与从受西方文化影响的现代文化中发展而来的原发性内容。其中，继发性内容由于受传统文化影响较大，办理过程中在积极引导的同时还应当充分考虑到传统观念的影响，并逐步向公益属性转化，为公证行业创造良好评价的社会基础；原发性内容由于更加符合公证当事人的现实需要（诸如保全证据公证），因此可以大力开拓。“藏宝湾计划”所代表的信息化也正是原发性内容中的代表。

二是现代社会突变的压力。2013 年，原载于俄罗斯《共青团真理报》上一篇题为《2020 年后将要消失的职业》的文章经过网络传播在社会上引起了剧烈的反响。而在这些职业中，公证员也赫然在列。文章指出，“公证人的工作将被日益发展的科技所取代。电子签名使远程办公合法化，链接数据库便可证明个人签字的真伪，了解其信誉以及有无前科等情况，不再需要中间人的参与。”我们也许不得不遗憾地发现，这正缓慢但却不可以逆转地成为现实。历史上每次生产工具的变化，会让某些行业消失，某些行业诞生。公证员这一职业的发生发展是源于地理大发现之后，由于可知世界的扩大，西方社会在迅速由“熟人社会”向“陌生人社会”转变的过程中在信息安全、诚信等方面的现实需求。而在进入 21 世纪后，随着互联网技术地不断发展和通信手段地不断进步，世界又缩小为了一个“地球村”。相隔数千公里的两个陌生人也可以通过网络互相了解、熟知。这种情况的出现正在逐步弱化“公证”在其中的媒介作用。面对这种挑战，公证行业只有两个选择：对抗或是融合。既然我们无法阻挡信息化的脚步，唯一的选择只有成为信息化的一部分。

四、“藏宝湾计划”与现行的公证信息化模式有何不同

归纳而言，目前各公证处的“互联网 + ”道路有三种类型：

一是官网论坛、微博、微信等社交平台。公证机构最早接触互联网的手段当属自建官方网站，主要作为公证机构对外宣传的一个载体，但网站宣传的单向性却使得宣传的效果不甚理想。然而在这个过程中，人们也逐渐发现网站中的论坛部分由于可以使业内外人士自由交流观点因而更受使用者的青睐。当时宝山公证处的网上论坛在全国公证行业中都负有盛名。随着微博、微信等注册、使用都比较便捷的公共社交平台的出现，公证机构对外宣传平台的建设重心也逐步向这些方面进行了转移。以目前使用率更高的微信公众号为例，东方、杨浦、宝山、闵行、卢湾、长宁、静安、奉贤、普陀、徐汇、浦东、虹口等公证处已开通自己的公众号，其中东方公证处更是开展了订阅号与服务号双号并行的模式。

二是网上预约办证平台。由于网上预约和办理是直接面对社会公众的，着力于解决人民群众的实际办证需要，最符合公证行业便民、利民的主旨，因此这类平台是目前各家公证处践行“互联网 + ”模式的主攻方向。随着社会信息化程度的不断推进，平台载体也由最初的官方网站逐步向整合于官方微信公众号转移，实现了从 PC 端到移动端的飞跃。服务内容也从单纯的咨询预约向公证办理和查询等方面全方位发展。

三是网络证据保存平台。基于《民事诉讼法》的规定，保全证据公证在诉讼中享有

"证据之王"的地位，但网络时代证据的易于灭失性又使得如何及时保全重要证据成为一个新的课题。为了消除权利人从发现侵权到论证再到申办公证之间的"时间差"，各地公证机构广泛开展了基于云存储平台的"公证云"项目。2012年7月，厦门鹭江公证处推出的国内首个云技术电子证据存证综合服务平台——"公证云"上线。同年8月，由上海市东方公证处自主研发、自主管理的电子证据保全平台——"公证证据宝"也开始对外提供服务。这些实践都极大提升了保全证据的效率，收到了很好的社会效益。

尽管公证信息化建设已经取得了如此多的成果，但我们也应当清醒地认识到整个公证行业对于信息化至今仍然没有一个统一而深刻的共识。这种无序生长的状态导致我们在信息化过程中常常会陷入以下这些误区之中：

1. 各自为战，重复投入。

由于公证信息化——特别是"互联网"+"公证"模式——中最容易着手的就是公证事项的网上申办，因此几乎所有开展"互联网+"建设的公证处都将网上公证受理平台作为首要的建设目标。目前，各家公证处都是自主进行信息化工作的运行和研发，缺乏相互之间的交流。这种闭门造车的结果就导致了各家的成果大同小异。我们姑且不论这样的重复投入是否会造成资源的浪费，仅就各家所采用的数据架构和建设标准不统一这一个问题，就导致今后公证协会在牵头建立全市统一的网上受理平台时将会困难重重，不利于在全行业的层面上达成共识，形成合力。

2. 整体建设缺乏体系性。

目前并未所有的公证处都根据本处的实际情况构建了信息化建设的体系，甚至许多公证处对于信息化尚没有一个明确的概念，这就使得公证信息化建设缺乏系统性的问题较为突出。其一，是某些公证处仅仅把信息化作为一种政绩工程，一味地在表面上去迎合"互联网+"，结果往往是发一篇信息、拍几张照片了之，至于投入能否产生实际成效则在所不问。其二，尽管现在很多公证处已经推出了自己的信息化服务，但由于公众接受度和服务效用度尚未达到理想状态，使得"出成果易，做推广难"成为公证信息化过程中常见的难题。如何使一项公证信息化服务让老百姓觉得能用、好用，这是行业下一步需要着重考虑的问题。作为一项系统工程，公证信息化建设应当至少包含前端平台建设、后端大数据库建设和宣传推广三个部分。这三部分互为表里、缺一不可。

3. 重"互联网+"，轻"大数据"。

相比较而言，在公证信息化的两个组成部分中，"互联网+"具有外向型、更易产生成果和建设周期短等特点，从而更受公证机构的青睐。但需要指出的是，网上受理平台也好，网上证据存证平台也好，只是一种服务平台或接入手段上的区别，其在本质上并没有改变当下的公证模式，也难以有效引导公证当事人转变办证的习惯，因此其效用在延展性上具有一定的局限。反观"大数据"，倘若公证行业能够建立起自己的大数据库，那么一方面公证行业将掌握社会中相当一部分自然人和法人的身份信息和财产信息。这些信息一旦得到合法有效的利用将极大缓解李克强总理所提出的"证明难"的问题，同时极大提升公证的效用。另一方面又可以使公证行业在信息化社会中的未来发展有了坚实的基础，并通过与其他部门的信息交互真正融入整个社会的信息化进程中。可以说，“大数据”才是化解公证目前所面临的种种危机的一剂良方，真正能够解决公证工作和社会生活的“痛点”。遗憾的是，由于在数据收集方面的欠债太多，导致我们缺乏足够的勇气去着手开展这项体量庞大的工作，去梳理过去 30 多年的卷宗材料。但假若我们现在不去做，那么每过一年，这样的欠债只会越来越多。

正是基于认识到了这一点，“藏宝湾计划”一改以往公证信息化建设的方向，将着力点集中于解决两大社会难题，即现实社会中的证明问题和网络世界中的身份问题上。打个生动的比喻：平台建设好比是“九阴真经”，是一个内功心法，因此需要公证机构自身有一定的技术能力才能运用自如；“藏宝湾计划”所代表的大数据就好比是“独孤九剑”，没有内力也可修炼，而且其核心就在于四个字：“直戳痛点”。在整个社会运行过程中，政府有政府的痛点，社会公众有社会公众的痛点，公证行业有公证行业的痛点，倘若能够找到解决这些痛点的方式，那么这个方式就具有极大的不可替代性。

	痛点	“藏宝湾”
政府	建立各部门信息数据的互融互通； 提高社会治理能力	通过公证大数据与其他部门的信息数据进行交换，共同实现信息交互的通畅 所有之前已经向公证机构提交过证明材料都可以在数据库中进行检索和利用
社会	解决“证明难”的问题	
公证	在办理过程方便调取证据材料提高社会地位	

“藏宝湾计划”的优势：

1. 完全由公证行业主导数据库的架构；
2. 技术公司在其中仅起到工具的作用；
3. 数据的所有权属于公证行业，他人未经许可不得擅用；
4. 使原本零散的信息编织成网，可以得到有效利用；
5. 符合国家大数据发展的战略要求，能够切实帮助提升政府的社会治理能力；
6. 简单易行，每一家公证处都可以操作；
7. 只有形成集群效益才能发挥最大的功效，因此不可能作为某一家公证处的独门秘籍，而需要向全行业开放。

五、“藏宝湾计划”的运行模式

与单纯的“互联网 + ”不同，公证大数据库在规模上需要极大的数据量才能真正发挥效用。这就意味着，“藏宝湾计划”不会仅仅是一个处甚至一个地区公证行业的“小金库”，而必然需要整个中国公证行业共同的参与。因此，“藏宝湾计划”将在测试稳定并积累一定数据量的情况下向两个方向发展：

一是平台化。基于信息交互的需要，未来“藏宝湾计划”将由内网运行转向云端运行。在云端，首先，一家公证处所录入的数据可以被全国的同行所查询到，一家公证处也可以查询全国同行所录入的数据；其次，省却了公证处架设本地系统的大量的硬件投入成本，只需要对录入人员进行有针对性的培训即可，对于系统的日常维护也可以通过远程的方式实现，不受各地现实条件的制约，在全国范围内有着较好的适用度；最后，平台的更新换代只需要在服务器上进行即可，一次更新全国即可同步使用，不会出现因版本不同所导致的系统冲突。

二是众筹化。作为一个全国性的公证大数据库，我们的目标是大家都能够来使用，共同做大做强。所以我们在计划的初始阶段就抱着一种开放的心态来一步步地推进我们的工作。为此，我们在一定程度上引入了商业的模式，特别是目前最为火热的众筹模式。将“藏宝湾计划”作为一个线上的产品，希望大家能够来共同参与。例如，公证处可以通过出资来分担开发的费用，从而换取使用时在更新维护费用上的减免；公证员可以以本人的想法、经验和使用体验来对计划提出改善的意见和建议，在成功采纳后享有共同开发者的荣誉。

“藏宝湾计划”的开展极大地拓宽了我们的视野，使我们不囿于公证本身，而是上升到一个高度来看待公证所面临的问题，也使我们能够运用真正的互联网思维和“大数据”模式来解决这些问题。“上一个十年，我们卖证明；这一个十年，我们卖服务；下一个十年，我们卖数据。”我们有理由相信，当全国将近3000家公证处的信息全部接入“藏宝湾”的那一刻，中国公证的历史也将翻开新的篇章！

网络证据保全公证实务研究

向开罗*

当今世界电子信息技术的发展日新月异，给人们日常生活带来的快捷和便利不言而喻。网络购物、网上银行、网络电视、电子邮件及微信、QQ 等网络聊天工具的出现，使网络变得愈加不可或缺。然而，人们在享受网络优越性的同时，也无法避免源自网络的种种侵权和伤害行为。有数据显示，全国各地法院审结的一审涉及网络证据的知识产权的民事纠纷案件近年来呈现出几何式倍增模式。当遭遇网络侵权时，越来越多人选择在公证处进行网络证据保全来维护自己的合法权益。笔者所在的公证处中，网络证据保全公证业务也在高幅增长。

一、网络证据保全公证中存在的问题

网络证据保全公证的发展对公证处而言无疑是一次机遇，然而挑战与机遇并存，实践中公证处也遇到了不少问题。如下面的一则案例：

2006 年 9 月，北京紫禁城影业有限责任公司（以下简称原告）发现四川省电信公司盐亭分公司所有的网站播放其影视作品《求求你，表扬我》。为避免证据灭失，原告向河南省郑州市公证处申请公证。2006 年 9 月 11 日，河南省郑州市公证处受理该公证，监督申请人利用天中网络休闲会所（网吧）的电脑设备访问互联网，对 www. leizu. cn 播放《求求你，表扬我》。其后，四川省电信有限公司被中国电信股份有限公司（以下简称被告）吸收合并而注销。2008 年 9 月，原告向北京西城区法院提起诉讼，要求被告停止侵权并赔偿经济损失 10 万元。2008 年 10 月 16 日，郑州黄河公证处经被告申请，监督被告在拔除网线、电脑设备未连接互联网状态下，访问 www. leizu. cn 可以播放作品《求求你，表扬我》，并出具（2008）郑黄证经字第 3419 号公证书。

一审法院认为，原告指控被告实施侵权行为的证据是（2006）郑证经字第 6440 号公证书，被告对于证明内容并不认可，该公证书记载的公证地点系网吧，操作人员使用的是

---

* 北京市长安公证处公证员。

网吧中的电脑而非公证处的电脑，公证书中对电脑与互联网连接状态、电脑硬盘中是否有预存内容，刻录光盘由谁提供、是否清洁等情况均未明确记载，而被告提供的（2008）郑黄证经字第3419号公证书表明通过预存内容等技术处理，未连联互联网状态下，能够制造在特定网站上播放诉争影片的假象。本院认为，虽然公证机构出具的公证书具有优先于其他证据的证明力，但是在该公证书被相反证据所足以推翻时，原告就自己主张的事实仍负有进一步举证的责任，现由于证明侵权事实发生的公证书未明确记载网络链接状态、电脑硬盘和刻录光盘是否清洁等内容，不能排除公证下载的网站内容并非网 www.leizu.cn 真实内容的可能性，原告据此主张被告侵犯其享有的涉案影片的信息网络传播证据不足，本院不予支持。据此驳回原告诉讼请求。

原告不服该一审判决，提起上诉，二审法院维持一审判决。①

从上述案例可以看出，网络证据保全公证对操作程序的要求是比较严格的，稍有不慎，就会导致公证书的证据效力受到质疑，进而可能招致败诉的结果。当然，这起因于电子证据的无形性、易被破坏及篡改的特点。从上述案例中，可以看出网络证据保全公证的如下问题。

（一）公证人员不能识别当事人的蓄意欺骗

网络操作技术内容纷繁复杂，公证人员毕竟不是这方面的专家，所以有些当事人利用这一点蓄意欺骗公证处。有人总结出来一些常用的伎俩：电脑根本没有上网，保全对象是硬盘内暂存的网页；电脑已上网，但通过修改特定文件使某特定域名指向内部IP地址，从而制造自己所需要的假象；在传递网页的服务器中做手脚，使某域名指向自己希望的IP地址；乘公证员不注意在公证处的电脑中安装某种木马软件或者通过黑客远程侵入公证处网络系统，从而达到控制公证处电脑系统的目的，使证据保全行为完全由自己控制。② 这些欺骗行为有些很容易被识破，但是有些却极具隐蔽性，而且当事人往往“有备而来”，公证人员却被蒙在鼓里，所以网络证据保全公证对公证人的要求比较高。

（二）公证人员的网络技术水平不能实现当事人的需求

当事人对侵权证据的搜集和固定除采用公证保全外，也可以自行搜集或法院保全。当事人之所以在这三种方式中选择公证保全，自然是考虑到公证保全比自行保全的证据证明力更高，而且比法院保全更加方便灵活。还有很重要的一点，即公证人员的网络证据保全的操作水平。虽然公证人员的网络技术水平不能与专业人士相提并论，但是由于该项业务量骤增，对于一些常见类型的保全，诸如电子邮件、QQ聊天记录、网页内容的保全，公证人员已经相当有经验，对相关操作程序也十分熟练。而网络证据保全对很多当事人而言是头一回，他们只是有需求，对操作程序和注意事项都一无所知，所以愿意寻求

① 参见（2008）西民初字第11349号民事判决书，来自北京法院网。
② 樊文：“眼见未必为实——网络证据保全公证的深层问题”，载《中国司法》2007年第6期。

公证人员的帮助。虽然原则上要求网络证据的保全由当事人操作,公证人员只是起监督作用。实践中,由于网络证据保全公证的操作程序比较复杂,有些当事人又完全不懂电脑操作,所以有时也会由公证人员进行具体操作。可是,对一些小型公证处或新任职的公证人员,也会出现业务不熟练的情形,对当事人的提问一问三不知,把当事人吓退的情形也是有的。

(三)网络证据保全中操作不当

公证人员存在未能严格按照程序操作的情形,如上文案例中所提到的在网吧进行保全。还有的在保全之前,未对电脑、U 盘或其他存储载体进行清洁性检查。另外,因在网络证据保全的过程中需要保持步骤的连贯性,如果采用拷屏网页的方法,需要对每一步所显示的网页全部拷屏。偶有当事人或公证人员在操作时会出现遗漏页面未拷屏的现象,为图省事,有人改动电脑时间,将遗漏的页面补拷屏后插入先前拷屏完毕保存的文件中。这样做看似简便,实则容易漏洞百出。例如,对邮件进行保全,有些邮箱登录后会显示"××,上午好"的字样,有些人在下午补拷屏时未注意,就将带有"××,下午好"字样的页面插入上午保存的拷屏文件中。还有些邮箱会显示天气,例如"×年×月×日,北京,晴",可能补拷屏的当天变成"×年×月×日,北京,雨"。还有些网页的内容是瞬息万变的,如发布租房信息的网站、邮箱的收件箱。总之,补拷屏页面本身就是违反操作程序的行为,不遵循"实事求是"的原则而做出的耍小聪明的举动,往往会因为网页中的一些小细节而露出破绽。这种行为会让公证处的公信力受到损害。笔者曾经碰见过连拷屏时间都前后矛盾的公证书,试想法院见到这份公证书该作何感想。本来是帮当事人固定证据,却变成了伪造、篡改证据,实在是得不偿失。所以碰到这种情况,只能老老实实从头再来。

(四)公证词中表述有遗漏或错误

公证词表述有遗漏,例如,上述案件中所提到的"公证书中对电脑与互联网连接状态、电脑硬盘中是否有预存内容,刻录光盘由谁提供、是否清洁等情况均未明确记载"。可能公证人员在保全时操作了上面的步骤,但是确未对相关情形进行记载。因网络证据保全有时步骤繁多,公证词的写作必须详尽描述这些步骤,不能有遗漏,否则会衔接不了上下步骤。网络证据保全证词中的步骤几百步都十分常见,公证人员一不小心就容易遗漏或颠倒步骤。

二、网络证据保全公证中的注意事项

针对上文中所涉及的诸多问题,公证人员应该把握好网络证据保全中的注意事项,尽量避免出现纰漏。

（一）严格依照程序进行网络证据保全公证

2008年11月25日中国公证协会第五届常务理事会第七次会议修订通过的《办理保全证据公证的指导意见》第15条中规定："办理保全互联网上实时数据证据的公证，应当使用公证机构的计算机或者无利害关系的第三人的计算机进行。公证人员或者当事人应当按照当事人提供的书面操作程序进行操作。公证人员应当按照操作顺序记录登录网络、进入相关网址（网页）、下载、打印（或者刻录光盘）等整个过程和所使用的操作软件的名称与版本，并要注意审核下载的内容是否与网页内容相符，必要时可以对保全过程进行录像。"

公证处首先需要审查主体资格，要审查申请人和申请事项间是否有利害关系。对于电子邮箱、QQ等需要用户名和密码才可以访问的，属于非公开的具有一定私密性的网络证据。在办理保全公证过程中一定要确保申请人是该邮箱或QQ的注册人或密码持有人，公证员还可以要求申请人作出书面保证，保证其需要办理保全公证不会侵犯他人的隐私。

在正式操作之前进行演练。这一步也是不可或缺的。首先，需要通过演练对当事人保全的内容有初步了解，从而弄清保全的目的。因网络证据保全需要拷屏的页面通常比较多，不论是出于为当事人节省成本或是提高公证处工作效率的考量，公证人员应当与当事人一起寻求保全的最优方案。例如，同一目标界面可能通过不同关键字的搜索或不同链接的跳转可以获得，我们当然要选取最快捷、需要拷屏页面最少的方式。在邮箱保全公证中，如果需要对多封公证进行保全，公证人员也通过事先的演练将当事人的目标邮件设为星标邮件或红旗邮件，这样可以省去保全无利害关系的其他内容。在一些步骤烦琐的网络证据保全中，需要进行演练并记载操作步骤，以确保在正式保全中能流畅操作。

"使用公证机构的计算机或者无利害关系的第三人的计算机进行"，是为了防止上文中所述当事人蓄意欺骗公证处的各种行为。如因特殊情况，不能在公证处的办公场所接入网络或不在公证处电脑上进行取证，就必须对电脑和网络进行清洁性检查，并且记入现场记录。③ 清洁性操作最好由公证人员进行，包括对计算机及相关服务器的清洁以及对U盘、移动硬盘、光盘等存储介质的清洁。前者采用清除内存和浏览记录的方式进行，后者采用"格式化"的方式进行。公证人员还必须对互联网的接入情况亲自检查。

在正式进行网络证据保全时，操作尽可能连贯，不要有长时间的停顿，"最好有一个光盘，把操作过程该截图都截图，保存在光盘里面。如果不想打印厚厚的一本公证书。打印可以从简，把主要的、提纲挈领的内容打印出来，其余复杂的内容在光盘里反映，随着公证书入卷"。④ 对保全的网络证据及时打印并按时间顺序装订，公证词的表述应该准

③ 冯培明："网络证据保全公证操作技术性研究"，载《中国公证》2012年第9期。
④ 陈文全："知识产权侵权证据保全公证的司法实践"，载《中国公证》2013年第7期。

确、全面和客观，公证人员和当事人应该在实时打印件和工作记录上签字。

（二）提高公证人员的网络技术水平，必要时与专业机构合作

网络证据保全公证要求公证人员有较高的网络技术水平，公证人员要主动学习网络知识，在保全实务中提升自己的业务水平，善于总结其中的经验教训；公证机构也应该给公证人员提供关于网络技术知识的培训及学习交流平台。并不要求公证人员达到专业人士的水准，但是一般的操作技能应熟练掌握，使自己能够应对常见的网络证据保全公证。

近年来，由于网络证据保全公证业务量呈现井喷趋势，公证处又缺乏网络专业技术人才，所以在人力资源方面稍显紧张，虽有大批网络证据保全公证的需求，但公证处却心有余而力不足。对此，很多人主张采用网络公证人体系。公证员要熟练掌握公证业务知识及相关法律，公证机构也要有计算机网络专家，能够解决一些网络技术难题。网络公证人可以由公证人员与计算机专家相互结合，电子证据的获取和识别等技术工作由计算机专家来做，公证程序和文书制作等法律事务由公证员来做，既确保证据的真实有效，又确保公证程序的规范周密，相互配合满足现代科技发展和法律的需要。⑤ 另外，公证处和专业技术公司的合作变得越来越普遍。例如，安存科技有限公司（以下简称安存公司）已经与全国28个省（市、区）的100多个公证处展开合作，对网页、电子邮箱、录音等提供保全。具体的流程如下：

1. 申请。申请人通过安存语录（公正邮或无忧保全）成功保全内容后，准备好相关材料向公证处申请办理公证。

2. 受理。公证处认为符合受理条件的，受理当事人的申请。由安存公司与当事人确认各项事项后为其预约具体的承办公证员。

3. 取证。从安存电子数据证据保全系统公证专用平台数据库调取需公证的（录音、邮件或网页、作品等）资料。

4. 审查。公证员结合安存电子数据证据保全系统，对申请公证的事项进行全面审查。

5. 出证。对符合条件的申请事项，公证机构于受理之日起15个工作日内出具公证书。

从以上流程可以看出，由科技公司对网络证据进行保全，由公证员进行受理、出证等工作，可以很好地发挥各自的专长，扬长避短，不仅为当事人提供了便利，也将工作量合理分流，从而确保了网络证据保全公证的准确与高效。

为了防止电子数据被破坏和篡改，可信时间戳也应运而生。可信时间戳是由权威可信时间戳服务中心签发的一个能证明数据电文（电子文件）在一个时间点是已经存在的、完整的、可验证的，具备法律效力的电子凭证。可信时间戳主要用于电子文件防篡改和

⑤ 曾荣鑫："互联网电子证据保全公证机制探析"，载《云南社会主义学院学报》2014年第1期。

事后抵赖,确定电子文件产生的准确时间。可以在网络证据保全公证中使用时间戳来防止篡改数据,提高证据效力。

无论是安存公司的产品,还是可信时间戳,都是大数据时代的产物,传统的公证形式正一步步向电子公证演变,必将为网络证据保全公证带来一次技术革命。

法律规制目的视角下的婚姻财产约定公证

宫　楠*

家庭是社会的组成元素，婚姻又是家庭建构和维系的基础之一。在一个正常运转的社会体系中，财产必然是家庭及其中成员参与社会交往活动的基本保障之一。随着我国个人可占有、可支配、可传承财产数额的不断增加，婚姻财产领域中法学理论和法律实践问题的重要性和社会关注度均持续增加。同时，据央广网北京 6 月 19 日消息称："民政部发布 2013 年社会服务发展统计公报。这份公报显示，2013 年全国依法办理离婚手续的共有 350 万对，比上年增长了 12.8%，这是自 2004 年以来，我国离婚率连续 10 年递增。"①离婚，因其可以对婚姻财产的分配、变动产生影响，更进一步增加了婚姻财产领域法学问题研究和法律实践争议解决的难度。限于婚姻财产领域问题的庞杂性以及笔者水平的有限性，在此将仅从婚姻财产的法律实践难点出发，尝试对法律规制目的在婚姻财产法律领域可能起到的规制引导作用进行初步的探讨。

一、婚姻财产的法律实践难题

婚姻财产是一个复杂而庞大的法律领域，几乎可以涉及社会系统和国家法律治理框架中的各个方面，如婚姻法、继承法、合同法、民法通则、公司法甚至刑法中的相关条款。本部分将仅结合本文的研究主题以及笔者自身的法律实践经验对婚姻财产中可能涉及的法律实践难点进行简单的梳理和分析。

（一）婚姻财产约定的效力

在实践中，婚姻财产约定主要指涉及婚姻关系的财产性约定协议，具体可以分为婚

* 北京市公证协会经济业务委员会委员，北京市长安公证处公证员。

① "去年全国 350 万对夫妻离婚　离婚率连续 10 年递增"，资料来源 http://news.163.com/14/0619/13/9V3VG95C00014JB5.html。

前财产约定、夫妻财产约定以及离婚财产约定。② 依据我国合同法、物权法等相关法律的规定，通常认为我国婚姻财产约定属于协议双方经协商一致达成的合意，对协议双方即对内具有约束效力，但一般不具备对外效力，特别是不能对抗善意第三人。此外，对于尚处于抵押状态下的不动产，在我国当前的司法实践中，进行婚姻财产约定，其法律效果同样存在一定的争议性，相应婚姻财产约定的办理在实践中也经常遭遇困难。而在法律实践中，协议人签订婚姻财产约定多是希望借此固定双方关于财产特别是不动产的所有权分配问题，以实现保护各方合法权益的目的。婚姻财产约定效力方面必然存在的局限性和争议性使得婚姻财产约定的实践价值和缔约目的均受到一定程度的减损。比如，假设协议人希望就一套尚未取得房产证且存在贷款的期房签订婚前财产约定，并假设这套期房为协议人双方出资购买，同时，协议人中一方因户籍等原因不具备在房产所在地购置房屋的资格，此时，由于贷款的存在等原因，办理婚前财产约定协议的法律效果并不十分确定，但不具备购房资格的一方又无法通过未来的产权登记保护自己对于这套期房应享有的所有权。在这样的背景下，婚姻财产约定效力的局限不仅难以有效保护协议人的应有合法权益，更可能对婚姻关系和家庭的稳定性形成不利影响。目前，我国部分地区采取了不动产登记主管部门将婚姻约定协议备案以防止不动产不当转移的方式。这一方式可以有效增强婚姻财产约定的实际效力，但在全国范围内尚没有得到普遍推广。婚姻财产约定，特别是婚前财产约定和夫妻财产约定，往往具有强烈的预防性色彩，而约定效力的有限性特征以及未来法律效果的不确定性，将严重影响婚姻财产约定应有社会效果的发挥，进而影响这一制度在我国法律制度体系中获得应有的认可。

（二）婚前财产的认定

此处的婚前财产认定主要是指在遗产界定处分以及离婚财产分割、债务清偿等事项中，如何对婚姻财产中分属夫妻双方的婚前财产进行合理、有效的认定。在一个以婚姻为基础构成的家庭中，家庭财产往往来自婚姻双方，其中部分则可能来自婚姻缔结双方的婚前财产，或是其婚前财产的增值部分。虽然我国最高人民法院《关于适用〈中华人民共和国婚姻法〉若干问题的解释（三）》中的第 5 条对此作出了进一步明确，为相应案件的处理提供了依据，但实践中，由于婚前财产认定问题中可能存在的复杂性，仍极易引发争议，进而对相关权利人合法权益的保护形成不利影响。例如，假设夫妻二人中的一方婚前有一套价值 100 万元的、由其父母付全款购置的婚前财产，二人婚后为孩子上学便利将上述房屋出售，获得价款 120 万元并随即购置一套价值 200 万元的房产。此时，这套后购置房屋应在何种程度上属于原房屋所有权人的婚前财产，在法学和法律实践中都必然存在争议，且在各地的司法实践中也难免存在一定程度的法律后果差异。

---

② 此处的离婚财产约定主要指协议双方在婚姻关系解除后自愿订立的关系财产分割的约定，而本部分第三个小部分中的离婚财产分割协议更多是指协议双方在我国民政管理等婚姻主管部门办理协议离婚手续时所订立的离婚财产分割协议，二者在法律实践中，在协议订立的时间、协议订立的主导因素等方面均存在一定的差异。

（三）离婚财产分割协议的效力

此处的离婚财产分割协议效力专指在我国当前的法律制度框架中，协议双方在婚姻登记主管机关办理离婚登记时所签署的离婚财产分割协议，上述协议签订后备案在离婚登记管理机关。在实践中经常遇到这样的情况，双方签订离婚协议后因种种原因并未办理不动产转移登记手续，此时，如果协议涉及的不动产需要办理出售等手续就可能遇到困难。毕竟，离婚财产分割协议仅代表协议双方在办理离婚手续时就财产分割问题所达成的合意，在未查阅不动产登记簿前，任何部门均无法判断相关不动产的实际权属现状。此时，如果草率地按照协议办理相关手续就可能对第三人的合法权益造成损害，增加不必要的司法成本和社会成本。根据善意取得制度，不动产登记中存在建立在公示基础上的登记推定。即“如果一个在不动产登记簿上记载的所有权人将此不动产出卖，即使该出卖人不是真正的所有权人，买受人即第三人也可以根据登记推定原则取得该不动产的所有权”。③ “这样，一项物权变动能否发生排他性后果、第三人利益能否得到保护均建立在一个符合物权法法理的客观的公正的基础之上。”④但是，一旦不动产所有权被不当转移，其间各方在维护自身合法权益过程中均需要付出不小的时间成本和经济成本。

二、身份与契约的混杂——法律实践难题的必然存在

上文中对婚姻财产领域的法律实践难点进行了简单的梳理和分析，本部分将从法律规制冲突角度对婚姻财产法律问题中的实践争议、困境产生的原因进行简要的探讨。

（一）法律适用的冲突和复杂性

婚姻财产相关问题，其所属法律部门或法律领域均存在一定的交叉和模糊性。比如，对于涉及婚姻财产的约定，至少需要适用婚姻法、民法通则、合同法、物权法等法律法规，或至少将上述法律法规纳入具体案件的考量范围内。同时，如果具体的婚姻财产认定或界定问题涉及遗产继承或债务清偿，还可能涉及继承法、公司法甚至涉外民事法律关系适用法、担保法等看似与婚姻财产根本不相关的法律法规。正是由于婚姻财产问题必然存在的涉及法律关系复杂、关涉法律法规多样的特征，使得绝大多数婚姻财产案件的处理和分析均存在不同程度的法律适用冲突问题，而法律适用冲突的普遍存在又反过来增加了婚姻财产案件处理的争议性和复杂性。

（二）权益保护目标的混杂性

法律必然具有抽象性，因此任何立法在实践中的适用均需要基于具体案情加之程度

---

③ 孙宪忠著：《论物权法》（修订版），法律出版社2008年版，第55页。
④ 同上。

不一的解读、解释和裁量。⑤ 此时，具体法律规定所指向的权益保护目标理应成为这一过程中的基本考量因素之一。而婚姻财产问题，正如其法律适用的复杂性一样，特定案件中可能涉及的权益保护目标或称立法保护目的也同样存在高度的复杂性和交叉性。例如，上文中提及的婚前财产房屋出售后再度购置房屋的案例，假设这套后购置的房屋将来再次出售且夫妻双方因婚姻关系变动对上述房屋的归属产生了争议。从不同层面来讲，这一问题中至少涉及了婚姻关系稳定的维护、社会公序良俗的维护、夫妻双方各自合法权益的保护、原婚姻房屋所有权人父母的权益（父母出资购置）以及房屋购买人合法权益的保护等相关法律保护目标。保护合法权益是法律制定、法律实施、法律社会效果评价的重要影响因素之一，婚姻财产领域权益保护目标的多重性也必然增加相关问题处理的难度。

（三）行为导向规制目的的混杂性

立法，不仅是为了以法律救济的方式保护各方的合法权益，更是为了通过合理行为预期的建立，实现法律的行为导向目的，进而引导社会秩序和行为模式趋向健康可持续发展。婚姻财产领域，因其法律适用的冲突性以及立法保护目标的复杂性，必然存在法律行为导向和法律制度规制目的的混杂性。行为导向和规制目的，不仅是法律适用者作出裁量的重要依据，更是社会大众据以建立行为预期、形成法治观念的基本前提。为此，婚姻财产领域中的行为导向和规制目的的混杂性，不仅会影响特定案件的处理，更可能影响婚姻财产乃至婚姻家庭领域良好、统一行为预期的形成。

（四）身份、契约、财产、社会——多重观察视角的混杂

婚姻关系属于比较典型的身份性法律关系，而涉及财产特别是涉及不动产的约定则更多属于财产性契约范畴。“民法的任务是对物之归属于人的事实进行规定。”⑥而婚姻财产有着其特殊的法律属性和法律保护需要。在婚姻财产问题中，财产并非独立的法律规制和法律保护对象，婚姻财产法律问题范畴因婚姻关系的缔结而产生，必然与婚姻关系这一具有高度身份性的法律概念产生联系。同时，婚姻财产又具备高度的经济性和财产权益属性，不能简单地等同于人身性或身份性法律问题。换言之，婚姻财产领域法律实践难题的存在，很大程度上正是因为婚姻财产领域身份与财产性契约关系的高度交叠和混杂。这也导致了在婚姻财产领域，存在多重法律观察视角以及多维度的法律问题解决分析进路，进而导致了婚姻财产领域问题规制的难题。

---

⑤ 此处的裁量并非专指司法程序中的裁量，而采取较为广义上的含义，指在具体婚姻财产法律问题的处理中，依据法律的规定，结合特定问题的实际情况，作出具有法律效力的决定。

⑥ ［德］迪特尔·梅迪库斯著：《德国民法总论》，邵建东译，法律出版社2000年版，第26页。

三、法律规制目的的探寻——从宏观界定到微观分析

基于上文的分析不难看出,婚姻财产领域很多法律实践中的难题均来自婚姻财产领域中的法律多重视角、规制多层维度问题。而这一问题来自婚姻财产所具有的身份、财产契约多重性质,其存在具有必然性,在现行相关法学理论和法律框架未作出重大改变的基础上,难以简单地回避。为此,本部分将尝试在前文的基础上,探讨法律规制目的作为这一问题改进思路之一的可能性。

(一)法律规制目的设置的实践价值

法律规制目的,正如上文所言,即是婚姻财产领域法律实践复杂性的表征之一,也是法律实践困境的根源之一。为此,法律规制目的设置的清晰化必然有助于相关问题的厘清。具体而言:第一,法律规制目的的分析有助于婚姻财产法律制度框架建构原则和设计思路的确定;第二,法律规制目的设置的清晰化有助于具体案件公正、合理、科学的解决;第三,法律规制目的设置的明确有助于法学研究和实务探讨中商谈语境的同一。

(二)法律规制目的的冲突与融合

法律规制目的,正如其他众多法学概念一样,具有内涵的广泛性和模糊性,婚姻财产领域自身的属性又导致了这一范畴中法律规制目的的复杂性和多样性,对其即可在学理层面做宏观解读,亦可在个案层面做微观解读。婚姻财产领域中多重维度、多层面的法律规制目的如何融合则是问题解决的关键,也是核心难点之一。“我们怎样在法学的思考中同时将两种似乎截然不同,甚至对立的思考方式结合起来?或者说,一个从情境(推论之关联结构、问题、困局)出发的实践思考和一个非情境(公理推演)的形式化科学思考(纯思)之圆融如何可能?”⑦为了最大程度上解决婚姻财产领域的法律规制目的冲突问题,在统一思路和原则的基础上,构建相应的规制目的划分体系,以确保规制目的问题的明确化、清晰化十分必要。换言之,实现统一建构原则下的法律规制目的的多层级划分以及实践中的有效应用。婚姻财产领域,特别是财产约定问题,很多都涉及合同法的适用。“在合同法中,如同在侵权法中一样,规则的影响经常依赖于所参照的特殊性。”⑧故一旦婚姻财产法律规制目的层级趋向清晰化,法律问题商谈和解决的语境因之得以同一、明晰,在实践中即有可能以法律规制目的的清晰把控为基础和前提,实现婚姻财产法律实践解决从宏观到个案的全面改善。

---

⑦ 舒国滢著:《法哲学:立场与方法》,北京大学出版社 2010 年版,第 108 页。

⑧ [美]理查德·爱泼斯坦:“普通法规则的社会效果”,载徐爱国组织编译:《哈佛法律评论:侵权法学精粹》,法律出版社 2000 年版。

四、代结论：规制目的的建立——我们如何看待婚姻财产

本文以婚姻财产的法律实践困境为切入点，以婚姻财产领域的身份、财产契约属性混杂特性为关键，对婚姻财产领域法律实践困境产生的根源以及可能的解决进路进行了尝试性的分析。通过分析，可以将全文试图得出的结论总结如下：婚姻财产法律问题因其涉及因素以及领域的多样性，看似庞杂，其中却蕴含着一条可以统领相应问题解决或至少可以推动问题得以改善的框架建立主线——法律规制目的设置的明晰化。在本文的结尾，可以尝试将这一论证再向前推进一步——我们应当如何决定婚姻财产领域法律规制目的的建立，或更为通俗地表达为，我们意图如何规制、如何看待当前社会和现行法律制度框架下的婚姻财产关系。也就是说，我们希望通过法律的规制，引导社会中的婚姻财产关系在社会治理中实现怎样的目的，在家庭关系维系中发挥怎样的作用。

正如德国著名法哲学家拉德布鲁赫所言："法不仅仅是一个范畴，一切法律上的考察由此出发并以此为基础的，也不仅仅是一个思考方式，舍此根本不能思考法律之事，而且它还是一种现实的文化形态，其使法律世界的一切事实得意形成和塑造。"⑨同样地，婚姻财产法律问题不仅关乎具体婚姻财产问题的处理，更关系着法律对于相应婚姻财产行为的评价和引导。我们如何看待婚姻财产问题在社会秩序建构、家庭关系维护中应实现的价值，也就决定了我们希望如何去建立婚姻财产领域的法律规制目标体系，决定了婚姻财产领域法律实践难点所趋向的发展方向和同一性观点。

---

⑨ ［德］古斯塔夫·拉德布鲁赫著：《法律智慧句集》，舒国滢译，中国法制出版社2009年版，第7页。

下篇　长安公证人文选

有关公证行业发展的几个问题

周志扬*

2015年是《公证法》颁布10周年。经过30多年的发展，我国公证事业从几个附设在部分法院的公证室，到今天初步形成一个法律服务的行业，从若有若无、可有可无到今天广为人知、不可或缺，从为了应付涉外需要而办理极少民事业务到现在遍及涉外、国内、民事、经济等社会生活的方方面面。公证服务与普通百姓的工作、生活、学习息息相关，与企事业单位、政府机关、社会团体的经营活动、政务活动、社会公益活动水乳相融，成为建设诚信社会、完善市场经济、扩大对外开放、保障民生权益的时代旋律中一个必不可少的音符。这是改革开放、国运昌盛的新时代赋予我们的机会，也是社会给予全行业3000余家公证处、1.2万多名执业公证员以及1万多名公证员助理和专业辅助人员不懈努力的回报。

作为一项具有独特的法治功能和社会价值的法律制度，公证在现在已有的基础上，必将对保障我国的社会经济秩序、维护城乡居民财产权益发挥更大的作用，公证行业也一定会在现有的基础上进一步发展壮大，这是不言而喻的。改革开放30多年过去，我国城乡居民的绝大部分已经普遍拥有私有财产，社会财富也已经积累到相当庞大的规模。根据历史经验和国际经验，这些巨大的存量财产即将进入集中快速流转的时期，这种财产存量的数量和多元性，这种产权流转的规模和复杂性，在我国的历史上是空前的，而公证在保证这种流转（包括交易性流转和非交易性流转）的合法、有序、公平、安全方面具有无可替代的作用。可以说，从社会实际需要而言，公证行业或将迎来一个新的快速发展时期。“凡事豫则立，不豫则废”，面对即将到来的发展新阶段，认清存在的问题特别是一些关键问题，对于克服发展障碍、厘清发展思路是非常必要的。

一、制度定位问题

长期以来特别是改革开放以来，我国公证行业在保障公平交易、保障居民财产安全

* 中国公证协会常务理事，中国公证协会公证宣传文化工作委员会主任委员，北京市公证协会会长，北京市长安公证处主任。

流转、维护市场主体合法权益、节约司法审判资源等方面发挥了不可低估的作用，默默地以自身特有的职能和方式维护着市场秩序和社会秩序。但是，公证在公众的视野中总体形象是模糊的，公证行业自身的发展也没有一个明确的方向，体制机制也远未成熟。问题的一个重要根源，就是公证社会价值定位这个基础问题一直没有得到解决。

之所以要讨论公证社会价值定位问题，是因为公证社会价值定位能够体现公证制度在国家治理中所应发挥的作用。换言之，对公证社会价值的认定和设计，很大程度上可以表达国家治理整体规划中对公证法律服务应实现社会效益目标的预设。为此，公证社会价值定位应成为公证发展战略以及各项制度设计的基础原则之一。鉴于我国公证业务源于建政初期涉外业务需要的“权宜之计”而非法治自觉，“文化大革命”结束公证业务恢复之后则一直处于改革过程之中，制度框架长期处于“临时建筑延期使用”的状态，远未形成相对定型或固定的制度，甚至连《公证法》都未能对制度框架做出完整的表述，因此对制度框架进行重新规划的必要性不言而喻。

笔者认为，公证社会价值主要体现在以下三个方面：

第一，公证是专业性极强的法律服务。法、德、意等欧洲国家公证人都骄傲地宣称他们是最优秀的法律人，他们承担着为国家收税的工作，公证人中有不少优秀的税务师、拍卖师。在我国，从国家实行统一司法考试制度开始，公证人便与法官、检察官、律师共用同一份考卷、同一个考场和同样的合格标准，四位一体。中国公证人中也不乏法官、律师转行进入公证队伍，以及具有证券从业资格、会计师资格、企业法律顾问资格的同人。准入的“高门槛”源于公证工作的专业性需求。中国公证行业每年办理1000多万件公证事项，包括文书、证照真假的认证，身份关系的认定、财产关系的确权，法律行为设立、变更、消亡的证明。业务范围涵盖家庭财产、商事活动、政务管理、知识产权等所有领域的法律问题。每一个法律问题都需要公证人员严格按照法律规定，站在中正的立场上，给当事人以专业的指导，做出专业的结论。

第二，公证是具有社会公共职能的法律服务。公证是专业化的法律服务，将之误认为行政管理工作原因有二。一是沿袭计划经济时代的公证体制，改革迟迟未到位，公证必须姓“公”、公证人必须是国家公务员的观念根深蒂固；二是公证的职能属性要求公证人必须承载一部分社会公共职能，不同于律师等受一方当事人委托提供的法律服务。我国的公证制度和德、法、意、俄等国奉行的拉丁公证制度一脉相承，无论机构是国家所有还是私人执业，无论是行政体制还是事业体制，也无论是法定事业机构还是社会中介组织，所提供的服务都是无差别的。比如，根据国与国、政府与政府之间的磋商，公民出国学习、定居，企业涉外经营活动等均需公证。这些公证证明看起来多半是认证的事务性工作，恰恰履行的是公共事务管理职责，体现的是国家信誉。2014年全国公证机构对86万余件非讼继承权予以确认，看起来是针对个体的继承人、被继承人，但这些涉及不动产、车辆、股权等记名财产的法律确权不仅关系公民财产的合法传承，也直接关系物权的合法流转，关系社会经济秩序的平稳运行。

第三，公证是多元化解决纠纷的有效途径。公证服务并不是单一的问题解决渠道，而是多元化选择中的一项,如赋予债权文书强制执行效力公证。在我国现行的法律制度框架内,合同之债可以通过诉讼、仲裁或公证等不同方式进行,当事人有权在契约订立时约定争议处理方式。如果契约经过公证并约定赋予债权文书强制执行效力,一旦债务人不适当履行义务,债权人即可向公证机构申请执行证书,交由人民法院,直接进入强制执行程序。在争议繁多、诉讼爆炸的今天,每年百余万计的契约公证对于定纷止争,对于多元化纠纷解决机制的完善,对于维护社会稳定、保障社会经济健康发展,其意义与价值不言而喻。

二、业务规范问题

尽管公证行业已经取得长足发展,但不可否认的是,我们这个行业仍存在内部规范不足、业务实践缺乏理论支持、从业人员年龄结构和知识结构参差不齐以及行业没有形成整体合力等问题。同时,规范体系的有待完善也加剧了公证行业体制机制诸多不顺和不尽合理之处。在当前法制体系逐步完善的社会背景下,公证行业要进一步发展,现有的规范基础显然需要进一步夯实。

(一)执业行为的规范

执业行为的规范主要有赖于行业自律,即由各公证执业机构和行业自律组织实施。在我国,公证执业机构即指各公证处,行业自律组织则指中国公证协会和各省、自治区、直辖市的公证协会。在这方面,中国公证协会于2002年制定了《公证行业自律公约》和《公证员惩戒规则》,部分地区公证协会也相继制定了类似的自律公约。一些公证机构比较集中的地区还以公证处联合协议的方式制定了自律公约,如西安市的15家公证处联合签订了《西安地区公证行业自律公约》;广州市的13家公证处联合签订了《广州市公证行业诚信自律公约》;银川市的8家公证处联合签订了《银川地区公证行业自律公约》。2010年8月,在《公证法》颁布5周年之际,北京市公证行业发布《北京市公证行业服务承诺书》及《北京市公证行业自律公约》,郑重向社会承诺接受社会的广泛监督。

当然,行业自律仅靠这些写在纸上的公约、规则、承诺是不够的。所谓自律,是人的内心深处对自身行为的一种约束。由于每个人的文化、信仰、道德观不同,其自我约束的指向和程度也会不同,要想使大家的自律指向和程度大致相近,教育培训、交流沟通是必不可少的。只有在达成共识的基础上,公证机构才会对一些不合理的内在冲动进行自我约束,自律才能成为一种可以信赖的能力。作为行业自律的重要机制,公证协会也要改变"执行力"仍显薄弱的局面,在规范执业行为、促进行业良性发展方面发挥应有的作用。

除此之外,对执业行为更有效的规范来自公开透明的监督。"阳光是最好的防腐剂",自律的同时,还要建立完善内部监督、行业监督、行政监督、司法监督和社会舆论监督的公证监督体系,从内部和外部两个方面对公证执业行为进行规范。

（二）办证程序的规范

公证是为保证实体法正确实施的程序性法律制度。《民事诉讼法》、《公证法》和《公证程序规则》都要求公证证明活动必须按照法律规定的程序进行，规定公证机构违反法定程序进行的证明活动不具有公证的效力。与其他国家相比，我国目前对公证程序的要求比绝大多数国家都要严格和复杂、具体。公证员在执业过程所需要满足的程序性要求"近乎苛刻"，公证员出具的每一份公证书都必须接受来自方方面面的质疑，甚至连公证员都需要通过自证表明自己所做的公证证明是符合程序的。相比较而言，国外对公证程序一般不作要求，而是以实体为准，用事实说话。

例如，曾经意大利公证人访问长安公证处时，因听说意大利公证人没有程序规定，我们便问一位公证人："假如一个当事人申请您对他的出生事实予以证明，而您对他的情况非常了解，那么您在做公证时有什么程序，需要他提供什么材料呢？"这位意大利公证人非常惊诧地看着我们耸耸肩，坚决地说："什么都不要。既然我对他非常了解，为什么还要做没有意义的事呢？"

程序规定看似烦琐，但基于我国目前公证人整体发展水平仍有待提高，加之我国户籍等各项登记由于历史原因存在很大程度的欠缺和疏漏，相关政府主管部门和行业协会制定各项程序规范对公证书的出具加强规制和保障，存在一定程度的合理性。随着我国公民法律意识的提高和权利意识的增强，当事人对公证处和公证员的要求越来越多，也越来越高，司法行政机关、公证协会对公证处和公证员的要求也应随之提高。公证机构和公证人员应当随时学习中国公证协会不断推出的各类公证事项的指导意见，公证协会要通过办证指导等进一步规范办证程序。同时，通过推进公证信息平台建设，规范各个办证环节。

这里有一个问题是如何处理规范与创新的关系。严格执行程序一方面起到了规范公证行为的作用，但另一方面也难免对公证员的工作效率和服务创新形成影响。但创新是发展的动力和源泉，古老的公证行业同样离不开创新，要创新就存在与现行规定发生冲突的可能性。"一个人可以违反法律的表面规定而不违反法律本身，这是最古老的法律智慧谚语之一"，①如何在实体正义和程序正义间形成平衡，如何在创新性与公证质量保证间形成平衡，这对于公证员的法律思辨能力来说是一种考验，也是督促公证员提高专业素养的重要动力之一。

三、队伍建设问题

（一）中国公证队伍30年的曲折发展

自公证制度恢复30年以来，我国的公证工作实现了三大转变：由单纯办理涉外公证

---

① ［美］萨伯著：《洞穴奇案》，陈福勇、张世泰译，三联书店2009年版，第21页。

向涉外、国内公证并举方向的转变；由以民事公证为主向以经济公证为主的转变；由简单的证明向为社会提供多样化的法律服务的转变。三大转变的实现，不仅拓展了公证服务的深度和广度，更重要的是使公证的职能作用为各级政府和广大群众所认识，使公证制度在中国扎下了根。然而，随着改革开放的深入、社会主义市场经济体制的确立、政府机构改革的实施以及加入 WTO 等，按计划经济模式建立的公证制度，在体制、机构设置、法律定位、人员素质、工作机制、服务范围和方式等方面都出现诸多不适应之处。为此，从 20 世纪 80 年代中后期，公证行业就开始酝酿改革，90 年代初进行的大胆的尝试，取得了有益的经验和成效。但是，由于政策的不稳定、不明朗以及客观环境的不够宽松，在给行业以曙光、以希望的同时，也掣肘了公证行业的发展。20 世纪 90 年初，作为一项改革，国家公证处及各省（市、区）公证处尝试设立自收自支、自负盈亏的新型公证机构。到 90 年代后期，开始公证机构多种体制并存的尝试，即随着国家机关机构改革的推进，逐步将公务员体制的公证机构向事业单位转变，积极开展合作制、合伙制公证机构试点，探索新的公证体制形式。再往后，合伙制公证处无疾而终，合作制公证处半途搁浅。2006 年 3 月《公证法》实施，部属公证处下放、省属公证处观望，全国的公证机构开始全面而缓慢地向事业单位推进。直至 21 世纪的第二个 10 年开始，公证从业人员超过 60% 脱离了行政体制，成为事业单位职工。而当前，国家又开始了事业单位分类改革。这一次，全国的公证机构及其从业人员都陷入了茫然之中，不知何去何从。

一轮轮的改革，积极因素是主流。经过大浪淘沙，中国公证行业从恢复之初以从各部门选调的干部、复转军人为主体逐渐演变为以高等院校法律专业毕业生为主体，逐步培养和吸引了一批优秀的法律人才，使之成为中国公证行业的中坚力量。但与此同时，由于上述政策的多变，引起公证从业人员对前景的担忧，进而导致一些执业公证员甚至一些优秀的管理者忍痛离开了公证行业。公证行业十几年前统计有 3300 多家公证处、1.3 万多名执业公证员、近 3 万名从业人员，时至今日，上述数字不升反降，公证行业的尴尬难堪可见一斑。

这些年来，中国公证制度的改革除了体现在《公证法》上之外，最大的亮点当属国务院于 2000 年 7 月 31 日批准，司法部于 2000 年 8 月 10 日印发的《司法部关于深化公证工作改革的方案》以及与之配套下发的《司法部关于贯彻〈关于深化公证工作改革的方案〉的若干意见》。这个 3000 多字的方案曾经极大地鼓舞和激励了公证从业人员。现在看来，“按照依法治国基本方略的要求，解放思想，积极、稳妥地整体推进公证工作改革，争取在 2010 年年初步建成与社会主义市场经济体制相适应的具有中国特色的公证制度”的指导思想有些过于乐观，而“力争在 2002 年以前颁布《公证法》，到 2010 年基本解决公证工作的法律保障问题，明确公证的法律效力和公证工作的法律地位，健全公证法律体系”的公证工作发展目标除《公证法》于 2005 年在争议中出台外，其余也不能谓之圆满完成。此外，提及“精心组织，周密部署，积极探索公证组织的新形式并做好试点工作”，相关部门都三缄其口，“到 2010 年，要使懂政治、懂法律、懂经济、懂科学、懂外语的公证员比现在翻两番”的目标是否实现也没有权威的统计。

然而，无论如何，方案所提出的“积极、稳妥地发展公证队伍，不断提高队伍素质，努力建设一支政治强、作风正、业务精、素质好、效率高、服务优的公证队伍”对公证行业来说都是至关重要的。

（二）发挥公证机构在队伍发展中的主导作用

对于绝大多数大陆法系国家来说，公证机构似乎并不重要。在他们看来，国家授予公证权—政府任命公证人—公证人出资组建事务所—公证人对自己出具的公证文书独立承担法律责任，这就是公证制度的基本框架。至于公证机构，只是从属于公证人的、为公证人服务的一个载体、一个处所，甚至只是一个工具，这是理所当然的事情。绝大多数英美法系国家也有相类似情形。而我国的公证制度，则是国家授予公证权—政府设立公证机构—公证机构从获得执业资格者中遴选公证员—公证机构主任负责制，是以机构为本位而非以公证人为本位的。因此，对我国来说机构才是最重要的问题，十几年的公证体制改革，其中大部分的精力便花在了机构的组织形式上。

既然队伍的发展是依托于机构，那么机构对于队伍建设就有着莫大的责任。只有机构发展了，才能说行业发展了。因此我们讨论行业发展观的时候，就应该充分地认识到：发展不是一时，发展不是眼前，发展不是局部，发展更不是损人利己；发展是长久，发展是长远，发展是整体，发展是互利共赢。发展建立在共识的基础上，发展存在于团结的力量中，发展依托于大局的框架下，这样才能求得我们行业的最大公约数。

（三）公证队伍发展需要政策引导

按照司法部的要求和各地司法厅局的愿望，公证队伍规模在“十二五”期间应该稳步扩大，以与我国经济社会发展的现实需要大致相适应。北京市司法局曾提出，首都公证行业“十二五”期间每年新增公证员要达到10%。这个速度从我们行业的现状来看压力是非常大的。在经历了改革过程中的减员、增长，发展到今天，北京市全市共有25家公证处、300余名公证员，一名公证员对应的是将近10万人的常住人口。这从一个侧面反映了我国公证资源的匮乏和公证服务的短缺程度，也反映了增加公证服务供给的迫切性。从全国来讲，发展“瓶颈”始终难以突破。一些地方人才补充进展缓慢，一些地区甚至出现现有队伍萎缩的现象。

公证行业队伍建设的困惑与当前行业面临的经济、社会以及制度背景不无关联。首先，由于经济发展不均衡，改革前景不明朗，导致公证队伍发展不平衡，一些贫困地区出现“无人处”和“一人处”的现象。地区之间经济社会发展水平不均衡，这是世界性问题，对待偏远贫困地区，几乎每个国家都会采取差别化政策。比如，减免税或退税，财政通过转移支付弥补公共事业经费的不足，通过政府资助由居民代行公共服务职责。公证具有准公共服务的属性，每个地区的居民都应享有获得公证服务的权利。公证体制应当与其自然环境、经济社会环境相适应，不必“一刀切”。国家有关体制改革决策部门应划分不同类别的地区，采取不同政策。对于偏远艰苦的地区，只要能保住队伍不散、人员不减、服务不断，不妨把决定权交给地方，让地方司法行政部门便宜行事。其次，公证行业吸引力不够，而公证执业风险越来越大。我国《公证法》对于公证员任职资格的规定和公证人员相关法律责任的规定，均可以说明公证工作属于专业的法律服务。但长期以来，人们口中的法律职业群体往往只有法官、检察官、律师，较少把公证员列入其中。法学专业学生的职业志向中，选择公证员的比例甚少。以北京为例，北京公证行业除了行业普遍存在的吸引力不足等问题外，还有户口限制等因素，新增公证员可选择余地不大，公证员队伍男女比例失调现象越来越严重。在这样的背景下，公证队伍要发展要提升，确实需要适当的政策引导与倾斜。

四、业务标准问题

由于公证机构出具的公证书具有法定的证据效力，使得方方面面都特别关注公证文书办理时的相关业务标准。而由于诉求或出发点不同，公证申请人、公证相对人、利害关系人、律师、政府相关部门以及法官都会从不同的角度对公证行业的业务标准予以评判，得出的结论不尽一致。正如霍姆斯大法官这句众所周知的法谚："法律的生命不是逻辑，而是经验。一个时代为人们感受到的需要、主流道德和政治理论、对公共政策的直觉——无论是公开宣布的还是下意识的，甚至是法官与其同胞共有的偏见，在决定赖以治理人们的规则方面的作用都比三段论推理大得多。"②在公证社会价值定位问题中，无论是公证当事人还是公证事项所指向的对象均不是单一的法律规制和法律保护对象，公证实践问题范畴因公证法律关系的缔结而产生，必然与特定公证事项中关涉的全部法律关系、人员、财产以及涉及的法律规范产生程度不一的关联。因此，公证实践必然具有高度的复杂性、多样性和关涉因素宽泛性的特征。对此，公证机构及其从业人员感触良深。事实上不仅如此，倘若公证文书被投诉，即便在公证行业内部，也往往难以取得一致的意见。随着法治化的进程，公证业务标准如何规范，谁来权威认定一个公证文书、一本公证卷宗是否符合业务标准成为摆在我们面前的一个迫切的问题。为了在最大程度上解决这一问题，如下几点十分重要：

首先，公证行业的业务标准亟待制定。长期以来，除了法律的原则性规定和司法部关于办证程序的部颁规章外，公证行业一直没有形成自己相对明确、相对统一的公证业务标准和质量检查办法，部分省市的自定标准也莫衷一是，以至于每年各地要求规范办证、进行卷宗检查时公证处主任、公证员都会提出意见。可以说，行业没有一个明确的业务标准，关于公证文书是否适当出具的争议难以消除。

其次，部颁规章的修改完善迫在眉睫。公证行业目前适用的部颁规章和各类规范性文件多为二十世纪八九十年代制定颁布的，与飞速发展的经济社会已经不相适应，甚至

② ［美］小奥利弗·温德尔·霍姆斯著：《普通法》，冉昊、姚中秋译，中国政法大学出版社 2006 年版，第 1 页。

在一些内容上与上位法发生相悖的情形。比如,1995 年 6 月 2 日司法部第 38 号令发布的《提存公证规则》第 21 条规定“从提存之日起,超过二十年无人领取的提存标的物,视为无主财产;公证处应在扣除提存费用后将其余额上缴国库。”该条规定依据的《经济合同法》已于 1999 年 10 月 1 日为《合同法》所替代,而《合同法》第 104 条规定“债权人领取提存物的权利,自提存之日起五年内不行使而消灭,提存物扣除提存费用后归国家所有”。遗憾的是上位法修改 16 年后的今天,《提存公证规则》的修改仍未跟进。2000 年颁布的《遗嘱公证细则》,其中关于年老体弱等人群立遗嘱需录音录像、公证遗嘱采用打印形式、立遗嘱人需提供所涉财产证明、公证审批人批准出证前立遗嘱人死亡需终止公证等规定均不甚明了,长期为行业内外甚至审判人员所诟病而得不到完善,对行业的健康发展带来了非常不利的影响。

最后,公证业务标准呼唤专家认定。公证行业的发展不仅仅要强化内部执业秩序的规范和业务标准的规范,同时应当建立起一支专家队伍,改变目前诉求当事人各执一词,不同法院、不同法官对相同的公证文书审判结果迥异的现象。一如医患纠纷中的医疗事故鉴定,司法鉴定中的知识产权司法鉴定、会计司法鉴定、质量司法鉴定等均由从事相关专业的专家担任鉴定人,公证协会也应当集中行业内德高望重、业务精湛的高级公证人,同时可以聘请一部分熟悉公证业务及办证程序的法学家、法官、律师等加入其中,对公证文书的出具是否真实合法、是否存在瑕疵以及瑕疵程度是否足以撤证等给予权威认定。

五、结语

虽然我国的公证行业在发展过程中遇到了种种的困惑,但并不代表公证行业的发展将停滞甚至倒退。甚至可以这样说,公证行业在发展过程中的种种问题,本身就代表公证行业对于社会现实生活介入的广泛性以及深入性,也代表公证行业在社会发展中存在的必要性和重要性。我们欣喜地看到,在面对体制困境,遭遇“跨界抢劫”,并且时时卷入舆论是非的中国公证行业,低调务实中越来越注重理论研究,越来越注重探究公证的本源及走向。或许正如舒国滢老师说的,“理论在竞争中成长,也在竞争中延续。竞争不意味着理论的泯灭,而是理论保持生命健康的方式”。③

“今天的最佳方法可能会把我们引入死胡同,而最佳途径是未经尝试的新路径。”④只要我们不断努力、不断探索、脚踏实地,必将能够逐步推动公证行业趋向完善,将公证行业建设为符合社会实际需要的、满足社会治理需求的专业法律服务机构,为我国社会经济发展和法治建设做出应有的贡献。

---

③ 舒国滢著:《法哲学沉思录》,北京大学出版社 2010 年版,第 11 页。

④ [美]彼得·蒂尔、布莱克·马斯特斯著:《从 0 到 1:开启商业与未来的秘密》,高玉芳译,中信出版社 2015 年版。

论公证在社会信用体系中的定位

周志扬*

目前，我国已经把“切实加强社会信用建设”当作整顿和规范市场经济秩序的“治本”之策，构建社会信用体系成为中国社会急需解决的若干问题中最紧迫、最根本的问题。然而，由于“我国经济发展正处于资本的原始积累阶段，市场主体为追逐利润的最大化常常不择手段，靠市场主体自发建立信用机制的环境和条件尚不具备。作为中介的公证机构，在信用体系的构建中，大有用武之地”。① 如何利用公证与信用的天然联系，准确把握公证在社会信用体系中的定位，最大限度地开发公证在社会信用体系中的功效，成为摆在我们面前的重要课题。

一、公证机构的公益性和公证人职务的双重性，决定了其在社会信用管理、信用服务上拥有其他国家机关和商业性中介机构所无法替代的重要作用和业务优势

公证制度是世界上最古老的法律制度之一。今天的拉丁公证制度是经过2000多年不断磨砺、修正而延续至今的。比起一般的刑、民实体法和程序法的巨大变迁，公证法律制度虽然也在很多方面不断改进，但基本的法律精神和制度功能与制度初立时并无根本性的改变。可见这一制度不仅具有天然合理性，而且是经过历史的长期筛选而保留下来的，具有很强的社会适应性和长久的生命力。特别是在全球化浪潮的推动下，公证的地位不仅在传统的拉丁公证制度国家更加显著，绝大多数转轨国家和发展中国家的公证事业也进入了快速发展时期，就连从法律体系上与拉丁制度相抵的英国（及英联邦国家）、美国，也愈益重视公证的作用，拉丁制度在英美法系国家潜移默化，在某些领域还非常依赖公证。这种趋势之所以伴随着全球化进程的加快而加快，正是因为全球化不仅是经济、文化的全球化，而且是信用的全球化，由此，必然带来公证制度的全球化。

中国公证从大体上看实行的是拉丁公证制度，虽然由于我们的法制环境还不够完

* 中国公证协会常务理事，中国公证协会公证宣传文化工作委员会主任委员，北京市公证协会会长，北京市长安公证处主任。

① 江晓亮：“加入WTO引发的中国公证发展战略和策略”，载《中国公证》2002年第4期。

善、公证应有的功能也有欠缺，与实体法的衔接也还不够紧密，但现有的公证制度的基本特征及其功能，与拉丁公证制度是相一致的。其中有两个显著的特征，我认为与现在正在建设的社会信用体系关系最为紧密。

一是公证机构的公益性。司法部最新报送国务院的《公证法（送审稿）》第二章第12条将公证机构界定为“公益性、非营利”的事业法人。所谓公益性，即公证是代表社会全体成员的利益、服务于公共利益的事业。且不说我国的公证机构每年都为遗体捐赠、赈灾义演等公益活动提供大量的法律援助，仅从普通的公证事项来看，也无不渗透着公益性。以提存为例，由于信用制度的匮乏，骗货或骗款的情况屡见不鲜，交易的风险也越来越大，这时，一方或双方将债之标的物（清偿提存）或担保物（担保提存）交给公证机构寄托、保管，并在条件成熟时交付给债权人，当事各方都可以放心地履行各自义务，实现各自权利，从而使交易成功率大大提高。这不仅有效地防范了信用风险，而且保障了社会公共利益的实现。

二是公证人职务的双重性。一方面公证机构“依法独立行使国家公证职能”［《公证法（送审稿）》第一章第4条］，受权于国家而执行国家公务；另一方面公证机构又是从事专业法律服务的特殊中介服务机构。因此，有人将公证制度称为“准司法制度”。公证人职务的双重性是既有别于司法审判机关和政府行政机关，又有别于一般中介服务机构的重要特征。

公证的以上两个特点，决定了其在社会信用管理、信用服务上拥有其他国家机关和商业性中介机构都无法替代、独有的重要作用和业务优势。

目前在《公证暂行条例》和《公证程序规则》框架下，公证的日常业务在经济领域就包括不动产公证、合同公证（借贷合同、购销合同、承包租赁合同等）、招标投标公证、提存公证等，基本上涵盖了所有市场体的各种经济活动。一项公证服务的程序一般包括对当事各方主体资格合法性的审查、对经济行为合法性、真实性的证明。履行这些程序的过程本身，就是法律行为规范、信息披露、信用调查、信用约束的过程。公证的公益性，决定了其中立性和第三人的角色。政府行政权在上述民商法领域除了制定规则和行政审查之外，无法一一介入，而且在现代法制社会中，公权也不能随意进入私权领域。同样在为这些经济活动提供法律服务的律师，只能代理一方当事人的法律事务，受托为其当事人提供有偿法律服务，为其所代理的当事人实现权利与利益争取法律支持，其与当事人的关系是一种契约关系，甚至类似于雇佣关系。这种关系，从“个体理性”的角度来看，实现公正的保障并非十分可靠，因为律师的工作目标是当事人利益的最大化而非当事各方的利益均衡。这一点上，目前的会计师事务所也有同样情形。出现这样的情形不只是因为提供服务者个人的品行和修养，更主要的是源于其服务的性质。

公证职务的双重性既为公证当事人提供有普遍法律效力的法律文书，又为当事人提供即期的、现场的、对某一特定事项多方位的法律服务。我们厚望所寄的征信服务当然是市场经济国家市场秩序中不可缺少的重要环节，金融机构的客户档案也是金融企业信用安全的重要阀门，但且不讲其信用档案的建立必是一件工程浩大、更新频繁、旷日持久的工作，远水难解近渴，即便有数量足够多的征信公司和比较丰富、真实的个人、法人信用资料，其职能与专业所限，也不可能替代公证的功能。比如，一项合作投资协议，当事双方系第一次接触，那么在协议过程中至少涉及以下问题：(1)对方的主体资格是否合法？(2)对方的资信状况、财务状况如何？(3)意思表示是否真实，是否存在故意隐瞒风险等欺诈行为？(4)协议内容是否符合相关法律、法规和政策的规定？(5)当事各方的权责利是否适当？(6)违约责任是否明确？等等。律师、会计师、征信公司都可能解决其中的局部问题，但假若当事人需要在最短的时间、以最低的成本一次性解决这"一揽子"问题，那么最佳选择只能是公证处。第一，公证机构可以通过异地同业协助机制，在最短的时间行使调查权，查询被调查者的主体资格和资信情况，出具具有法律证明力的公证文书；第二，公证机构有义务审查协议内容，保障交易安全；第三，当事人可以通过提存公证确保资金安全；第四，一旦公证机构出错，当事人即可启动错证追究程序，要求损害赔偿；第五，合同被赋予强制执行效力，使债权人在债务人违约时无须经过诉讼，直接申请法院对约定的标的予以强制执行，实现其应得的利益。

在市场经济条件下，资本是否能流到收益最大的领域、消费者能否以同样的价格买到最大的效用，除了法律、政策的因素外，很大程度上取决于投资者、消费者所掌握的信息的多少。信息不对称限制交易范围、减少投资机会、增加投资或消费风险，于是市场中介组织应运而生，通过对信息的采集加工和商品化，以弥补信息的不足。征信业、会计业、评估业等莫非如此。而目前我国整个信用中介服务行业缺少健康发展的市场环境。社会相关的信用数据开放程度很低，很多涉及企业的信用数据和资料服务行业无法得到，从而无法依靠商业化、社会化、具有客观公正性、独立性的信用调查、征信、资信评估和信用专业服务等方式，提高社会信用信息的对称程度，导致了失信现象愈演愈烈。公证的产生虽与上述背景有相似之处，却发展成不同的服务类别。公证所提供的服务，可以理解为某种公权在私权领域中的延伸。正因如此，国家对公证有着严格的程序要求，并制定了错证赔偿制度，以规范公证行业的执业行为。有相当比例的公证当事人在一定时期内多次提出公证申请，尤其是借贷、经贸等领域，当事人一旦认识了公证的价值，便会在交易中反复地对公证加以利用，以增加交易的安全性，增强契约的约束力。

上述分析只是一种客观描述，并无对其他行业存有贬损之意。公证处、律师事务所、会计师事务所、评估师事务所、征信公司各有所长、各司其职，都是信用体系中不可缺少的"硬件"，只是公证的作用应当引起有关当局和市场主体进一步的了解、重视。

二、公证效力的特殊性决定其以独特的功能在信用体系中占有衔接各要素、兼有各要素功能的特殊的突出的地位，又以其独特的效力在信用体系中发挥着重要的作用

"公证书具有证据效力、强制执行效力和法律行为成立要件效力。"这是司法部《关于我国公证制度和公证效力的复函》(司发函〔1994〕005 号)中确认的公证书的三大基本效力。推而广之，我们也可以近似地把这看作公证的基本效力，因为大多数公证活动的结

果最终都要由公证书来体现。这些效力，是其他普通中介服务、法律服务甚至政府公共服务都不具备的。

一套完整的社会信用体系，以信用法律、信用主体、信用服务者和信用监管为其主要的构成要素。信用法律是信用规则的制定、信用纠纷解决和判决、惩罚的总和；信用主体则包括政府信用（公共信用）、企业信用（商业信用）、个人信用（消费者信用）；信用服务者指的就是上文列举的律师、会计师、评估师等；信用监管主要指政府对信用服务行业的规范与监督。公证以独特的功能在信用体系中占有衔接各要素、兼有各要素功能的特殊的突出的地位，又以其独特的效力在信用体系中发挥着特殊的作用。

公证的证据效力主要体现在诉讼中，1991 年《民事诉讼法》第 67 条规定："经过法定程序公证证明的法律行为、法律事实和文书，人民法院应当作为事实的依据。"这是因为，公证机构是国家授权的司法证明机关，公证过程本身就是在履行法律程序，公证机构要对公证对象进行全面调查、核实，只有能够确认为真实、合法的行为、事实、文书方予以公证，故而具有无可争议的法律证明力，可以作为确定无疑的证据，无须法庭调查而直接采信。把公证作为日后诉讼的凭据，是加于缔约各方的一种有形的信用约束。从审判机关来看，公证又是节约审理时间、提高审判效率、改善审判质量、减少当事人经济损失的有力工具，反过来进一步强化了公证效力。

公证的强制执行效力在世界各国应用广泛，如法国《公证法》第 19 条规定："公证书不仅具备裁判上的证明力，而且在法兰西共和国全部领域内具有执行力。"在我国，比之证据效力公证，强制执行效力并非广为人知，因而其特有的优越性在我国的司法实践中未能充分体现出来。所谓强制执行效力即当债务人不履行义务时，债权人可持经过公证机构赋予强制执行效力的债权文书，不必经过诉讼程序而直接向法院申请强制执行。1991 年《民事诉讼法》第 218 条第 1 款规定："对公证机关依法赋予强制执行效力的债权文书，一方当事人不履行的，对方当事人可以向有管辖权的人民法院申请执行，受申请的人民法院应当执行。"公证的这一效力，可以使债权人合法权益得到及时保护，从而起到体现法律尊严、维护信用秩序的作用，避免因诉讼而造成的财务损耗和效率损失。公证所具有的这种法律强制性，在司法实践中对各信用主体，包括政府主体在内，都起到了较好的规范、约束作用。

法律行为成立要件效力在我国的公证制度中是需要进一步强化的一种基本效力。这一效力被纳入实体法越多，公证对社会信用体系的贡献就越大。法律行为成立要件效力是由法律规定或约定产生的效力，按照法律、法规规定或当事人的约定，某种法律行为"必须公证"，才能产生法律效力。在拉丁公证制度国家，法律行为成立要件效力被发挥到了极致，各种实体法中处处可见"应当公证、必须公证"的规定，公证业务与公证人队伍由此在数量上相当可观，而公证业务量与公证人数量与其信用发达程度呈稳定的正比关系，这与征信、会计行业日益走向行业垄断的格局完全不同。虽然这些中介行业的大型化、垄断化有其必然性和合理性，其对社会信用的贡献也有目共睹，但无所不在的公证，是社会信用最普遍的、与社会成员关系最密切的得心应手的信用工具，则是不可否认的。

公证的其他效力，如公示效力、对抗第三人效力、不可撤销效力等，也同样发挥着独特的作用。比如，社会上大量存在重复抵押的现象，公证机构可以通过网络或其他方式对抵押物予以公示，重复抵押的行为即可得到有效预防，避免纠纷，防止欺诈行为的发生。总之，如果对公证效力的独特性善加利用，其价值将不可估量。

市场经济是建立在个人诚信原则和外部强制约束机制之上的，公证作为维护这一原则和发挥这一机制的一个"平衡点"，它通过特定的程序，使社会成员无法以不诚信的方式达到某种目的，进而降低社会消耗，保障社会的公平和效率。基于公证特殊的性质、功能和作用，我们可以将公证在社会信用体系的定位做一概括：公证是介于法律与市场、公权与私权之间的一种特殊的法律制度。公证以规范法律行为、证明法律事实、提供法律服务、进行信用证明、监督、管理为职责，具有在法律与民间行为、政府与市场主体之间起衔接、过渡作用的特殊功能，是社会信用体系的重要组成部分和有力维护者。

公证机构设置的改革思路辨析

周志扬*

经过10年的反复酝酿,《公证法》终于出台了。在等待这部公证行业的根本大法出台的10年间,公证行业进入了历史上发展最快的时期。与此同时,关于公证机构的性质、管辖范围、机构设置等问题一直争议不断,给《公证法》的立法工作也带来一定影响。广大公证从业人员对这部法可以说一方面热切期盼,另一方面又心存忐忑。新颁行的《公证法》对公证机构的设置进行了明确的规定,对现行的公证机构设置体制给予了基本认定,围绕公证机构设置的争议总算告一段落。但人们对事物的认识是不会一夜之间骤然改变的,而认识上的混乱已经并且还会继续给发展、改革中的公证事业带来影响,因此正本清源、明义辨理,还是必要而且重要的。

依笔者看来,刚刚通过的《公证法》对公证机构设置的规定,基本上符合我国现阶段的基本国情和发展规律,有利于巩固公证改革成果、稳定公证队伍、促进行业发展、推动公证体制改革。之所以如此强调公证机构设置问题,是因为这是公证体制改革的根本问题,是事关公证行业生存和发展的重要问题,也是人们最希望在《公证法》中得到明确答案、最具悬念和争议的问题。《公证法》第7条规定:“公证机构按照统筹规划、合理布局的原则,可以在县、不设区的市、设区的市、直辖市或者市辖区设立;在设区的市、直辖市可以设立一个或者若干个公证机构。公证机构不按行政区划层层设立。”这一条基本上沿用了1982年国务院发布的《公证暂行条例》的规定——“直辖市、县(自治县)、市设立公证处。经省、自治区、直辖市司法行政机关批准,市辖区也可设立公证处”,只是增加了“公证机构不按行政区划层层设立”的提法。既然《公证法》基本维持了《公证暂行条例》关于公证机构设置规定的实质内容,我们就可以逻辑地得出这样的结论,即我国的公证事业将在现有机构格局不发生重大改变的前提下,在已有的改革成果的基础上,进一步改革、完善、发展,而不是将现有体制推翻重来。当然,这并不是说现有体制就是最合理的体制。事实上,我们最终的体制目标应当是实现大陆法系的公证人制度,现行体制只

---

* 中国公证协会常务理事,中国公证协会公证宣传文化工作委员会主任委员,北京市公证协会会长,北京市长安公证处主任。

是一个过渡体制。但我国所处的发展阶段和特殊国情告诉我们，这个过渡期会很漫长，过渡期的稳定及在稳定基础上的发展是十分重要的。如何看待这个问题？笔者认为这里其实牵涉到这样三个方面的认识：一是如何评价这10年来公证机构改革发展的功与过、成就与不足？二是现有公证机构设置的状况应该如何描述？三是如何按照《公证法》关于公证机构的立法本意选择改革的方向和路径？

一、机构改革促进了公证行业的空前发展

1979年，中华人民共和国司法部恢复设立后，公证机构成为国家司法行政机关的组成部分，公证制度得以恢复和发展。1980年3月司法部发布《关于公证处的设置和管理体制问题的通知》，规定在公证法规未制定前，直辖市、省辖市、县设公证处，暂不设省、自治区公证处和地区公证处；暂不设公证处的市县由所在地的基层人民法院设公证员（或由审判员兼）办理公证业务，公证处归司法行政机关领导。1982年国务院发布了《公证暂行条例》，其中第5条对公证机构的设置进行了规定："直辖市、县（自治县）、市设立公证处。经省、自治区、直辖市司法行政机关批准，市辖区也可设立公证处。"根据这一规定，各地分别设立了直辖市公证处、市公证处、区公证处和县公证处。进入20世纪90年代后，为适应改革开放和经济发展的需要，不断扩大公证服务领域，司法部规定省、自治区可设立公证处；经司法厅批准，报司法部备案，可以设立自治州公证处；自1993年起，司法部对公证处进行改革，允许在同一区域内设立若干个公证处，可以按经济区设立公证处；司法部部属公证处——国家公证处和各省、区司法厅直属公证处相继成立。

1995年12月26日，司法部第一次向国务院报送了《公证法（送审稿）》，其中规定公证处是负有限责任的非营利性事业法人。在此基础上，国务院法制办在修改稿中将公证机构定义为"国家专门证明机构"。2000年7月国务院转发《关于深化公证工作改革的方案》，要求"现有行政体制的公证处要加快改为事业体制。改制后的公证处应成为执行国家公证职能、自主开展业务、独立承担责任，按市场规律和自律机制运行的公益性、非营利的事业法人"，同时鼓励各省组织新设合伙制、合作制公证处试点工作。在此前后，《公证法（送审稿）》在司法部和国务院法制办之间多次往返、修改，至2004年12月全国人大法律委员会第一次审议，2005年6月第二次审议，2005年8月28日三审正式通过，2006年3月1日起施行。

公证机构恢复建立之初，公证的内容仅为少量、简单的民事公证业务，各个城市只有一两家公证处，公证处是司法行政机关的组成部分。一些改革开放后第一批走出国门的人曾这样描述公证机关：清早上班之前，人们已在公证处门前站起了长队，办证时公证人员多半板着面孔，摆出一副"你爱办不办"的架势，衙门作风严重。究其原因主要有二：一是垄断，缺乏竞争，"独此一家，别无分店"；二是仓促组建，公证队伍主要由非专业人员组成，业务素质偏低。为了尽快改变这种局面，适应社会经济发展的需要，司法部就公证机构改革颁发了一系列文件，采取了一系列措施，取得了显著的成绩。

1. 淡化公证机构的行政色彩，推动公证机构从行政机关向事业法人的转变。1993 年 2 月，司法部设立国家公证处，并将国家公证处作为中国公证体制改革的“试验田”，从创办伊始即定位为自收自支、自主经营、自我约束、自我发展的事业单位，改变了中国公证机构全部为政府机关的情形。此后，各省、市、自治区按照司法部的要求，并结合本地区情况，开始了将公证机构从政府机关中剥离出来，向事业单位过渡的工作。而今，除一部分地处偏远的不发达地区保留行政机关性质的公证机构外，半数以上的公证机构已转变为事业法人性质。

2. 增设省、市公证处，高素质专业人才进入公证行业。随着社会需求的增加和业务范围的扩大，各级司法行政部门适时增设公证机构，为公证行业引入了高素质专业人才，适度、良性、公平的竞争机制，使原本死气沉沉的公证行业生机勃发。其结果是服务意识的增强、业务水平的提高、业务领域的扩展。

3. 积极探索新的公证机构组织形式，促进了公证机构改革的发展。选择一部分地区作为试点设立自负盈亏按市场规律运行的合作（伙）制公证处，为公证体制的进一步改革进行了有益的探索。其重要意义在于：一是通过试点为其他组织形式的改革提供了一个“对比组”，便于我们在各种体制之间进行各种对比分析；二是通过试点公证机构经验教训的总结，为今后的改革少走弯路提供了一份“航标图”。

4. 公证机构业务辖区的改革在全国范围内逐步推进。近年来，相当一部分省、市、自治区司法厅、局制定了一系列措施，明确规定在同一个城市里，无论公证机构隶属关系如何，其业务辖区都是一致的。如在北京市，无论是部属公证机构、市属公证机构还是区属公证机构，其业务管辖范围并无差异。这些措施在一定程度上为平等适度的竞争创造了有利条件。

二、对现有的公证机构设置格局的辨证分析

公证机构之间，公证业务量、业务收入相差甚远，这是不争的事实。撇开人们公认的地区差异、城乡差异的原因，业内很多人甚至有些行业主管部门的同志坚持认为，我国现行的“四级”机构设置带来了机构之间地位和权利的不公，上一级机构把肉吃了，下一级机构只能喝汤，有人甚至提出，公证行业存在不正当竞争，根源就在于公证机构的级别不同。笔者认为，这些说法似是而非，对公证行业的稳定和发展以及选择正确的改革路线产生了相当负面的影响，是应当给予澄清的。

（一）关于“四级”公证机构说法的真伪之辨

“四级”之说，是指公证机构按中央级、省级、市级、县级四级设置，但这样的“四级”其实是不存在的。如果“四级”说法能够成立，那么就说明刚出台的《公证法》同样也规定了“三级”公证处——直辖市、市和区县，那么这“三级”公证处是否同样存在上述评说者们所谈到的弊端？如果不认为《公证法》规定了“三级”公证处，那么依据什么说现行的是

"四级"公证处？查遍文献，笔者没有看到任何关于"四级"公证处的官方界定。而且如果说存在这样的"四级"，则这"四级"之间或者是垂直管理或者是级别管辖，这在苏联的公证制度下是成立的，但我国自始便无这种关系。我国目前的公证机构设置仅是出资主体的不同、管理机关的不同，而公证机构之间，无论是过去、现在还是将来都不存在层级的问题，但这种说法却谬种流传，混淆了视听，甚至或多或少地在立法过程中发挥了微妙的影响。什么叫四级？政府部门的中央、省、市、县是四级，银行系统的总行、分行、支行、储蓄所是四级，法院系统的最高人民法院、高级人民法院、中级人民法院、基层人民法院是四级。之所以为"级"，是因为彼此之间存在领导与被领导、命令与服从的上下级关系，或有行政上的隶属关系，或有审判上的级别管辖。而在公证行业，"公证处之间没有隶属关系"，各公证处出具的公证书具有同等效力，各公证处具有平等的法律地位。如果仅仅因为所属机关的不同就分出了"级"，那这种分级在我国可以说俯拾皆是。我国的高等院校有教育部直属的，有省、市、区属的，都一样的培养人才，都发一样的文凭，何曾听人们称之为"四级高等院校"？更典型的是同为教育部所属的院校，校领导也有不同的行政级别——教育部所属院校中既有中央直接任命部级校长的大学，也有教育部任命司局级校长的大学，这两种级别的大学之间，并不存在领导与被领导的关系。与此相类似的还有医院，同样有卫生部直属的，有省、市、区属的。人们都愿意到名校读书和到大医院就诊，但看重的并不是副部级或局级的名头，而是看重它的教学质量和医疗水平。况且，如果说大学和医院还有教育资源和医疗资源占有上的差异（如经费的倾斜），公证行业开展业务的手段却完全一样，资源的差异随着这些年的改革和发展几乎可以忽略不计。公证在收费方面，也没有三甲医院和二甲医院、五星级酒店和四星级酒店那样的差别，而是执行全国统一的收费标准和收费办法。既无指定业务，又无级别管辖，所谓级别，其实本身很难构成多大的业务优势。

公证机构之间如果说有不同，那就是在人才选拔培养、内部管理制度、自我约束机制、法律服务水平等方面确实存在差异，归根结底是人的差别，是服务的差别，是质量的差别。由于上述的"差别"，不可否认，相对来说，所谓"高级别"的公证处大多在公证质量、社会形象和公信力等方面优于所谓"低级别"的公证机构。如何看待这一现象？是向上看齐？还是向下拉平？或是干脆取消"高级别"的公证处，实现所谓的公平？这实际上与经济学中"劣币驱逐良币"是一样的道理。相信人们如果了解了实际情况，取舍之间，自会作出理性的判断。

（二）关于"不正当竞争"原因的本末之辨

公证机构的级别（指套用行政级别）的不同，是造成公证行业不正当竞争的重要甚至主要的根源——这种说法，也在行业内大行其道，甚至得到一些主管部门领导的赞同。

何为不正当竞争？《反不正当竞争法》第2条规定："……本法所称不正当竞争，是指经营者违反本法规定，损害其他经营者合法权益，扰乱社会经济秩序的行为。本法所称的经营者，是指从事商品经营或者营利性服务（以下所称商品包括服务）的法人、其他经济组织和个人。”这个概念，本不应适用于公证行业这种非营利性机构，而这些年却被广泛应用，成为中国公证业逢文必写、逢会必讲的“热词”。我们且不讲公证机构有没有“不正当竞争”的“主体资格”，仅就确实存在的非适度、非良性、非公平竞争而言，在一个城市里有不同隶属关系的公证机构之间存在业务的不正当竞争，相同隶属关系的市一处与市二处之间、东区处与西区处之间也同样存在。事实上，只有绝对的垄断才能消除竞争，将不正当竞争行为的产生归咎于公证机构“层级”的不同，未免舍本逐末，且失之公允。

那么所谓“不正当竞争”产生的主要原因究竟是什么呢？我们常见的公证行业“不正当竞争”，主要表现为：罔顾公证员的职业准则，压价竞争，违规办证，甚至同行、同事之间（不仅仅是不同“层级”公证处之间，也包括相同“层级”公证处之间甚至同一公证处的公证员之间）互相诋毁，争夺证源；给回扣，不仅在做标的较大的经济类公证时竞相压价、给回扣，甚至在涉外民事公证中也向留学中介支付“佣金”，等等。其实这些非适度、非良性、非公平的竞争现象与公证机构的隶属、公证人员的级别没有什么必然联系，实际上这是人的问题，是人员的法律素质和职业道德素养问题，而其根源则是公证机构内部在业务考核制度、收入分配制度中市场化原则的滥用，是机构管理层业务管理的松懈甚至纵容以及主管机关和行业协会的监管措施不力，说到底是公证机构性质、地位不明确引起的短期行为。公证机构的级别安排确实有缺点，尤其是名称上的不平等可能造成竞争上的不平等，但在上述问题上，我们找不出两者之间有任何关联。

事实上，由于所谓“高级别”的公证处的设立，吸引了不少优秀的、高层次的法律人才进入公证行业，优化了公证从业队伍，提高了公证法律服务的水平，改善了公证行业的形象，更由于他们的谈判地位、谈判能力以及争取地方政府和相关部门支持的不懈努力，不仅使他们自己而且使全行业拓展了服务领域，扩大了业务范围，促进了地方立法，使得公证业务量成倍增长。在有省处、市处的城市，区处、县处的人员素质和业务水准都有了显著提高，业务收入也都逐年递增。我们来看一组最新的统计数字：至 2004 年年底，全国 19,913 名公证人员中，博士研究生、硕士研究生及双学士学历的只有 283 人，每个省（市、自治区）平均下来约有 9 人。这些高学历的公证人员基本集中在省、市以上司法行政部门所属的公证机构。这个结果从某种意义上说是“级别”的不平等造成的，但这个不平等无论是对公证行业的发展还是对国家、社会以及公证服务对象来说都是利大于弊。应当说更高的能力和更多的努力使“高级别”的公证处在业务竞争中更具优势，但不能说有了竞争优势就不正当竞争了或者竞争就不正当了。

三、按立法本意调整公证机构设置的改革思路

改革要循序渐进，公证机构的改革也要与时代相适应，要与我国整个事业体制的改革相符合。笔者曾著文表述过自己的看法：“公证处的所有制性质应当统一，原有属于政府机构性质的公证处，必须彻底与政府脱钩，现有的各种体制的试点可以扩大，但应当尽早总结和评估，最后在事业制、合伙制、合作制中选定一种。鉴于我国事业体制的改革已

进入启动阶段，全国所有事业单位本身已成为改革对象，即将逐步向企业制、社会法人制转变，故而笔者认为，公证人合伙制将是较为可行的选择，应是我国公证体制未来的发展方向。”（《法制日报》2002 年 7 月 28 日）今天，这个观点仍然未变。但是，发展方向和现实的选择之间仍有一个过程，这个过程不是一朝一夕可以完成的，而是必须与国家的改革大局同步。关于公证机构的设置，《公证法》第 7 条的立法本意是为了消除不平等竞争，那么贯彻《公证法》就要从这方面入手，也就是按照司法部段正坤副部长在全国人大常委会办公厅举行的《公证法》颁布新闻发布会上所说的那样：要符合中国公证工作的实际需要，有利于克服公证行业的不正当竞争行为，有利于平等自主地开展公证业务，同时也有利于加强对公证的管理。

（一）不能把公证机构的撤、并、收、放作为改革的主要着力点

《公证法》出台后，关于公证机构的撤、并、收、放的议论颇多，除单独的县（县级市）公证处之外，所有的公证机构似乎都面临撤、并、收、放的可能。尽管司法部一再强调没有撤销现有公证机构的意图，人们仍然无法摆脱惶惑。有人说，落实《公证法》，就要撤掉（柔和地说为下放）部属及省属公证机构，剩下的或放区里，或收市里，那么这样做会出现什么情形呢？

1. 放到区属

首先，一家或几家的市处及省处往哪个区放？不撤不散人员如何安排？有的城市所有区公证处加起来规模尚不及一个市处，怎么平衡工作？

其次，如果在各区内严格划分区域，控制业务管辖范围，没有了竞争，自然形成垄断，这已被实践证明为不可取。有的地方原来只有省处市处才有能力办的公证事项按规定只能找区县处，而有的处可能规模很小，有的甚至连资格（如大型的涉外公证）都没有，这种“小马拉大车”的结果是低水平服务取代了高水平服务。另外，省、市处下放的区域顷刻间公证员数倍云集，办证能力远远超过实际的办证量，资源过剩，“大马拉小车”的结果只有导致人才外流，使公证服务水平重新回到原点。

最后，如果以全区或整个城市为单位划分业务辖区，怎么进行管理？对各家公证机构如何监管？本区主管部门与他区主管部门怎么分工？谁来协调？其可能的结果是非适度、非良性、非公平的竞争现象愈演愈烈，公证行业整体水平下降成为难以避免的趋势。

2. 收归市属

（1）目前，市以上司法行政部门所属的公证机构基本改为自收自支事业单位，但在区县，还有相当一部分为机关法人。那么收到市里编制如何解决？是机关编制的变为市里的公务员，事业的从市里给事业编制，还是全部改为事业？（放到区里实际也有同样的问题）这个问题公证行业自身甚至主管部门说了显然不算。

（2）即便给了编制，改为自收自支事业单位后，有许多原为机关的公证机构养活不了自己怎么办？现在的中央财政、地方财政，各省、市、自治区乃至各市、区、县各自有各自

的利益，指着市财政为已改为自收自支事业单位的公证机构拨发款项恐不现实（何况我们还有明确的法律规定）。

（3）由于基层司法行政工作的薄弱，公证处往往是区县司法行政工作的一个至关重要的组成部分，将公证管辖权收到市里来，区司法局的职能继《律师法》颁布后将再次削弱。有的市辖区司法局听到公证机构要收到市里统一管辖的传言，已明确表示不能同意。如决心强行推动，所下气力非同一般。

3. 部属、省属公证机构的撤、放

简单地把部属、省属公证机构撤、放到市，或一放到底，与市属公证机构一并变为区属，除人财物问题外，人们所困惑的级别问题仍然无法解决。公证机构的近期改革方向是事业单位，而在中国，只要是国有事业单位就存在比照行政套级的问题，那么，即便是在同一个城市，所有的公证机构无论原有背景如何均由市或区一级设立，就整个公证行业而言，公证处主任的行政级别仍然会出现处、科、股三级，加上部分计划单列市的副处、副科，就会出现五种级别，到那时又当何如？更何况人才的流失、公证服务水准的下降，损害的远不只公证行业一家，同时被损害的还有国家形象和公共利益。

除此之外，无论是放还是收，以前的卷宗谁保管？旧证的质量谁负责？出了问题谁赔偿？（公证文书如果出现问题往往几年、几十年后才能被发现）笔者认为上述议论种种实在是误读了《公证法》。就公证机构的隶属关系而言，在现有体制下撤、并、收、放都不是明智之举。

（二）致力于实现公证机构设置改革的近期目标

无论省、市、区，从全国来说，对机构设置的改革都在观望，都不愿触及，甚至消极抵触。一些业内人士对《公证法》出台能否解决公证机构存在的固有问题并不乐观。那么我们是否可以尝试换一种思路正确解读《公证法》，切实贯彻《公证法》的立法本意呢？

如前所述，在公证机构以向事业体制过渡为目标的现实条件下，目前的机构设置并无大碍。《公证法》第7条的立法本意是为了消除不平等竞争。经过10年的立法准备，《公证法》在原有改革成就的基础上，对机构改革作了更为明确的规定，从立法上基本解决了公证机构间的不平等问题。例如，《公证法》第6条规定“公证机构是依法设立，不以营利为目的，依法独立行使公证职能、承担民事责任的证明机构”，表明了司法行政部门将从财政上切断与公证机构的联系；第10条规定“公证机构的负责人应当在有三年以上执业经历的公证员中推选产生，由所在地的司法行政部门核准，报省、自治区、直辖市人民政府司法行政部门备案”，表明了司法行政部门将在公证机构的人事任免上放权；第40条规定“当事人、公证事项的利害关系人对公证书的内容有争议的，可以就该争议向人民法院提起民事诉讼”，取消了司法行政部门可以撤销公证书的规定，表明了司法行政部门将退出对公证机构业务工作的微观干预。在这个良好的立法背景下，按照《公证法》的基本要求，笔者认为，在机构设置方面，近期的改革思路应当是：

1. 统一更改所有公证机构的名称，代之以字号，字号之前冠之以该机构所在城市名称。1995 年 8 月，司法部为了在全行业推动改革，改变公证机构名称上的天然不平等，曾率先将国家公证处更名为长安公证处，但因种种原因，虽经 10 年，这个举措仍未能全面推行。从人们的普遍反映来看，目前，不同层级的司法行政部门所设立的公证机构之间最大的不平等应该就是名称上的不平等，冠之以“省”，自然比“市”高出一头，而冠之以“市”，“区”又矮了半截。因此，借《公证法》出台之机，可以借鉴推行律师事务所更名改革时的成功经验，尽快出台措施，启动并完成公证机构的更名工作。

2. 进一步明确按业务需要划分辖区。责成各省市、自治区司法厅局对所属行政区划内的人口、经济规模及目前公证机构、公证人员的规模进行一次认真的核查，通过统一指导和适当调节，对辖区内公证机构和公证员的数量进行控制并进行合理布局，较好地解决业务辖区人口、经济规模的大小与公证机构及其规模配置相一致的问题。

3. 稳定队伍，保留现有公证机构隶属关系基本不变。在这个百业俱兴的大发展时期，对弱小的公证行业来说，谨记邓小平同志关于“发展才是硬道理”的教诲尤为重要，有些问题只有在发展中解决，有些问题只有发展了才能更好地解决。只有相对稳定的执业环境、执业队伍，才能保证公证服务数量和质量的基本稳定，不出现大起大落，才能稳步发展，才能为进一步改革创造条件。这个“硬道理”，对省市公证机构和区县公证机构同样适用。

4. 加快公证机构与司法行政机关在人、财、物上的脱钩。主管部门应当按照《公证法》的规定制定规则，创造条件使所有的公证机构尽早成为能够独立行使公证权、独立承担民事责任的主体。既然法律已作此规定，那么即便是贫困落后地区的公证机构也应改制为事业体制。如果公证收入无法养活自己，就应当依照国家事业体制自收自支、全额拨款、差额拨款的分类形式，由地方财政和中央财政给予补足，并视其发展情况逐年递减，这叫“断奶不断粮”，一方面斩断其对政府的过度依赖，另一方面使其具备了自我发展的动力。

总而言之，笔者认为，《公证法》关于公证机构设置的规定需要正确解读，不宜望文生义。当然，这部法也不是毫无瑕疵的。例如，第 7 条规定中“公证机构不按行政区划层层设立”一句，就令人费解，其既非对历史的总结，也非对现实的描述，对今后的规范、发展也看不出有何指导意义，未免有画蛇添足之嫌。但瑕不掩瑜，这部崭新的《公证法》仍不失为一部具有行业指导和规范意义、可操作的法律。

公证机构运行机制初探

周志扬*

一个企业要实现长期、自主、正常的运行，一定有某种运行机制在起作用，如激励机制、约束机制。没有激励机制，企业的生产、销售、服务活动便没有动力，企业的运行就会停止；没有约束机制，企业的行为就会偏离正常的轨道，破坏商业信用，进而危及市场秩序，企业的运行也会被迫停止。企业的激励机制说白了是一个利益分配机制。人们一般所言的"利润最大化"其实并不一定导致企业自动生成内在的积极性，利润如何在利益相关者之间进行分配，才是真正的核心所在。在欧洲、北美和亚洲的现代公司治理实践中，激励机制具有迥然不同的模式。不管是股东利益最大化，还是职工利益最大化，或是管理层利益最大化，幕后都有其相应的治理结构和制度安排，而不同的制度安排又会导致企业效率的差别。

公证机构是"不以营利为目的"的证明机构。它以社会福利最大化为最高目标，但又不是唯一目标，因为公证机构一般不由财政供养，其收入来源为国家规定的公证收费。公证收费标准在任何国家、任何公证制度下都是由国家统一制定，概莫能外，那么公证业务量便成为公证机构不得不重视的目标之一。它提供的产品具有公共产品的大多数特征，但又不完全是公共产品，因为除少数法律规定的"必须公证事项"外，它只为那些自愿要求服务的对象提供有偿的公证服务，因此它提供的服务就不是严格意义上的普遍服务。既不以营利为目的，又不以社会福利最大化为唯一目标；既不受公共财政供养，又要提供"准公共服务"，学术界将这样的机构归并为"第三部门"。政府运行靠的是税收（从这个意义上说，政府提供的服务也是有偿的），企业（这里指完全自负盈亏的非国有企业）运行靠的是利润，非营利机构的运行则分为两类：一类是靠捐款，如各种基金会等非政府公益组织；另一类则是靠收取相当于成本的费用，如公证机构的公证服务费和行业协会的会费。上述特征决定了公证机构运行机制的特殊性，而不同公证制度的公证机构，其运行机制也具有明显的差异。

---

* 中国公证协会常务理事，中国公证协会公证宣传文化工作委员会主任委员，北京市公证协会会长，北京市长安公证处主任。

一、大陆法系国家公证机构的运行机制

概言之，大陆法系国家由于历史、制度的原因，公证人的社会地位十分崇高，公证人普遍拥有职业优越感和荣誉感，这为公证机构的良性运行提供了强大的精神激励。而成为一名执业公证人所付出的高额成本、迈过的一道道高门槛和严格的监管，使公证人不会轻易去冒违法、违规的风险。最重要的是，由于公证在民商事领域的强大存在，公证业务量充足而又稳定，公证人的收入相当可观。2000 年司法部组织中国公证行业代表团赴欧洲考察，德国一位刚刚做过一任市长的公证人在座谈时透露，本来选民强烈支持他参选下一届市长，但他还是决定退出竞选，继续他的公证人职业。他半开玩笑地说，当市长的收入太低了，只及他做公证人收入的 1/3——我们以前经常说某个职业“给个县长不换”，在这里公证人职业才真的是“给个市长不换”。由于前述欧洲公证人与公证机构的关系是以公证人为本位的，其公证机构既不是法律责任的最终承担者，也不具有分配的功能，也不需要支付过高的管理成本，公证机构的运行状况完全取决于公证人个体的工作状态。公证人在如上所述的精神激励机制、物质激励机制和来自自身及外界的约束机制下，其工作状态之积极、严谨，不是“敬业”二字所能形容，简直就是“热爱”这一职业了。公证人独立执业、独立承担法律责任、收入除需支付雇员工资和少量办公费用外归自己所有，社会地位优越，监管严格，惩戒严厉，使得公证人处于一种良性、自我运行的执业环境之中。机构的运行机制是内生的而不是机构指定或强加给公证人的。

二、英美法系国家公证机构的运行机制

英美法系国家是另一种状况。由于公证制度的不同，公证人在这里一般仅限于鉴证类业务，不做实体公证，所以公证人的选任也迥异于大陆法系国家，可以是法官，可以是医生，还可以是任何不同职业和不同专业背景的公民，只要信用记录良好，提出申请，通过简单的考核，即可由州长任命为公证人。比如，美国就有公证人达 60 多万人，其中绝大多数为兼职，并不以公证谋生，公证收入可能只占其收入的一小部分。其公证业务、公证人的地位与大陆法系国家无法类比，与我国公证行业也同样缺乏可比性。公证以这种方式存在，是与其整个法律制度和社会习惯相适应的，其运行机制，还有待进一步考察，不过从现象上来看，倒是与多数大陆法系国家有部分类似之处，如公证人享有较高的声望，收入归自己所有，工作动力稳定持久。当然其中也不乏纯粹为了荣誉或公益而选择兼职做公证人的，这种状况更类似于宗教或慈善机构的义工，他们不计报酬甚至贴钱搭工的付出完全出于对一种精神境界的追求。不过这是另一层面的问题，自不在本文的探讨范围之内。

三、我国公证机构的运行机制

我国的法律制度大体上倾向于大陆法系，现有的公证制度更是以大陆法系的拉丁公证制度为蓝本逐步对我国原有的苏联模式的公证制度进行改造而形成的。2003 年我国已正式加入国际拉丁公证联盟，这表明我国不仅认同拉丁公证制度的原则，并且以拉丁公证制度作为我们的目标和方向。经过改革开放以来不断的实践探索和理论总结，人们的认识层面已经达到了一定的高度，而行业的发展也有了长足的进步，这为中国公证行业顺利完成过渡期，并最终成功完成拉丁公证制度的建设奠定了较好的基础。

我国目前的公证机构，体制并不统一，一部分为行政机关，另一部分为事业单位，还有较小一部分为公证员合伙、合作制的新型公证机构。由于体制的不同，运行机制上便有了较为明显的差异，进而在业务绩效方面也有了不同的表现。

(一)行政机关性质的公证机构

行政机关性质的公证机构可以分为两个阶段。第一阶段是 1979 ~ 1993 年。1979 年，中华人民共和国司法部恢复设立后，公证机构成为国家司法行政机关的组成部分。1980 年 3 月司法部发出《关于公证处的设置和管理体制问题的通知》，规定在公证法规未制定前，直辖市、省辖市、县设公证处，暂不设省、自治区公证处和地区公证处，公证处归司法行政机关领导。1982 年国务院发布了《公证暂行条例》，其中第 5 条对公证机构的设置进行了规定："直辖市、县(自治县)、市设立公证处。经省、自治区、直辖市司法行政机关批准，市辖区也可设立公证处。"根据这一规定，各地分别设立了直辖市公证处、市公证处、区公证处和县公证处。直至 1993 年，上述公证机构均为行政机关性质的公证机构，从业的公证员均为政府机关的公务员。第二阶段是 1993 年以后。进入 20 世纪 90 年代后，为适应改革开放和经济发展的需要，不断扩大公证服务领域，司法部规定省、自治区可设立公证处；经司法厅批准，报司法部备案，可以设立自治州公证处；允许在同一区域内设立若干个公证处，可以按经济区设立公证处。于是一批事业法人性质的公证处，包括司法部部属公证处——国家公证处和各省、区司法厅直属公证处相继成立，此后大多市公证处和部分区县公证处由行政机关性质改为事业单位，但仍有半数左右的公证处(绝大多数为县或区公证处)依然维持旧制，其所属公证员仍为政府公务员。

作为政府机关性质的机构，公证处的业务收入理所当然要统一上缴，其业务性支出及人员工资、管理费用等也统一由政府拨付。在这种状况下，公证员的物质激励是十分微弱的，其干多与干少、业务收入的高低，与个人收入关系不大，因此工作人员对于业务的发展、对于本机构的发展前景缺乏必要的关心。在公证恢复之初，进入门槛并不高，其中有相当部分是从政府机关抽调而来，到公证处工作并非心甘情愿。虽然是公务员待遇，但其政治地位显然与真正的政府官员不可同日而语，其所得到的精神激励同样十分微弱。更由于这类公证机构的政府机关性质，其业务监管处于自己管自己或曰无有效监管的状态，一旦出错，其赔偿责任所适用的法律只能是国家赔偿法。事实上，业已颁行并将于2006年3月1日起实施的《公证法》，已经处于无法对这部分公证处实施错证赔偿法律救济的尴尬境地。在这类公证处从业的公证员虽无后顾之忧和业务压力，但收入普遍低于其他类型的公证处，机构本身也没有什么积累，靠自身的力量改善办公条件和业务手段（如必要的奖励等）几乎是不可能的。以上特点综合起来，我们不难得出结论：政府机关性质的公证处，其运行机制存在体制性缺陷，这也是20世纪90年代许多公证处纷纷改制的重要原因所在。尚未改制的公证处唯有尽快按公证法的要求进行改革，建立与时代要求和事业发展相适应的运行机制，才能焕发生机。

（二）公共事业性质的公证机构

公共事业性质的公证处是1993年以后才出现的"自收自支、自负盈亏、自我约束、自我发展"的公证组织模式。相对于政府机关性质的公证处，前者在激励机制、约束机制方面有了较大的改善，这从其迅速提高的业务量和业务收入、迅速改善的办公条件等方面即可得到证实。由于脱离了政府机关的母体，公证处的人员工资、办公费用和社保基金、奖励基金、事业发展所需的各种投入均需从业务收入中支出，业务收入成为"四自"最重要的前提条件。不论公证处主任还是公证员，业务收入都是他们关心的首要问题。事实上，这种关心带有较强的"外部性"，即公证处即便是出于自身利益考虑的任何业务改善，都将转化为社会的净福利和公众的正收益。这也正是公证机构改革的根本目的所在。公证处在用人、分配和业务开展等方面有了更大、更多的自主权，因而管理层的积极性被激发出来，将更大的精力放在内部管理和业务发展而不是如何与"上边"搞好关系上；断了"皇粮"的公证员则必须保证自己的业务量不因一时懒怠而下降，从而使收入受到过大影响。与此同时，公证处的约束机制也得到强化。由于公证处的业务量与自己的口碑和公众形象密切相关，因此自我约束成为一种现实的约束力，出现假证、错证或有影响本机构形象行为的公证员会受到严厉的处罚。业务学习成为公证员避免出错的一种有效手段。在许多公证处，学习已成为一种常态。

事业制公证处的进步得益于运行机制的进步，但事业制公证处同样没迈出"机构本位制"的制度框架。机构本位在我国自有其必要性和优越性，如机构比个人具有更强的责任能力，便于政府管理，便于对重大或疑难公证事项进行业务协作等。但机构本位强调的是机构的声誉、机构的利益和责任，特别是主任负责制，使机构以及机构的负责人承担了太多的职能和责任，公证员的个人形象及责任边界因而变得模糊，处于公证第一线的公证员，其积极性、责任心还没有最大限度地被调动起来，这也是我国只有名律师而没有"名公证人"的一个重要原因。但上述不足并不影响多数人对公共事业性质的公证机构的评价，其运行机制，适应了我国公证体制过渡时期公证发展与规范的客观要求，在现行的几种体制中，公共事业体制是争议最少，受到政府主管部门、公证机构、公证员普遍肯定的一种体制，其已经构成了我国现阶段公证体制的主干。

（三）合伙、合作制的公证机构

合伙、合作制的公证处在我国是以“试点”的身份存在的。试点是我国体制改革、制度转轨过程中一个特有的现象，曾被国外一些著名研究机构评价为“中国式改革之所以成功的一大秘诀”。所谓试点，是指由政府特别授权，在较小范围内实施一种与现行法律规定不同的体制或办法，政府用文件、批示或行政规定等手段保证这种体制或办法的实施地区或单位在一定期限内的合法性。如试点被认为是成功的，则由政府主导或由政府提请国家立法机关修改法律规定，然后在更大范围推广普及，如被认为是不成功的，则由政府或主管部门取消试点，收回授权，恢复原有体制或办法。在我国20多年的改革过程中，国有企业承包制、股份制、利改税、拨改贷、企业集团等改革，农村税费改革、金融改革、经济特区和其他许多经济社会事业改革，都是在试点基础上逐步推广开来的。可以说，试点这种形式在中国的改革开放中是立下汗马功劳的。

2000年1月19日，司法部律师公证工作指导司下发《关于开展合作制公证处试点工作的通知》（以下简称《通知》）。指出：“根据党的十五届四中全会精神和部党组‘三讲’整改方案提出的‘要进一步加大公证工作改革力度，抓紧制定公证工作整体改革方案，并尽早报国务院审议，同时着手进行合伙制、合作制公证处的试点工作，进一步探索总结经验’的要求，经部领导批准，我司决定，由各省、自治区、直辖市进行1～2家合作制公证处试点。”为保证试点工作的顺利进行，《通知》就有关问题提出四项要求，同时下发了题为《关于设立合作制公证处的规范性意见（试行）》的附件。在关于设立原则的意见中，该附件提出：“合作制公证处由公证员（合作人）自愿组合，共同参与，其财产由合作人共有，以其全部资产对债务承担有限责任。”看似很简单的一句话，其实已将合作制公证处与行政制、事业制公证处的最大区别表露无遗——在中国，所有制问题历来是一个最敏感的问题，不同体制间最大的差异莫过于所有制的不同。这一显著的不同直接导致了其运行机制的独特性。

关于合作制试点公证处的内部运行情况，由于资料的缺乏，即便是业内人士也了解甚少，因此这里无法做详细的实证分析和准确的评价判断，但仅从与合作制试点公证处同志的有限接触中和从司法部律公司《关于开展合作制公证处试点工作的通知》及其附件的规定和意见中，我们即不难窥见，这种体制的公证处，虽然不能完全摆脱机构本位的影响，但其运行机制更接近于“公证人本位制”下的欧洲公证机构。由于经济上的完全独立，公证员的业务积极性被最大限度地释放出来，作为合作人的公证员，既是公证机构的工作人员，又是公证机构的所有者，其业务的进益，不再是与其收入“挂钩”，而是在必要的扣除之后，就直接是收入本身，即便不能算作当期收入，也会以其他权益的形式归于本人名下，机构的分配职能被弱化了。在拥有收益权的同时，公证员还拥有了对机构的管理权，是实实在在的“当家做主”。《关于设立合作制公证处的规范性意见（试行）》在有关“机构组织形式、议事规则和权利义务”的章节中指出，“合作制公证处实行民主管理和议事机构为合作人会议的制度。合作人会议的职权包括：1. 决定公证处的发展规划；

2. 批准公证处主任提出的年度预决算方案，决定公证处的分配方案；3. 提出担任公证处主任人选的条件，选举、罢免公证处主任及调入或开除合作人；4. 决定重大财务支出和大型固定资产的购置；5. 修改章程，制定规章制度；6. 决定公证处的分立、合并、解散及财产的清算；7. 其他重大事宜。”在这种地位明确、权利和责任明晰的体制下，公证员出于对自身长远利益的考虑，会本能地对有损本人和本公证处声誉的行为或失误保持警惕，实现自我约束成为可能。至于机构的外部监管，则与事业体制的公证处完全一致。

自《公证法》颁布以来，对照“不以营利为目的”的规定，业内有不少同志质疑合作制、合伙制公证处的分配方式是违背法律规定的。其实，公证“不以营利为目的”，是指公证提供的是一种带有公益性质的法律服务，虽然与律师一样，公证员付出的也是高智力的劳动，但其收取的费用是比较低廉的，是在最广大的服务对象的经济承受能力范围之内、相当于成本的费用，而且收费执行的是全国统一的标准，这是一个“常量”，导致公证处收入增加的唯一“变量”，是业务量的增加，这又意味着投入劳动的增加。所谓成本，首先就包含工资的支付（当然还有其他成本的支付），多劳多得是行诸天下的通理，其他体制的公证处“不以营利为目的”，合作制、合伙制公证处同样如是。

总之，合作制公证机构激励是充分的，从理论上来看约束也是有效的（如有的试点被取消资格，是监管有效的例证而非约束失灵的证据）。在试点已经运行多年的情况下，主管部门应该尽快对试点的机构进行检查、总结和评估，如果经过广泛论证证明试点是成功的，或者证明试点在运行机制和社会效益等方面是优于其他体制的，则应当予以巩固，为最终实现拉丁公证制度积累更多的经验。

公证是预防和弥补市场信用缺失的重要工具

王福家* 周志扬**

信用,是现代市场经济的灵魂。信用缺失,意味着公平的缺失和效率的损失。大量而又普遍的失信现象还造成了人与人之间相互不信任、人们对诚信价值产生怀疑、新的信用手段不能广泛采用。这些问题成为我国建立现代市场经济体制、构建和谐社会急需解决的问题。

从目前由政府主导的市场信用体系建设措施来看,市场信用体系主要由三部分构成:一是金融部门(主要是商业银行)建立企业和个人信用档案;二是发展征信公司和规范其他中介服务组织,建立全国性的信用信息库并加强信息披露制度;三是强化信用立法,建立失信惩戒机制。这些措施有一个共同点,就是搜集、利用历史资料,对有不守信记录者不予授信,以及对不守信者或欺诈者进行事后惩戒。而这是有局限的,因为它们缺少对交易过程本身进行信用证明、信用监督这一重要环节。从中国的现状来看,能够而且正在提供这种交易过程信用证明、信用监督的最有效、最现成的工具,就是公证。

一、公证与信用的天然渊源

在现代市场经济中,大部分交易为信用交易。守信只有成为社会成员的普遍行为时,信用交易才能普遍地进行。一个企业或一个人没有履约能力而作出履约承诺,或有履约能力而拒绝履约,交易便不能完成。也就是说,当授信人授信失当或受信人回避其偿付责任时,就会发生信用风险。为了控制这种风险,就需要建立一套完整的信用管理体系和市场信用机制。没有在这一体系基础上建立起来的稳定可靠的信用关系,现代市场经济便无从立足。

---

* 中国公证协会副会长,北京市长安公证处原主任。

** 中国公证协会常务理事,中国公证协会公证宣传文化工作委员会主任委员,北京市公证协会会长,北京市长安公证处主任。

建立市场信用体系不是局部工作，而是由法律制度、市场主体、市场监管和法律执行机构、市场中介服务者等共同构成的一种社会机制。只有把各种与信用相关的社会力量和制度有机地结合起来，监督和保障信用交易，约束和惩罚失信行为，才能培育一个诚信无欺的信用社会。中国社会信用的现状、市场信用体系的目标和中国公证机构的性质与特点，决定了公证作为社会信用管理的有效工具，必然要在市场信用体系中担当不可或缺的重要角色。

公证制度作为世界上最古老的法律制度之一，是经过2000多年不同的社会形态、不同的民族地域文化、不同的经济技术条件、不同的法制背景和意识形态的不断磨砺、修正而延续至今的。比起一般的刑、民实体法和程序法的巨大变迁，公证法律制度虽然也在很多方面不断有所改进，但基本的法律精神和制度功能与制度初立时并无根本性的改变。可见这一制度不仅具有天然合理性，而且是经过历史的长期筛选而保留下来的，具有很强的社会适应性和长久的生命力。公证制度在全世界几乎所有的国家通行，公证书的法律证明力和其他效力受到全世界司法、经济界和政府相关部门的普遍认可。在发达市场经济国家，尤其是在大陆法系国家，信用体系发达而完善，但公证仍是社会信用管理的一个最简便、最节约、最有效的工具。或者我们可以反过来说，欧洲国家良好的社会信用状况，特别是其久负盛名的市场信用，与其所具有完善的公证制度密不可分。公证所具有的“预防纠纷、减少诉讼、制止违法行为”的功能和提高交易效率、提高合同履约率等方面的作用，也通过我国公证机构的业务实践告诉越来越多的国人，其在社会信用中尤其是市场信用管理中发挥着越来越重要的作用。

二、公证在市场信用管理中的功能和效力

（一）关于公证的功能

2005年8月28日第十届全国人民代表大会常务委员会第十七次会议通过的《公证法》第6条规定，公证机构是“不以营利为目的，依法独立行使公证职能、承担民事责任的证明机构”。这说明公证机构具有公益性，是服务于公共利益的、从事专业法律服务的证明机构。它有别于司法审判机关和政府行政机关，又有别于一般中介服务机构，在市场信用管理、信用服务上拥有其他国家机关和商业性中介机构都无法替代的重要作用和业务优势。

公证的日常业务在经济领域就包括不动产公证、合同公证（借贷合同、购销合同、承包租赁合同等）、招标投标公证、提存公证等，基本上涵盖了所有市场主体的各种经济活动。一项公证服务的程序一般包括对当事各方主体资格合法性的审查、对经济行为合法性、真实性的证明。履行这些程序的过程本身，就是法律行为规范、信息披露、信用调查、信用约束的过程。公证的非营利性，决定了其中立性和第三人的角色。政府行政权在上述民商、经济法领域除了制定规则和行政审查之外，无法一一介入，而且在现代法制社会

中，公权也不能随意进入私权领域。同样在为这些经济活动提供法律服务的律师，却只能代理一方当事人的法律事务，受托为其当事人提供法律服务，为其所代理的当事人实现权利与利益，争取法律支持，其与当事人的关系更像是一种雇佣关系。律师的工作目标是当事人利益的最大化而非各方的利益均衡。这一点上，会计师事务所也有同样情形。出现这样的情形不是因为提供服务者个人的品行和修养，主要是源于其机构和服务的性质。公证既可为公证当事人提供有普遍法律效力的法律文书，又可为当事人提供即时的和现场的、对某一特定事项的多方位的法律服务。征信服务是市场经济国家市场信用中不可缺少的重要环节，金融机构的客户档案也是金融企业信用安全的重要阀门，但且不讲其信用档案的建立必是一件工程浩大、更新频繁、扩日持久的工作，远水难解近渴，即便有数量足够多的征信公司和比较丰富真实的个人、法人信用资料，其职能与专业所限，也不可能替代公证的功能。

公证人是分散在社区的，因而是与社会成员关系最密切、得心应手的信用工具。比如，一项合作投资协议，当事人双方系第一次接触，那么在协议过程中至少涉及以下问题：(1)对方的主体资格是否合法？(2)对方的资信状况、财务状况如何？(3)意思表示是否真实，是否存在故意隐瞒风险等欺诈行为？(4)协议内容是否符合相关法律、法规和政策的规定？(5)当事各方的权责利是否适当？(6)违约责任是否明确？等等。律师、会计师、征信公司都可能解决其中的局部问题，但假若当事人需要在最短的时间、以最低的成本一次性解决这“一揽子”问题，那么最佳选择只能是公证处。第一，公证机构可以通过异地同业协助机制，在最短的时间查询被调查者的主体资格和资信情况，出具具有法律证明力的公证文书；第二，公证机构有义务审查协议内容，保障交易安全；第三，当事人可以通过提存公证确保资金安全；第四，一旦公证机构的错误造成当事人损失，当事人即可启动错证追究程序，要求损害赔偿；第五，合同被赋予强制执行效力，使债权人在债务人违约时无须经过诉讼，直接申请法院对约定的标的予以强制执行，实现其应得的利益。

在市场经济条件下，资本是否能流到收益最大的领域、消费者能否以同样的价格买到最大的效用，除了法律、政策的因素外，很大程度上取决于投资者、消费者所掌握的信息的多少。信息不对称限制交易范围、减少投资机会、增加投资或消费风险，于是市场中介组织应运而生，通过对信息的采集加工和商品化，以弥补信息的不足。征信业、会计业、评估业等莫非如此。而目前我国整个信用中介服务行业缺少健康发展的市场环境。社会相关的信用数据开放程度很低，很多涉及企业的信用数据和资料，信用中介服务行业无法得到，从而无法完全依靠商业化信用调查机构和征信、资信评估等服务方式，提高社会信用信息的对称程度。公证的产生虽与上述背景有相似之处，却发展成不同的服务类别。公证所提供的服务，可以理解为准公共权力在私权领域中的延伸。正因如此，国家对公证有着严格的程序要求，并制定了错证赔偿制度，以规范公证行业的执业行为。现在公证的作用正在深入人心，如有相当比例的公证当事人在一定时期内多次提出公证申请，表明当事人一旦认识了公证的价值，便会在交易中反复地对公证加以利用，以增加交易的安全性，增强契约的约束力。

（二）关于公证的效力

《公证法》第五章第36条规定，“经公证的民事法律行为、有法律意义的事实和文书，应当作为认定事实的根据。”第37条第1款规定：“对经公证的以给付为内容并载明债务人愿意接受强制执行承诺债权文书，债务人不履行或者履行不适当的，债权人可以依法向有管辖权的人民法院申请执行。”第38条规定：“法律、行政法规规定未经公证的事项不具有法律效力的，依照其规定。”证据效力、强制执行效力和法律行为成立要件效力，这是公证具有的三大法定效力。这些效力，是其他普通中介服务、法律服务甚至政府公共服务都不具备的。

一套完整的社会信用体系，以信用法律、信用主体、信用服务者和信用监管为其主要的构成要素。信用法律是信用规则的制定、信用纠纷解决和判决、惩罚的总和；信用主体则包括政府信用（公共信用）、企业信用（商业信用）、个人信用（消费者信用）；信用服务者就是指上文列举的律师、会计师、评估师等；信用监管主要指政府对信用服务行业的规范与监督。公证以其独特的效力在信用体系中发挥着特殊的作用。

公证机构是国家授权的司法证明机关，公证过程本身就是在履行法律程序。公证机构要对公证对象进行全面调查、核实，只有能够确认为真实、合法的行为、事实、文书方予以公证，如果不能提出相反证据足以推翻该项公证，则作为确定无疑的证据，无须法庭调查而直接采信。把公证作为日后诉讼的凭据，是加于缔约各方的一种有形的信用约束。从审判机关来看，公证证据又是节约审理时间、提高审判效率、改善审判质量、减少当事人经济损失的有力工具，反过来进一步强化了公证效力。

所谓强制执行效力，是当债务人不履行义务时，债权人可持经过公证机构赋予强制执行效力的债权文书，不必经过诉讼程序而直接向法院申请强制执行。公证的这一效力，可以由于债权人合法权益得到及时保护而起到体现法律尊严、维护信用秩序的作用，避免因诉讼而造成的财务损耗和效率损失。公证所具有的这种法律强制性，在司法实践中对各信用主体，包括政府主体在内，都起到了较好的规范、约束作用。

法律行为成立要件效力是由法律规定或约定产生的效力。按照法律、法规规定或当事人的约定，某种法律行为“必须公证”，才能产生法律效力。法律行为成立要件效力在我国的公证制度中是需要进一步强化的一种基本效力。这一效力被纳入实体法越多，公证对社会信用体系的贡献就越大。在拉丁公证制度国家，法律行为成立要件效力的作用得到极大的发挥，各种实体法中处处可见“应当公证”、“必须公证”的规定，公证业务量、公证人数量与其信用发达程度，三者呈稳定的正比关系。在我国，地方立法机关和政府也越来越多地运用公证培育和维护市场信誉机制，虽然公证能否写入《物权法》仍在争论之中，但是，近年来涉及房产、车辆、银行存款、有价证券等内容的继承、赠与等事务，确权公证书几无例外地被房屋土地管理部门、车辆管理部门以及银行、证券公司等有关部门作为变更登记的前置条件。也就是说，公证机构对这些事项需从法律的角度审查其真实性和合法性，并对权利的归属作出认定，相关登记部门以公证机构的审查结论为依据，结合相关材料进行财产所有权的转移。这些“应当公证”、“必须公证”的规定或惯例已经实践检验并被广泛应用，如果在《物权法》中进一步明确，将会更有效地保护公私财产的交易安全，更有力地维护国家和政府的信誉。

公证的其他效力，如公示效力、对抗第三人效力、不可撤销效力等，也同样发挥着独特的作用。比如，对社会上大量存在的重复抵押现象，公证机构可以通过网络或其他方式对抵押物予以公示，使重复抵押行为得到有效预防，避免纠纷，防止发生欺诈行为。总之，如果对公证效力善加利用，其价值是不可估量的。

市场经济是建立在个人诚信原则和外部强制约束机制之上的。公证作为维护这一原则和发挥这一机制的一个“平衡点”，可以通过特定的程序，使社会成员无法以不诚信的方式达到某种目的，进而降低社会消耗，保障社会的公平和效率，因而是市场信用体系的重要组成部分和有力维护者。

三、完善公证服务，共建市场信用

公证固有的功能、效力和社会信用、市场信用管理与保障方面的作用已为越来越多的人所了解，并为越来越多的部门和机构所接受、采用，但其真正转化为“现实生产力”的作用仍有待进一步发挥。要达到这个目标，需要政府进一步重视，社会进一步关注，行业进一步自律。

（一）政府重视

政府对社会信用管理越重视，就越会借助公证手段，公证在培育市场信用、维护信用交易中可发挥的空间就越大。比如，我国最大的工商业城市和国际大都市上海市，就在一些实体性的地方法规中规定了应当公证、必须公证的条款，而上海不仅是经济规模全国最大，商业信誉、市场秩序也可以说是全国的楷模。这些必须公证法律制度的设立与政府的房屋登记制度、土地管理制度、金融信贷制度等有机地衔接起来，形成了对重大信用活动内在风险系统防范的保障体系。

我们呼吁政府重视公证，还因为我国目前的政府管理体制尚不完善，政府在相当程度上还是深度参与市场微观运行的经济主体，有的领域、有的行业还实行国家垄断，政府部门立法的现象普遍存在，公共利益与部门利益还经常发生冲突。在这种背景下，带有保护部门利益色彩的政府部门立法必然会阻碍、影响维护公共利益的法律，而且越是强势、垄断的部门，就越是要极力摆脱来自公共利益的约束，维护公共利益的公证法律制度在这样的社会环境下，在各利益集团、权力部门的分割下，被迫处于一种“对我有利时找上门来，对我不利时推出门去”的处境。地方保护主义和部门保护主义，则导致不少具有强制执行效力的公证文书得不到及时执行，使公证的效力和公信力受到影响。这当然是体制的问题，从根本解决上只能靠改革，但改革到位前政府对公证的认识和态度，仍然会导致不同的结果。

(二)社会关注

目前,企业、公民和其他的市场主体对公证的性质、职能、作用的了解还很不充分,这就需要加强宣传,普及公证知识,以引起全社会的关注。一段时间以来,媒体对公证行业的监督卓有成效,对多件假证、错证甚至个别公证员、公证处串通当事人做伪证的案件进行了公开曝光,为公证行业敲响了自律的警钟,这是非常必要的。但公证行业正面宣传不够,尤其是公证职能、效力、程序等知识普及工作做得不够,这是当前亟待加强的重要方面。

(三)加强自律

正人必先正己。作为信用保障、信用管理行业,公证机构自身的建设始终要摆在首位,建立自我完善、自我发展的内部运行机制。现在,我国公证行业的内部秩序尚待完善,一些执业人员的职责操守还存在不少问题,公证行业还存在人员素质参差不齐的问题。公证机构和执业人员需要加强"自律",需要制定严格的内部制度,改变重业务发展轻内部管理制度建设的倾向,减少或杜绝违规记录。要发挥公证协会制定行业规则、执行违规惩戒的权力,切实改善行业形象。毕竟公证行业本身的信用如何,只能靠全行业自身的努力。

《公证法》已于2006年3月1日起正式施行。可以相信,我国公证行业的大环境会越来越好,公证事业的发展方兴未艾,中国公证人在市场信用体系的建立健全方面一定会大有作为。

公证公信力探源

周志扬*

公信力问题是公证行业的根本问题。对于公证行业来说,公信力就是生产力,公信力就是行业存在的唯一价值。从行业整体来看,公证在社会公众中的公信力与其他公共部门相比处于上游水平,依赖并且信赖公证的民众和法人机构越来越多,公证的总体形象比较健康,社会评价比较正面,这是全体公证从业者、政府主管部门和相关部门共同培育、精心呵护的结果。但一个我们无法回避的事实是,公证的公信力与我们的期待、与公众的要求相比,还有不小的差距,公证行业长期培育的公信力被行业内部的种种有害因子不断侵蚀,行业形象时而被一些负面消息扭曲,行业良性发展遭遇人为的坎坷。公证的公信力为什么会被一些公众质疑?公证的公信力的源泉究竟是什么?公证系统的相关各方应该在公证公信力建设中发挥怎样的作用?……围绕公证公信力建设,我们有许多问题需要探讨。

一、在当前中国社会大背景下考察公证公信力

作为以信用证明为职责的法律服务行业,公证的公信力应该是无可置疑的。在世界上绝大多数国家甚至原始部落,总有一些职业天然地担当着社会公信力标志或社会道德示范者的角色,如教师、医生、警察、公务员、神职人员等,在大陆法系国家当然还有公证人。假如这些职业群体的公信力出现严重问题,会被认为这个国家已经陷入社会危机,这个国家总体的国际形象一定会得到负面评价。令人难堪却不得不承认的是,我国的社会诚信,无论是国内评价还是国际评价,与我们的愿望相比都有巨大的落差。

清末以降100余年的历史大变迁,给当代中国社会遗留下许多难以治理的问题。经过30多年的改革开放,中国社会取得举世公认的全面进步,但始终有一个问题在困扰我们,成为我国新时期经济、社会、政治、文化、生态文明全面发展的"路障",那就是社会普

* 中国公证协会常务理事,中国公证协会公证宣传文化工作委员会主任委员,北京市公证协会会长,北京市长安公证处主任。

遍的信用缺失。资源约束、环境约束、市场约束、技术约束，什么约束也比不上信用约束那样积重难返并且无法替代。当信用短缺成为最大的短缺，一个社会的基本秩序一定隐患重重；当公共部门、公职人员、公共政策、公众人物不为公众信任，每个社会个体就会花样翻新地“创新规则”以趋利避害；当诚实守信意味着愚笨刻板甚至吃亏受骗，劣币驱逐良币就会成为大势所趋。在这样的大背景下，公证不仅要满足社会的一般信用需求，还在一定程度上被赋予了特殊的信用救济使命。

但这个“信用拯救者”其实同样面临“自我救赎”的困境。

相比起社会这个大系统，公证只是一个微小的子系统，不能不受所处大系统的影响。社会整体出现的各种弊病在公证行业、公证执业人员身上也时隐时现，公证业务中也同样隐藏着道德风险，公证的公信力经常要面对社会公众的质疑和拷问。

系统整体的问题，要有系统的解决方案，整体协同才能真正取得实质进展。在诚信建设方面，国家决策层早有清晰的认识，也做了大量的基础性工作。比如，中共十七届六中全会就提出，“把诚信建设摆在突出位置，大力推进政务诚信、商务诚信、社会诚信和司法公信建设，抓紧建立健全覆盖全社会的征信系统，加大对失信行为惩戒力度，在全社会广泛形成守信光荣、失信可耻的氛围”。会议对制定社会信用体系建设规划作了重点部署，强调“十二五”期间要以社会成员信用信息的记录、整合和应用为重点，建立健全覆盖全社会的征信系统，全面推进社会信用体系建设。但我们不得不接受这样一个现实，那就是整个社会信用改善成效甚微，有的领域甚至更趋恶化。公证行业的问题是大环境的产物，看不到这一点就会看不到问题的复杂性，但行业自身又是汇成江河的支流，行业本身对现状的形成负有责任。在系统整体改善进展缓慢的现实下，局部改善对于系统改善具有正面意义。因此，公证公信力的改善不可以也不可能坐等“忽如一夜春风来”。作为卖诚信产品的公证行业、端诚信“饭碗”的公证职业，公信力要高于其他行业和其他职业，理所当然，这样的要求，不算太高。

二、公证实践是公证公信力的决定性因素

社会公信力是由公共部门、公共政策、公职人员、公众人物和普通民众的日常行为共同构建起来的。作为特定的组织如政府，以及特定的职业如科学家构成社会公信力的不同个体，他们的公信力则有着完全不同的来源。政府官员、法官、警察公信力主要来自公权力；专家教授的公信力主要来自他们所掌握的专业知识；神职人员的公信力主要来自信仰；各行各业的劳模和民间的道德模范，他们的公信力来自高于常人的道德境界和奉献精神。那么，公证的公信力来自哪里？

之所以提出这样一个问题，是因为社会公众甚至在公证行业内部，对公证公信力有着不同的认识。一方面，人们普遍认为，公证机构是政府主办主导的、由政府授权的信用证明机关，它是代表国家行使证明权的，代表的是政府信用，它的公信力当然来自政府；另一方面，2005 年第十届全国人大常委会通过的《公证法》并没有对设立公证机构的主

体作出明确规定，更无授权或代表政府行使权力的表述，甚至公证机构究竟属于何种性质也没有任何说明。弄清公证公信力的来源，对于公证行业明确自身定位、进一步提升公信力，具有现实意义。

公证公信力并非源自公权力。公证公信不同于政府行政机关和司法审判机关的政府公信和司法公信，而是一种特殊的公共信用，这是经由法律规定确立下来的。由于我国目前的公证体制尚未统一，还有相当数量的公证机构隶属于地方司法行政机关，部分从业人员具有公务员身份，即便是事业单位性质的公证机构，也绝大多数脱胎于行政体制，追溯最初设立人，几乎都是政府的司法行政部门，而司法行政部门本身又是批准机关，是行业准入权的法定权力主体。我国公证与政府的这种特殊关系，使很多人误认为公证机构是政府机关。《公证法》规定公证机构是"依法独立行使公证职能、承担民事责任的证明机构"，表明公证机构并非政府机构，而是从事公共法律服务的特殊中介机构。另外，公证信用又区别于个体信用和商业信用，这是由公证机构的公益性决定的。《公证法》规定公证机构是"依法设立，不以营利为目的"的证明机构。"不以营利为目的"的行业定位，体现了公证机构的公益属性。"公证是公证机构根据自然人、法人或者其他组织的申请，依照法定程序对民事法律行为、有法律意义的事实和文书的真实性、合法性予以证明的活动。"这是《公证法》对公证职能的法律规定和高度概括，显示公证从事的是服务公共利益的事业。因此，法律规定和公证的职能，共同构成公证公信力的两个来源。

公证是为社会公众（包括自然人、法人或者其他组织）提供公证法律服务的专门的法律实践活动。公证公信力则可以理解为公证行业通过公证实践赢得信用和信任的能力以及公众认可并依赖的程度，它是公证和公众之间良性互动的结果。因此我们可以说，公证实践是公证公信力的另一个重要的来源。这种法律实践活动，以按照法定程序、提供专业法律服务为实践形式，以预防纠纷、化解矛盾、促进互信、保障交易安全、维护公平正义为实践结果。公证机构通过公证实践，实现法定义务和固有职能。

在法定、职能、公证实践这三个公证公信力的重要来源中，法定、职能是外生性的不可变因素；而借由公证机构、公证人员付诸具体活动的公证实践，则是一个内生性的可变因素，是三大来源中最能动、最活跃的因素，因此从某种意义上说，公证实践对公证公信力大小具有决定性作用。

三、把公信力建设作为公证行业的最高追求

我国公证事业在改革开放的30多年来实现了快速发展，大多数公证机构摆脱了业务量不足、靠财政供养的窘境，走上了自我发展的良性轨道。经济的高速发展、社会财富的迅速积累，为年轻的公证事业创造了理想的生存发展机遇。未来的10年、20年，全面深化改革和扩大开放即将进入一个新阶段，大量的民商事活动会更趋规范化和法治化，而作为改革发展成果的大量公民财产将随着时间的推移进入代际传承的高峰期，社会对公证的需求愈益增加。这为公证事业实现新跨越提供了更广阔的空间，也对公证行业的

公信力提出了更高的要求。

实事求是地说，公证行业对于公信力建设始终是高度重视的，行业内抓规范、抓质量蔚然成风，公证员的业务素质在不断提高，这些都是值得肯定的。但跳开公证看公证，又总感到公证公信力就像烧开水，烧到99度后那1度总是烧不上去，离烧开总是差那么一点点。那些偶尔发生在公证机构、公证协会的投诉上访和间或出现的负面报道和网络传播说明了公证公信力建设还存在问题。

造成这些问题的，既有外部原因，也有公证行业自身的原因。自身原因当然是主要原因。

从外部原因来看，一是社会信用环境差、水平低。公证员在办证过程中审查出的假当事人、假证明材料越来越多，公证员办证不但要掌握法律知识，还要辨假识假，否则一旦出错，就要承担赔偿责任和面对社会非议。这使公证员中拒证或者推诿现象增多，对公证公信力造成损害。二是公众对公证的认知尚有误区。相比于其他法律职业，公证在公众中的认知程度相对较低，有的当事人把提供证明材料的正常要求认作是刁难，有的当事人认为支付了相关费用就应该按照其全部要求提供公证文书；有的当事人认为公证机构就是签字盖章的地方，没提供什么劳动却要收取看上去很高的费用，等等。这样的误解对公证公信力无疑具有负面影响。三是失信情形往往被放大，焦点被转移。互联网新媒体时代，一个失信案例往往就代表了整个行业失信，一个公证书涉诉就代表了整个行业的公证质量有问题。明明是当事人以欺诈手段骗证造成的错证，媒体和公众的焦点总是集中在公证员识别不出假人假证件上，引发公众质疑公证公信力。

从内部原因来看，一是公证受理标准的问题。《公证程序规则》规定符合条件的申请，公证机构可以受理。但由于在受理标准上缺乏统一要求，出现了“公证业务在这个公证处能办，在那个公证处不能办”、“公证业务找这个公证员就好办，找那个公证员就办不成”的现象。二是公证业务能力的问题。有的公证人员业务能力不强，在办理公证中会出现这样或那样的错误，使得公证书不能正常出具，或出具的公证书不能正常使用。业务能力的缺失直接影响到公证行业的形象，也容易引发当事人对公证法律服务专业性的质疑和各种不满的情绪。三是公证服务意识的问题。个别公证机构和公证人员的服务意识不强，咨询电话无人接听、咨询台无人值守、对待当事人态度不佳、应对争议处理缺乏技巧等。有相当一部分的日常投诉并不是因为公证实体或者公证程序上存在问题，而是当事人反映公证人员工作态度不好。四是公证服务便民的问题。仍然有许多公证当事人认为“办公证难”、“公证要求提交的材料太多”、“手续太麻烦”。这些情况有一部分是由于法律规定和公证程序本身的要求造成的，还有一部分就是由于对当事人提出的要求过高造成的。公证服务不能便民，拉大了公证与公众的距离。

对于上述问题，各地公证协会、公证机构非常重视，但提高公证公信力的举措有些效果并不明显。究其原因，一是内容太虚，口号化的、没有操作性的倡议和要求比较多，实实在在、制度化、可操作可检验的办法少；二是形式单调，如对于错证或投诉，机构内部大多对当事公证员一罚了之，不能举一反三，从根本上解决问题隐患，对于办证质量和服务技能广受当事人好评的公证员，也缺乏有效的奖励机制；三是针对性不强，对发现的问题不作深究，对出现的毛病千病一方。

公信力是公证行业的生命，无论机构的规模有多大，业务收入增长有多可观，如果公信力受到损害，一旦遇到政策变动、市场异常或偶发事件，极有可能发生蝴蝶效应，执业环境就会迅速恶化，行业利益就会一损俱损，行业前途就会陷于暗淡。美国政治家富兰克林说过："失足，你可能马上站立；失信，你也许永难挽回。"在这方面我们是有惨痛教训的，最典型如"西安宝马事件"，原本是申请人内部出现造假问题，但公证审查不严，酿成严重后果，全国的媒体大炒特炒，不仅公证员锒铛入狱，公证公信力遭受重创，甚至影响到全局性的公证体制改革。

因此，公证公信力建设，应该且必须成为公证行业，成为公证实践活动中的最高追求。

四、公证公信力建设需要公证实践主体协同推进

近日，赵大程副部长在《认真学习贯彻习近平总书记重要讲话精神 切实把公证公信力建设进一步引向深入》一文中指出，公信力是公证的根基和生命，促进公正司法，维护社会公平正义，应当更加重视发挥公证职能作用，更加重视加强公信力建设，在已取得成果的基础上把公证公信力建设进一步引向深入。

落实赵部长的指示，就要看到公证制度作为我国社会主义法治重要组成部分，在建设公正、高效、权威的社会主义司法制度中负有的特殊使命，要把公证公信力建设作为对公证工作实践活动全局性的要求。进一步提升公证公信力，离不开建设社会主义法治国家建设进程的大环境，离不开司法行政部门的督促、推动与指导，离不开公证协会自律作用的加强，离不开公证员对公证使命的践行。公证员、公证机构、公证协会、司法行政部门都是公证实践的主体，只有共同发力、协同推进，公证公信力才能够达到我们期望的目标。

第一，公证实践主体要牢固树立公信力观念和大局意识。缺乏高度公信力，公证行业就成了无源之水、无本之木，就不可能走得远、走得顺。从大处说，就不可能很好地实现公证的宏旨大义，维护社会公义、保障社会诚信的职能就不能得到很好的发挥，在建设公正高效权威的社会主义司法制度中所负有特殊使命就不能很好地履行；从小处说，公证行业在公众和法律共同体心目中就没有应有的地位，公证机构就会成为社会情绪的宣泄对象，公证人员的职业抱负和荣誉感就无法实现。有这样一句话："没有诚信，何来尊严"，是古罗马法学家西塞罗讲的。公证主体，尤其是公证机构，必须怀着敬畏之心，把观念意识教育作为长期的、常规的工作来抓，拿出时间，拿出精力，拿出办法，使人人重视关心公信力建设，人人为公信力建设献计献策、身体力行。

第二，提高公证员职业素养，体现公证的核心价值。公证员通过承担具体的执业活动，践行公证使命。公证公信力建设的加强和落实，最终都通过公证员执业来体现。公证员的执业活动是公证实践的核心。公证员的职业素养体现在方方面面，关乎办证

质量、服务水准的法律水平、政策水平、文字水平，关乎职业形象、个人素质的言谈举止、着装礼仪、沟通技巧，等等。难以想象，一份认定事实不清、适用法律不明，或者错别字连篇的公证文书会有公信力；一个穿戴随意、骂骂咧咧、举止粗鲁的公证人员会给行业带来公信力。公信力在当事人心里就是信任、尊重和效率。只有不断加强业务培训和服务礼仪培训，全面提高公证员的职业素养，才能体现出公证的核心价值，彰显公证公信力。

第三，健全公证机构内部管理机制，加大奖惩力度。我国的公证管理体制是机构本位，公证机构作为公证实践的主体在公信力建设中至关重要。推选出适格的公证机构负责人，制定出完善的内部管理制度，切实规范办证程序，确保公证质量，才能彰显出公证公信力。奖罚不明是治军大忌，要奖就要奖到令人心生羡慕、促人争相效仿，要罚就要罚到令人心生畏惧、促人反躬自省。奖励点到为止，惩罚蜻蜓点水，就起不到奖惩的作用。商鞅立木取信，所以才有变法的雷厉风行。

第四，广泛交流，健全监督，营造良好的执业环境。良好的执业环境离不开行业内的培训、交流，行业外的了解、沟通，相关部门的理解、协调，离不开良好的自律机制，更离不开健全有效的监督。美国联邦大法官布兰代斯 100 年前说过一句名言："阳光是最好的消毒剂，灯光是最有效的警察。"把自己置于公众、媒体、同行和监管部门的监督下，行为失范、出轨的可能性才会降到最低。维护公证公信力，发自内心的自觉当然最好，来自身外的约束同样必不可少。

第五，加强宣传，典型引路，利用媒体平台彰显公证的公信力。当年"西安宝马事件"引发媒体轰炸不久，司法部领导陪同中央领导到北京市长安公证处调研。中央领导了解公证在保障中心工作、促进经济发展、维护社会稳定各个方面所做的工作后表示赞许，同时坦言自己是从家喻户晓的"西安宝马事件"才知道公证的。作为曾在部机关从事过公证管理工作的公证员，这句话言犹在耳，让笔者羞愧至今。从那之后，同样是体育彩票的现场监督，海南的公证人员查出申请方人员在彩球上做了手脚，避免了重大失实事件的发生，保护了彩民的合法权益。然而，这样一个有力维护公证公信力的典型事例却因申请方的原因，不见任何媒体报道，甚至我们业内也鲜有人知。其实，公证行业中不乏突出典型，公证机构中不乏先进人物，公证从业人员中也不乏彰显公证公信力的优秀事例。我们缺的是对社会需求日盛的公证法律服务的展示，是对公证实践中优秀典型先进事迹的宣传，是自上而下应对紧急事态的机制和能力。

第六，利用各种平台普及公证知识，培育公证公信力。据了解，业内一些发展较好的公证机构已经意识到宣传、普及公证法律知识的重要性，并开始以各自不同的方式反哺社会。笔者所在的北京市长安公证处在中国政法大学设立"长安公证奖学金"已经 10 年，每年 10 万元用以奖励、引导法学研究生撰写公证法律论文，了解、学习、钻研公证法律制度，初见成效。同时，我们在中国政法大学研究生院开设《公证实务》课程已进入第 5 个年头，选修该课的各学科研究生结课后均需撰写公证论文，选修的学生从几十人逐年增加，至今已近 500 人。

从实践可以得知，公证的公信力是可以也是应当培育的。相信政府主管部门、行业自律组织通过把握政策走向，整合各方力量，搭建各种平台，带动公证机构、公证从业人员通过公证执业活动、公证普及宣传活动，一定能形成合力，有力维护、切实增强公证公信力，推进公证事业的蓬勃发展。

“软”“硬”兼施　合力共建公证公信力

周志扬*

公证的公信力问题，从公证制度恢复到现在，30 多年来一直是我国公证行业反复讨论、主管部门和行业协会不断强调的一个根本性问题。2014 年上半年，中国公证协会要求全国公证行业开展“让人民群众能感知的公信力”实践活动，不是停留在理念的层面，而是从实践的角度，号召全行业行动起来，切实改善提高公证公信力。这是一次必将对公证行业产生重要影响的活动。

一、公证公信力的构成和体现

公证是前置性司法制度，公证机构、公证从业者向当事人提供的是预防性的法律服务，为当事人增加了多少收益、为当事人节省了多少开支、为当事人挽回了多少损失，当事人很难有直观的体验和强烈的主观感受，公证机构也很难有量化的标准和确切的统计数字。评估公证的公信力，成了一件比较困难的事情。那么公证的公信力是如何构成又是如何体现的呢？

我们不妨借用“硬实力”、“软实力”的提法，把公证公信力的构成要件分为两类：一类叫“硬公信力”；另一类叫“软公信力”。“硬公信力”包括公证的法律地位、公证制度的悠久历史、公证固有职能的优越性、公证救济制度的安全性、公证人员的专业性、公证机构的内部制度，等等；“软公信力”包括温馨舒适的办证环境、方便快捷的办证程序、公开透明的收费标准、礼貌体贴的服务过程、家喻户晓的传播普及、有口皆碑的美誉佳话，等等。

公证的法律地位是国家通过法律赋予公证机构的，是公信力的主要来源。公证制度绵延 2000 年的悠久历史，是公证制度公信力的有力证明。一种制度经历了各种不同的历史时期，在各种不同的文化环境里落地生根，足以证明这种制度的合理性和生命力。公证特有的职能，不像奢侈品那样可有可无，不像艺术品那样只能满足审美需要，而是像

* 中国公证协会常务理事，中国公证协会公证宣传文化工作委员会主任委员，北京市公证协会会长，北京市长安公证处主任。

衣食舟车那样能够解决公证当事人的实际问题。公证的错证赔偿、公证保险等救济制度，为公证当事人提供了安全保障。当公证出现纰漏给当事人造成损失，公证机构负有赔偿义务，免除了当事人的后顾之忧。公证人员的专业性是公证质量的决定性因素，也是不同机构之间公信力形成一定差异的能动因素，但总的来说，公证从业人员的高门槛、密集培训、业务学习制度，为公证人员的专业性提供了相对严格的制度约束。公证机构的内部制度或许大同小异，但就是这些小小差异，可能就会对公证质量产生明显的影响。内部制度收得紧，审查严格程序严谨，错证、不合格证的概率就低。有些“疑难杂证”，有的机构坚决不办，有些机构酌情可办，有些机构照单全办。不同的内部制度，对公证行业整体公信力的影响不容小觑。以上种种，属于公证“硬公信力”范畴。

“软公信力”都是与公证服务提供者有关的要件。办证环境是温馨舒适的还是呆板局促的，会对需要等候甚至排队的公证申请人的心理和情绪产生不同的影响，甚至直接影响其对公证处的主观评价，因此我们理应对那些克服困难，千方百计改善办证环境的公证机构表示敬意；办证程序是方便快捷的还是复杂拖沓的，影响的就不只是当事人的心情，还会给当事人造成时间上、体力上、经济上不必要的支出和效率上的损失，当事人的怨气和负面情绪还会向社会传播；收费标准是公开透明的还是袖筒子里捏出来的，给当事人的感受完全不同。有些机构为争夺证源，无底线地降低收费标准，客观上营造了公证行业内菜市场式的议价环境；有些公证员额外收取好处费和贵重礼品，把社会上的某些恶习带进了行业，授他人话柄，为世人不齿。服务过程是礼貌体贴的还是生硬粗疏的，不消多说，我们每个人都接受过别人的服务，都有过切身的体验，作为服务者，我们不妨作一番设身处地的内省。传播普及在这里是指对外宣传，协会、机构、从业者都有义务为扩大公证的影响鼓与呼，利用各种媒体特别是新兴的网络媒体、移动媒体、微信群、客户端，向亲朋好友普及公证常识，向社会公众传播公证正能量。有口皆碑的美誉佳话是我们的理想，但绝非幻想。当事人得到了满意的服务，个人愉悦之余，必定向亲戚家人、同事好友传达他的感受，进而影响一大批人对公证的评价，这就是口碑的力量。让每个当事人都得到满意的服务，应该成为全行业共同的追求。

二、公信力建设要“软硬兼施”

公信力建设是政府主管机关、行业协会、公证机构、从业人员合力共建的过程，各有分工，缺一不可。主管机关和协会除了行业管理和行业自律之外，还肩负着为行业发展开山辟路、架桥摆渡的重任，在公证公信力建设中扮演掌舵者和领航员的角色。但在具体的实践活动中，机构和从业者才是主体，因此我们的着眼点当然要放在公证机构和公证从业人员的身上。

如果上述关于公信力可分为“硬”的和“软”的两种公信力的提法成立，那么公信力建设就要“软硬兼施”，在巩固和强化“硬公信力”的同时，将主要精力和攻坚重点放在相对薄弱且容易见效的“软公信力”方面，力争尽快在若干方面取得较大突破。

在“硬公信力”方面，公证的法律地位目前还主要体现在《公证法》中，在其他相关领域的法律中公证地位还有待进一步明确。主管部门和中国公协应抓住每一次法律修改的机会，力争在民法、商法、社会法领域植入公证的种子。地方主管机关和地方协会则应积极与相关部门主动沟通，宣讲和展示公证的作用，在全国尽可能多的省区市，在尽可能多的民商事领域和社会领域，形成事实上的法定公证。公证机构应对内部制度来一次比较彻底地检阅，对于那些已经过时落后的、不尽合理的规章，要坚决按照“让人民群众能感知的公信力”实践活动的要求，以有利于提高公证公信力为原则，进行修改和增删。提高工作人员的专业性，主管机关、各地协会和公证机构都应强化业务培训制度，积极组织和制订培训计划，严把新进人员的业务素质关。公证人员则应该在提高专业性上对自己提出更高要求，可以为自己制订一个学习规划，如限时读几本书、写几篇业务文章、听几场业务讲座等。总而言之，要让硬件更硬。

在“软公信力”方面，各公证机构掌握着更多的主动权。在条件允许的前提下，要尽可能地改善办证环境，在环境细节上体现对人民群众的尊重和关怀。要简化和优化办证程序，尽量缩短办证周期，提高工作效率。在咨询环节就尽可能地把办证所需材料和要履行的程序告知公证申请人，以减少办证群众的奔波之苦。应严格按照国家规定的收费标准收取公证费，公开透明的“阳光收费”应该得到全行业的认真贯彻，扭转社会对公证收费随意性太大的不良印象。公证机构的每一位公证人员尤其是承办公证员，在服务过程中始终应该耐心、热心、和蔼、亲切，姿态仪表端庄大气，言谈举止文雅得体，对于老年人，要尽量满足他们的特殊需要，对于反应比较迟钝或情绪异常的申请人，要尽最大努力做好解释和安抚工作，用和风细雨去化解矛盾，营造轻松和谐的办证氛围。宣传工作必须给予高度重视，要认识到，业务不宣传就会有很多人根本不知公证为何物，功能不宣传就会使有公证需求的公众与公证失之交臂，成功案例和模范样板不宣传就难以抵消负面报道、树立行业应有的形象。列举的这些方面，都是十分必要且极具可操作性的事情，可收立竿见影之效。行业的公信力就是由这些细枝末节点点滴滴构筑起来的。只有这样，人民群众才能真切地体会到、感知到公证的公信力，只有人民群众能感知的公信力，才是实实在在的公信力。

浅谈如何以公证标准化提升公信力

耿一鸣*

司法部赵大程副部长在公证公信力建设研讨会上的讲话中要求公证队伍做到“坚定执业理念,坚持执业为民,牢固树立公证公信意识,认真办理每一起公证事项,建设让人民群众可感知的公证公信力”。中国公证协会业务规则委员会秦世平主任在谈及如何提升公证公信力时提出“我们应当从基础做起、从细节做起、建立长效机制,一以贯之地执行下去,逐步积累起社会信任,在制度合力的作用下,凝聚成公众高度认可的公证公信”,并在具体实施层面上提出“大力推进行业标准化建设,提升公证规范化社会形象,展现公证公信力”的观点。作为公证队伍中的基层工作人员,笔者在日常工作中深刻体会到公证标准化对于“建设让人民群众可感知的公证公信力”具有重要意义。

笔者认为,加强公证标准化建设是公证机构“建设让人民群众可感知的公证公信力”之重要途径。日常工作中我们发现,由于在办证各个环节上的不统一,缺乏标准化,造成了当事人的一些误解和困惑。我们应当尽可能提供标准化的公证服务来提高当事人的可预见性与合理期待,最终提高公证公信力。

一、继续完善立法,进一步规范办证标准

在《公证法》颁布10周年之际,一些公证机构正在为做好《公证法》的学习、宣传、贯彻和落实工作而积极筹备。对于公证工作人员来说,《公证法》是根本标准。同时我们也感受到,随着经济社会的发展,公证业务日益复杂化、专业化,公证执业风险也有逐渐增大的趋势。对于这些日益复杂化的公证业务,在实践中不同的公证处在办证要求方面有所差异,甚至同属于一个公证机构的不同公证员之间也存在差异。这种差异的产生给当事人带来了不便。针对这些疑难复杂的公证业务,以出台相应的操作指引的方式加强公证标准化,通过标准化的公证服务提高当事人的可预见性,进而实现公信力的提升。

* 北京市长安公证处公证员助理。

二、在具体业务中统一公证服务准则，规范收费标准

对于公证机构而言，咨询、接待当事人是向人民群众展现公信力的第一扇窗。由于在办证程序、材料要求、公证收费、办理时限告知的不统一使当事人对公证的公信力产生质疑，甚至诱发投诉的现象时有发生。造成这种现象的原因在于，非标准化的公证使业务办理的不确定性大大增加，使人民群众在心理上造成一种不信任感。为了消除这种不信任感，需要建立统一公证服务准则，在公证咨询、受理、收费到出证等各个环节按照统一服务标准和细则来实施，规范接待礼仪和业务流程，严格履行各岗位的服务承诺，使人民群众在第一次接触公证机构时就感知到公信力。一些公证机构已经开始有针对性地采取措施来建立标准化的公证。比如，长安公证处开展的“每日一证”业务研讨活动，力求通过讨论在办证程序、材料要求等方面达成共识，是提升公证标准化的一次有益尝试。从行业整体来看，亦需要推进行业标准化建设，努力实现“全国公证一盘棋”。

三、加强公证档案规范化管理

公证档案是由公证机构公证文书形成的档案，是公证机关证明活动的真实记录和最终成果体现，是国家档案的重要组成部分，具有无可置疑的证据效力。公证档案对公证工作具有重要的意义：公证档案有利于公证事项的复查，在受理复查投诉的过程中，公证卷宗是了解办证情况的重要原始证据材料，标准化的公证档案管理为公证机构在面对投诉和纠纷时提供有说服力的证据材料。除此之外，标准化的公证档案管理有利于公证质量的监管，通过对标准化管理的公证档案进行检查可以及时发现公证机构在质量管理中存在的问题，促使公证机构不断完善其公证质量控制体系。

当前公证机构在公证档案管理方面仍需要进一步规范。在《北京市公证档案管理办法》施行1周年之际，北京市公证协会于2015年3月开展了全市公证档案检查调研工作并拟于5月中旬举办全市公证档案管理人员培训，希望通过培训进一步加强和规范全市公证档案管理工作。这些举措表明，北京市公证行业开始有针对性地建立标准化的公证档案管理模式，将全市公证档案从立卷、归档、保管等各个环节上统一标准，规范施行。

四、建立标准化的办证系统平台

随着我国信息技术的不断发展，计算机及信息网络的应用已经普及应用到国民经济和社会生活的各个领域和部门，成为国家事务、经济建设等重要领域管理中不可缺少的工具和手段。加快公证信息化建设，利用现代计算机技术和通讯技术等手段，建立公证信息系统，规范公证业务流程，优化业务管理，为广大公众提供更方便、快捷的法律服务途径，就显得日益重要和紧迫，并已成为一项重要的任务。

建立标准化的办证系统平台有利于整合公证数据资源，实现公证数据资源的共享和联查。当前行业内部已经开始打造数据资源共享和联查的平台，如公证遗嘱备案平台等。针对当前社会诚信程度较低，公证行业可建立“黑名单”数据库，将在办证过程中遇到的涉嫌提供虚假证明材料骗取公证书等不良行为的当事人信息列入黑名单，使行业内其他公证机构免于损失。除此之外，在抵押登记、保管、提存等公证事务中也需要利用统一的办证系统平台的支持来实现数据资源共享和联查。

建立标准化的办证系统平台能使当事人感受到一份公证书不仅仅依靠公证员的执业活动，还依靠标准化的办证系统平台所提供的数据资源的支持。以标准化的办证系统平台打造规范且统一的公证体系可以真正使当事人感知到公信力的存在。

也谈公证质量

张　浩*

公证质量问题是公证业界永恒的话题之一。

2015年，北京市司法局印发了北京市司法局《关于公证质量检查的若干规定》，就规范公证质量提出了若干标准，对北京市公证行业的工作提出了更高的要求。下面就公证质量问题谈谈笔者的认识，请领导和同人指正。

一、公证质量的定义

对于什么是公证质量，目前还缺乏一个规范的、明确的定义。他山之石，可以攻玉。国际标准化组织（International Organization for Standardization，ISO）2005年颁布的ISO9000：2005《质量管理体系基础和术语》中对质量的定义是：一组固有特性满足要求的程度。

上述定义，可以从以下几个方面来理解：

1. 质量可以存在于不同领域或任何事物中。对质量管理体系来说，质量的载体不仅针对产品，即过程的结果（如硬件、流程性材料、软件和服务），也针对过程和体系或者它们的组合。也就是说，所谓“质量”，既可以是零部件、计算机软件或服务等产品的质量，也可以是某项活动的工作质量或某个过程的工作质量，还可以是指企业、机构的信誉、体系的有效性。

就公证而言，公证质量既存在于公证机构办证、提供法律服务的过程之中，也重点存在于最终出具的公证书中，它是过程和结果的双重体现。不过，限于认识水平和管理成本等问题，目前对公证质量的评价还主要体现在结果层面。

2. 定义中特性是指事物所特有的性质。固有特性是事物本来就有的，它是通过产品、过程或体系设计和开发及其后的实现过程形成的属性。例如：物质特性（如机械、电

* 中国公证协会公证文书研究委员会委员，北京市公证协会信息化工作委员会副主任，北京市长安公证处副主任。

气、化学或生物特性)、感官特性(如用嗅觉、触觉、味觉、视觉等感觉控测的特性)、行为特性(如礼貌、诚实、正直)、时间特性(如准时性、可靠性、可用性)、人体工效特性(如语言或生理特性、人身安全特性)、功能特性(如飞机最高速度)等。这些固有特性的要求大多是可测量的。赋予的特性(如某一产品的价格),并非是产品、体系或过程的固有特性。

就公证而言,因为公证活动本身所遵循的程序以及审查活动,使公证履职行为本身就具备了相应的特性。公证机构及其工作人员在这个活动中向外部体现出的种种特性就综合组成了外界对我们的认知和评价,这些都是公证质量的组成部分。例如,感官特性会因为公证从业人员的着装、仪表、谈吐等予以体现,而行为特性则会通过公证人员活动中的服务态度、专业素养等予以体现,功能特性则可以通过公证书在使用过程中的被接受度等方面予以体现。这些公证质量的特性有的比较明显,可以通过一定的方式进行监督和反馈,有的则较为模糊,不易监督和反馈。

3. 满足要求就是应满足明示的(如明确规定的)、通常隐含的(如组织的惯例、一般习惯)或必须履行的(如法律法规、行业规则)的需要和期望。只有全面、优质、高效地满足这些要求,才能被评定为好的质量或优秀的质量。

就公证而言,公证机构办理公证的过程和结果除了应满足法律规定的明示规定之外,还应该满足行业惯例或者社会舆论乃至社会道德对公证机构的隐含需求,否则也可能使公证质量遭到负面评价。例如,《公证员职业道德基本准则》的有关规定虽然比《公证法》和《公证程序规则》较为原则和抽象,但同样具有约束力,应予以遵守。

4. 顾客和其他相关方对产品、体系或过程的质量要求是动态的、发展的和相对的,它将随着时间、地点、环境的变化而变化。所以,应定期对质量进行评审,按照变化的需要和期望,相应地改进产品、体系或过程的质量,确保持续地满足顾客和其他相关方的要求。

就公证而言,公证机构及其管理部门、外界社会需求对公证质量的理解和要求也是动态的、发展的、相对的,过去不是问题现在可能成了问题,过去可能缺乏规范的现在也可能需要规范。例如,为了规范公证办证程序,《公证程序规则》在2006年进行了修订,就是为了适应《公证法》等新情况。

目前,对公证质量的规范主要集中体现在对公证卷宗质量的规范上,北京市司法局《关于公证质量检查的若干规定》就是主管部门对公证质量现阶段所应达到标准的集中体现。公证质量评价体系也正是通过这种规范性活动而逐渐成形,不断丰富,最终走向成熟。

5. "质量"一词可用形容词如差、好或优秀等来修饰。公证质量也是如此,虽然没有非常标准化、体系化的规定,但是评价公证质量可以简要概括为合格、基本合格、不合格,或者其他标准体系,以便在实践中进行运用。

综上,套用ISO的标准,可以对公证质量进行一个粗浅的定义:公证机构及公证员在公证活动中体现的满足公证申请和相关法律规定及规范的程度。广义地说,公证质量应该体现的范围和应该满足的标准涵盖比较广泛,应体现在整个执业过程中,而不仅仅在公证卷宗之中，既要满足公证申请的要求，还应满足包括相关法律规定、职业道德的要求。但是，鉴于对公证质量的评价应该尽量具体化和有针对性。所以狭义地说，公证质量具体集中体现在公证卷宗之中，主要满足的是公证申请及相关法律规定及规范的要求。

二、态度决定一切

公证质量的优劣直接关系到公证书的使用效果以及相关方乃至社会舆论对公证机构公信程度的评价，因此，进行质量控制是公证机构内部管理工作的重点之一。虽然法律规定了公证质量问题的事后救济方式，但是我们还是应该主要从源头上、从事前角度尽量减少、杜绝影响公证质量的根源，才能防患于未然。

笔者认为，影响公证质量的因素虽然有业务素质、责任心、审查手段、审批程序、当事人诚信、办证质量标准等诸多因素，但是，关键因素在于责任心，或者说是工作态度。与态度因素相比，其他因素相比之下则是次要、非关键因素。态度不端正、不尽心，懈怠敷衍，迟早会产生质量问题。所谓一念收敛，万善来同；一念放恣，百邪乘衅，就是这个道理。

按照定义，态度是人们在自身道德观和价值观基础上对人或事物的评价和行为倾向。那么，在对待公证质量的问题上，我们应该具有怎样的评价和行为倾向呢？笔者认为应该具有以下几个意识：

（一）责任意识

责任是一个人不得不做的事或一个人必须承担的事情。担任公证员，既是荣誉，更是责任。国家设定公证制度以保障社会主体的合法权益，公证质量就是实现这一目的的基础。广大公证员只有按照有关法律规定高标准、严要求地履行法定职责，提供优质、高效的公证法律服务，以满足申请人合法、合理的公证需求，并将责任感内化于心、外化于行，从信仰的角度、从事业的高度从事公证工作、看待质量问题，才能使国家公证制度真正得以有效落实、长期传承。同仁堂有一个著名的传统古训：炮制虽繁必不敢省人工，品味虽贵必不敢减物力，就是对责任意识的经典诠释。

（二）大局意识

如果责任意识是就事论事，那么大局意识则是从更宏观的角度看待公证质量在整个公证领域乃至法治领域的价值及其意义。公证机构的业务种类比较繁杂，与当事人的财产权利和人身权利密切相关，有的业务直接确定权利义务关系，有的则作为基础材料为其他法律关系服务。如果证据是法律体系基石，那么公证机构及其公证活动则是这个体系和基石的重要组成部分，对整个体系的正常运转至关重要。我们在办理公证事项时，应该时时不忘由点到面、由微观到宏观，从具体的法律关系放眼更加广阔、存在必然关联的相关领域，从更加广泛的关联关系中把握重点，回馈到我们的具体事务中。只有这样，我们的公证质量才能有更好的保证，我们也才能为社会承担更多的责任。

（三）危机意识

公证工作牵涉诸多法理、事理、情理，如逆水行舟，稍有松懈，就可能埋下隐患，乃至铸成大错，既影响当事人的合法权益，又给公证机构和自身造成不良影响。所谓真理和谬误往往只有一步之差，为此，我们每时每刻都要具有危机意识，正确对待各种利益诱惑，不断总结经验，善于举一反三，不断自我反省，勇于和麻痹、懈怠倾向作斗争，善于透过现象看本质，从习以为常中发现不平常。西谚说：开一家公证处，会关掉一家法院。言下之意公证人的业务和能力胜过法院。我们不敢有此奢望，但公证人作为法律人，具备较高的综合能力和素质确是必需的。但是，实践中出现的很多公证问题大多与素质关系并不大，而是与放松警惕、缺乏危机意识密不可分。所谓拿着公证的钱，干着侦探的活，公证人的意志和神经必须足够坚韧和敏锐，优秀的公证人往往是表面看似一团和气的重度强迫症患者。

（四）自律意识

自律和他律一直是一对矛盾。公证机构因为管理理念和内部设置不同，对于公证质量的把控采取了大同小异的手段和程序，但是，有的偏重自律，有的偏重他律。但是无论怎样设置，公证员都必须具有强烈的自律意识，不能因为外部约束和评价的淡化而放松对质量的要求，而是应该以自律作为保障质量的关键，能发现和解决的问题绝不要寄希望于审批流程和他律防范。《礼记·中庸》说："是故君子戒慎乎其所不睹，恐惧乎其所不闻。莫见乎隐，莫显乎微，故君子慎其独也。"君子慎独，不欺暗室。不论是否有外在监督，我们都要小心谨慎，这才是保证公证质量的内在基础。

（五）证据意识

因为高强度的工作和节奏，公证员办证的重心往往放在公证书的写作这一显性层面，而对卷宗内部的逻辑自洽和证据链构成较易放松警惕，容易忽略对证据系统化的准确把握，导致某些卷宗的证明依据和证明结论之间缺乏必要的逻辑，卷宗的证据材料收集不全、缺乏必要的审查或者说明，以做卷者之昭昭使看卷者之昏昏，令人不知所云。为此，必须要将证据意识贯穿到办证、出证、归卷以及质检的始终，让证据"说话"、让卷宗"说话"。否则，我们的公证质量只能是无源之水、无本之木。

（六）程序意识

程序法是实体法得以正确实施的保障。《公证程序规则》对公证程序进行了必要的、基本的规范。例如，作为申请办理公证的意思表示，当事人填写申请表就兼有内容和形式的双重意义。虽然在询问笔录中也可以对当事人申请公证的意思表示进行询问，但是笔录和申请表的功能明显不同。申请表体现的是申请人单方的意思表示，而询问笔录是记载公证员审查公证申请过程中的有关谈话内容，反映的是公证员的运用法律解决实际问题的工作过程。有人认为既然询问笔录也可以体现出申请人申请公证的意思表示，为什么不能简化乃至废除申请表？有人也经常援引国外的标准进行对比，甚至泛化到其他程序。这种理解虽然具有一定的合理性，但是，必须认识到公证行为是一种要式法律实施行为，是具有公权力特征的司法证明权的具体实施，必然也必须通过既定的程序。只有保证了正确的程序，我们的公证质量才能奠定良好的基础，为实体法的实施保驾护航。

（七）学习意识

当今时代是知识经济的时代，是全球化的时代，各种竞争本质上都是知识和人才的竞争。公证机构和公证员要想跟上时代，不仅要满足较为封闭知识体系的公证需求，还必须探索、开拓开放知识体系中潜在的公证需求，用手中的法律工具和社会发展相结合，才能保障和巩固公证体制存在的合理性和必要性，并不断发扬光大。“三日不读书，便觉语言无味，面目可憎。”这是北宋诗人黄庭坚说过的话。古人尚且有如此感叹，我们就更加应该具有学习的紧迫性。只有不断学习，我们才能不断发现我们思想上和工作中存在的与时代发展、与客观规律、与社会需求之间的差距，才能不断纠正我们存在的问题，提高我们应对复杂问题的能力，才能让我们的公证质量保持良好、稳定的状态。

（八）创新意识

从法律上讲，公证业务的范围是极其广泛的，《公证法》第 2 条将公证的对象界定为“民事法律行为、有法律意义的事实和文书”，这其实给予了公证机构非常广大的业务发展空间。近年来，各地公证机构都在开拓进取中进行了很多意识创新、业务创新和模式创新，为公证的发展上下求索，有的创新也成了全国公证行业学习的榜样。创新分为不同的层次，可大可小，可高可低。无论是细节、事务层面，还是宏观、业务领域，都可以进行创新。小的创新可以改变一时一地，大的创新可能影响整个行业。创新的前提首先是学习，但是仅仅学习还不够，因为创新需要打破固有的理念、习惯乃至利益格局，对于公证机构而言创新是充满挑战和困难的凤凰涅槃、浴火重生。创新必然会推动新思维、新方法和新秩序的产生。实践证明，公证业务的很多发展都是与创新密不可分的，创新是公证质量体系的再造，是对公证映射社会的升华，必然会给公证质量带来更多的内涵。

（九）知足意识

造物有涯而人情无涯，以有涯足无涯，势必争。争贵乎有度，无度则损人不利己。目前的公证行业虽然还面临很多发展中的困惑，但是总体而言，可谓是比上不足比下有余。之所以出现公证质量问题，之所以责任心会有懈怠，和少数人单纯追求经济利益有直接关系。虽然对于公证事业的发展而言，我们永远不应知足，但是，我们在利益上应该有知足意识，知道水满则溢、月有盈亏的道理。虽然根据现行体制和激励制度应该鼓励多劳多得和积极作为，公证行业内部存在一定的收入差距既是必要的，也是有益的，但是无论如何都不应以牺牲公证质量为前提，否则最终损害的是整个行业利益。

（十）换位意识

规范公证质量，不仅仅是公证机构和公证员自己的事情，站在换位思考的角度，对公证申请人、社会公众和上级主管部门也非常重要。首先，从公证申请人的角度，公证质量问题会对其合法权益造成直接损害，虽然可能会因为救济措施得到弥补，但会直接降低其对公证的信任和评价；其次，对于社会公众而言，任何一个可以归责于公证机构的负面报道都可能大大损害公证在社会公众心目中的形象，因此对公证赖以存在的社会信任基础构成重大损害；最后，近几年公证质量出现了不少问题，上访、诉讼案件不断发生，甚至引起全国轰动，给上级主管部门造成了很多不便，严重影响了正常工作。对此，公证机构必须经常换位思考，采取切实的行动以控制公证质量，争取有效维护和提升公证公信基础。

三、加强外部监督

有一个发生在第二次世界大战中期，美国空军和降落伞制造商之间的真实故事。在当时，降落伞的安全度不够完美，即使经过厂商努力的改善，使得降落伞制造商生产的降落伞的合格率已经达到了99.9%，应该说这个合格率即使现在许多企业也很难达到。但是美国空军却对此公司说"No"，他们要求所交付降落伞的合格率必须达到100%。于是降落伞制造商的总经理便去飞行大队商讨此事，看是否能够降低这个水准？因为厂商认为，能够达到这个程度已接近完美了，没有什么必要再改。当然美国空军一口回绝，因为品质没有折扣。后来，军方要求改变了检查品质的方法。那就是从厂商前一周交货的降落伞中，随机挑出一个，让厂商负责人装备上身后，亲自从飞行中的机身跳下。这个方法实施后，不良率立刻变成零。

上述案例告诉我们，提高质量的方法和可能性不是没有，关键是和谁性命攸关？公证质量问题的出现，存在诸多主客观因素，对于这些因素的认识是一方面，克服则是另一方面。实事求是地说，过去那种主要依靠自身监督，每年全市搞一两次质检的方法对于改进和提高公证质量，其促进和震慑效果还有待于加强。市局决定2014年起加强外部监督、加大处罚力度，作为监控和促进公证质量的手段，这种尝试不失为一个有益的探索。当然，外部监督的成本较大，如何在发展中完善，也还有很多探索的空间。

总之，作为公证从业人员，个人认为加强公证质量监督和管理是必要的，对提高和稳定公证质量具有积极的价值。同时，根据业务种类和重要性不同，在某些非关键、枝节性的问题上也不宜要求过严。例如，不影响根本文意的个别文字表述也应该允许存在一定比例的差错率，况且公证程序中也具有相应的救济措施。同时，按业务分类的相关质量标准也可以进行深入研究，甚至可以将质量标准体系扩大到服务标准等软性层面。例如，近日苏州市司法局报送的《公证服务质量管理规范》就通过了由江苏省司法厅、质监局、公证协会组成的专家组验收。可以预料，公证行业作为一个具有全国乃至全球影响力的重要行业，在质量和服务的统一、规范方面可以做出更多的探索。

特殊地位决定特别作用

蒋笃恒*

大陆法系国家的公证人大体上可以称之为法律顾问,他们熟悉有关不动产、买卖、抵押和解决地产问题的法律。在这些国家里,由公证人起草或以适当的方式加以证明的文件,法庭可予采纳而不必进一步证实其真实性。除了证明的功能外,公证人有促进交易安全、预防纠纷的功能。公证人在做成公证书的过程中,实际应参与关系人意思的形成,而其参与的程度则视关系人个人的背景与能力而定。对于法律知识完全欠缺或不足的人,公证人担负有保护上述人不被人占便宜与不受损害的社会任务,但公证人不得代关系人为意思表示,而仅于后者的意思形成时予以协助。因此,公证人可谓是在自由主义思潮下的私法自治与国家干预之间的媒介,具有特殊的法律地位。

公证权具有准司法属性,主要体现在有关公证的法律制度中。一般来说,各个国家在承认公证作为辅助性司法方式的同时,均以成文法的形式认可并规定公证权的取得、行使及其实现的保障。

一、公证人的职权由国家授予,而非当事人的授权,公证机构与当事人之间是公法上的关系,不是契约关系

公证人依据其职权可以制作与公文书相同效力的公证书,因公证人具有公职人员(public official)的身份,各国为了让公证书有必要的公信力,并保障公众的合法权益,对公证人资格的取得与公证行为有较严格的规定。

二、公证权的行使程序受到国家法律的约束

公证机构依据国家法律的规定进行公证活动,公证的方式、公证程序、公证书的效力

* 中国公证协会公证质量评估委员会委员,北京市公证协会经济业务委员会委员,北京市长安公证处副主任。

等都是由法律明确规定的，公证当事人只能在法律赋予的权利范围内行使权利，无权指挥公证程序的进行，也无权改变公证的方式和结果。公证人与申请人之间的法律关系均属公法上的关系。公证人有执行职务的义务，除非有充分的理由，不准拒绝申请人的请求。无论是本国人还是外国人的请求，无论是证明契约、认证签名、法律事实，还是代为草拟文书与提供意见，只要申请人不违背实体法或程序法的规定，公证人原则上应予以公证。

三、公证人资格的取得须具备严格的条件

各国公证人的管理机关多为司法行政机构或法院。在法国，公证人资格与其业务的督导机关是司法部。因此，司法部对公证人资格的认定与授予行为以及对公证人职务的监督负有重大责任。通常申请担任此职务的当事人须具备硕士学位、考试资格证书、经省公证人公会认定的实习证书等作为申请文件的附件送辖区的检察署，然后再由检察署进行调查，完成必要查询工作后，再将申请卷宗送司法部，由司法部部长任命公证人。公证人的公证行为受国家的监督，执行此监督的机关是其辖区的检察署。一般是由省公证人公会惩戒委员会作出调查报告后检察署视情况再进行调查，公众也可以申请检察署对特定的公证行为进行调查与监督，检察署也可以自行依职权进行调查。

四、强制性公证业务

公证人业务中有许多是国家法律规定必须由公证人办理的。这些规定散见于民法、商法、公司法、家庭法、票据法等法律中，主要是不动产事务、公司成立、婚约、遗嘱等。这既确保了国家对某些法律行为的有效监督，又保证公证人有一定可靠的收入。在一些国家中，公证人还担负一定国家官员的职责。法国、意大利等国的公证人负责征收不动产税。《意大利公证法》第 1 条还规定公证人可以接受法院的委托处理有关事务。

五、公文书的效力

从效力上来看，公证人出具的公证文书具有推定的证据效力和强制执行的效力，法院和有关机关应当采证和执行。《法国公证法》第 19 条规定：“公证证书不仅具有裁判上的证明力，而且在法兰西共和国全部领域内具有执行力。”因此，在国际拉丁公证联盟徽志上写着这样一句古老的拉丁格言：“我们写的就是法律。”在国际交往中，公证文书也作为一种可靠的证据，为各国互相承认。

六、行为禁止

为了维护公证行为的独立性,多数国家法律规定公证人不得从事特定的行为。例如,法律明文禁止公证人担任公司的董事与监事,也禁止公证人涉足游乐场所,尤其是赌场;公证行为既然是公务行为,为了维护公务的持续性,公证人没有一般公民的迁徙自由权,而须居住在其执业的辖区内,除有违反公序良俗且为法律明文禁止公证的事项外,公证人不得拒绝公证。在非公休日,公证人事务所应该开放。在其休假期间应自行安排职务代理人,由其他公证人到其事务所受理公证,以免公证事务的中断。除此之外,公证人不得罢工。

除此之外,公证人的特殊地位还体现在其违背职务时的责任上。公证人的责任,不同于律师、医生、会计师等基于契约,而是基于违反职务上的义务。公证人与公务员有相似的惩戒制度,如惩戒形式、惩戒程序、惩戒的救济等。在公证费用的收取上,不能由公证人以收取酬金的方式自行拟定,而必须依据国家的规费标准收取。

公证人虽然具有准司法人员的身份,但是在公证行为上,却具有民间性的特征。公证权具有双重性,它将“司法性”与“民间性”这两种似乎彼此对立的权力融合在一起。但是在他们的结合上,不同国家的公证之间却不尽一致,有的国家公证权更多地表现为民间性特征,当事人的意志在公证权的行使过程中占有主导地位,如英美法系国家;在大陆法系国家,公证权则主要体现为司法性特征,更侧重于司法性,强调公证人与公证权作为司法制度的一面,表现在公证权的取得(如法律规定强制公证)、行使过程以及公证的效力等方面。

公证人的特殊法律地位是由公证人职业的公正性和服务性所决定的。由于公证人的服务全部凭借公证人个人的知识和能力,就无须按照社会化大生产的方式进行,这就使公证人能够而且应当按自由职业者的方式来工作。因此,公证人又具有自由职业的属性。公证人的这种特殊地位可以保证国家对社会民事法律行为的有效监督,维护社会公共利益和当事人的利益,又可以减少国家经费开支。同时,公证人还可以有较大的独立性、灵活性,使公证业充满活力和生机,为社会提供有效的法律服务。

树立职业意识　做合格公证人

李　静*

进入公证处后，日常的工作不断地充盈着笔者对公证工作的认识。公证员是站在客观、公正的立场，以真实、合法为原则，维护当事人双方的合法权益。那些有着各自不同利益，甚至是相反利益的当事人来到公证员面前时，公证员必须中立，不带任何偏见的为当事人提供咨询，进行告知，解释法律，引导当事各方达成合法、公平的协议。

公证员是专业的法律工作者，在工作中要时刻注意维护法律的权威。法律是实现社会控制最有效率的方式之一，而公证员作为法律的实践者，应该理性地实施法律，树立和培养良好的职业意识。

一、服务意识

公证的宗旨就是服务于人民群众，通过公证使行为和事实获得强大的法律效力，实现当事人的法律目的和维护其合法权益。服务性是公证行业的生命，关系其发展的命运。但是在实践中，公证从业人员对公证服务性认识还没有给予足够的重视，存在服务意识不强的问题，主要体现在以下几个方面：(1)趋利现象，对难度大、收费低的公证事项，容易推诿；(2)消极接待，在接待过程中缺少耐心，在相关的事项说明上不愿意多解释或者任意解释，使当事人的问题无法得到及时的解决；(3)缺少灵活性，过分强调公证的规范性和原则性，没有注意到当事人某些可以变通解决的现实困难。

产生上述问题的原因，一方面，某些公证员缺乏服务意识，没有意识到公证的服务性，仍然以国家公务人员自居，过分看重经济效益，而忽略了社会效果；另一方面，公证行业缺乏现实可操作的行业规范，公证机构服务并没有一个具体的标准，从而使公证人员对服务缺乏足够的重视。我们必须充分认识到公证人员在服务意识方面存在的问题和原因，坚持“以当事人为本”的公证服务原则，提高公证质量，充分发挥其在法律服务方面的重要作用。

---

* 北京市长安公证处公证员。

提升服务意识，在日常的公证接待中，体现为热情接待，积极、耐心地解决当事人的疑问。坚持原则性和变通性相结合，严格遵守法律法规、行为规范，坚决抵制同情证、人情证。但同时，办证过程中可以采取灵活变通、有针对性的服务方式和手段，以当事人为本，最大程度上实现便民、利民、惠民的目标。

二、风险意识

《公证法》第6条规定，公证机构是依法设立，不以营利为目的，依法独立行使公证职能、承担民事责任的证明机构。该条文将公证机构定性为证明机构，其区别于行政机构、审判机构、检察机构，它们之间是服务与权力的区别。而作为服务行业，就不可避免会因服务产生风险。《公证法》第43条规定，公证机构及其公证员因过错给当事人、公证事项的利害关系人造成损失的，由公证机构承担相应的赔偿责任；公证机构赔偿后，可以向有故意或者重大过失的公证员追偿。风险的结果可能导致公证员承担民事赔偿责任；触犯刑法的，承担刑事责任。同时，如果公证员实施了《公证法》第41条和第42条规定的行为，还可能承担警告、罚款、吊销执业证书的行政处罚。所以，公证人员要做的，就是依法公证，最大限度地控制和避免风险的发生。这就要求公证人员在执业过程中要时刻具有风险意识，规范自身的执业行为，提高执业水平和公证质量，防止风险的发生。

“公证的执业风险主要是公证机构及公证员日常执业过程中的由于法律法规规定上的原则化与公证行业发展现状及社会执业环境之间的差距所导致的无法操控的危险。”①公证的执业风险主要分为实体上的风险和程序上的风险。

实体上的风险主要表现为以下方面：一是合法性的风险。现实中，有些申请人为了达到某种非法目的，采取以合法形式掩盖非法目的的形式：明明是为了逃避债务，却假借约定来转移财产；实际上是为了炒房，却只办理委托书，来逃避国家税收。蒙混过关后，将造成公证员的风险和责任。二是真实性的风险。例如，一些申请人为达到自身的违法目的，提供假的证明材料，恶意欺骗；由于公证机构无调查取证权，加之尚未形成信息资源共享的机制，使公证机构在核实证明材料的时候难度很大，造成了公证员的执业风险。

程序上的风险主要表现为违反《公证法》及《公证程序规则》中关于公证过程中的告知义务、核实义务等程序性规定。公证过程中，公证员需要对申请人告知公证中享有的权利和承担的义务，不履行这些行为，就会构成程序违法，可能导致公证书被撤销的后果。对于办证过程中，记录公证员与当事人对话的谈话笔录，应当详细记录，它能为公证书的结论及效力起到辅助证明的作用。在实践中，有通过谈话笔录的记载而成功规避风险的案例。虽然目前还没有因为笔录的原因而撤销公证书的情况，但一些地方已经出现申请表没有签名而撤证的判例。另外，在核实当事人提交的材料时，受制于对材料的甄

① 周凤红：“公证职业风险的防控机制”，资料来源 http://www.hfst.gov.cn/n7216006/n8681909/n8682183/n8682847/n8683581/17895942.html。

别，认定能力的局限性，而导致采纳虚假材料，发生涉诉风险。

虽然诸多实体上和程序上的因素给公证员带来很大的执业风险，但是公证员要以积极的心态去预防和控制，紧紧掌握风险的控制权，从以下几个方面做起，培养风险意识：一是学习和更新知识，提高自身业务素质。对于公证员来说，首先要在实践中不断加强学习，注意知识更新，了解和掌握立法、司法实践新动向，关注社会、经济发展的变化和趋向。同时，在公证执业过程中积累经验，严守执业纪律，规范办证程序。其次，司法行政机关、公证协会和公证机构要定期组织业务培训和相关知识的学习，强化公证员的风险防范意识。二是注重程序，严格按程序规则办证。《公证程序规则》以及司法部颁布如《投标公证细则》、《拍卖公证细则》等的具体规则，这些都是公证活动的“程序法”。程序是正义的保证，忽视程序，不尊重程序就容易出错，导致公证结果正确但因违反程序而被撤销。全国各地公证出现的纠纷内容不同，但是很多情况下，是因为少问了一句话，少告知了一个内容，而这些都是可以通过严格的程序来避免的。如笔录，可谓是公证机关的“救命稻草”，很多程序性的问题可以通过详细的笔录来避免。在做笔录时，应当用当事人的话来陈述。有可能引起歧义而无法修改的合同条款，应当由各方当事人解释，公证员记录在笔录中。公证员应当以法官在审理案件中认定证据的眼光去办理公证，以证据的标准来要求公证中程序性材料的记录和保存。三是充分利用《公证法》赋予的权利，严格业务拒办制度。根据《公证法》的规定，公证机构享有独立的办证权，同时法律赋予公证机构在某些情况下拒绝办理公证的权利。公证员要充分利用这一权利，对公证申请进行严格审查，评估公证事项的风险，在不符合法律规定和把握不准的情况下不予受理，控制执业风险。

要合理认识公证执业过程中的风险，提高风险意识，积极面对风险。公证机构及公证员要牢固树立风险意识，并将其融入日常公证业务的办理中，严格依法执业，提高自我保护意识。风险与机遇同在，我们既不能激进，也不能因噎废食，要合理防范风险，抓住机遇，促进公证业务的健康开展。

三、创新意识

现阶段，很多公证员都能做到恪守职责、循规蹈矩、按部就班地办理现有的公证业务，但由于公证存在一些固有的业务，使公证员在工作中，更多的是追求稳定，做好现有业务即可，而缺乏创新意识。提到工作上的创新，很多公证员都表示赞同，但是到具体的公证业务时，创新的难度就让很多人望而却步了，造成了“只心动不行动”的局面。

要意识到，公证业务范围不是一成不变的，由于我国并不存在法定公证的规定，因此，其他法律工作者很可能以提供其他法律服务的方式来变相地取代公证业务，导致公证业务的流失。而且在现有公证领域，也可能因为新兴事物的出现而对公证业务提出新的要求。例如，“中华遗嘱库”项目于 2013 年 3 月在北京启动，它为 60 周岁以上老年人提供免费办理遗嘱的登记、保管和传递服务。假设老人在中华遗嘱库保存了遗嘱，在其百年之后继承人持该遗嘱到公证处办理继承公证，此种类型的继承公证将如何办理？这无疑对公证员提出了新的要求。

另一个被我们忽视的是提存公证事务。一般认为，提存是指由于债权人的原因而无法向其交付合同标的物时，债务人将该标的物交给提存机关而消灭债务的制度。而作为提存部门，目前我国法律有明确规定的仅有公证机构。作为法律明确规定的提存部门，公证机构在实践中却往往出现提存难办，业务不断减少，并有被其他部门类似业务代替的现象。如在二手房交易中，有交易资金担保需求的交易双方，均到房产管理局下属的房产协会办理资金监管。还有一些法律服务机构如律师事务所等也正在尝试开展类似担保提存的业务。诚然，公证机构开展提存业务确实存在一些客观上的“瓶颈”，造成了实践操作中的困难。此外，公证机构办理提存公证事务缺乏社会力量的支持。例如，明信公证处为当事人提供不动产交易的“一站式”服务，取得了很好的社会效益。而对于其他想学习明信公证处开展二手房交易资金提存公证事务的公证处而言，却面临着另外一种结果。例如，广州市某公证处刚开始尝试，社会的相关部门如房产机构、房地产中介机构及报刊媒体等指责声铺天盖地而来，认为该公证处“越界”、“越权”。“其实公证的一站式服务确实能起到方便群众、保障交易安全的作用，只因是公证处的这种‘越界’、‘越权’行为触动了某些部门的利益，故受到一定程序的排斥，得不到社会应有的支持。”②目前，司法部已启动公证规则的修订计划，《提存公证规则》也被列入其中，正委托中国公证协会牵头广泛地征集建议，公证员可以结合工作实践，充分考虑公证机构的职能和目前公证行业所处的社会背景、司法环境，积极建言献策，使该规则能够从各类提存公证业务的特点出发，分别规范其办证程序，具有更强的可操作性。同时，谋求其他部门的支持，加强沟通联系，协调利益关系，以促进提存公证业务的快速发展。

再有就是农村房地产事项的公证。根据《公证法》第 11 条的规定，参考公证实践，目前可以公证的房屋权利包括：城市商品房的买卖、租赁、继承、赠与、遗嘱公证以及委托、声明等公证事项；公有住房因承租人死亡而办理的公有住房变更承租人协议书及声明书等公证事项；经济适用住房的继承公证事项；购买限价商品房的亲属关系公证等。而涉及农村房屋事项一般不予公证。随着经济的快速发展、农民法律意识的不断增强以及公证法律服务深入农村、服务农村理念的不断深化，广大农民其进一步了解了公证的公信力及其在诉讼中具有较强的证据效力，申请办理农村房屋的公证需求不断增加。我国对于土地权利与其地上房屋权利的关系处理，在坚持“地随房走”的同时建立了“房随地走”的原则。由于我国实行严格的农村宅基地管理制度，因此在农村房屋流转的问题上，面临着诸多困境，但在实际生活中，农村宅基地及其上建筑物的转让历来有之。这种转让的实现一般以传统的签订交易契约并交付房地产实物的方式进行，并已经成为民间普遍公认的民事流转行为。对此，我们应以更加客观的态度正视农村宅基地及其上房屋转让的现实性及其存在的合理性。笔者认为，涉及农村房屋的继承、赠与、买卖等民事法律行

② 冯运荣：“试论提存公证事务存在的问题及其完善”，载《法制与社会》2012 年第 22 期。

为在具备真实性与合法性的前提下可以办理公证，通过公证预防纠纷，以保障农民个人及其家庭成员的合法利益，维护家庭和睦，促进农村集体组织安定和谐发展。根据《土地管理法》第62条、第77条和第81条以及《物权法》第153条的规定，农民对宅基地只拥有使用权，只有在“住房转让给本集体内符合宅基地使用权分配的农户”这种情况下才可以转让。在其他情况下，农民对宅基地使用权的处分是受到法律限制的。对于房屋，我国现行法律承认其私有属性，并未在立法上对房屋的流转进行限制。可见，我国法律并没有完全禁止农村宅基地及农村房屋的流转。在不违反法律强制性规定的前提下，公证仍然可以介入农村房屋流转程序中。如本集体组织成员之间的房屋流转符合上述规定的情况下是可以流转的，涉及该房屋的继承、赠与、买卖等相关公证事项亦可以受理。还有现在争议很大的“小产权房”。从合同主体上看，本集体组织的村民购买“小产权”房屋，房屋所有权及宅基地使用权均可以流转，可以办理《购房协议》公证，而其他主体签订的《购房协议》因宅基地流转受到限制，公证的风险增大，故不宜办理。

我们对于传统公证业务，要办的个个扎实，着力于提升服务质量。然而，我们在稳固传统公证业务的同时，要积极寻求创新，发现市场需要，争取潜在的顾客，拓展公证业务的领域。

四、结语

作为公证行业的新人，笔者感受到的是行业发展的勃勃生机，但同时，“宝马彩票案”等事件的出现也让笔者认识到挑战与机遇是并存的。如何面对目前的局面？首先，从自身做起，树立良好的职业道德，培养道德高尚、诚实信用、谦虚谨慎的品行和修养；其次，提高业务素质，在工作过程中发现问题、研究问题、解决问题，通过不断地学习充实理论知识和积累实践经验，为以后的工作打下坚实的基础。相信在公证同人的共同努力下，我们的行业一定能够蓬勃发展。

公证当事人主体资格制度衍思

陶　峰*　于　坤**

任何法律关系的展开、法律规则的适用都离不开制度主体的参与，因而主体制度被视为法律制度的基础理论和出发点，公证制度也不例外。作为一项以程序性为主的司法制度，公证制度在当今社会民商事活动中发挥着日益重要的作用，为民事主体寻求交易安全和权利保障提供了便捷途径。然而公证程序的启动并非任意而为，赋予哪些民事主体以公证申请权使其进入公证程序从而获得权利保护，即公证当事人的主体资格，是公证当事人主体制度研究的重要方面。尤其随着新型公证事项的纷繁涌现，公证机构决定受理公证事项与否时，所需面临的首要问题就是对当事人主体资格的判断。本文在此予以探讨，供公证理论及实务界人士商榷。

一、公证当事人的主体资格

（一）含义及要件

公证当事人的主体资格，是指民事主体能够以自己名义申办公证并在公证活动中享有权利、承担义务所需具备的条件、要求。

司法部2006年新《公证程序规则》第9条规定："公证当事人是指与公证事项有利害关系并以自己名义向公证机构提出公证申请，在公证活动中享有权利和承担义务的自然人、法人和其他组织。"该条规定了公证当事人需符合以下三个条件：第一，以自己的名义向公证机构提出公证申请；第二，申请人与申请公证的事项有利害关系；第三，在公证活动中能独立地享有权利和承担义务。① 其中核心条件是第2项，即当事人要与申请公证的事项有"利害关系"。与此不同，2002年旧《公证程序规则》则要求当事人与公证事项有"法律上的利害关系"。在对公证当事人主体资格的界定问题上，程序规则中从"法律

* 中国公证协会业务指导委员会委员，北京市公证协会行业纪律和争议处理委员会委员，北京市长安公证处主任助理。

** 北京市公证协会宣传工作委员会委员，北京市长安公证处公证员。

① 司法部、中国公证协会编：《公证程序规则释义》，法律出版社2006年版，第30页。

上的利害关系”到“利害关系”的转变，反映了立法上对公证当事人主体资格的逐渐放宽。

（二）对“利害关系”的理解

公证程序规则之所以对当事人申办公证进行限制，要求当事人需与公证事项之间具有一定的关联性，即“利害关系”。一方面是为了公证程序能够更充分地发挥程序价值，另一方面也是为了避免公证当事人不当行使公证申请权而造成对他人权益或社会公共利益的侵犯。但何为“利害关系”？衡量标准是什么？相关法律并没有明确。

“利害关系”这一概念并非专用法律术语，除了在公证法律规范当中被使用外，它还出现在其他法律规范当中对规则内容予以表述，如民事诉讼法中的“直接利害关系”、行政诉讼法中的“法律上利害关系”以及商标法中的“利害关系人”等。但是由于“利害关系”没有特定的概念内涵和外延，所以在使用当中大多由其所处的具体法律规范根据所调整的法律关系的不同而赋予具体的概念内涵和外延。

（三）公证事项的“利害关系”类型化分析

公证事项的繁杂，决定了公证机构在受理当事人的公证申请时，对其与公证事项是否具有“利害关系”的审查判断并非采取唯一或恒定的标准，而是根据具体的公证事项种类和证明对象来确定。根据公证法的相关规定，公证机构可以对民事法律行为、有法律意义的事实和文书进行证明。笔者在此对“利害关系”予以类型化分析，考察在不同证明对象的情况下的公证当事人主体资格。

1. 对民事法律行为而言

（1）权利义务的享有者

第一，实体性权利义务的享有者。

实体性权利义务享有者，是指在民事实体法律关系中享有权利或承担义务的主体。该类主体由于对民事实体权益享有合法的处分权或支配权等，因此可以通过实施相关法律行为来处分这些权利义务并以自己名义申办公证。这些实体性的法律关系包括物权法律关系、债权法律关系、知识产权法律关系等，申请公证的民事法律行为类的公证事项可包括委托、合同、遗嘱、赠与等公证事项。

第二，程序性权利义务的享有者。

程序性权利义务的享有者，是指在某项程序性活动当中享有权利并承担义务的主体。该类主体虽然不享有实体上的权利义务，但是基于程序当中所享有的权利义务，亦可实施相关法律行为并以自己名义申办公证。例如，在民事诉讼中，原被告双方都享有委托他人代理诉讼的权利。基于此项程序性权利，双方皆可签署委托书授权他人代理诉讼，并可向公证机构申请办理委托书公证。

（2）依授权对某项活动、行为享有组织、管理、实施权的主体

在民商事活动中，有些行为主体虽然对行为内容和结果不享有实体上的权利义务，但是基于实体权利义务人的授权或法律的强制性规定，而取得独立组织某活动或实施某

行为的职责或权利，此类主体包括抽奖、评选活动的承办方，受委托拍卖物品的拍卖公司以及招投标代理机构等。虽然这些主体对活动本身并不享有直接的权利义务，且活动结果也由主办方或委托人承担，但其从事上述活动完全凭借自己能力独立实施，而某些情况下对其资质有强制性规定（如拍卖公司、招投标代理机构等），委托人根本没有能力或不具备资质组织上述活动。鉴于这些情况，应视此类主体对该项活动或行为具有利害关系，可以自己名义独立申办公证。

（3）依法律规定、团体章程或成员授权行使集体管理或保护的社会团体

依法律规定团体章程或成员授权行使集体管理或保护的社会团体具有社团法人的资格，通常依法律规定、团体章程或成员授权对某一行业或领域行使集体管理或保护职能，如中国音乐著作权协会。《著作权法》第 8 条第 1 款规定，“著作权人和与著作权有关的权利人可以授权著作权集体管理组织行使著作权或者与著作权有关的权利。著作权集体管理组织被授权后，可以以自己的名义为著作权人和与著作权有关的权利人主张权利，并可以作为当事人进行涉及著作权或者与著作权有关的权利的诉讼、仲裁活动”。因此，作为授权管理的团体，当中国音乐著作权协会发现会员的著作权利受到侵害时，可以自己名义申办保全证据公证，维护会员权益。

2. 对有法律意义的文书而言

有法律意义的文书包括文件类和证书类，申请办理此类公证者通常要求是该法律意义的文书的合法持有人。

（1）文书所颁发、授予、出具的对象

文书所颁发、授予、出具的对象，既是文书的合法所有人，亦是文书的合法持有人。文书的出具单位在出具文书时，如果已经载明了文书所颁发、授予、出具的对象，则向文书使用者或采信者明示了文书的合法持有人。该持有人不仅对文书本身享有权利，亦对文书的内容享有权利，因此可以自己名义独立申办公证，如学历、学位证书的被授予者、营业执照的被颁发者等。

（2）经文书所颁发、授予、出具的对象同意而合法持有并使用该文书者

文书的合法持有人，除上述文书所颁发、授予、出具的对象外，亦包括经其同意或授权而合法持有或使用文书者。例如，专利权人与许可使用人签订许可使用合同后，许可使用人因行使合同权利需要经专利权人同意而申请办理专利权证书公证。如果甲欲将房产出售给乙，双方签订了房产买卖合同且乙支付了部分房款，但双方未办理房屋产权过户，而后甲一房二卖，将同一处房产又出售给丙，并与丙办理了房产过户手续。乙欲通过诉讼方式维护自己权益，为证明甲将房产卖给丙的事实，乙找到丙，希望借用甲与丙签订的房产买卖合同及丙名下的房产证，向法庭提供作为证据，丙愿意协助乙，但不愿乙长期持有上述文件原件，故在丙同意的情况下，乙持上述文件到公证机构办理复印件与原件相符的公证，基于上述情况，乙可作为上述文书的合法持有人以自己名义申办公证。

（3）在文书没有载明特定的所有人、持有人或使用人，而是向社会公开传播的情况下，申办公证的主体具有不特定性

在此情况下，由于文书没有特定的权利主体，且文书信息由社会公众所共享，所以申办公证的主体具有不特定性。对公证当事人主体资格“利害关系”要件的审查，完全依赖其所陈述的办证理由进行判断，必要时应要求当事人提供相关材料予以佐证或说明，同时综合考虑公证书的使用后果以及社会利益、公序良俗等原则，确定能否以其名义申办公证。例如，向社会公布的法律、公开刊登的新闻报道等，当事人称其要提供给外国法院诉讼使用，申请办理译文相符的公证，公证机构对此审查受制于形式层面，应由当事人对其陈述或使用公证书负担法律责任。

3. 对有法律意义的事实而言

（1）有法律意义事实的参与者、亲历者

有法律意义事实的参与者、亲历者是事实本身的当事人，对该事实享有当然的利害关系，有权以其名义申办公证。例如，亲属关系公证中的任意一方，经历公证中的工作经历人等。

（2）对该事实后果享有其他权益的人

法律事实的发生必然会引起相应的法律后果，有些主体虽然不是事实的参与者、亲历者，但是法律事实的发生却对他们的权利义务产生影响，在此情况下，该事实即与他们产生利害关系，可以自己名义申办公证。例如，死亡的事实可引起财产继承、领取抚恤金、保险金等，对该后果可能享有权利义务的人，可以自己的名义申请办理公证。

二、对保全证据领域的公证当事人主体资格的焦点问题探讨

在保全证据领域，公证证据以其对客观事实的证明作用为当事人维护实体权利提供了重要的支持，尤其在知识产权保护领域，越来越多的当事人通过公证方式对侵权事实进行保全，从而为主张实体权利争取主动。由于保全证据公证书在使用当中将会对当事人的实体权益产生重要影响，因此公证机构在该项公证当中对当事人主体资格的审查，一方面关系当事人能否利用公证方式为自己固定证据从而维护权利，另一方面关系当事人申办公证是否造成对他人合法权益或社会公共利益的侵犯。在保全证据公证领域，关于当事人的主体资格问题，其争论焦点主要集中在：公证当事人是否必须是实体权利义务人，即是否对所保全的对象享有实体上的权利或者遭受了实体上的权利损害。

对此，我们持以下观点：

1. “利害关系”不等于“实体权利”，对“利害关系”的判断，不能以实体权利义务作为唯一标准。

程序规则之所以要求公证当事人与公证事项之间具有“利害关系”而不是“实体权利”，就在于“实体权利”与“利害关系”的概念是有差别的，两者不能等同，“实体权利”只能作为衡量利害关系的一种而不是唯一标准。在保全证据公证中，公证机构主要对客观事实进行证明而不是对实体权益进行确认。这一点决定了公证法律关系中的“利害关系”，必然区别于民事诉讼中的当事人必须与诉争实体权利义务具有“直接利害关系”的

标准。

2. 公证机构的证明职能不同于审判机关的事实认定职能，公证机构的审查判断应以其自身职能为定位。

在保全证据领域，公证机构证明的对象是某一事实的客观真实状态而不是实体权利义务归属，这一事实是否构成侵权、侵犯何种权利，甚至侵犯了谁的权利，都只能通过诉讼程序由司法审判机关加以确认，公证机构无权也没有能力审查确认。当事人申请办理公证，是希望通过收集、固定保全的证据，在今后可能发生的诉讼程序中说服法官，而不是在为此保全证据的公证程序中说服公证员。因此，如果公证机构在公证程序中就要求当事人提供足够充分的材料，证明与待证事实之间实体权益及侵权关系的成立，并以此作为能否受理当事人公证申请的条件，则无异于先入为主代行了审判机构的职能，偏离了公证书作为证据的基本属性和公证机构作为证明机构的基本定位。毕竟公证与诉讼不同，申请人申办公证是为了保全证据，而谁有权利凭此证据通过诉讼或其他途径主张权利，则是另外一个层面的问题，不能一味地以申请人不具备主张实体权利的主体资格而否认其申办公证的主体资格。

3. 经实体权利人许可从事取证活动的主体有权以自己名义申办公证。

与实体权利人签订代理服务协议或取得授权，为实体权利人维权需要从事取证活动的主体，包括律师事务所、知识产权代理机构等，可以自己名义申办公证。理由有三：一是该类主体对公证事项享有“利害关系”，尤其在有偿代理的情况下，该类主体代理活动的结果将影响和决定代理服务协议的履行状况，其对公证事项享有类似合同上的利益；二是该类主体凭借自己的力量独立实施取证活动，在取证活动中进行独立判断和决策；三是该类主体申办公证更便于取证和程序操作，尤其对于一些身居境外的实体权利人，有些侵权行为是非常容易消逝的，如侵权网页可能随时更换、售假行为可能随时停止等，发现侵权行为后如果不及时保全而等境外授权文件在公证认证并寄至国内，证据恐怕早就灭失了，也不利于维护权利人的自身利益。因此，应允许实体权利人授权或委托的主体以自己名义独立申办公证。

三、公证当事人的主体资格与民事实体法、程序法发展的契合思考

（一）公证法与民事实体法、民事诉讼法的关联

公证法与民事诉讼法虽然同为程序性的法律制度，但是在各自领域追求独立的程序意义和价值内涵，公证法在非讼领域彰显事先救济、预防纠纷的制度功能，而民事诉讼法则在诉讼领域弘扬定纷止争、确权明利的正义理念，二者在不同领域共同实现和维护民事实体法所确立的权利义务关系。因而，公证法、民事实体法和民事诉讼法有着密不可分的联系，在主体制度上也有着共通之处。民事实体法确立了民事实体法律关系中民事主体的基本地位及权利义务内容，民事主体的实体权利义务遭受损害后必然要寻求司法

救济,即提起民事诉讼,如此便进入诉讼程序,成为民事诉讼法的主体;民事主体在进行民商事活动中为实现交易的安全或留存相应证据,也会考虑采取公证途径维护自己权益,如此便启动公证程序,成为公证法上的主体。因此,三者的主体制度以民事实体法为基础。

在民事实体法的规定滞后的情况下,许多新型的法律关系还未在实体法中予以明确,但是相关纠纷已经产生了,为使更多的民事主体获得诉讼上的当事人资格从而通过诉讼途径获得司法救济,民事诉讼法的学者们不得不修正传统"直接利害关系"的当事人理论以适应扩大实体权利救济的需要。公证文书由于具有法定的证据效力,在民事权益救济中日益为社会公众所青睐,公证机构在实务中也越来越多地面临非实体权利义务人申办公证的情况,因此有必要对公证当事人的概念进行重新审视和定位,为社会公众寻求利益保护提供制度支持。

公证法意义上的当事人概念是程序性概念,有其独立性的程序价值和意义,对"利害关系"的考量应立足于公证事项本身。针对不同的公证事项,当事人与其"利害关系"的关联内涵有所差异。在独立性价值之外,公证法意义上的当事人概念不可避免地受到民事实体法与程序法的影响,因此应与民事实体法及程序法的发展相契合。

(二)民事诉讼法的诉讼担当理论对公证当事人主体资格的影响

民事诉讼法上的诉讼担当,是指本不是权利或民事法律关系主体的第三人,对他人的权利或法律关系有管理权,以当事人的地位,就该法律关系所产生的纠纷而行使诉讼实施权,判决的效力及于原民事法律关系的主体。也就是说,私法上权利主体或法律关系以外的第三人,以自己的名义,为了他人的利益或代表他人的利益进行诉讼,目的在于主张一项他人享有的权利。诉讼担当分为法定诉讼担当和任意诉讼担当。法定的诉讼担当是基于实体法或诉讼法上的规定而产生;任意的诉讼担当是基于权利主体通过自己的意思表示而赋予他人以诉讼实施权而产生。② 由上述理论可得知,不享有民事实体权利义务的第三人,亦可因法律规定或当事人意思表示而被纳入诉讼程序,获得诉讼法上的程序主体资格。而公证法上的当事人概念,可否借鉴上述理论,尤其是在符合法定诉讼担当的情况下,将民事实体权利义务之外的第三人纳入公证程序,使其获得公证法上的当事人主体资格?

1. 未出生的胎儿在公证程序中的地位

根据《民法通则》的相关规定,自然人的民事权利能力始于出生终于死亡,未出生的胎儿不应享有民事权利能力。但是在继承法上又承认胎儿具有有限的民事权利能力,即规定在分割遗产时,应为胎儿保留继承份额。随着社会和法律的发展,各国立法给予未出生的胎儿以越来越多的保护,尤其是在环境污染、医疗事故等造成胎儿受害的,应承认

② 江伟主编:《民事诉讼法学原理》,中国人民大学出版社 1999 年版,第 404 页。

胎儿具有民事权利能力。③

在一项继承权公证中，被继承人过世后，其妻子代腹中的胎儿主张继承权利，胎儿在此项公证当中应是何种法律地位？笔者认为，在目前法律未对胎儿的民事权利进行明确规定的情况下，应适用民法通则对自然人民事权利能力的规定，因其不具备民事权利能力而不能作为公证当事人以自己名义申办公证。在此情况下，可借鉴诉讼担当的理论，由胎儿的母亲以自己名义申请公证，公证行为的结果则由胎儿承担。

2. 已死亡著作权人的权利保护

根据《民法通则》的一般规定，自然人死亡后即不再享有民事权利能力。而根据《著作权法》第20条的规定，作者的署名权、修改权、保护作品完整权的保护期不受限制；第21条规定，公民的作品，其发表权、使用权和获得报酬权的保护期为作者终生及死后50年。按照上述规定，已死亡公民的著作权利亦享有相应的权利保护。如发生侵犯著作权的现象，其继承人要申办保全证据公证，以期为寻求司法救济固定证据时，亦可根据诉讼担当理论，由其继承人以自己名义申办公证，获得公证法上的主体资格。

（三）对于限制行为能力人的未成年人，应赋予其以自己名义独立申办某些公证事项的资格

对于限制民事行为能力人是否能够以自己名义独立申请办理公证，新旧程序规则作了不同规定。旧程序规则规定，限制民事行为能力人申办公证，应当征得其法定代理人的同意或由其法定代理人代理，意即限制民事行为能力人在其法定代理人同意的情况下可以独立申办公证。而新程序规则，则规定限制民事行为能力人申办公证，应当由其监护人代理，取消了限制民事行为能力人独立申办公证的资格。

笔者认为，对限制民事行为能力人申办公证的资格，应根据具体公证事项的繁简程度及其对人身、财产等权益的影响程度加以区分。根据《民法通则》的相关规定，限制民事行为能力人的未成年人，可以进行与他的年龄、智力相适应的民事活动；限制民事行为能力人的精神病人，可以进行与他的精神健康状况相适应的民事活动。由于对精神疾病的判断涉及医学专业知识，已超越公证人员的审查判断能力，所以对于精神病人申办公证，无论是限制行为能力人还是无民事行为能力人，应一律由其监护人代理。对于精神正常的限制民事行为能力的未成年人，在其年龄、智力所能认知、理解且对其人身、财产权益不会产生重大影响的公证事项范围内，可由其独立申办公证，如为出国留学所申请办理的学历、亲属、出生、无犯罪等公证事项。但毕竟申办公证行为不同于一般的民事行为，因此对于限制民事行为能力人的未成年人申办公证，也应进行严格限制，年龄上可限制在16周岁以上，公证事项应限制在对其人身、财产权益不会产生重大影响的范围内，公证法律文件应予明确规定，以便实务操作。

---

③ 邵明著：《民事诉讼法理研究》，中国人民大学出版社2004年版，第160页。

四、对当事人滥用公证申请权的风险防范

由于公证书具有法定的效力，一旦作为当事人主张实体权利的依据，就会在司法程序的事实认定层面发挥作用并进而影响实体权利的确认。对公证当事人主体资格的扩大解释，虽然有利于民事主体通过公证程序维护自身权益，但是同时也为恶意申请人滥用公证权利提供了空间，增大了办证风险。公证机构及公证员有必要采取措施予以防范，减轻和规避办证风险。在此笔者认为，可从严谨公证机构的办证程序和约束当事人的申办公证行为两方面进行。

（一）严谨公证机构的办证程序，提高风险意识

公证员在对当事人的主体资格，尤其是与公证事项是否具有"利害关系"进行审查时，往往以当事人自己陈述的办证原因、目的及用途为依据进行审查，大多凭借公证员的个人阅历、常识经验进行判断。对于可能涉及重大人身或财产权益的公证事项，或公证员认为有疑虑，明显违背经验常识的公证事项，应要求当事人提供相应材料予以佐证。

在公证书证词中可载明证据来源、公证机构审查证明的范围以及限定公证书使用的范围等方式，对公证书使用者进行善意提示，避免办证风险。

公证机构应履行对当事人的告知义务，告知此种证明方式的证明程度和范围，无法对公证书能否达到其所期望的使用效果进行考察等，当事人需自己衡量公证书的使用效果。

（二）对当事人的申办公证行为进行规范和约束

当事人在申办公证的过程当中，如有虚假陈述、提供虚假办证材料骗取公证书等行为，应追究其法律责任进行惩戒。对此《公证法》第 27 条规定了当事人负有向公证机构如实说明申请公证事项的有关情况，提供真实、合法、充分的证明材料的义务；第 44 条规定了对于当事人提供虚假证明材料，骗取公证书给他人造成损失的，应要求其承担民事责任，或给予其治安管理处罚，或追究其刑事责任。

对当事人恶意申办公证、滥用公证书的行为应当予以公示、惩戒。实践出现过当事人滥用公证书的情况，如恶意夸大公证书的证明范围、曲解公证书的证明内容进行虚假宣传等，公证法律规范应增加对此种情形的规范和约束。对于当事人的上述恶意行为给他人造成损失的，应由其承担相应的法律责任。

五、结语

公证当事人主体制度是公证制度的重要组成部分，并与民事实体法、程序法的主体

制度密切相关。对公证当事人主体资格的界定,要符合公证活动的自身规律,既要避免因受其他法律规范影响而仅局限于从实体权利义务层面考察的狭隘,也要避免因恣意扩大当事人的范围而造成对公证权利的滥用和他人权益的侵害。公证当事人的主体制度,应立足公证制度的职能定位,彰显公证程序的独立价值。

公证在物权流转中的角色与前景

周志扬*

2007年10月1日《物权法》正式实施，此前的2006年3月1日，《公证法》也开始正式实施。新中国历史上第一部《物权法》和第一部《公证法》先后颁布施行，昭示着我国的民商事领域迎来了划时代的发展契机。然而，欣喜之余我们不难发现《物权法》并没有如很多人所期待的那样，把法定公证条款明确地写进去。虽则遗憾，但这并不意味着公证被排斥在物权领域之外，或公证在物权领域就无所作为。恰恰相反，《物权法》与《公证法》，犹如“鸟之双翼、车之双轮”，二者缺一不可，紧密相连。要贯彻落实好《物权法》，就必然要充分发挥公证的作用，让公证成为物权制度发展的推进器。

一、公证是物权转移的既有制度

公证与登记相互配合保障物权流转的准确，在德、法、意、日等诸多国家的民法典中均有明确规定。《德国民法典》第313条规定：“以当事人一方负担让与土地所有权义务的契约，需有公证证书。”《法国民法典》第1601－2条规定，到期付款买卖是指，出卖人承担义务，于不动产完工时交付该不动产，买受人承担义务，于交付之日起受领该不动产并支付价金的契约。不动产的所有权转移，依公证文书确认不动产完工而当然发生。所有权转移之效力追溯买卖成立之日。《意大利民法典》第2657条“登记的依据”规定，如果未按照判决、公证书或有签字认证或司法认证的私文书进行登记，则登记不得进行。上述诸国的法律规定，使得公证成为登记的“风险过滤器”，从而有效保证了登记的迅捷和正确性。

相较于国外，我国的法律虽然没有规定“法定公证”制度，但在《物权法》颁布前的20多年里，公证制度已经存在于物权领域并发挥着重要的作用。就我国物权领域而言，举凡不动产变更和转让、存款变更和转移、证券转让、车辆变更和转移、股权转移等，早已与

---

* 中国公证协会常务理事，中国公证协会公证宣传文化工作委员会主任委员，北京市公证协会会长，北京市长安公证处主任。

公证结下不解之缘。公证制度的应用已经形成物权流转的既有制度，可以说，不是公证制度依附于《物权法》，而是《物权法》需要公证制度。

（一）物权的非交易流转领域已经形成“法定”公证

目前，在物权的非交易流转领域，登记部门已经完全依托公证机构的实质审查进行登记。对诸如继承、赠与、析产、夫妻财产约定等事项，全国各地无一例外把公证作为登记的前置程序。因此可以说，通过公证保障非流转领域的交易安全已然形成制度，并被国人普遍接受。应当注意的是这种局面的形成并非有关主管部门格外关照公证机构，而是政府相关职能部门为保障物权流转的安全合法，慎思再三而“让渡”出来的，同时也是公证行业为适应和满足社会需求，抓住机遇，经过20多年的探索和努力赢得的。在20世纪八九十年代，经过改革开放之初的拨乱反正和落实政策，儿孙辈甚至重孙辈要求继承其先祖房产的情况陡然增加，刚刚复办的公证机构配合房产登记部门进行实质审查，从法律上保障了国家私房政策的落实。于是，司法部、建设部下发《关于房产登记管理中加强公证的联合通知》，以规范性文件的方式确定房产继承、赠与应当公证。如果说1991年的这个通知是公证与不动产登记主管部门协商的结果，那么，之后的从继承、赠与扩及析产、夫妻财产约定、委托等事项在变更登记前均须办理公证，则是房屋管理部门和土地管理部门自觉主动的行为。再之后，我们发现不仅仅是涉及不动产的非交易物权流转需要办理公证，负责存款登记的商业银行、负责证券登记的证券公司、负责车辆登记的公安部门、负责股权登记的工商行政管理部门也逐步将公证确立为前置程序，以公证机构的确权作为继承、赠与、析产、夫妻财产约定等非交易物权转移登记的依据。国内一位商业银行高管曾对记名国债及银行存款的权利变更问题暨金融机构要求变更申请人须先到公证机构确权后方予受理作出解释：银行工作人员大多是学金融、财会的，没有能力也没有精力审查存款人的遗产属于谁。以前只要取款人证明自己是死亡存款人的直系亲属即可支付存款，结果往往一个子女取走了钱，其他子女就找上门来，频繁引发诉讼。银行在经历了无数的教训，经过反复选择论证后才将公证确定为必备的前置程序，从而有效地规避了风险。

上述状况在国际上本来就属惯例，而在国内，物权非交易流转领域的“法定”公证则是伴随着物权制度的发展并在自愿公证基础上逐渐形成的，是社会各界经过多年实践检验而认同的结果。在没有法律强制力约束，物权登记分散在不同部门的情形下，各个部门能够不约而同地将公证作为物权登记的前置程序，这充分显示了公证在预防纠纷、减少诉讼方面的作用，也弥补了我国在非交易流转领域物权安全保障机制的空白。“实践是检验真理的唯一标准”，刚刚颁布实施的《物权法》中没有规定法定公证制度。这种与实践发展背道而驰的立法现状不仅是一个法律制度上的漏洞，更是我国法治建设中的重大缺失。

(二)公证在物权交易流转领域积累了成功经验

不动产交易是物权交易流转领域中的重要组成部分,由于时间和空间的分离,任何种类的交易都可以分为缔结合同和实际权利取得两个阶段,而且此两个阶段分别发生不同的法律后果即债权合同与物权变动。物权变动规则是法律对交易中的当事人权利归属的最后确认,其不能保证物权变动原因的正当性和有效性,这是物权变动规则本身的缺憾。依据债权合同与物权变动的区分理论,债权合同的成立生效以当事人的意思表示真实与一致为充分必要条件,物权变动的发生则以动产的交付和不动产物权登记为必要条件。债权合同的效力不决定物权变动,反之登记、交付也不能决定债权合同的效力。① 物权变动与债权合同的区分必然使两者之间存在一段真空,一旦合同无效,物权变动即丧失基础,登记就应更正。② 物权变动规则的缺憾促使公证在不动产交易中的运用,而公证机构也为此作出了很多有益的尝试。随着房地产走热,住房制度改革、个人住房贷款、经济适用房等有关房地产市场的点点滴滴都成为涉及千家万户切身利益的大事,变成社会关注的焦点。这些年来,公证法律服务与房地产市场的关系可以说是相互依存、相互促进、共同发展,房地产公证逐渐成为公证行业的常规性业务。特别是近年来,为规范房屋登记程序,各省市政府纷纷出台政策,要求房屋管理部门与公证机构合作,清理整顿房地产登记中存在的历史遗留问题。东北的一家公证处在审查一套旧房变更手续时竟发现该套房屋早已经“物是人非”,几十年中经历了数次买卖、数次继承、赠与,十易其主而从未办理变更登记,公证机构的确权工作随着曾经的权利人迁徙或故去而难上加难。然而,正是这种为政府分忧、替百姓解难的宗旨和排除万难的过程使得年轻的中国公证迅速成长起来,逐步渗透到土地出让、商品房和二手房买卖等物权流转领域之中。对于公证行业来说,虽然在物权交易流转中尚未如非交易流转那样无可替代,但已呈星火燎原之势,前景日见明朗。

二、公证是落实《物权法》的现实需要

(一)不动产物权登记制度的缺陷

如前所述,公民法治观念的淡薄和登记制度的缺陷使大量的历史遗留问题继续遗留,不少房产几易其手而未重新登记,而新的问题又在不断堆积,这也已引发了种种社会问题,其中最为突出的是共有财产的不明晰。

近年来,我国公民的私有财产逐渐增多。《婚姻法》规定,夫妻关系存续期间所得财产为夫妻共有财产。在所有权变更转移时,登记管理部门有通知其他共有人的法定义务。而事实上,国人在购置产业时,登记部门鲜有提示共有关系并将之备案的习惯,转让

---

① 孙宪忠:“物权变动的原因与结果的区分原则”,载《法学研究》1999 年第 5 期。
② 梅伟:“论不动产物权变动中的公证制度”,载《广州大学学报》2007 年第 1 期。

时也不审查是否为夫妻共有财产，只要在权属证书上登记姓名的一方同意，转让即可生效。其依据是《城市房地产管理法》，而该法并未对夫妻共同共有的情形作出规定。与之相对的是房改购房，这是时下多数国人最大的一笔私有财产，房屋管理部门的普遍做法是只允许登记房改单位职工的姓名，作为共有财产另一方的配偶则证上无名，被登记机关忽略不计。

概言之，我国的不动产物权登记制度存在以下缺陷：

1. 不动产登记机关不统一。尽管《物权法》第10条规定“国家对不动产实行统一登记制度”，但由于立法的滞后，从现行有关法律、法规的规定来看，不动产登记主要由不动产所在地的县级以上人民政府的相关不动产管理部门负责，如土地管理部门、房产管理部门、农业主管部门、林业主管部门等，这必然导致登记混乱。以房屋和土地来说，有的地方房产和土地管理部门分别设立，房屋和土地分别由这两个部门进行管理和登记；有的地方，如上海、广州、深圳等实现了房屋和土地管理机构统一设立，同时也实行房地产统一登记。③ 登记机构不统一，造成重复登记、登记资料分散、增加当事人负担、资源浪费等弊端。

2. 登记机关缺乏公信力。以房地产交易中心为例，它目前既作为政府管理房产交易的机关又是市场中介的服务机构，如由这样的机构承担登记这一确立法律上权利义务关系的执法任务，势必导致管理混乱、审查不严并引发腐败，造成登记违法及虚假登记现象。④

3. 有关法律、法规不统一。我国目前在不动产登记方面的法律法规多为地方性法律法规，这就使得我国的不动产法律制度缺乏统一性和权威性。

(二)社会整体信用的缺失

传统市场经济的交易方式主要是现货交易，即一手交钱，一手交货，而现代市场经济的交易方式主要是信用交易。信用交易的出现和发展克服了时间及空间的分离对交易的限制，从而大大扩展了市场交易的范围。但信用交易的基础是交易双方的诚实守信，否则不仅交易成本会大大提高，而且交易的广度和深度也会受到很大影响。尤其是随着现代信息技术和网络技术的发展，低成本的电子商务将会得到越来越广泛的应用，但如果没有良好的信用作基础，电子商务的发展也会受到很大的制约。⑤

“国无信不强，人不信不立”，社会信用体系的建立近年来一直为社会各界所疾呼，然而，目前我国的信用状况不佳，房产交易活动中欺瞒诈骗、会计信息失真、假冒伪劣商品、拖欠货款、逃废债务、金融诈骗等不道德行为泛滥。信用的缺失在物权变动过程中体现为时有发生的虚假交易、假委托真买卖、假交易真诈骗等。在办理涉及物权变动的公证

---

③ 胡康生主编:《中华人民共和国物权法释义》，法律出版社2007年版。
④ 郑耀抚:“不动产物权登记之现状及公证机构未来之地位”，载《中国司法》2000年第9期。
⑤ 资料来源 http：//www. china. com. cn/chinese/zhuanti/wmsyzy/381655. htm。

业务时，公证机构每年都查出相当数量的假身份证、假房产证、假结婚证、假委托书等。造假成本与冒险收益的巨大反差使得铤而走险成为一种现实的选择。

(三)赔偿责任的确立加大了登记部门的风险

《物权法》第 21 条规定："当事人提供虚假材料申请登记，给他人造成损害的，应当承担赔偿责任。因登记错误，给他人造成损害的，登记机构应当承担赔偿责任。登记机构赔偿后，可以向造成登记错误的人追偿。"这就意味着如果登记机构没有进行实质审查或审查不清导致登记错误，即便是因为当事人提供虚假材料所致，仍需承担连带赔偿责任。虽然，目前对不动产统一登记由哪个部门来负责还没有定论，但根据《物权法》第 21 条的规定，可以明确的一点是登记机构要有能力和条件承担因登记错误而产生的赔偿责任。因此，在确立我国登记机构时需要明确以下两点：(1) 不动产首先是一种财产，其次才是一种管理对象。这就决定了登记是一种私法行为，它旨在确认不动产权属和保障不动产交易市场的透明化。(2)登记机构要有能力承担赔偿责任，并有相应的人员和设施履行审查职责。

三、公证是建立物权统一登记制度的长远选择

(一)统一的登记机构只能对物权变动进行形式审查

《物权法》第 9 条规定"国家实行统一的不动产登记制度"。目前，我国的不动产登记分属于房屋管理部门、土地管理部门，以及农业、林业、海洋、地质矿产等各主管部门。虽然各部门都不愿放弃这部分行业管理的权力，但既然法律已作出规定，统一就不会是无限期的。

不动产登记的审查可分为两种：实质审查和形式审查。实质审查是指登记机关不仅就登记之申请在登记程序上是否合适加以审查，同时就登记的申请，是否与实体法上的权利关系相一致，且其实体法上的权利关系，是否有效，亦加以审查。⑥ 从大陆法系近代物权登记制度的历史沿革来看，在物权登记制度建立之初，采纳的是登记实质审查主义。登记人员的审查权限非常大，不仅审查引起物权变动的物权契约，而且审查作为原因的债权契约。登记人员的责任也非常大，如果审查不周发生错误登记，登记人员需要承担损害赔偿责任。⑦ 物权登记实质审查主义，带来了严重弊端，一方面，延长了交易时间，增加了交易成本，延缓了交易进程，最终阻碍社会经济的发展；另一方面，登记人员为了避免承担错误登记的责任，追查细节，无限度地扩大审查范围，侵犯私权利的情况时有发

---

⑥ 俞剑英："不动产登记机构的选择"，载《中国公证》2008 年第 2 期。
⑦ 梁慧星著：《中国物权法研究》，法律出版社 1997 年版，第 87 页。

生,过多干预了市民私生活,以致社会怨声载道。⑧

鉴于实质审查的诸多弊端,目前欧洲各国一般都采取了形式审查主义,即登记人员一般并不审查债权行为,而只是审查物权行为。在不动产登记中,只要登记申请人提供的资料能够符合土地登记条例中登记发生的条件,登记机关即将其纳入登记,而对申请人与相对人的关于实体法律关系意思表示不予审查。⑨ 在对不动产登记进行形式审查的同时,又将实质审查的任务交给相关的法律部门来承担。为什么会发生这样的转变?按笔者的理解,这并不是简单的技术分工(当然包含技术分工的因素),而是一种更高层次的社会职能分工,就像现代社会不会把所有司法事务都交给一个机构统管,而是由公检法等诸部门分别掌管一样,有其制衡公共权力、保障社会公平正义的意义。即使从简单的技术分工角度来说,形式登记和实质审查相分离也是势所必然。

(二)公证作为前置程序是保证统一登记安全高效的最佳选择

不动产以登记为生效原则,但统一登记在法律上只有公示效力,并无确权效力,如果公示的内容是虚假、无效或可撤销的,公示就必然失去准确性,进而影响其公信力,丧失其对抗力和通过对抗保护第三人的作用,使交易安全和交易效率无法保证。因此,登记必须以对物权移转行为的法律评价为基础,即对物权变动行为的真实性、合法性作出评价。无论是从国际还是国内、从历史抑或现实来看,能够站在中立的立场上对物权登记事项既进行专业调查,又进行法律审查的,没有比公证机构更合适的其他机构存在。物权关系作为一种法律关系,表现出来的乃是人与人之间的社会关系。物权关系的稳定关系社会的稳定和发展。建立和完善稳定的物权关系是终极目标。公证的职能能够有效地契合物权关系的要求。公证是一项预防性的法律制度,通过公证活动,积极引导公民、法人正确行使权力履行义务,规范当事人的物权变动行为,预防纠纷,减少诉讼,保护双方的合法权益,从而维护社会关系的稳定,促进社会发展。因此,公证的职能和作用与《物权法》的追求相一致。⑩

公证作为前置程序的基础是公证对象与物权登记的契合。正如上述所言,统一的登记机构只能对物权变动进行形式审查,而实质审查的重担则交由专业的机构进行。这里的专业机构即为公证机构,由其进行的实质审查具有以下优势:

1. 在行业体制方面,新颁布的《公证法》第6条规定:“公证机构是依法设立,不以营利为目的,依法独立行使公证职能、承担民事责任的证明机构。”从法律规定可以看出,我国将公证机关定性为代表国家行使证明权的机构,而非行政机构,这就从体制上保障了公证机构执业的独立性,不受行政机关的非法或不当干预,从而凸显了公证机构的中立性质。

---

⑧ 梁慧星主编、陈华彬著:《民法学原理——物权法原理》,国家行政学院出版社1998年版,第121页。

⑨ 孙宪忠著:《德国当代物权法》,法律出版社1997年版,第144页。

⑩ 彭娜:“论物权登记的法定公证前置”,西南财经大学2007年硕士学位论文。

2. 在机构设置方面,《公证法》颁布实施后,全国各地的公证机构都进行了不同程度上的改制,很多公证机构已是自收自支的事业单位。这种发展方向进一步否定了公证机构的行政机关和授权行使行政权的机关的性质。公证机构的性质正在向社会中介组织方向过渡,并逐步发展成为为社会提供证明服务的具有公权力性质的组织。

3. 在业务水平和人员素质方面,根据《公证法》的要求,公证员必须通过国家司法考试,并且需要经过国家任命方能执业。可见公证员属于法律职业共同体中的成员,具有法律的思辨力和判断力。作为法律人的一分子,运用其自身所掌握的法律知识为当事人提供法律服务,其结果也更能够获得交易双方的认同和接受。

实质审查的标准要求高,尤其是在社会信用体制缺失的情况下,对合同和其他法律文书的实质审查并非易事。而公证机构的业务范围广泛,几乎涵盖了整个物权登记需要审查的民事法律行为和权利义务关系,因此可以说在长期的执业过程中已经积累了丰富的经验。

4. 在行业监督方面,《公证法》及相应的《公证程序规则》对公证机构的设置、公证业务辖区、公证员执业、公证业务范围、公证法律责任等方方面面都作出了相应的法律规范。这些规定,一方面确保了公证活动的正常进行,另一方面也是对公证全方位的法律监督和控制。

5. 在责任承担方面,《公证法》第 14 条规定,公证机构应当建立业务、财务、资产等管理制度,对公证员的执业行为进行监督,建立执业过错责任追究制度。第 15 条规定,公证机构应当参加公证执业责任保险。作为为社会提供法律服务的证明机构,公证机构与申请公证的当事人之间是一种平等的关系。由于公证机关特殊的"第三方"地位,决定了在发生错误时负有民事赔偿责任。把公证作为不动产物权登记的要件或前置条件,这样不仅将不动产物权登记审查纳入法律规范的范畴,同时也实现了责任和风险转移。⑪

将公证作为不动产物权变动的前置程序,这种制度设计如同在非交易领域的物权变动中的作用一样,都使得公证机构承担着对物权交易的实质审查任务,对物权的设立、变更、转移、消灭各个环节进行法律界定,而登记机关仅对登记申请及相关资料进行形式审查,公证机构与登记机关相互衔接,共同保障物权流转的安全有序和公平效率。公证机构介入物权登记,并非要取代或者削弱物权登记机关的职权,也不意味着公证机构权力的加强,而是将公证机构的职能与物权登记机关的职能相互配合,使之相辅相成、相得益彰,更好地实现物权登记制度的预期效果和社会功能。由此看来,像法国、德国等大陆法系国家那样,登记机关在接到公证人的指令后再登记在册的情形,在我国恐怕也不是遥不可及的事情。当然,这个过程也可能会是漫长的过程。

概言之,公证是物权转移的既有制度,是落实《物权法》的现实需要,也是建立物权统一登记制度的长远选择。如何保证物权流转过程中的交易安全,履行好自己的职责,扮演好自己的角色,值得公证行业去努力探索。

---

⑪ 汤维建、陈巍:"物权登记与法定公证制度",载《法学论坛》2007 年第 1 期。

强制公证进入物权变动领域辨析

郭岳萍*

在我国《物权法》制定的过程中，公证实务界和部分法学界人士纷纷呼吁，将公证制度引入《物权法》，但这并未引起足够的重视，最终也没有在《物权法》中给公证制度以应有的地位。公证规则介入物权法领域，尚有一些理论上的问题存在争议。下面，笔者试以目前最具争议的强制公证方面的问题，阐述有关意见。

一、强制公证在我国物权变动领域存在的意义和价值

强制公证也称为必须公证和法定公证，是指在民商事实体法中有关民商事法律行为必须经过公证才能发生一定法律效力的制度设计。强制公证的范围一般包括重要资产买卖转让的公证、涉及重大公共利益和涉及婚姻家庭财产等方面的公证。强制公证的价值在于预防纠纷，减少诉讼，降低当事人和国家的诉讼成本。

(一)强制公证制度建立的理由

关于强制公证制度建立的理由，1803 年法国《风月法令》报告员在向该法案评议委员会所作的陈述报告中作了如下说明：“虽然在一般情况下，当事人有权自主决定在公证人面前订立文书，以使之被赋予法定真实性所具备的形式和特征，但是，应该肯定，也有许多法律规定，对于那些大量的，无论是其效力或后果都会对社会产生重大影响的文书，必须经公证人公证。”

强制公证的实行有国家间接干预说、国家法律信用保障说和法律强制保障说等根据。国家间接干预说认为，强制公证是国家干预微观经济活动的手段。“在大陆法系各国，设置和完善公证制度的根本目的，均在保障民法私权自治原则的基础上，实现国家对重大经济活动与公民的重要法律行为的适度干预，以预防经济纠纷的产生和避免可能发

* 北京市公证协会经济业务委员会委员，北京市长安公证处业务三部主任。

生的社会矛盾，维护经济活动的正常秩序和社会的和谐、稳定。”[1]随着我国改革开放的深入，国家对经济活动由直接调控转为间接调控，将管理的手段由行政手段改为法律手段，而借鉴现代世界经济发达国家的策略和方法，重视发挥公证的作用，将是成功的做法之一。国家法律信用保障说认为，“公证制度是市场经济催生的国家法律信用保障制度”，“必须公证制度以其对体系要素的构联作用而成为构成国家法律信用保障体系的重要一环”。[2] 公证制度的本质就是代表国家对民商事活动进行适度干预，促使民商事主体保持诚信地进行各类民商事活动。公证文书具有公信力，可以使当事人的交易顺利进行，并在产生纠纷时为司法机关提供可靠的证据。

强制公证制度建立的理由除上述两说外，还有法律强制保障说。在法国，不动产转让必须经过公证。法国蒙佩利埃大学法学院教授皮埃尔·穆斯洪在其《合同自由与公证人的作用》中指出：“限制合同自由的传统目标在于保护推定的弱者，比如不动产购买人被推定没有卖方那样了解出卖物，法律因此向其提供保护。”此外，限制合同自由的规定，也是为了改善交易和避免有悖道德的条款。有学者认为，对合同自由的限制最终将有利于合同自由，通过恢复当事人之间的平衡，当事人就可以更加自由地订立合同，所以将更有利于交易。

（二）强制公证的现实作用

强制公证制度无论在学者眼中是以何种理由建立和存在的，它在现实社会中，都发挥了极其重要的作用。我们知道，英美法系国家的诉讼成本要高于大陆法系国家，原因就在于英美法系国家注重事后救济，一般不采取强制公证。国际拉丁公证联盟宣传资料所引用的统计数据表明：1994 年司法的行政费用占该国国民生产总值的百分比，法国为 0.8%，德国和意大利均为 1.3%，而美国为 2.2%，可见实行强制公证制度可以大大降低国家的司法成本。

（三）大陆法系国家的强制公证制度

大陆法系国家的公证制度，又称拉丁公证制度，是以国家公权利，就申请人请求公证的法律行为或有关的法律事实，作成公证书或认证私证书，证明法律行为的成立或有关法律事实的存在，并赋予其真实性、合法性的制度。

德国以其法典的“精密的逻辑性与智慧的稠密性而居世界首位”，其公证法律体系的完备体现在实体法中规定了大量必须公证的内容，这尤其表现在物权领域有大量必须公证的内容。《德国民法典》第 313 条规定，当事人一方以转让或者受让土地所有权为义务的合同，须经公证人公证，否则合同无效。再以德国有关土地方面的法律规定为例，德国

① 宫晓冰：“中国公证制度的完善”，载《法学研究》2003 年第 5 期。
② 左燕芹：“必须公证制度是构成国家法律信用保障体系的主要一环”，载《北京公证》2005 年第 2 期。

土地私有化，公证人对土地的转让过程负责，凡涉及土地转让（买卖或赠与）必须公证，公证人对此主要进行意思表示的公证，对土地买卖双方进行咨询和劝告，对双方的意思表示进行确认并负责起草买卖合同、出具买卖合同公证书、对买卖双方的登记申请文件出具认证类公证书，代理当事人在有关土地测量机构和法院进行登记等，还对土地交易中转让的价款进行托管和监控。③ 由于公证人的参与，保障了德国土地交易的安全性、稳定性。再以法国为例，法国一向重视公证制度，有公证传统。据不完全统计，在《法国民法典》的2283个条文中有70余个涉及公证的条款。④

可以看到，大陆法系国家的公证制度之所以发达，在于他们以国家实体法为依托，在民商事法律中，规定了许多公证条款，尤其是必须公证的条款。具体到物权领域，除了不动产物权变动契约需经公证之外，公证机构介入物权登记，对不动产物权变动的原因进行实质审查，也是很多大陆法系国家通行的登记方式。公证成为不动产物权变动之前必经的前置程序。公证机构承担不动产登记之前对引起物权设立、变更、转让和消灭的原因进行实质性审查的职责，通常是通过对合同、遗嘱等民事法律关系的确认来完成对物权登记的实质性审查，而国家登记机关只对当事人提交登记的申请及有关材料进行形式审查。除了公证不动产契约和介入不动产登记之外，大陆法系国家的不动产公证，其服务领域还包括咨询、管理、监督、规范等，几乎涵盖不动产运营管理的全过程。⑤ 公证人在不动产活动的各个阶段都提供咨询和法律服务。大陆法系国家的这些规定和做法，实践证明是有益的。

（四）目前我国房地产登记制度中的公证审查

就实践来说，在我国的房地产登记制度中，公证已经发挥了不可替代的作用。具体到细微处，笔者就各类房地产登记过程中的公证审查进行简要的论述：

1. 房地产买卖过程中的公证审查。目前，我国的房地产买卖交易中，房屋和土地管理登记部门仅根据房产证及土地证上登记的权利人的姓名来审查权利人作为卖家与房地产买家签署的买卖合同，不审查权利人的婚姻关系。如果权利人为已婚，则根据我国法律，夫妻双方婚姻关系存续期间取得的财产，如无财产归一方（即权属证书上登记的权利人）所有的约定，则该房地产系夫妻共同财产，在夫妻共有房地产的情况下，由权属证书上登记的权利人一人与买家签署房地产买卖合同出售转让房地产，则很可能对权利人的配偶的权益造成损害，进而引起纠纷和诉讼，对负责办理房地产产权转移登记的房屋和土地管理登记部门来说，也存在很大的风险。我国目前很多地方都将房地产买卖合同必须办理公证纳入其地方法规之中，其目的就在于防范上述风险。

在房地产买卖的公证审查工作中，公证人员除进行买卖双方是否具有民事行为能力

③ 胡晓丽：“德国公证制度概览”，载《中国公证》2004年第9期。
④ 左燕芹：“必须公证制度是构成国家法律信用保障体系的重要一环”，载《中国司法》2004年第5期。
⑤ 朱碧芬：“大陆法系国家不动产公证的特点与启示”，载《中国公证》2005年第3期。

和民事权利能力，是否有真实的出售和购买的意愿等常规公证审查外，还将重点进行房地产权属的审查工作：公证人员就准备出售的房地产是否系夫妻共同财产进行审查；如果该房地产办理过抵押登记，则就抵押登记是否已经解除进行审查；如果该房地产上存在债务，则审查在此种条件下是否可以出售；如果该房地产系法人财产，那么还将审查该房地产根据公司章程的规定是否经过合法的程序可以出售等，不一而足。总之，在房地产买卖的产权转移登记的过程中，公证机构在产权转移登记前的审查是十分必要的，而且在我国多省市的实践中，如上海、四川、江苏等经济发达地区，已经取得了良好的效果。

2. 房地产赠与过程中的公证审查。法律规定经过公证的赠与不得撤销，因此经过公证的房地产赠与合同，就天然地具有了法律的严肃性，对当事人双方是一种约束，对规范这一类房地产的转移登记工作大有裨益。另外，就如同上文提到的，公证机构在办理房地产赠与合同公证时，除对赠与和受赠双方真实的意思表示及赠与房地产的原因进行审查外，也将就赠与人对所赠房地产是否有全权的处置权进行审查。如果房地产登记在夫妻中一方名下，公证机构将审查该房地产是否夫妻共有；如系共有，则将引导夫妻双方共同办理赠与手续。如果该房地产办理过抵押登记，则就抵押登记是否已经解除进行审查；如果该房地产上存在债务，则审查在此种条件下是否可以赠与；如果该房地产系法人财产，那么还将审查该房地产根据公司章程的规定是否经过合法的程序可以赠与；如果赠与人系老年人，还需审查赠与人的神智意识是否清醒、赠与房产后是否影响其生活，等等。

3. 房地产继承过程中的公证审查。相对于上述两类关于房地产移转登记过程中的公证审查，房地产继承过程中的公证审查在我国开展的最早，继承房地产应当办理公证也有地方政府文件的支持。例如，《上海市房地产登记技术规定（试行）》第 3.2.12 条规定因房地产继承或者遗赠申请房地产转移登记的，继承人或者受遗赠人应当向登记机构提交继承权公证文书或者遗嘱公证书和接受遗赠公证书。

因为继承法律关系的相对复杂和非法律专业人士不能廓清的原因，在我国，因房地产权利人死亡而需要公证机构介入进行实质审查以确定房地产继承人的工作开展的早，且已经深入民心。公证人员根据我国继承法等相关法律的规定，为继承人出具继承公证书，房地产和土地部门仅进行形式审查，依据公证书进行产权移转登记，如果登记有误，房屋和土地部门负形式审查责任，公证机构负实质审查责任。

其实，对于因买卖和赠与而产生的房地产的转移登记，如果登记有误，造成相关权利人权益受损的，也是由房屋和土地部门负形式审查责任，公证机构负实质审查责任。

4. 其他。除上述三类与房地产转移登记相关的公证审查之外，其他与房地产相关的公证审查在实践中已经开展了很多，形成多类公证书，如委托公证书，即委托买卖房产的委托书公证书、委托办理房地产抵押登记的委托书公证书、委托办理和领取房地产权属证书的委托书公证书、委托收房验房出租房地产的委托书公证书等；还有共有协议公证书，即夫妻或朋友共同购房，需要就产权比例及如何持有产权证书进行约定；监护人公证书，即未成年人购买房产，需要由其法定监护人代为办理相关购房手续，因此需要证明监护关系；中文姓名声明书及护照中文译本公证，即外籍人士在中国购买房地产，在权属登记时需要其提供经过公证证明的中文姓名，因此需要其发表中文姓名声明书并将其护照翻译为中文，以体现其中文姓名。

以上几类公证书是在房地产及公证工作实践中发展起来的，对我国房地产工作的各个方面是帮助和促进，其实际意义和作用是很大的。

二、强制公证是否违反了意思自治原则

意思自治原则是民法的基本原则之一，法律行为取何种形式，取决于当事人的自由意志。从表面上看，强制公证是对当事人意思自治原则的一种背离，但实际上，强制公证并不反对意思自治和契约自由，它不仅与意思自治不冲突，而且是意思自治原则合法的保障。实施强制公证并不会限制契约自由，是否签订契约，是否进行不动产流动，完全是当事人自己决定的事项，公证机关不可能进行干预，也没有干预的权限和机会。只有在"契约自由"完成后，公证机关才适当介入，介入的目的仅仅是对"契约自由"进行规范和引导，防止交易主体的"契约自由"引发无谓的纠纷或造成重复性劳动。从这个意义上说，公证不仅没有损害契约自由，反而是确保了契约能够真正自由。⑥

国家在立法时，如果认为某些法律行为或事项涉及重大公共利益，社会利益或有法律上推定的弱者，就应当通过法律手段提供强制保护，强制公证是其中的手段之一。强制公证的发端就形象地说明了这一点。法国"雾月革命"之后，资产阶级代表人物拿破仑执政，他看到投机商劝诱农民出卖土地，便规定转让土地必须经过公证等正式的程序，其目的就在于通过代表社会利益的公证人的介入，从程序上限制、监督土地的转让，避免农民的利益受到不公正的侵害。⑦

任何法律原则都不是绝对的，在不同的时代，根据当时的社会需求，在保持其本质不变的前提下，对其内容都是有所限制和改变的。意思自治原则在经过 18～19 世纪资本主义发展时期的极力张扬之后，从 19 世纪后期开始，受到了越来越猛烈的抨击。伴随着意思自治原则的衰落，形式主义悄然复兴，以法国为代表，其在立法和司法实践中注重形式主义，越来越多的合同被要求"必须或应当采用书面形式，包括转移不动产所有权在内的许多合同被要求必须予以公证或公告，否则不能对抗第三人"。⑧

三、强制公证是否增加了交易成本

毋庸讳言，强制公证是会增加当事人表面上的交易成本，但它减少了事后救济的成

---

⑥ 黄群主编：《中国公证制度研究》，上海社会科学院出版社 2004 年版，第 283～284 页。
⑦ 叶自强著：《现代公证制度应用研究》，中国民主法制出版社 1996 年版，第 47 页。
⑧ 尹田：《法国现代合同法》，法律出版社 1995 年版，第 28 页。

本，也可以说节约了当事人和国家的诉讼成本和司法资源，因此是有可取之处的。大陆法系国家的立法旨在事前预防纠纷，减少诉讼，降低和减少当事人和国家的诉讼成本，因此在其法律中都有强制公证的事项，即便在公证地位和作用不显著的英美法系的国家，也有法定公证即强制公证的规定。例如，英国法中也规定了法定公证的范围：(1)主持宣誓；(2)接受声明，即公证人可以依照法定程序拟订和接受各种声明或附誓声明；(3)提供海损证明；(4)草拟债券发行合同；(5)传递和证明汇票。

我国现阶段是一个法制外援形国家，没有自下而上的法的形成的传统，国家在法的形成与发展中起着绝对作用，人民群众对于法基本上只有支持或否决的实际作用。从这个意义上说，公证如果要作为法定事项进入社会生活，似乎只需要"获得"国家的认可就可以了，但是，国家为何要认可法定公证制度呢，认可这项制度的利弊又应如何衡量？其实利弊的实质内容就是成本与收益的比例关系。一项制度只有收益大于成本，这项制度才有存在和发展的可能。上文中我们谈到公证制度是大陆法系法律制度中一个重要组成部分，我们学习大陆法系法律制度，就应学习和引进其强制公证制度，这种说法显然只具备形式上的合理性，没有分析其实质必要性。现在我们就通过分析成本与收益来研究公证制度的实际意义。公证活动的成本如何计算？谁是公证成本的负担者？诚然，从广义上看，公证机构与公证当事人都在公证活动中有所负担，都是公证成本的负担者，但是，负担的数额却不是对等的，这对于任何一个参加过公证程序的人来说都是很清楚的。公证当事人对于自己在公证活动中的成本与收益的比较，很大程度上决定了公证程序开始与否的关键。在我国的实践中，对交易双方的当事人来说，并不存在交纳不起公证费的情形。公证费的多少，国家也可以通过政策来调整，限定在合理的范围之中。经过多年的公证活动实践，人们对于公证这种非诉的实现法律权利的程序(赋予强制执行效力的抵押贷款合同就是典型代表)已经有了一定程度认可。实践证明，公证制度对于保障交易安全起到切实作用，强制公证制度的成本与其所保护的利益相比较并非无法令人接受，而且它节约了个人和国家的诉讼成本及司法资源，因此，在物权变动领域引入公证制度，也是有一定实践基础的。

强制公证最被人诟病的增加交易成本和违反意思自治原则，取不同的价值取向将得出不同的结论。综上所述，笔者认为强制公证是对意思自治原则的法律保障，它从另一个角度上来说降低了国家及个人的诉讼成本和司法资源，而且因我国的立法一贯秉承大陆法系的根脉，故在今后物权领域的立法中特别是今后的《民法典》制定中，应该考虑给强制公证留一席之地。

公证在不动产物权因继承发生变动中的作用

周志扬*

物权变动有许多种原因，因继承取得物权是主要途径之一。改革开放以来，随着住房制度改革的不断深入，越来越多的人民群众拥有了属于自己产权的住房。房屋所有权人去世后，房产的继承和权属变更登记对于物权的保障和社会秩序的稳定十分重要。几十年来的实践证明，公证制度在不动产物权因继承发生变动中体现了积极的作用，有效地发挥了确权职能，为物权所有人和政府不动产登记部门提供了法律上的保障。

一、房产继承权公证的现状

继承权公证是《公证法》赋予公证机构办理的公证事项。2013 年，全国公证机构共办理继承权公证79.4 万余件，其中，北京市办理了2 万多件。在这些继承权公证中，房产继承权公证所占比例超过90%。在经济发达、城镇化完善的地区，主要由公证机构承担房产继承权的确认公证；一小部分有争议的遗产继承，由当事人提起诉讼，人民法院进行确权。公证机构与人民法院开展工作，共同为房屋产权登记机关提供登记变更的依据。

二、继承权公证服务房屋产权登记工作的法律依据

继承权公证为房屋产权登记工作提供法律服务，主要的法律依据是1991 年发布的司法部、建设部《关于房产登记管理中加强公证的联合通知》（以下简称《联合通知》）和住房和城乡建设部《房地产登记技术规程》（以下简称《技术规程》）。《联合通知》规定："继承房产，应当持公证机关出具的'继承权公证书'和房产所有权证、契证到房地产管理机关办理房产所有权转移登记手续。"《技术规程》则规定："用于申请房地产登记的下列材料应经公证：因继承、受遗赠事实申请相关房地产登记的继承文书、受遗赠文书，但人

* 中国公证协会常务理事，中国公证协会公证宣传文化工作委员会主任委员，北京市公证协会会长，北京市长安公证处主任。

民法院的生效法律文书确认相关房地产的继承、受遗赠事实的除外。”

除上述文件之外，各地方的规定中也有相关的内容。例如，北京市建设委员会《房屋权属登记工作规范（试行）》规定：房屋继承的产权变更登记需要提供继承公证书原件或法院生效法律文书原件；上海市住房保障和房屋管理局、上海市规划和国土资源管理局《上海市房地产登记技术规定（试行）》规定：因房地产赠与、继承、遗赠申请房地产登记的，有关当事人应当向登记机构提交有关事实或者合同的公证文书；杭州市《杭州市区国有土地上房屋登记办法》规定：申请人申请房屋所有权转移登记时提交的赠与合同、分家析产协议、受遗赠证明和继承证明应当办理公证；昆明市《昆明市城市房屋权属登记管理条例》规定：因买卖、交换、赠与、继承、分割、合并、投资入股、裁决等原因致使房屋权属发生转移的，应当自事实发生之日起 90 日内，由当事人申请房屋所有权转移登记，并提交下列登记文件：赠与、继承的，提交原房屋所有权证、公证书。这些规定将继承权公证作为房产变更登记的前置程序，在实践中取得了很好的效果。

三、继承权公证介入房屋产权登记工作的必要性

中国的继承权公证与法国不同，还没有上升到基本法的层面，因此在实行的过程中一直掺杂着不同的声音。尤其是在《物权法》制定的过程中，物权变动必须公证的制度几出几进，最终在《物权法》出台时没有从法律层面确立物权变动必须公证的制度。于是，一些城市试图放弃继承权公证，但经过一段时间的实践之后，房屋管理部门最终选择了恢复公证前置程序。这个事实充分说明了公证制度在继承领域中的重要性。中国《继承法》和最高人民法院相关司法解释对继承法律制度进行了详细规定，其中涉及一些较为复杂的继承情形，如被继承人经历多次婚姻、发生代位继承或转继承、遗产存在必留份等。在这样的情况下，需要专业的法律分析和确认，公证机构及公证员的法律专业素养能够予以确保。同时，由于中国的户籍登记制度不够精确完善，在一些情况下准确界定所有继承人及他们的生存死亡情况具有较大难度。公证机构可以依照《公证法》的规定充分行使核实权，并根据需要有针对性地收集相关证明材料，最终确认事实，从而减轻政府房屋登记机构的工作负担，避免出现确认事实或适用法律不当而产生的风险，为正确确认产权归属提供法律保障。

四、房产继承权公证的具体操作流程

一个完整的房产继承权公证流程主要由当事人申请、公证机构核实、公证机构确认所有继承权利人的意思表示、出具继承权公证书四个环节构成。也就是说，第一个环节，继承人需要向公证机构提出办理房屋继承权公证的申请，申请人应当提交被继承人身份情况证明、所有继承人身份情况证明、继承人与被继承人亲属关系证明、待继承房产的产权登记证明、被继承人的遗嘱（如有）以及公证机构需要当事人提交的其他证明材料。第

二个环节，公证机构要对申请人提交的材料进行核实。由于中国户籍登记制度的不准确和不完善，公证机构会采取到被继承人和继承人的人事档案存放部门摘抄人事档案的方式对继承人和继承关系的情况进行确认。对于一些档案中也查询不到的亲属关系，公证机构可能还要想尽所有办法去核实，如到当事人生前居住地走访、查看骨灰证和墓碑等，直到全部核实清楚。第三个环节，公证机构要对所有继承人对于遗产处分的意思表示进行确认，通常情况下所有的继承人要同时来到公证员的面前，分别表达自己是否要继承房产，并由公证员进行记录、由当事人签字确认；对于放弃遗产又不能来到主办公证机构的继承人，需要在其他的公证处办理放弃继承权声明书，同样是在公证员的面前做出自己明确的、具有法律效力的意思表示。第四个环节，出具房产继承权公证书。在这其中，如果被继承人留有遗嘱的，公证机构还会核实遗嘱的效力；如果被继承人留有公证遗嘱的，公证机构还可以通过中国公证协会建立的全国公证遗嘱备案查询平台进行查询。

五、公证实务中的难点

目前的房产继承权公证实务中难点较多：第一个难点，即便是最简单的法定继承，我们也要核实清楚父母、配偶、子女的所有生存情况。中国的现状是继承人来办理公证时，往往是要继承祖父母甚至曾祖父母的财产。第二个难点，一部分当事人不配合。这会导致公证不能按照程序完成而重新回到诉讼途径解决，增加司法成本。第三个难点，相关部门不配合。公证核实权的前身是调查权，与调查相比，核实的权利有所限缩，成了个别情况下个别部门拒绝公证机构开展工作的理由，从而影响公证机构确保事实的真实性和合法性。对于上述难点问题，有的需要从制度层面予以解决，有的需要公证机构及公证行业将工作进一步做扎实、做细致。

期待正在修改的《城市房地产管理法》和正在制定的《不动产登记条例》能够考虑公证在不动产登记，特别是因继承导致不动产物权变动中所发挥的预防纠纷、减少诉讼、保证登记行为真实性和合法性的作用，为经济社会的发展和稳定做出应有的贡献。

六、房产继承权公证的展望

房产继承权公证的社会效果是显而易见的：一是为房屋产权登记机关提供法律支持，避免纠纷，提高房产登记工作的效率和准确率；二是为房产继承人提供居中、公正的法律服务，保障继承人的合法权益不受侵犯；三是减轻了人民法院的部分讼累，对于没有纠纷和争议的房产继承，当事人通过公证方式同样能够实现确权的目的；四是促进了社会发展和稳定，民事法律是平等主体法、平等关系法，公证服务实现了继承法的正常、正确运行，能够帮助当事人树立平等意识和法治意识，产生良好的社会效应。

随着国务院明确要求整合不动产登记职责、建立不动产统一登记制度，《不动产登记条例》也在紧锣密鼓地制定中。公证行业十分关注《不动产登记条例》中能否保留之前房产登记相关规范性法律文件中的“法定公证”内容。如前所述,公证行业在确认房产继承权等方面具有法律专业上的优势,而几十年来特别是近些年的实践,在积累了大量工作经验的同时也取得了良好的社会效果。在不动产登记工作中,公证能够发挥预防纠纷、减少诉讼、保证登记行为真实性和合法性的作用,也能够减轻登记机关的工作量和降低登记机关的工作风险。因此,我们希望房屋继承权公证能够成为不动产登记变更的前置法定程序,确保不动产物权在非交易领域的流转平稳与安全。

程序简易化与正当化之间的民事诉讼与公证

蒋笃恒*

《民事诉讼法》对于公证的重要意义主要体现在三个方面：一是公证证据效力的最终保障在人民法院；二是公证债权文书效力的实现依赖人民法院；三是公证与民事诉讼中的某些程序存在竞争。自1991年《民事诉讼法》颁布以来，出了不少与公证有关的法律和司法解释，如2000年最高人民法院、司法部《关于公证机关赋予强制执行效力的债权文书执行有关问题的联合通知》、2001年最高人民法院《关于民事诉讼证据的若干规定》、2007年全国人民代表大会常务委员会《关于修改〈中华人民共和国民事诉讼法〉的决定》、2008年最高人民法院《关于适用〈中华人民共和国民事诉讼法〉执行程序若干问题的解释》、2008年最高人民法院《关于当事人对具有强制执行效力的公证债权文书的内容有争议提起诉讼人民法院是否受理问题的批复》等。每个文件出台，都或多或少对公证行业产生影响。尤其是2012年《民事诉讼法》的修改，修改内容多，影响更深远。

一、有关证据部分修改的分析

（一）电子数据

《民事诉讼法》第63条证据种类中增加了"电子数据"，这是一个迟来的规定，是互联网时代的迫切需要。《合同法》第11条早有规定："书面形式是指合同书、信件和数据电文（包括电报、电传、传真、电子数据交换和电子邮件）等可以有形地表现所载内容的形式。"我们在日常生活、人际交流、民事交易中已经大量地在使用，但原来的《民事诉讼法》中没有将电子数据作为证据类别加以明确，所以常常不被法庭采纳，导致有证据但发挥不了作用，办案时需要将电子数据经过公证进行固定，以书证或者视听资料的形式提交法院或仲裁机构。比如有的手机短信，明明可以在法庭上提交手机，当场验看短信内容，也被要求提供公证书；还有OUTLOOK中的邮件也是一样，当事人抱着笔记本电脑上法

* 中国公证协会公证质量评估委员会委员，北京市公证协会经济业务委员会委员，北京市长安公证处副主任。

庭，法官会很为难，因为不符合法律规定的证据形式。这在客观上导致了取证难，增加了老百姓的诉讼成本和诉讼负担。这次修改，虽然还有诉讼操作层面的技术问题，但至少能够部分解决问题。

（二）证据保全

《民事诉讼法》第 81 条第 1 款和第 2 款规定："在证据可能灭失或者以后难以取得的情况下，当事人可以在诉讼过程中向人民法院申请保全证据，人民法院也可以主动采取保全措施。因情况紧急，在证据可能灭失或者以后难以取得的情况下，利害关系人可以在提起诉讼或者申请仲裁前向证据所在地、被申请人住所地或者对案件有管辖权的人民法院申请保全证据。"

证据保全增加了诉前证据保全，这一点在法律修改前，理论界存有争议。一般认为，公证机构办理证据保全专业、及时、效率高、有积极性，能够满足社会的需要，没必要由人民法院介入。还有人认为，从民诉理论和诉讼程序上法院进行民事诉前证据保全都是违法的，人民法院受理诉讼的被动性和公证机构介入证据保全的可行性，决定了人民法院没有必要采取诉前证据保全措施，认为民事证据保全仅指诉讼中的证据保全。

我们知道，证据保全并不是"法定公证"项目，然而公证证据保全在实践中发挥的作用及发展的程度是很多证据法学者难以想象的，数量之大已使其成为与房产、金融公证比肩的公证领域。至于原因，我们可以用马克思的"货币天然不是黄金，但黄金天然是货币"来类比，证据保全与公证是一见钟情、天然契合，难以分开的。具体分析，笔者认为，有以下几个方面的原因：

1. 公证人员的亲历性，使证据保全公证内容在真实性上达到客观真实的程度，是其他任何证据难以企及的。证明购买行为、侵权物品或网络现状、房屋受损害现场等的公证书，已悄悄地登上了"证据之王"的宝座。

2.《公证程序规则》及中国公证协会、各公证处内部制定的严格内部规章保证了证据保全公证的严格规范，提高了公信力。这种严格规范化的状况在民事取证中是没有对手的，包括律师和法院。

法院在证据保全方面没有积极性，费时费力不说，还容易不讨好。北京就出过一个案例，一方当事人到法院纪检部门举报承办法官，理由是法官应对方当事人申请去保全证据，而且是坐对方当事人的车去的，在车上说了什么、做了什么，令人狐疑。有这样的事发生，哪个法官愿意去保全证据呢？既然如此，《民事诉讼法》维持诉讼中的证据保全并增加诉前证据保全的意义何在呢？笔者认为，有些证据是双方有争议，申请人因各种原因不能自行收集，而有些证据是保全难度较大、专业性强、隐蔽程度高的，需要采取有力措施，而这些措施是公证机关无法实施的，人民法院在调取证据受阻的情况下可以依法采取强制措施对证据予以保全，而公证机关无此法定权力。比如，有的证据保全需要跑到对方工厂里，结果当事人和公证员都被扣住，这就属于公证员对法院保全和公证保全的理解不够全面。《公证法》与《民事诉讼法》关于证据保全的规定，事实上已构建了以公证机构保全证据为通常形式，以向人民法院申请证据保全为补充的证据保全制度。

（三）“法律行为”的删除

《民事诉讼法》第69条规定：“经过法定程序公证证明的法律事实和文书，人民法院应当作为认定事实的根据，但有相反证据足以推翻公证证明的除外。”

与前法相比，删去了“法律行为”的表述，而且短时间内在某些人中引发了恐慌，更有悲观主义者发出“天要塌了”的哀鸣。在民法教科书中有述：法律事实就是法律规定的、能够引起法律关系产生、变更和消灭的现象，包括法律行为和法律事件。问题解决了。

那么，广大公证同行为什么会有这么大的反应呢？大家在内心里的恐惧源于何处呢？笔者认为，大家期盼多年、望眼欲穿的法定公证事项迟迟等不来，公证机构对法律行为合法性的证明亟须得到法律和社会认可之际，立法机关的态度与释放出来的信号极大地影响着广大公证同行。这件事情可以看作一个“事件”，让一部分关心公证前景的人虚惊一场。其实可以仔细分析一下，首先，《民事诉讼法》是规定诉讼规则的，是关于法官如何审理案件的，涉及公证的内容只能是作为证据的公证书和作为债权文书的公证书。其他的法定公证问题，似乎与《民事诉讼法》无关。也就是说，《民事诉讼法》不会规定法定公证，也不可能把其他法律行政法规中的法定公证项目取缔掉。其次，公证书对于普通百姓甚至对一般行政机关，都有权威性，因为公证机构是专业法律机构。但在法官眼里，公证书只是一份证据，一份可以质证的证据，没有相反证据足以推翻，才可以作为认定案件真实的证据。保全证据的公证书还好，一般没人能推翻；但是假如你证明合同合法，这样的证词表达在法官眼里是基本上无视的，因为合同是否合法是由法官最终裁决的。所以，我们对于《民事诉讼法》第六章“证据”项下第69条，实在不应有过度的解读。

二、民事程序简易化

追求法律的正当程序、渴望公正的结果是社会公众对民事诉讼的自然诉求。比如，我们在电视上看到欧美律师使尽浑身解数搜集证据、在法庭上滔滔雄辩，法官一次次地开庭；我国香港特区龚如心女士的遗产案，历经几年的诉讼和法官300多页的判决书也给大陆民众留下了深刻印象。笔者上大学时，常英教授上课时提起她当法官时经历过的案子：两个邻居因为一个鸡蛋是谁家的而引起诉讼，争议焦点在于张家认为他们家的鸡跑到李家的鸡窝里下了一个蛋，李家则认为那个蛋是李家自己的鸡下的。一审判完还要打二审，不为争钱只为争口气。民事诉讼程序规则的严格、规范、完整是众所周知的，与之相对的，是公证程序的简便、快捷。继承权公证、公证债权文书能够有市场，在很大程度上缘因于此。然而，情况正在发生变化，民事诉讼在搞繁简分流，也就是说，对普通程序之外的大部分案件，努力进行简易化。

民事诉讼程序简易化的努力，实乃不得已为之。诉讼爆炸、诉讼迟延和诉讼成本昂贵的问题，已使各国民事诉讼陷入危机，滥用诉讼程序、拖延诉讼的现象相当严重，一些当事人可以从迟延结案中得到好处。因此，从一桩案件的起诉到判决、执行之间的拖延，是某些当事人的策略目标。它导致的后果是什么？1990 年美国《民事司法改革法》通过前，总统咨询委员会提交了关于美国民事司法制度改革的提案，认为美国民事诉讼程序不合理、耗时耗钱，损害美国司法公正形象，影响了美国经济的国际竞争力。笔者在研究生期间读的是民事诉讼专业，确实没想到过民事诉讼程序竟然能与国家的国际竞争力挂上钩。1991 年法国的调查显示，97% 的被调查人认为诉讼太迟缓，85% 的被调查人认为诉讼太难，84% 的被调查人认为诉讼成本太高，83% 的被调查人认为诉讼时不平等。1995 年一项由法国司法部主持的调查显示，司法制度排在公共服务行列的最后。

中国的情况如何呢？统计数字肯定比法国要好看。2012 年《中国的司法改革》白皮书中说："近年来，诉讼案件大幅增加，人民法院在对案件性质、繁简程度综合考量的基础上，将案件进行繁简分流，不同案件适用不同的审理程序，使案件性质与审理程序相一致，促进了审判资源配置优化和诉讼效率提高。"

2012 年 9 月北京的一份报纸有这样一个报道：

打官司比走公证还快

一年审结数千起商业案件，判决后当事人无一上访、投诉，这样高效的法庭您知道有多少名法官吗？近日，西城法院民三速裁庭庭长王珊对此给出了一个答案——12 名。本着"灵活、快捷、高效、便民"的原则，2008 年西城法院民三法庭建立商事案件速裁工作机制以来，已审结案件 2 万余件，记者当天也亲眼见证了这种高效率。

半个小时审结案件

当日上午 10 时 30 分，于女士告银行存款纠纷商事速裁案在西城法院 23 法庭开庭审理。

因父亲去世前未告知银行存折密码，于女士向银行要求给付其父存折中的 10 万余元存款及 5000 余美元遭拒，遂将该行诉至西城法院。"杨先生的 10 万元存款不在我支行，存折上写得很清楚，在其他城区的支行。"针对于女士的部分诉讼请求，银行表示其诉讼对象错了。"原告变更诉讼请求吗？"法官问道。"变更，暂时只要求银行给付 5000 余美元及利息。"于女士代理人说。经过短暂休庭后，法官当庭宣判，银行向于女士交付杨某名下美元及有关利息。接着在法官的监督下，银行按判决内容向于女士的代理人交付了其父名下美元及有关利息，案子审结了。从开庭到原告拿到钱，只用了半个小时。"真没想到，这样的案子打官司比走公证处还快！"原告方代理律师满意地说。

报道最后透露，该庭法官人均结案均在 750 件以上，个人最高年结案数甚至达到了 1141 件，得到社会的认同和当事人的广泛好评。

由于笔者从事公证时间长了，也有了职业病，就忍不住从公证的角度对这个案例加以分析，大致有如下可能：

假设 1：于女士是独生子女，其父亲、母亲以及他们的父母均已去世，则于女士是唯一继承人，并提供了充分的证明。

如果是这种情况，公证员首先要判断有关人员的死亡情况，由于可以提供派出所证明、医院证明、火化证明等，因此在死亡证明比较充分可信的情况下，这部分可以通过书面材料进行判断。其次要证明于女士是唯一继承人。由于所有材料都是于女士一人提供，来龙去脉也是她一个人述说，因此，即使当事人提供了证明材料，公证员也必须到人事档案部门查档，找被继承人的同事或居委会的人聊聊，是不是只有这一个子女，否则是万万不敢出具公证书的。像该案法官那样，在半个小时内让于女士拿到钱，同样思维方式的公证员在公证行业是无法立足的，遇到几个心怀叵测的当事人，他就会因出错而遭停止执业或被开除，甚至可能会被追究刑事责任。

假设2：于女士的父亲去世，爷爷奶奶去世，母亲尚在，有其他兄弟姐妹。母亲和兄弟姐妹均放弃继承，出具了书面的放弃继承权声明，同时母亲作为拥有一半份额的权利人，委托于女士办理取款事宜。

如果这种情况出现在公证处，公证员会这样处理：首先要求母亲及兄弟姐妹亲自来签署放弃继承权声明书，母亲当面签署委托书，如果不能来公证处，则必须提供相应的公证书。

假设3：于女士的父亲去世，爷爷奶奶去世，母亲尚在，有其他兄弟姐妹，但没有委托，没有放弃，甚至可能不知情，只有于女士一人来法院索要存款，银行根据法院的判决将遗产及母亲拥有的一半存款交给了于女士。

无论是哪种情况，继承公证都不可能这样办出来。

笔者不知道我国有没有诉讼爆炸，但是北京市基层法院民庭法官一年审理400多件案子，已经说明了问题。根据各地统计的数据，基层法院适用简易程序审结案件的比例大致在七八成左右。本次《民事诉讼法》的修改作了以下几个方面的努力：

1. 先行调解、调解协议经司法确认后可以申请执行。

第133条第2项："开庭前可以调解的，采取调解方式及时解决纠纷。"

第194条："申请司法确认调解协议，由双方当事人依照人民调解法等法律，自调解协议生效之日起三十日内，共同向调解组织所在地基层人民法院提出。"

第195条："人民法院受理申请后，经审查，符合法律规定的，裁定调解协议有效，一方当事人拒绝履行或者未全部履行的，对方当事人可以向人民法院申请执行；不符合法律规定的，裁定驳回申请，当事人可以通过调解方式变更原调解协议或者达成新的调解协议，也可以向人民法院提起诉讼。"

大调解、诉讼中先行调解，和公证一样都是多元化纠纷解决机制的组成部分。我们国家崇尚"和稀泥"，主张调解优先，推广调解，把调解塑造成"东方经验"，已经有很长时间了。本次《民事诉讼法》修改中加上了法院确认先行调解、确认调解协议的程序以及可以强制执行，在执行依据上除了判决、仲裁、公证债权文书之外，又多了一个司法确认的调解协议。

2. 加强庭前准备程序，通过交换证据等方式，明确争议焦点，加快庭审速度。

第 133 条第 4 项:“需要开庭审理的,通过要求当事人交换证据等方式,明确争议焦点。”

这方面的努力主要是针对争议案件,其他的配套措施还有限制偷袭举证、规定举证时限;以后在法律修改时可能还会明确上诉法院只解决法律争议,不涉及争议事实,这些都会缩短诉讼时间。

3. 增加小额诉讼程序,实行一审终审。

第 162 条:“基层人民法院和它派出的法庭审理符合本法第一百五十七条第一款规定的简单的民事案件,标的额为各省、自治区、直辖市上年度就业人员年平均工资百分之三十以下的,实行一审终审。”

前面提到的简易程序的案例以及速裁法庭的实践,相信对很多公证员有所触动。小额诉讼程序的一审终审更具有吸引力,简易程序和一审终审两相结合,加上法院判决相对强大的公信力,笔者相信会对公证产生很大的影响。2015 年 6 月笔者在新疆交流学习的时候,很佩服当地同行能够做到让一些县的银行贷款全部办理赋予强制执行效力公证,并且按照规定的标准收取公证费。不知道《民事诉讼法》在程序简易化方面的努力,是否会对他们的业务产生影响。

4. 与《物权法》对接,增加担保物权实现程序。

第 196 条:“申请实现担保物权,由担保物权人以及其他有权请求实现担保物权的人依照物权法等法律,向担保财产所在地或者担保物权登记地基层人民法院提出。”

第 197 条:“人民法院受理申请后,经审查,符合法律规定的,裁定拍卖、变卖担保财产,当事人依据该裁定可以向人民法院申请执行;不符合法律规定的,裁定驳回申请,当事人可以向人民法院提起诉讼。”

实现担保物权程序是与《物权法》的相关规定呼应的,其中有几个大的问题是:债权是什么?由谁来确定?如果执行,执行依据是什么?第 197 条说“符合法律规定的”的法律指的是什么,是《合同法》吗?如果是《合同法》,那么就是绕圈圈的过程,无法操作。例如,债权人到法院说,我有债权,有抵押物,请你拍卖。法院敢拍卖吗?即使有的债务人配合,完全同意债权人的请求并且也同意法院拍卖,法院执行依据在哪里?再说,假如有这样和谐的债权债务双方,直接申请支付令恐怕效率更高一些。所以笔者认为,这个程序要发挥作用,只能是有确定的执行依据的情况,其范围应该会比较窄。但是也不排除最高人民法院通过司法解释使它发挥比较大的作用。比如,作为债权方的银行到法院申请,抵押人也对担保义务没有异议,有书面确认,债权债务无异议,法院可以将抵押物拍卖。如果实现担保物权程序和支付令制度结合,通过支付令制度解决债务人、实现担保物权程序解决其他抵押人,还是很有吸引力的。将来民事诉讼的执行依据会不会又多出来一个,如叫作实现担保物权程序的确认书呢?这些都有待观察。

5. 完善督促程序。

第 217 条:“人民法院收到债务人提出的书面异议后,经审查,异议成立的,应当裁定终结督促程序,支付令自行失效。支付令失效的,转入诉讼程序,但申请支付令的一方当事人不同意提起诉讼的除外。”

相对其他纠纷解决机制来说，最大的“杀器”毫无疑问当属督促程序。笔者会在这个议题上花更大的精力去剖析，因为它一旦正常发挥作用，对解决民事纠纷意义非凡。笔者研究生毕业时，同宿舍一个师兄的论文题目就是《论督促程序》，他经常鼓吹督促程序前程远大。据统计，1991 年《民事诉讼法》增设督促程序以后一年，仅公开发表的督促程序方面的论文就有 70 多篇。这个数字在并非显学的民事诉讼法学界是比较罕见的，由此可见学界对其重视程度及给予的厚望。

督促程序源自德国 1877 年《民事诉讼法》，后风行至法国、日本等大陆法系国家。有几个统计数字：西德在 1987 年受理的督促程序案件为 6,609,801 件，同年受理的一审民事起诉案件为 1,587,903 件；法国在 1991 年适用督促程序案件占初审法院受理的全部案件的 72%；日本在 1987 年受理的适用督促程序案件为 620,960 件，同年受理的一审普通诉讼的民事案件为 319,326 件。而因为债务人对支付令提出异议而转入普通程序的数据是：德国 11.2%，法国 5%，日本 8.1%。

看上去这么好的一个制度在我国实践的情况怎么样呢？1995 年，天津市一审民事经济案件 34,759 件，以督促程序结案 251 件，占比 0.7%；2011 年，北京市一审民事案件 246,320 件，以督促程序结案 48 件，占比 0.02%。督促程序形同虚设，有些法院干脆停止了督促程序的适用。2001 年，最高人民法院发布了《关于适用督促程序若干问题的规定》，针对实践中存在的一些问题作了积极的规定，但在推动督促程序运用上并没有产生太大的作用。对此，法官及民事诉讼法学者开出了三个药方：(1)限制债务人的异议权，由法官审查债务人异议的事实和证据是否成立；(2)督促程序和诉讼程序对接，债务人异议成立则案件直接转入诉讼程序；(3)合理规定支付令费用承担方法，支付令生效，其费用由被申请人承担，支付令失效，转为诉讼程序，则费用由败诉方承担。

北京是法制环境相对较好的地区，但是 2011 年 48 件督促程序的数字不免让人悲观。《民事诉讼法》的修改虽然将上述三个条件都满足了且前文中说的三个问题解决了，但就能因此大行其道吗？

我们来看《人民法院报》上刊登的一个案例：甲借款给乙，由丙提供担保，约定借期 1 年。乙届期未依约还款，甲向法院提起支付令申请，法院受理后作出支付令，限令乙、丙于支付令送达之日起 15 日内偿还。之后支付令向甲、乙送达，但未向丙送达，法院即以支付令生效结案。在执行阶段，丙以支付令未向其送达为由拒绝履行给付义务，造成支付令不能执行。

再看另外一个案例：2002 年 5 月 20 日，申请人某承建商向法院提出支付令申请，请求被申请人某地产开发商支付工程进度款 8,630,114.75 元和协议委托应付款 2,331,100 元，两项共计 10,861,214.75 元，并提交了一份 2002 年 4 月 3 日被申请人出具的保证返还 10,861,214.75 元的工程进度款和协议委托应付款的保证书。次日，法院根据申请人的申请作出支付令：被申请人应自收到支付令之日起 15 日内给付申请人工程款人民币 10,861,214.75元及案件受理费 100 元。该支付令送达被申请人后，在异议期内被申请人没有提出异议,支付令随即生效。接着,申请人向法院申请执行,因执行标的涉及案外人,案外人提出了执行异议。法院在审查异议过程中,发现该支付令存在四项明显错误:一是当事人尚有其他债权债务纠纷;二是支付令确认工程款为人民币10,861,214.75元,但其中2,231,100元实为被申请人代第三人向申请人支付的补偿费和现场签证费;三是债权人在就前述2,231,100元补偿费和现场签证费申请支付令的同时,又就此向中院起诉,存在"一债两请"的问题;四是未经审定的工程款尚处于债权债务不明确的阶段,支付令所依据的证据明显不足。针对以上情况,法院撤销了该支付令,驳回申请人的申请。

由此可以看出,实践中影响支付令生效的因素是很多的,有制度设计的原因,也有国情复杂的原因。笔者认为,以下几个方面阻碍了督促程序在我国的施行:

1. 诚实信用的因素。本次《民事诉讼法》修改中的一个亮点是规定了诚实信用原则,其第13条第1款规定:"民事诉讼应当遵循诚实信用原则。"我们习惯了"强调什么,就缺少什么"的思维,这一次也是如此。在民事诉讼实践中,普遍地存在当事人滥用诉讼权利的情形,恶意诉讼、虚假诉讼、诉讼中的虚假陈述、拖延诉讼、伪造证据等情况时有发生;特别在支付令异议中,很多人在这方面的智慧表现无遗。

2. 逃避执行的违法成本太低。有人总结说德国人为什么老老实实地对待支付令、履行义务,就是因为昂贵的败诉风险足以使他们放弃铤而走险的念头。因为假如他们不履行义务,随便找借口使支付令失效,一旦败诉将付出更大的代价,包括法院诉讼费用、自己和对方的律师费用和其他费用,不良的个人信用和商业信用,诉讼所带来的的心理压力、时间和精力上的损失等。而我们的债务人多从逃避执行中获得物质上的好处和精神上的愉悦:使支付令失效可以延缓履行;转为诉讼程序后,调解优先、强制调解往往令债务人收益;诉讼中也有大量的文章可做,有的人甚至赢了官司;一二审完毕,还可以隐匿财产逃避执行。

3. 督促程序送达的对象只能是债务人,不包括担保人。这个规定其实也对督促程序的适用范围进行了限制,即限于无担保的债权债务。如果有担保,就只限于债权人债务人之间,不针对担保人。虽然有理论界和实务界的人论证加入连带保证责任人的可行性,有的地方法院还曾作出试点,但督促程序的立法本意即限制其适用范围,尽量减少支付令异议的数量,推动督促程序的发展。

4. 督促程序必须严格按照《民事诉讼法》规定的送达程序,而且从它的特殊性质分析,不应适用留置及公告送达方式。

5. 申请支付令的费用太低,导致很多法院没有积极性,甚至是排斥。申请支付令的,比照财产案件受理费标准的1/3交纳。

6. 支付令的特点是债务人在异议期内不提异议,则后面的依据支付令自动履行或由法院执行产生的财产转移都披上了合法的外衣。实践中部分债务人利用支付令程序,与他人串通,利用表面上合法的申请支付令形式,逃避债务,甚至掩盖非法所得。如果遇到以逃避债务或骗取财产为目的的欺诈诉讼,一旦被揭露或纠错,则法院以及承办法官承受的压力会很大。

以上罗列的是笔者自然而然想到的督促程序的缺点，如果分析还算比较客观，那么督促程序还是很悲剧的。然而也有另外一种可能：当我们做公证做久了，在开拓业务时会习惯说其他公证处没有我们公证处好，其他程序包括诉讼程序、仲裁程序没有我们公证好。这是一种习惯性的倾向，即看其他人的缺点，说自己的优点。如果以上的分析也是这种惯性思维在起作用，或者说督促程序以后大行其道，公证的危机就真的来了。

三、公证程序正当化的努力

公证程序一贯呈现的是简便、快捷、高效的形象，这是它的优势。但是在立法与司法层面，这也在某种程度上成了令人担忧的问题：公证能做到公正吗？实践中，公证行业着实出了几件负面新闻，如陕西"宝马"案、武汉体彩案以及偶尔浮现的"活人给公证死了"的继承权公证，在某种程度上印证了一些人的疑问。20 世纪 90 年代以来，公证行业开始全方位地制定一系列规则。除《公证法》这部基本法之外，司法部制定的规则，择其要者列举如下：

1.《公证程序规则》
2.《遗嘱公证细则》
3.《赠与公证细则》
4.《遗赠抚养协议公证细则》
5.《赡养协议公证细则》
6.《批量办理赡养协议公证细则》
7.《关于贯彻执行〈中华人民共和国收养法〉若干问题的意见》
8.《企业租赁经营合同公证程序细则》
9.《企业承包经营合同公证程序细则》
10.《抵押贷款合同公证程序细则》
11.《提存公证规则》
12.《关于办理民间借贷合同公证的意见》
13.《招标投标公证程序细则》
14.《开奖公证细则（试行）》
15.《房屋拆迁证据保全公证细则》
16.《公证机构办理抵押登记办法》

中国公证协会以指导意见的形式，也制定了一些行业规则，择其要者列举如下：

1.《办理保全证据公证的指导意见》
2.《办理具有强制执行效力债权文书公证及出具执行证书的指导意见》
3.《办理房屋委托书公证的指导意见》
4.《办理夫妻财产约定协议公证的指导意见》
5.《公证机构审查自然人身份的指导意见》

6.《办理继承公证的指导意见》

7.《公证质量评价标准(试行)》

8.《办理保全互联网电子证据公证的指导意见》

9.《办理保全送达文书证据公证的指导意见》

公证程序正当化,是指通过业务指导、规则限制、减少恣意等方法,使公证为当事人以及社会上一般人所承认、接受和信任。毫无疑问,上述规则和指导意见对整个公证行业来说意义重大。改革开放以来,公证业务蓬勃发展,整个行业办证水平大幅度提高,规则和指导意见起了相当重要的作用。

前面谈及证据保全公证日益为当事人重视原因时,提到了《公证程序规则》及中国公证协会、各公证处内部制定的各种规定保证了公证的严格规范,提高了公信力。这种严格规范化的状况在民事取证中是没有对手的,包括律师和法院。比如,在互联网证据保全中,即使有的时候公证书存在小瑕疵,或者有的表述让人看不明白,或者对方提出管辖权及公证申请人适格方面的异议,但是基于两个方面:一是使用公证处的电脑上网,二是电脑由公证人员控制,能够排除申请人事先进行技术操作的可能,法官对该公证书证明内容已足以产生内心确信。一般的小问题不会对公证书的效力产生实质性影响,当事人提出的质疑也不应被认定为“足以推翻公证书的相反证据”。

规范程序应该有限度,不能使公证失去它的特色和优势。换一个角度看问题,即使不计算那些通知、批复,规则和指导意见罗列下来竟然也有这么多,涵盖了公证的各个领域。有人曾说过,他希望通过努力,让那些即使是高中毕业的人对照着他的法条和书也能办证。也有不少人想把公证程序改造成另一个版本的民事普通程序,才够严肃、严谨。公证行业老成持重的人很多,一旦某个公证处遇到一个有影响的案子,就会如临大敌,觉得处处是陷阱、处处是风险,看所有的公证都仿佛变了颜色。于是,在杨二雪案件后,全国人民办委托公证都难了。本来是单方法律行为的遗嘱公证,办起来复杂无比;遗产继承无论标的大小,一样的证明标准,有的继承几千块钱,为收集证据也要把腿跑细。静下来想一想,是不是需要反思呢?

四、结语

民事诉讼程序的简易化会加快诉讼进程,使当事人多了一些选择,也对继承权公证、公证债权文书等构成一定的压力。

而引述当事人的反映:办公证要的材料多了,笔录问的多了,告知书那么多不知道写的什么,反正都看不懂。

民事诉讼程序简易化的努力还会继续下去,对公证的影响会慢慢浮现,公证行业应该予以充分的重视、深入的研究和分析。我们不能坐视甚至无视其他行业的变革和进步。

新《民事诉讼法》带给我们的几点启示

郭岳萍*

全国人民代表大会常务委员会《关于修改〈中华人民共和国民事诉讼法〉的决定》已由中华人民共和国第十一届全国人民代表大会常务委员会第二十八次会议于2012年8月31日通过,并予公布,自2013年1月1日起施行。

国家进行新的立法或对原有法律进行修改,都会针对当前社会发展的实际而修订。近些年我国的每一次立法或修法,对于公证行业可能都会有触动,都是新的发展机遇。这种触动和机遇无论是拓宽了我们的业务思路和业务范围,还是仅仅要求公证行业的执业人员进行再学习,以便指导今后的工作,都是殊为有益的。

从2010年起,全国人大常委会着手修改《民事诉讼法》,历经三审,终于在2012年8月31日获表决通过。新修订的《民事诉讼法》有几大亮点,这几大亮点从公证的角度解读,有的给公证行业带来一些契机,有的给公证行业的发展带来启示。

一、公益诉讼写入法规,或可带来保证证据公证业务的新发展

修改后的《民事诉讼法》第55条规定:“对污染环境、侵害众多消费者合法权益等损害社会公共利益的行为,法律规定的机关和有关组织可以向人民法院提起诉讼。”这一条款的确立使我国公益诉讼制度迈出跨越性一步。在消费者权益保护、环境污染等领域,公益诉讼必将大量发生,而且这个条款制定后的影响也不限于诉讼方面。比如,遇到类似侵犯消费者权益的事件,比照向法院诉讼,很可能出现大量的向工商部门或消费者权益保护协会等机构举报投诉和要求赔偿的行为。无论以何种方式(诉讼或举报投诉)维权,当事人需要的是证据,经过公证的证据无疑更为权力部门认可。在当今的公证实践中,当事人申请办理证据保全公证的很多,且所保全的证据种类也繁多,保全证据公证已经成为公证业务的一大组成部分,某些公证处业已成立了专门的知识产权业务部门,主要就是办理保全证据公证。

* 北京市公证协会经济业务委员会委员,北京市长安公证处业务三部主任。

在办理公证的过程中，业界一直有一种理论，就是申办公证的当事人必须与所申办的公证事项有利害关系，否则就不可以作为申请人申办公证。这种理论为大多数专家和执业公证人所认可，所以对于一些公益方面保全证据公证的申请，公证处是不予以受理的。笔者就遇到过某公益人士向公证处申请办理购买超市出售的某类伪劣产品，准备向工商部门举报或进而向法院起诉，以及某律师向公证处申请办理的保全网络上播放的暴力黄色的视频内容，准备向公安部门举报。对于这两个公证申请，当时都没有受理，就是因为申请人和准备保全的事项没有利害关系，纯粹是出于公益的目的。现在既然法律认可公益诉讼，公益诉讼的案例将大量出现，那么公证机构为公益诉讼而办理的保全证据公证也将为法院所认可，同理也会被工商、公安等部门和机构认可。所以对于以公益为目的的保全证据，公证机构就可以不审查申请人与公证事项是否有利害关系而受理。办理此类公证，公证机构在获得经济利益的同时，更可能收获的是一种社会认知度和好评吧。

二、避免执行通知“通风报信”，公证机构出具的强制执行证书将更为有效地被执行

修改后的《民事诉讼法》规定：“执行员接到申请执行书或者移交执行书，应当向被执行人发出执行通知，并可以立即采取强制执行措施。”“执行难”一向是困扰法院和当事人的问题。实践中当事人规避执行、逃避执行的花样层出不穷。修改前的民诉法有“执行通知”的规定，即在法院采取执行措施前，先责令当事人在指定的期间履行，逾期不履行的，强制执行。通知制度的设置本来是为当事人自觉履行提供一个时间段和机会。但现实中很多当事人收到执行通知后，往往转移财产逃避执行。这恰恰等于是给当事人“通风报信”。此次民诉法修改强化了执行措施，专门增加规定，在发出通知的同时可以立即采取强制执行措施，且对逃避执行行为进行制裁，并提高了对拒不执行法院生效判决、裁定等行为的罚款额度。

公证机构除出具证明类的司法文书外，还可以办理赋予债权文书强制执行效力公证，并可以出具执行证书，使得当事人免除诉讼程序，直接进入执行阶段。这在新旧民诉法和《公证法》中都是被专门规定的，见修改后的《民事诉讼法》第238条和《公证法》的第37条、第40条。赋予债权文书强制执行效力本来是公证机构办理的最为称道的业务，但如遇到执行难，那么公证机构出具的执行证书也似法院判决、裁定一样难以被执行。《民事诉讼法》修改执行的相关规定后，强化了执行措施，规定在发出通知的同时可以立即采取强制执行措施，且对逃避执行行为进行制裁，并提高了对拒不执行的惩罚力度。这对于公证机构今后继续加强办理强制执行公证是大有益处的，因为公证机构出具的执行证书将更为有效地被执行，对于作为公证当事人的债权人提供了更好的保护。

所以对于此次《民事诉讼法》关于执行的修改，对于强化执行措施的制定，公证行业可以大力宣传，以便更好地发展强制执行公证业务。

三、设立小额诉讼制度，对公证程序和收费的启示

修改后的《民事诉讼法》规定："基层人民法院和它派出的法庭审理符合本法第一百五十七条第一款规定的简单的民事案件，标的额为各省、自治区、直辖市上年度就业人员年平均工资百分之三十以下的，实行一审终审。"小额诉讼制度是《民事诉讼法》新设立的一项制度，和其他适用简易程序的案件最大的差别，它是一审终审。近些年，我国出现了大量涉及消费者权益保护、农民工讨薪、民间借贷和小额金融借款纠纷、交通肇事纠纷等标的额较小的案件。为了能够及时化解矛盾纠纷、提高诉讼效率、节省诉讼资源，本次《民事诉讼法》修改根据我国一些地方已经进行的试点，并借鉴国外的做法，设立了小额诉讼制度。小额诉讼主要是从程序上建立的一种新的制度，立脚点是标的额小的案件，诉讼时一审终审。那么公证机构在办理一些简单的公证时，能否根据实际情况，适当放宽收费标准？例如，对于个人申请的一些涉案金额较小的保全证据公证（如通过邮寄的方式送达文书）或批量办理的保全证据公证，能否适当降低收费，办理时由公证员个人参与即可；对于一些小额的财产继承公证，是否可以适当放宽受理和审查的标准；对于一些需要当事人提供未婚或未再婚的婚姻状况证明才能办理的公证事项，是否仅要求当事人发表单身声明即可，而不是一味要求其户籍所在地的民政部门出具其在辖区内无婚姻记录的证明。但反之，对于一些繁难的公证事项或风险较大的公证事项，如遗嘱、委托书等是否应该提高收费标准，公证程序上再制定一些公证人员免责条款或合理的风险分担机制，使得社会大众对这类公证事项的需求可以真正得到满足，而不是眼下经常出现的因为此类业务风险大、工作量大、繁难复杂而被推诿或拖延办理。对于收费标准和工作程序的合理的修订，使得当事人在其自身出现一些简单的需要寻求法律帮助的事项时，首先考虑的是作为非讼的公证手段，而不是去法院进行小额诉讼，这也是符合中国不兴讼的传统的。

四、公众可查阅生效判决书，将有利于公证人员对法院判决书的核实调查工作

修改后的《民事诉讼法》规定："公众可以查阅发生法律效力的判决书、裁定书，但涉及国家秘密、商业秘密和个人隐私的内容除外。"《民事诉讼法》还进一步明确规定判决书、裁定书都应当写明判决、裁定结果以及作出判决、裁定的理由。

裁判文书公开，是法院审判公开制度的重要内容。公众可以查阅生效判决书，对当事人申办公证时，需要向公证机构提供判决书等证据材料提供了方便。对公证人员对当事人提供的判决书进行核实调查也提供了方便，因为某些公证事项的办理往往需要核实调查某些法院的判决书，查阅判决内容及是否已生效，甚至也有利于当事人申办的保全查阅判决书过程和所查阅的判决书结果的保全证据公证的办理。

五、民事诉讼案件中专家可以证人证言类公证的形式提出意见

医疗事故、环境污染和知识产权等案件专业性强，在庭审过程中如果专家能够提供专业意见，有助于查明事实。鉴于此，修改后的《民事诉讼法》增加规定，当事人可以申请人民法院通知有专门知识的人出庭，就鉴定人作出的鉴定意见或者专业问题提出意见。

市场经济发展到今天，医疗事故、环境污染和知识产权等案件大量出现，此类案件因为涉及专业性强，审理起来法官往往也需要听取专家的意见和建议，而能成为某一领域内专家的人，必然人数不多，且大多公务繁忙，不可能出现在每一个需要他们的法庭，因此他们的意见和建议如何传达到法庭，传给法官、律师、当事人，需要一个合情合理更要合法的方式，证人证言公证不啻为解决此类难题的最好的办法。

新旧《民事诉讼法》对于公证证据都是肯定的，本次修改后的《民事诉讼法》第 69 条规定："经过法定程序公证证明的法律事实和文书，人民法院应当作为认定事实的根据，但有相反证据足以推翻公证证明的除外。"证人证言是最传统的证据种类之一，经过公证的证言，公证机构首先审核当事人的身份，其公民身份和职业身份甚至是否为某一领域的专家都要审查，还要审核其是否有行为能力、是否自愿出具此类证言，并要求其保证证言内容的真实性，并告知其在此类公证中的权利和义务，重点告知其证人要负的法律责任、要承担的法律风险等。对于此类公证可以灵活办理，专家可以根据具体案件诉讼的情况，出具书面类的证言或录音、录像类的证言，公证人员可以证明专家或其他证人以何种方式出具了何类证言，甚至可以对律师就案件的具体问题向专家或其他证人提问，而专家或其他证人进行回答的取证过程办理保全证据公证。鉴于此次《民事诉讼法》修改强调确认专家证据，今后公证行业必将更多地办理此类证人证言类公证。这样和法院的诉讼工作更好地衔接起来，既给需要出庭作证的专家或其他普通证人带来了方便，也可以使法院更好地处理案件，同时节省诉讼资源。

六、电子数据证据的确立，是公证行业必须抓住的一次发展机遇

原来的《民事诉讼法》中没有明确电子数据是证据的一种，这源于当时社会发展的程度，互联网、电子数据的发展还没有到今天这样浩瀚的程度，现今人们的生活已经离不开互联网，离不开各种各样、形形色色的电子数据，如电子邮件、微博、QQ 聊天记录等，在《民事诉讼法》还没有将电子数据被明确为证据的一种时，它有时被归于视听资料的一种，有时被归于书证。随着电子技术特别是计算机网络技术的发展，电子数据在数量上越来越多，在司法活动所起中的作用也越来越大，2004 年我国通过了针对电子商务的《电子签名法》。鉴于电子数据证据本身的复杂性和特殊性，将其再简单的归于原有的七种证据中的某一种，显然很难发挥其证明价值，故这次《民事诉讼法》修改，就将其明确列为证据的一类。

但本次修改仅将电子数据确立为独立的一类证据，而对该类证据的调查收集、质证认证等问题并没有进行明确和统一的规定，具体运用规则还需要在司法实践中进一步探索，待时机成熟时再在法律中进一步确定。具体到我国的司法实践，很多法院和法官对于经过公证的电子数据证据是承认的，将其作为定案的依据。笔者在前几年为开心网和奇虎360公司的律师办理过相关的网页证据保全公证，公证证据在这两家公司与竞争对手的诉讼中起到了关键的证明作用，使这两家公司获得胜诉。公证过的电子数据证据，一般在公证机构进行保全，能够保证作为数据来源载体的计算机的清洁性，保全现场的客观性，同时对电子数据的获得及备份复制也是安全真实的，而认为电子数据公证收费较高纯系极个别的言论，实践中当事人对于电子数据保全的收费基本是没有异议的。大陆法系国家的公证人，如法国公证人已经在传统的不动产公证业务之外，积极地参与和办理了大量电子数据公证。我国上海的公证行业也建立起电子数据公证办理的网络平台，可以更方便和及时地为当事人办理电子数据的证据保全。

我国公证行业应当借这次《民事诉讼法》修改，电子数据已成为证据的一种，但具体的调查取证和运用规则还未出台之机时，尽力去宣传和开拓电子数据公证业务，向社会各界介绍传播一些成功案例，并尽可能地完善我们的具体工作，以期在将来的司法实践甚至立法中将公证作为电子数据调查取证的一种法定的手段，这也是行业发展的一大契机。

民事法律是公证行业生存的根本依托，是公证人员执业时的秉持和依据。总之，借这次《民事诉讼法》修改之机，公证行业和其从业人员应该更好地探讨研究甚至反思，如何加强公证制度在整个法律体系中的地位，发挥公证的作用，发展公证业务，都是我们这个时代公证人的命题。让我们从大处着眼，小处着手，更好地学习、研究、工作、奉献，借本次《民事诉讼法》修改的机遇，发展我们的公证事业。

刍议《民事诉讼法》的修改对公证行业产生的影响

李嘉健*

2012年8月31日，全国人民代表大会常务委员会经审议通过了《关于修改〈中华人民共和国民事诉讼法〉的决定》。修改后的《民事诉讼法》将于2013年1月1日起施行。这是1991年《民事诉讼法》颁布以来的第二次修正。作为调整民事诉讼活动，确定民事诉讼法律关系的法律规范，《民事诉讼法》在人们的日常生活中发挥了十分重要的作用。公证制度的价值之一就是预防纠纷，减少诉讼或简化诉讼，因此公证工作与《民事诉讼法》的内容具有密切的联系，而《民事诉讼法》中也明确规定了与公证相关的条款。

在本次的民事诉讼法修改中，涉及公证行业的条文内容发生了一定的变化，即将2007年《民事诉讼法》的第67条"经过法定程序公证证明的法律行为、法律事实和文书，人民法院应当作为认定事实的根据。但有相反证据足以推翻公证证明的除外"修改为2012年《民事诉讼法》的第69条"经过法定程序公证证明的法律事实和文书，人民法院应当作为认定事实的根据，但有相反证据足以推翻公证证明的除外"。

两相比较，可以发现，2012年《民事诉讼法》删去了2007年《民事诉讼法》中的"法律行为"四个字。对于此，公证行业内外均有议论。有律师点评说，2012年《民事诉讼法》排除了对法律行为公证的证据效力法定性。一位可能是公证行业的内部人士在网络上撰写长文，认为"经过公证的法律行为法律将不再强制性地要求人民法院作为认定事实的根据。而平常在公证员监督下，当事人签订买卖合同、赠与合同、委托书、股权转让协议都属于法律行为"、"经过公证的证据保全在民诉法修改后是否还会被人民法院作为认定事实的依据，按照法条的理解，人民法院将有权依法不这样做"，在文章中他更是发出了"（民事诉讼法的修改）对于我们来说，这是釜底抽薪的打击"。该篇文字被转载后，引发了一些公证行业从业者的讨论。

是否真的如同这位"同行"的解读——2012年《民事诉讼法》将对公证执业产生如此

---

* 北京市长安公证处公证员。

巨大的影响？笔者拟从法学理论、立法沿革、业务实践三个方面加以分析，阐述《民事诉讼法》的修改并未对公证行业产生实质的特别是负面的影响。一家之言，抛砖引玉。

一、从法学理论上来讲，法律行为是法律事实的组成部分，旧《民事诉讼法》的规定不符合民法理论，此次进行了必要的修正

根据我国民法理论，民事法律事实，是指依法能够引起民事法律关系产生、变更或消灭的客观现象。① 需要说明的是，我国民法理论中的“民事法律事实”即传统大陆法系民法学上讲的“法律事实”。由于法律事实这个概念已发展成为法理学上的基本概念，而且1986年4月颁布的《民法通则》将法律行为改称民事法律行为，我国民法学者遂将“法律事实”改称“民事法律事实”。

根据客观现象是否与人的意志有关，可以将法律事实分为事件和行为两大类。事件，又称为自然事实，是指与人的意志无关，能够引起民事法律后果客观现象。例如，人的死亡使继承人取得继承遗产的权利。② 行为，是指人的有意识的活动。行为又可以分为以下两类：(1)民事行为，是指行为人旨在确立、变更、终止民事权利义务关系的行为，在民法上，民事行为是最主要的民事法律事实，③如商品买卖行为。(2)事实行为，是指行为人实施一定的行为时在主观上并没有产生、变更或消灭某一民事法律关系的意识，但由于法律的规定，同样会引起一定的民事法律后果的行为，④如遗失物的拾得。

因此，民法理论中的法律行为是法律事实的组成部分，法律行为是法律事实的子概念，在立法中将两者并列规定的形式不符合法学的基本理论。笔者检索我国所有民商事立法，只有1982年《民事诉讼法(试行)》、1991年《民事诉讼法》和2007年《民事诉讼法》的表述是“……的法律行为、法律事实”。由于笔者没有查到全国人大常委会法制工作委员会对于上述法律的释义(广义上可以视为立法解释)，因此无法理解立法者的原意。同时，2012年修改《民事诉讼法》的释义还没有出版，因此亦不知立法者此次作何解读。但是，对于此次《民事诉讼法》的修改，从法理上应当理解为是立法者对原有立法不精确和不完善之处的修正，使经过修正的法律条文与法学理论相一致，其目的绝非用于限制公证行业的发展。

在涉及公证行业的法规中，类似的修改也曾经出现过：司法部2002年《公证程序规则》中对公证当事人的定义是“与公证事项有法律上的利害关系并以自己的名义向公证处提出公证申请，在公证活动中享有权利和承担义务的公民或法人”；2006年《公证程序规则》根据《公证法》的规定，将当事人的概念修改为“与公证事项有利害关系并以自己的名义向公证机构提出公证申请，在公证活动中享有权利和承担义务的自然人、法人或者

① 王利明著：《民法总则研究》，中国人民大学出版社2003年版，第180页。
② 同上书，第183页。
③ 同上。
④ 同上书，第183~184页。

其他组织”，增加了“其他组织”的概念。回过头再去看《民法通则》，作为我国调整民事法律关系的基本法，从1986年沿用至今没有修订，其第1条规定“为了保障公民、法人的合法的民事权益……制定本法”，虽然没有写明，今天的“其他组织”依然要受其调整。试问，我们能否根据《公证法》的颁布实施和《公证程序规则》的修改，得出扩大了公证范围的结论呢？

时代在法律上的烙印如此，而修法又需要决策和程序带来的时间成本。法律的规定应当根据经济社会的发展和变化而演进，并且与法律理论相契合。此次《民事诉讼法》涉及公证行业条款的修订，也是基于这个原则。

二、从立法沿革上来讲，民事诉讼立法和公证立法之间存在一定的关联性，且民事诉讼立法受到了公证立法的影响

如前文所述，我国的民商事立法将“法律行为”和“法律事实”并列表述的，只有现行的《民事诉讼法》及其修正前的版本。从事公证行业的人士或许会想到公证法中也有不完全相同但文字表达类似的表述。我国《公证法》第2条规定：“公证是公证机构根据自然人、法人或者其他组织的申请，依照法定程序对民事法律行为、有法律意义的事实和文书的真实性、合法性予以证明的活动。”而已经废止的、1982年颁布的《公证暂行条例》第2条的表述是：“公证是国家公证机关根据当事人的申请，依法证明法律行为、有法律意义的文书和事实的真实性、合法性，以保护公共财产，保护公民身份上财产上的权利和合法利益。”两个条文结构不同，但均将“民事法律行为”和“有法律意义的事实”并列表述。在前文中提到的关于新民事诉讼法是否会影响公证执业的讨论中，也有公证业内人士提出“原民诉法⑤的规定有悖法律基础理论，实际上是受公证条例的‘误导’”的观点。由于没有查询到有关资料，笔者无法确认这个结论。但作为“大胆假设”的论点，笔者将在此基础上收集资料继续开展考证工作。

至少从时间上来看，《公证暂行条例》是在1982年4月颁布，《民事诉讼法（试行）》是在1982年3月8日通过，二者几乎同时出台，《民事诉讼法》当中涉及公证的条款，参酌公证规范性法律文件，是具备可行性的。而2005年《公证法》沿用《公证暂行条例》的表述，之后的《民事诉讼法》没有修改《民事诉讼法（试行）》的原有条款，是具备合理性的。

笔者进一步查阅了大陆法系有关国家和地区的公证法律制度，其中，法国、德国、意大利关于公证人职权的立法采取列举加兜底式的规定。《日本公证人法》（1908年颁布，后经八次修改）第1条规定：“公证人拥有下列权限：根据当事人或其他有关人员的申请，

⑤ 此处“原民诉法”指代的是1982年《民事诉讼法（试行）》、1991年《民事诉讼法》还是2007年修正后的《民事诉讼法》并未明确，但就实际情况看，三者就相关内容的文字表述是一致的，因此不会对理解产生歧义。

就法律行为及其他关于私权的事实，制作公证证书；对私人制作并签署的文书进行认证；根据商法第一百六十七条及其准用规定，对公司章程进行认证。”《韩国公证人法》（1962年颁布）第2条规定：“公证人的职权是根据当事人或其他关系人的请求，就法律行为及其他事实制作公证证书，对私人文书给予认证，根据商法第二百九十二条及其准用规定对公司章程进行认证。”⑥我国台湾地区“公证法”（1944年颁布，1999年修改）第2条规定：“公证人因当事人或其他关系人之请求，就法律行为及其他关于私权之事实，有作成公证书或对于私文书予以认证之权限。”⑦鉴于此，笔者再一次“大胆假设”，我国公证立法关于“公证证明对象”的规定，是参考了周边国家和地区的立法例，并结合我国的法学理论和实际情况而制定。例如，我国长期以来一直否认公私法的划分，认为在社会主义公有制下，国家广泛参与社会生活，经济关系和人身关系都有国家干预的色彩，所以社会主义国家的法律都具有公法性质，而不存在私法。⑧ 无“私法”即无“私权”。我国民法理论区分了“法律行为”和“民事法律行为”的概念，这些方面在我国的公证立法中都有所体现。目前我国公证法关于“公证是公证机构根据自然人、法人或者其他组织的申请，依照法定程序对民事法律行为、有法律意义的事实和文书的真实性、合法性予以证明的活动”的表述是适当的，其中“民事法律行为”与民法理论相一致，“有法律意义的事实”概念范畴要比“法律事实”大，加之“有法律意义的文书”，能够用概括的形式全面涵盖公证活动的各个事项。

因此，基于“大胆假设”的视角，笔者认为，我国公证立法关于公证证明对象的表述借鉴和移植了周边国家或地区的立法，具备科学性和合理性；我国民事诉讼立法涉及公证行业的部分参考了公证立法，但在文字表述上由于要与民法理论相一致，没有研究公证立法表述的内涵而只进行了文字上的删削，反而造成了民事诉讼立法和民法理论的相悖；最新的民事诉讼立法纠正了先前的错误。因此，不存在民事诉讼修法与公证立法相冲突或者限制公证执业的情形。

三、从业务实践上来讲，通过证明一些有法律意义的事实和文书，实际上起到了证明民事法律行为和法律事实的效果

在公证办理实践中，会有一些证明民事法律行为的公证，通过证明有法律意义的事实和文书来实现。典型的例子是委托公证，民法意义上的委托或委托代理是一种民事法律行为，它是指民事法律关系中一方当事人授权另一方当事人以其名义和费用，办理一定事务。授权另一方的当时人称为委托人，被授权办理一定事务的当事人称为受托人。

---

⑥ 上述法律规定引自司法部法制司、公证司编：《外国公证法规及公证制度介绍汇编》，内部资料。

⑦ 资料来源 http://law.chinalawinfo.com/NewLaw2002/SLC/SLC.asp?Db=twd&Gid=939524644。

⑧ 王利明著：《民法总则研究》，中国人民大学出版社2003年版，第15页。

基于上述委托行为，委托人和受托人之间达成的协议就是民法意义上的委托合同。⑨ 实践中公证机构在办理委托公证时，既有公证处（公证员）采用《公证书格式（2011 年版）》的第一式（委托）格式，直接证明委托行为；也有公证处（公证员）采用第三十四式（文书上的签名），通过证明有法律意义的文书之委托书，起到了证明民事法律行为之委托行为的效果。二者在实践中并存通用，均为使用单位所接受，均可以达到申请人办理公证之目的。例如，在网页保全证据公证中，公证员通过证明操作电脑时“公证人员在现场”、“下载的文件均经现场拷屏后打印取得”、“与实际情况相符”来证明有法律意义的事实之保全证据过程。该公证书作为证据提交审判机关，由审判机关通过庭审判断是否能够作为认定法律事实的根据。另外，在一些公证文书的使用过程中，公证文书的使用者会关注公证书的功能是否与其使用的目的相一致，而不是单纯审查具体的公证事项。公证机构通过证明一些有法律意义的事实和文书，实际上能够起到证明民事法律行为和法律事实的效果。所以，假设如悲观者所言，2012 年《民事诉讼法》的修订真正限定了法律行为的公证证明力，实践中公证机构也完全可以通过其他的方式和形式妥当处理。

综上所述，我国《民事诉讼法》的修订是立法法治化、科学化、专业化的体现，其中对于涉及公证行业条文的修改是纠正先前的立法缺陷，并不会对公证行业的发展产生实质的特别是负面的影响。

⑨ 江伟著：《公证法学》，法律出版社 1996 年版，第 206 ~ 207 页。

公证介入公益诉讼之初探

杨少飞[*]　刘　菁[**]

2012年《民事诉讼法》增加了"公益诉讼"的规定,对污染环境、侵害众多消费者合法权益等损害社会公共利益的行为,法律规定的机关和有关组织可以向人民法院提起诉讼。① 党的十八大报告也将生态文明建设放在突出地位,还重申了解决重大民生矛盾的重要性与紧迫性。

社会的发展与进步带来经济交往呈几何式地增长,公证的作用在民事经济生活中也越发地举足轻重。公益诉讼涉及重大公共民事经济利益,但是证据的收集存在一定的困难,在环境污染和侵害消费者合法权益诉讼程序中的证据固定上,公证有着其独特的优势。谚云,法律是灰色的,而实践之树常青。当前不论是在理论上还是实践中,公证介入到公益诉讼中都有了更加广阔的适用与研究空间。

一、公证介入公益诉讼程序的必要性分析

公证在民事经济社会生活中具有不可替代的作用,其证据保全业务对争议事项证据的固定与保存具有天然的优势,在没有相反证据的前提下,法院是应当直接作为有效证据加以认定的。而在公益诉讼中,最大的一个问题就是证据的保全,笔者认为在公益诉讼的研究如火如荼之际,公证机构的确有必要顺势介入其中,为当前法治的进步作出自己的一份努力。在此,笔者尝试就其必要性进行分析。

(一)公益诉讼当事人面临取证困难的窘境

针对污染环境、侵害众多消费者合法权益等损害社会公共利益的行为,公益诉讼当事人往往会面临取证困难的窘境,急需公证能够介入其中,以其专业的法律知识水平、积

* 北京市长安公证处公证员。
** 中国政法大学博士研究生。

① 新《民事诉讼法》所增加的一条,作为第55条规定。在近十几年的努力下,公益诉讼终于通过法律明文的形式加以规定,但是诉讼主体却仅限于机关和组织。

极的法律服务态度和成熟的证据保全程序来支持公益诉讼。具体取证困难则主要体现在三个方面：

1. 公益诉讼案件当事人取证能力欠缺

公益诉讼一般都会涉及专业领域的知识。比如，环境污染的案件，对于污染的程度、危害程度及其他特设评估等均需专业人士的认定，普通人很难清晰知晓。公益诉讼的当事人或者受害者由于专业水平所限，并不知晓侵权行为发生之后哪些证据是可能随时灭失而急需保存，也不清楚什么证据在诉讼过程当中才能使用，而且在某些特殊的情况根本就没有资格去获取相关证据。这种情况下，当事人取证面临着知识与合法授权的双重困境。

2. 公益诉讼案件证据保存难度很大

在证据的保存问题上，公益诉讼的有些证据无法保存或者不易保存，当事人根本不具备相关保存固定证据的能力。例如，有些环境污染样本或者有些可能超过时限很难再加以认定的证据，则需要有专业的人士或者机构来加以保存以备待证，单靠当事人自己的力量很难做好证据的保存工作。公证机构则有法律规定的专门证据保全程序，也有专业的场所和能力来保存相关证据。以北京市长安公证处为例，它在办公楼的地下室设有专门的存储室，以专门封存的形式，将获取的证据以公证书原件、签字原件、电子图像和摄像等多种材料以特定方式加以保存，以供公益诉讼当事人凭需要随时调取使用。

3. 公益诉讼案件证据效力的确定——质证的需要

法庭上的证据认定需要经过双方当事人质证，即就证据的可靠性和证明力进行辩论。在公益诉讼质证过程中，证据必然存在更大的争议，因为被告污染或者侵犯众多消费者合法权益的企业或者个人为避免承担法律责任都会对证据提出强烈质疑，而且现实中他们一般会掌握更多的司法资源。因此，在公益诉讼中所提取的实物以及书面证据，非常需要第三方在提取的时候予以证明配合，因为第三方不会牵涉其中的利益而能以客观的角度去看待案件和收集相关证据。

根据《公证法》第 2 条的规定，公证是公证机构根据自然人、法人或者其他组织的申请，依照法定程序对民事法律行为、有法律意义的事实和文书的真实性、合法性予以证明的活动。公证能证明民事行为、事实和文书的合法性与真实性，其出具的公证文书不仅具有较强的证明力，有的还具有强制执行效力，根据法律的规定在特定条件之下还是法律行为能否生效的要件之一，公证的公信力和证明力是其他任何证明方式都无法相提并论的。因此，由公证机构作为相应的中立“第三方”来介入到公益诉讼当中，对于待证事实有着无可比拟的作用。

（二）公益诉讼案件审理查明争议事实的需要

公益诉讼是一个与私益诉讼相对的一个概念。公益诉讼是特定的国家机关、组织或者个人依照法律规定，为保障国家或者社会公共利益而提起的诉讼。② 因此，公益诉讼的审理不可能等同于一般的诉讼，它往往涉及多数或者不确定多数人的利益。法院的审判在保持中立的前提下要有一定的政策倾向性，即在审理过程中更须审慎，对证据的认定要更加精准，使诉讼中的原被告更加信服，从而维护社会的和谐稳定。

经公证机关保全的证据具有相当的法律效力，在没有相反的证据下法院直接作为证据使用，而在公益诉讼的审理过程中，法院尤其需要精准且极具公信力的证据来对案件的事实加以最大限度的还原。因此，在法院审理过程中，公证在诉前介入到公益诉讼之中对于法院查清争议事实真相，作出法律裁决有着重要的意义。也就是说，公证的证据保全不仅对当事人来说具有重要作用，对于法院作出正确的裁决也是意义重大。

二、公证介入公益诉讼程序的可行性分析

从实践来看，公证机构独立的证据保全行为已经广泛开展，并对纠纷的解决产生了积极作用，这充分说明社会对公证机构的证据保全有着客观需求，证据保全的实际社会作用为公证保全行为附加了一定程度的正当性。③ 正是基于这种正当性，公证介入公益诉讼中才有了可行性。

（一）公证在证据固定方面具有天然的优势

在民事诉讼中实行的是优势证据的证明标准，证据对于双方当事人来说是关涉案件成败的关键，公益诉讼程序也不例外。公证机构保全固定证据的天然优势主要体现在以下方面：

1. 公证机构及人员基础

以北京市为例，截至2012年年底，北京市有25家公证处和275名公证员以及293名公证员助理。公证机构是在市司法局的领导下开展公证工作，而且每个区均有设置；公证员在数量和质量上设定了极其严格的准入条件，如必须具备司法考试资格、人格品质基本鉴定和特定的考核。就是这种在满足公证业务需要的前提下保证了公证业务的质量，为公益诉讼所需的证据进行保全打下了良好的基础。

2. 完备的程序保障

公证行业经过多年来的发展，其证据保全公证的整个程序已经十分成熟，仅北京市2012年就办理了45,228件证据保全公证，其具体的现场拍照、摄像、物证收集和样本的提取等固定证据的方式都有着十分完备的规定和要求。在诉前对相关证据进行高质量的保全固定，对公益诉讼的进程和结果必然带来决定性的作用。在实践上，由于当事人得知证据保全的存在而不再经过诉讼程序最终选择了和解的也有很多，在节约了大量司

② 江必新："论公益诉讼的价值及其构建"，载《人民法院报》2009年10月29日第5版。
③ 张卫平："论公证证据保全"，载《中外法学》2011年第4期。

法资源的同时也维护了社会的稳定。

3. 公证的及时、高效与高效力性

（1）及时性。公证机构作为专业的法律服务机构，在当事人提出公证申请之后，会根据公证法及其相关的规定，在对公证对象进行认真全面的调查与核实之后，很快受理并且着手安排相关的证据保全事宜。（2）高效性。公证机构在证据保全等程序中，一般会在7个工作日结束保全工作并出具公证书，如果确有必要还可以提供加急服务。④（3）高效力性。根据2012年《民事诉讼法》第69条规定，经过法定程序公证证明的法律事实和文书，人民法院应当作为认定事实的根据。但有相反证据足以推翻公证证明的除外。公证机构这种固定证据的优势，就是公证机构介入公益诉讼程序的前提性要件。

（二）公证机构设立的目标与公益诉讼增设的目的具有一致性

根据我国《公证法》第1条的规定，公证法的制定目的就是保障自然人、法人或者其他组织的合法权益，公证机构设立的初衷也在于此。公益诉讼增设的目的就是对污染环境、侵害众多消费者合法权益等损害社会公共利益的行为进行打击，保护公共利益。

通过公益诉讼，公民、企事业单位、社会组织之间可以展开相互监督、相互教育，进而形成公共利益最大化的良好社会格局。⑤ 两者在保护权益方面不谋而合，具有高度的一致性。所以公证机构适当介入公益诉讼之中，不论在法理或者情理之上都有其可行性。

三、公证介入公益诉讼应当注意的问题及对策

经过前文一系列的分析，公证机构应当介入到公益诉讼中。但是在实际介入到公益诉讼中应当注意哪些问题以及需要何种对策？这也是笔者最终要探讨的实质问题。

（一）公证申请中，公益诉讼案件范围的界定

公益诉讼一直受到媒体的追捧，也受到了公众的普遍关注，公益诉讼也是由公益的特定目的来决定的。可是到底是属于公益诉讼还是普通的民事诉讼，至少公证机构在诉前的证据保全过程中是很难得以直接确认的。这也就导致在公益诉讼中，公证机构没有责任也没有可能直接去认定当事人的申请是否属于公益诉讼的前置选择性程序。所以，在实践上也就无法因为“公益”而给予公证申请当事人以程序上的优先或者费用上的优惠政策。例如，北京市长安公证处对在“5·12”汶川地震中受到损害的申请人都是免收公证费用的，这也是对我国公益慈善事业的一种支持。

民事诉讼法修改之前没有涉及公益诉讼的相关内容，公证程序中也就未设立相应的

---

④ 每个公证处的具体情况不尽相同，笔者只是以北京市长安公证处为例，实践中，工作量实在太大或者当事人提供的材料不齐全，也有周期达到几个月的情况，不一而论。

⑤ 韩波：“公益诉讼制度的力量组合”，载《当代法学》2013年第1期。

程序，因此，公证法应就此进行相应的调整与明确，从而统一司法实践，更好地发挥公证的功能。也正因如此，公证机构在给予公益诉讼前证据保全的时候，要根据实际情况来对当事人的申请加以适当区分。

（二）公证申请中，公益诉讼当事人的确定问题⑥

在2012年《民事诉讼法》规定中，提起民事公益诉讼的当事人为法律规定的机关和有关组织。在新民事诉讼适用的司法解释出来之前，笔者在此没有必要也没有办法辩证地去论证自然人也应当属于法律规定的公益诉讼主体。具体到公证机构对公益诉讼证据保全申请的甄别来说，至少在公益诉讼当中当事人的确定中，无法通过是否存在直接的利害关系来直接认定该当事人的申请属于公益诉讼。

针对可能是公益诉讼当事人的有关机构或者组织，如果因为实践上的需求来到公证处申请公证办理，在具体的认定上应当略加区分。要确立以民事诉讼法、公证法等相关法律为基本依据，以公证实践为考量的综合评断标准。首先，初步审查该申请机关或者组织是否符合民事诉讼法所规定的条件或者罗列机构，这也是判断不具有利害关系的当事人是否具有公证申请资格的基本要求。其次，在表象上，应当对公证的事项进行简单的审查，初步认定公证事项是否关涉民生等公共权益。最后，根据公证员长期积累的公证经验和法学功底来加以确认对该公证申请是否要予以受理。

在此需要特别指出的是，公证申请当事人还可以是环境污染或者消费权益被侵害的自然人。该申请人可以先行要求公证机构将证据固定下来，一是作为利益的直接受害者，可以将该证据在普通的侵权民事诉讼中加以适用；二是可以将该证据固定之后，放在相关的公益诉讼过程中使用，因为相对于有关机构或者组织收集环境污染或者消费侵害的证据，直接受害者更具积极性，这也是出于更好保全证据的考虑。

（三）公益诉讼中的公证费用问题

在公益诉讼中，诉讼的标的一般都是和公众利益所牵扯。在这种情况下，公证收费是否应该有所优惠或者特殊的照顾绝对是一个值得探讨的问题。经过前文分析可知，公证机构没有责任而且也缺乏精力对民事诉讼案件是否涉及公益进行认定，加之对于公益诉讼在公证中缺乏明确的认定程序和认定标准，所以在实践上如果给其优惠，必然造成收费的混乱或者缴费漏洞。

根据北京市高级人民法出台的《关于确定著作权侵权损害赔偿责任的指导意见》，侵权人应当赔偿权利人为制止侵权而支付的合理开支，包括律师费、公证费、审计费、交通食宿费等。根据著作权或者知识产权的侵权败诉赔偿规定，公证费用应该由败诉方来加以承担。根据民事诉讼的司法实践，诉讼相关费用一般由败诉方承担。一个很实用并且

---

⑥ 笔者在此所谈公益诉讼的认定，只是在表象的认定，不关涉实质，所以与前面所持观点并不冲突。

很折中的方法就是，对公益诉讼中所涉及的公证费用，应该由败诉方来承担。这在实际中，直接免除了公益诉讼当事人的公证费用，间接地也避免了公证人员对是否涉及公益的审查需要。

事实上，如果按照2012年《民事诉讼法》的规定，提起公益诉讼的主体是有关机关或者组织，一般都具有较为充裕的诉讼经费和法律支出。公证机构在给予公益诉讼的机关或者组织程序上或者费用上的优惠，一方面是公证机构作为法律服务机构要为社会做出自己的贡献，另一方面也是由公证机关的性质决定的。《公证法》第6条直接规定公证机构是依法设立，不以营利为目的，依法独立行使公证职能、承担民事责任的证明机构。对于边远山区以及其他生活困难者，公证费用则可以按照法律援助的相关规定进行处理。

小议公证信息化的趋势、进路与风险

张　浩*

一、公证信息化趋势

世纪之交，中国公证界敏锐地捕捉到互联网将给公证业界带来的巨大变化，2000 年 12 月和 2002 年 1 月，连续两年在南京市主办了全国网络公证研讨会，在互联网时代到来之际与其进行了深入碰撞，所涉猎的问题及规划应该说不仅在当时颇具前瞻性，①甚至目前亦不落伍。

2000 年前后，随着计算机的逐渐普及以及业务流程重组理念（Business Process Reengineering，BPR）②的提出和运用，随着办公自动化（Office Automation，OA）、客户关系管理（Customer Relationship Management，CRM）等软件产品的出现和推广，计算机软件提高生产力的优势被逐步展现出来，为公证行业信息化变革提供了重要参考。国内以广州市公证处及其管理部门为首的公证业界敏锐地意识到了引入计算机软件进行办证和管理的必要性和紧迫性。2002 年 3 月自行开发完成了《飞帆公证软件系统》，当年 10 月实现了远程联网，在公证信息化方面走在了前列。③ 随后，国内几大公证机构相继自行研制或者引入了此类软件。

* 中国公证协会公证文书研究委员会委员，北京市公证协会信息化工作委员会副主任，北京市长安公证处副主任。

① 新华社南京 2000 年 12 月 23 日电：全国首届网络公证研讨会在南京举行，记者徐机玲；新华社南京 2002 年 1 月 27 日电："网络公证"呼之欲出，记者徐机玲。在第二次研讨会中，主办方提出要尽快建立全国统一的网络公证平台，整合公证行业的优势资源，建立起集公证信息咨询、公证行政管理、公证网络业务于一体的网络公证系统，充分发挥公证制度在网络经济中的监督、服务和沟通作用，在网上实现身份确证、证据保全、安全交易、法律监督等公证业务。

② 业务流程重组最早由美国的 Michael Hammer 和 James Champy 提出，在 20 世纪 90 年代达到了全盛的一种管理思想。强调以业务流程为改造对象和中心，以关心客户的需求和满意度为目标，对现有的业务流程进行根本的再思考和彻底的再设计，利用先进的制造技术、信息技术以及现代的管理手段，最大限度地实现技术上的功能集成和管理上的职能集成，以打破传统的职能型组织结构，建立全新的过程型组织结构，从而实现企业经营在成本、质量、服务和速度等方面的改善。

③ 刘壁华："公证迈向信息化的思考与实践"，载《中国司法》2003 年第 4 期。

需要指出的是，有的公证机构引入软件管理的初衷并非单纯为了提高生产力，而主要是为了防范内部风险。传统的办证流程和资金收支流程往往是建立在"道德人"假设基础之上的，很容易因为员工的道德风险而出现疏漏。这些漏洞在传统的管理方式框架内是无法根本杜绝的。管理的完善不仅要在有关制度上进行完善，更为重要的是要引入计算机软件等先进管理工具，才可以避免道德自律的盲区。随着一些人为事故乃至渎职、犯罪行为在公证机构内部相继发生，很多公证机构的负责人开始意识到引入计算机软件进行管理的必要性。事实证明，计算机软件完全可以杜绝很多传统管理手段内的漏洞。

虽然公证办证和管理软件不乏优点，但是从一线公证员的角度来看，软件未必一定提高效率。和传统手工方式相比，使用软件需要输入大量基础性数据，否则根本无法运行，而数据输入工作都需要公证员和助理自行承担，工作量不降反增，短期看似乎并没有达到提高工作效率的目的，加之其他惯性思维，难免会有抵触心理。主观和客观双重因素的存在，成为公证办证软件在公证机构较难迅速大规模普及的重要原因。此外，公证队伍主观上缺乏改进管理和服务的积极性，也是行业总体上落后于社会同期信息化水平的原因之一。

在过去的几年中，随着大数据、云计算、移动互联网等技术实现了大规模应用，智能手机大范围普及，电商等互联网商业模式对全社会广泛渗透，全球范围内各领域和互联网深度融合的态势正在逐渐形成，在此方面，司法业界也概莫能外，也在不断适应和跟随过程中。④ 公证在互联网不断渗入社会各领域的大趋势下，传统的业务领域、传统的证明方式、传统的组织机制已经面临来自各种力量和诉求的挑战，成为公证行业凝聚和发挥公信价值的阻碍。例如，深圳市龙岗区人民法院通过可信时间戳构建"人民法院 TSA 电子证据固化系统"的调研与尝试就非常值得公证行业警醒，对公证机构的保全证据功能产生了很大挑战。⑤

从趋势上来讲，科学技术进步所伴随的最终结果就必然会消灭一切因为信息不对称而产生的资源消耗，以实现信息沟通的完全自由和通畅。任何拦在信息沟通之路上的客观障碍或者成本都必然会逐渐减少乃至消失。我们公证机构目前的很多业务都是因为信息不对称的存在以及各种沟通障碍而具有存在价值。从未来趋势上来看，如果我们不主动成为人类沟通体系中的正能量并提供具有独特价值的服务，那么我们必然会因为逐渐失去大量基于信息不对称而产生的业务和领域，乃至被不断边缘化甚至终将被某种力量完全替代。

---

④ 例如：近年来，北京高院党组高度重视信息化工作，始终作为一把手工程来抓；职能部门定位准确，工作卓有成效；自觉地把信息化技术融入、服务于审判执行工作，服务于广大法官和社会民众，产生了积极的工作效益。资料来源 http://www.chinacourt.org/article/detail/2013/10/id/1104977.shtml。

⑤ 资料来源 http://www.fy.lg.gov.cn/LGFYPractice/NewsDetail.aspx?NewsID=497&Menu=5，深圳市龙岗区人民法院课题组：数字环境下知识产权司法实践中遇到的新问题与破解对策——人民法院 TSA 电子证据固化系统之构建与应用解决进路。

二、"一把手"工程

有人说公证信息化是"一把手"工程，的确如此。各行各业的大量实践证明，如果一个单位的"一把手"对信息化工作不了解、没兴趣、不支持，那么信息化工作将很难开始，更遑论取得进展。信息化从初始阶段一定是"一把手"导向，很难出现自下而上的信息化过程。"一把手"对信息化工作的意义主要体现在以下几点：

1. 决定了信息化的内容

信息化涵盖的范围和内容可大可小、可多可少，并无一定之规。对于公证机构而言，哪些内外部事务需要纳入信息化的范围，哪些不用纳入或者分步实施，都具有很大的可选性。信息化本质上是一个实验和实践的过程，任何有关信息化的理论无论从表面上多么严密和完满，都要经过实践的检验才能得出真知，而这个过程往往比较漫长，受到很多不确定因素的干扰和影响。对于缺乏信息化经验的机构，信息化初始阶段不宜贪多求全，应该抓住重点、分步推进、积累经验、达成共识。只有在实践中取得了预期的成效并得到和内外部环境的接纳认可后，信息化才能真正谈得上取得了阶段性成果。

2. 决定了信息化的方向

万事开头难，信息化尤其如此，而在实践中不断巩固和前进就更加来之不易。信息化领域的各种理论和工具层出不穷，对未来发展方向的预期也多种多样。对此，信息化的方向判断问题就成为非常关键的问题，在重大问题上的决策失误除了可能要造成重大财产损失外，还有可能在纠偏回归方面投入更多的财力物力。此外，信息化的目的是为了提高效率，但是一旦方向错误，也可能出现基于信息化的效率低下。

3. 决定了信息化的节奏

信息化工作如同交响乐，该快的时候要快，该慢的时候要慢，朝九晚五固然规律，但未必符合实际规律。信息化工作如同打仗，问题的产生可能是因为日积月累，但是解决问题的时机却往往稍纵即逝，需要在"一把手"的决策和带领下集中优势资源，发动全体人员全身心积极参与，尽快研发完成、落地使用并在实践中不断纠正、不断反馈，然后再不断修正、不断调整，周而复始、循环往复。那种以为研发了一款软件就可以"刀枪入库、马放南山"的想法是大错特错的。信息化过程因为内外部需求、技术的不断变化，可以说一旦启动，将无法停歇，否则有关成果将很快被时间掩埋。

4. 决定了信息化的投入

信息化工作是"烧钱工程"，这一点是因为信息化行业的产业特性所造成的。软件业是智力密集型产业，人工投入是主要成本，而人工的价值评判标准是和学历、经验密不可分的。目前全社会的信息化建设正处于上升期，对软件业的需求总体上超过了软件业的供给能力，特别是高端人才更是如此，软件业成为增长最明显的产业之一。2012 年，我国软件业实现收入 2.5 万亿元，较上年增长 28.5%，2013 年，我国软件业实现收入 3.1 万亿元。[6]因为种种原因，软件的研发费用究竟应该怎样造价还缺乏统一的标尺，差异基本上也都体现在人力成本方面。例如，铁道部12306网站数以亿计的研发费用就足以说明软件业是一个“丰俭由人”的产业。[7]

5. 决定了信息化的成效

信息化工作也许从一个感悟或者一个触动开始，但一旦启动，就必须义无反顾、坚持到底，任何犹疑或者松懈都会影响各方面的决心和意志，有可能在软件尚未研发成功就无疾而终，或者在软件运行过程中杂乱无章、各行其是，无法形成统一思想和步调，既未解决固有的问题，又产生出新的矛盾。在这种情况下，“一把手”的信心和决心将非常重要，更为重要的是，“一把手”必须自始至终密切关注信息化的动向，亲自把握重要节点，协调各方的需求和利益冲突，确定关键的流程架构，适时做出战略部署和调整。信息化是一个供需双方彼此理解的过程，研发人员往往不懂业务，业务人员又不懂软件，如何把二者之间的需求和供给完美地用软件表达出来，则颇为关键。这个过程肯定是跌跌撞撞乃至险象环生的，很有可能因为少数人的不解和疑虑而半途而废，这就更加需要“一把手”坚定信念、全力支持。

三、信息化风险

（一）理论风险

做任何工作，秉持怎样的理论，就会产生怎样的结果。信息化建设具有自身的客观规律，需要强大的理论作为支撑。学术界和实务界在总结信息化的规律和特点后，在此方面形成了各种模型理论，以指导信息化工作，比较著名的有诺兰模型、瀑布模型、快速原型模型、螺旋模型等。例如，在诺兰模型中，将信息化划分为六个阶段：初始阶段、扩展阶段、控制阶段、统一阶段、数据管理阶段和成熟阶段。按照这一理论，组织有必要了解与每一发展阶段相关的成长特点，由于每个发展阶段都与某一学习过程相互关联，因而是不可逾越的。了解这种曲线有利于帮助公证机构有效地组织学习，成为卓有成效的学习型组织，以便有效地实施信息化建设。另外，还有一系列的企业战略规划、分析、营销模型或者理论也对信息化工作具有指导作用。这些理论包括CSP模型（即企业社会绩效，Corporate Social Performance）、波特五力模型、波士顿矩阵、麦肯锡7S模型、营销漏斗模型等。这些各有利弊的模型对于团队成员间描述、传递各自对于某些问题的理解具有很强的引喻功能，因而可以大大提高沟通效率。有些机构的信息化过程，因缺乏对指导理论的研究与吸收，在沟通等方面存在极大的障碍和衰减。

---

⑥ 观研天下（北京）信息咨询有限公司：“中国信息技术行业市场分析与发展商机研究报告（2014～2019）”。

⑦ “铁道部12306网站开发费被指近2亿”，资料来源http://tech.sina.com.cn/i/2012-09-21/14057643391.shtml。

（二）规划风险

信息化最直接的外在成果就是软件系统。研发软件如同盖楼，需要事前周密的规划。在软件研发过程中，软件架构师的作用十分重要，其工作职责是在一个软件项目开发过程中，将客户的需求转换为规范的开发计划及文本，并制订这个项目的总体架构，指导整个开发团队完成这个计划。好的软件架构师应该具备在缺乏完整信息、众多问题交织一团、模糊和矛盾的情况下，能够迅速抓住问题要害，并做出合理的关键决定的能力。同时，软件架构师应该具备战略性和前瞻性思维能力，善于把握全局，能够在更高抽象级别上进行思考。实践中，需求方负责和软件研发团队沟通的人员往往是业务人员出身，而业务人员往往缺乏软件化思维，为此软件架构师需要很好的沟通能力，能够将客户通过语言、文件等杂乱信息表达出来的其对自身业务和流程的描述转化为软件语言，以便工程师编码集成为流程化、结构化的软件界面和逻辑，以达到应用的目的。在公证领域，对公证办证流程的梳理比较容易，但是对于一个规模比较大的公证机构，如何梳理出集办证、档案、财务、办公、人事、网站、客户管理等方面为一身的软件架构，就存在很大的困难。实践中不同公证机构往往有着差异比较大的理解和实践。规划阶段的风险很大，对未来的实施过程影响深远。

（三）人员风险

人员风险主要体现在人员素质的风险、人员变动的风险以及团队合作的风险。其中素质风险尚可尽量克服，而变动风险就杀伤力巨大，关键人员的去留完全有可能使得信息化进程遭受重大挫折。目前，软件研发市场中高技术人才总体上是供不应求，而且软件行业的潜规则是组织内加薪不易，跳槽加薪较易，为此软件研发机构的人员流动性很高，如何留住人才是一个比较棘手的问题。此外，团队合作的风险也是客观存在的，凡是有人的地方，就有矛盾。如何让一群人特别是一群年轻人凝心聚力、各司其职、团结一致地做好信息化工作，对管理者是一个很大的挑战。

（四）管理风险

信息化本质是管理问题，前期的总体规划、流程梳理，中期的研发投入、方向校正，后期投入使用后的实施和反馈同样关键。软件研发全流程的动态管理过程中，任何环节的疏漏和错误都有可能影响到最终成果的实现，相关的管理工作和风险不言而喻。很多机构都陆续开展信息化工作，为了实现自身目标，一般都会选派中层以上的管理人员负责信息化执行工作。除非是专业从事信息化工作的人员，否则很有必要事前进行一定程度的相关培训，熟悉相关的基本概念、相关理论和管理重点，以免遭受不必要的挫折和损失。目前，国内有关信息化研发工作的培训机构和课程也逐渐受到关注，如某机构开办的信息总监（Chief Information Officer，CIO）班就受到业内广泛欢迎。

浅谈电子数据对公证行业的影响

郑　俊*

案例：①杨某原是某公司员工，上班两年期间时常加班，但公司电子考勤记录却无法显示其加班记录，因此也没拿过加班费。××年4月，该公司以其旷工为由，按自动离职处理。杨某向法院起诉该公司，要求该公司支付拖欠的加班费，而经公证的电子考勤记录的客观真实性成为了本案的焦点。

一审法院经审理认为，经该公司申请公证过的电子考勤记录数据不能真实地反映劳动者的工作时间，因为该公司于××年2月启用了新的考勤管理系统，而这之前的考勤数据则是由公司提供考勤记录，再由电子信息公司导入新系统，该公司并可以借助计算机技术对数据进行删改，而公证内容仅系电子数据导出为XLS格式文本过程的真实性，并非电子数据本身的原始性和真实性。综上，一审法院以"电子考勤记录作为计算机数据具有可以修改的特性，被告不能提供原始的电子考勤数据"为由，依法判定杨某存在加班事实。被告上诉后，二审法院作出维持原判的判决。

随着网络与信息技术的快速发展，电子考勤、电子邮件、网络聊天记录、电子合同、电子病历、电子交易、访问记录等海量的电子数据正和我们的工作与生活产生密不可分的联系。基于电子数据的客观真实性，如医患纠纷之间关于电子病历是否被篡改、②电子作品是否侵权等所产生的民事纠纷亦层出不穷。

2008年4月1日起施行的《民事诉讼法》第63条规定的证据种类中只有书证、物证等七类证据，而没有对电子数据的证据地位予以规定，由此造成当事人在维护自身合法权益时如果需要用到电子数据，则需要先由当事人通过申请公证机构对电子数据进行固定，然后以书证或者视听资料等形式提交法院。2012年8月31日第十一届全国人民代表大会常务委员会第二十八次会议通过了《关于修改〈中华人民共和国民事诉讼法〉的决定》，新的《民事诉讼法》相较以前，其修订之处众多，其中之一就是关于证据种类规定的

* 北京市长安公证处公证员。

① "考勤如何公证"，资料来源 http://www.51shebao.com/html/79/t-41879.html。

② "电子病历篡改'了无痕'"，资料来源 http://epaper.lnd.com.cn/html/bdcb/20100227/bdcb397871.html。

变化,其第63条修改为:“证据包括:……(五)电子数据;(六)证人证言……。”随着“电子数据”成为民事诉讼活动中的法定证据种类之一,公证同人多对这一迟来的规定持肯定态度。笔者拟从电子数据的概念和特征作为切入点,阐述电子数据证据将为目前的公证行业带来重大挑战,同时,亦尝试从公证行业的自身特性进行分析,认为公证制度必将在电子数据证据的使用上大有作为。

一、电子数据的概念及特征

电子数据是指以电子、光学、磁或其他类似手段生成、发送、接受或存储的信息证明案件事实的一种证据,包括电子通信证据、计算机证据、网络证据和其他电子数据。③

电子数据是现代信息技术不断发展和应用的产物,作为信息世界里新的“证据之王”,其具有以下特征:一是具有内在实质上的无形性。一切交由计算机处理的信息都必须经过数字化的过程,转换为二进制的机器语言,其记录的内容无法为人们直接感知。二是具有外在形式的多样性。电子信息借助于具有集成性、交互性、实时性的计算机及其网络系统,不仅可以表现为文字、图像、声音或三者的结合,还可以是交互式、可编译的。三是客观真实性。电子数据一经形成便始终保持最初、最原始的状态,能够客观真实地反应事务的本来面貌,可长期无损保存,随时反复重现。相对于物证易因周围环境的改变而改变的属性,书证易损毁和出现笔误,证人证言易被误传、误导、误记或带有主观性,电子数据则更具有客观性和稳定性。四是易破坏性。电子数据使用电磁介质,储存的数据修改简单且不易留下痕迹,一旦黑客入侵系统,盗用密码,操作人员出现差错,供电系统和网络系统出现故障、病毒等,电子数据均有可能被轻易地盗取、篡改甚至销毁,难以事后追踪和复原。④

二、电子数据证据对公证行业的影响

随着电子数据法律地位被《民事诉讼法》的确立,电子数据与公证行业的关系更加密切。一方面,电子数据的证据作用与公证的证据职能相结合,导致公证越来越多地接触到电子数据业务,而近期部分公证机构办理的关于电子数据的公证业务业已呈现激增的态势;⑤另一方面,由于电子数据具有的多样性等特征,其证据地位的确立也对公证行业产生了重大挑战。

---

③ 江必新著:《新民事诉讼法理解适用与实务指南》,法律出版社2012年版,第243页。

④ 同上。

⑤ “电子数据入民诉法证据,公证QQ聊天记录者激增”,资料来源 http://ent.ynet.com/3.1/1204/22/7013846.html?8gua。

（一）电子数据数量的无限性和公证力量的有限性的矛盾

在信息化的社会，无可置疑的是电子数据在数量上是趋向于无限性的，而关于电子数据在诉讼中的使用也是海量的。据最高人民法院发布的《2011 年全国法院审理民事一审案件情况统计表》显示，2011 年全国法院共收婚姻家庭、继承纠纷、合同纠纷、权属、侵权及其他民事纠纷共计 6,614,049 件，如果按 30% 的比例计算（刑事案件中有 50% 涉及电子证据，高于民事案件），则每年与电子数据证据相关的民事诉讼量达到了 200 万件左右，并且该数据还保持着较高的年增长率。

相对于电子数据数量的无限性，由于公证机构的特殊地位，为了保证公证行业的健康发展，公证行业并未像律师行业一样呈现出爆炸性增长。一方面，我国确立了严格的公证员准入制度，《公证法》第 18 条、第 19 条对公证员的任职条件予以明确规定。另一方面，我国《公证法》也确立公证员数量的配备制度，其第 17 条明确规定："公证员的数量根据公证业务需要确定。省、自治区、直辖市人民政府司法行政部门应当根据公证机构的设置情况和公证业务的需要核定公证员配备方案，报国务院司法行政部门备案。"实际情况也正如此，我国公证制度自 1979 年恢复以来，截至 2011 年，全国公证机构为 3000 余家、公证从业人员 2 万余人、年办证量 1000 余万件。⑥

基于电子数据数量的无限性和公证行业力量的有限性，为了适应电子数据作为证据的需要，公证行业在保证公证质量的前提下必须要创新公证方式，提高工作效率。只有如此，才能切实发挥公证机构预防纠纷、减少诉讼的作用。

（二）电子数据证据的事前性和公证业务的事后性的矛盾

近年来随着电子商务的发展以及信息化的要求，无论是大陆法系国家还是英美法系国家都对电子数据加以重视，越来越多的电子数据作为证据使用来维护当事人的合法权益是不可避免的趋势。但是由于电子数据具有易破坏性，很容易受人为破坏、网络环境等主客观原因而被篡改从而导致原始电子数据失实，这就要求当事人必须以预防的目的来事先对电子数据进行固定、保存，以弥补电子数据易被破坏的缺点。但是因为电子数据的海量性，要以预防纠纷的目的来事先保存海量电子数据则必然要花费巨额人力、物力，从投入与产出的角度来讲，这对企业来说无疑是一个巨大的负担。同时，公证机构对电子数据的固定往往有着一定的事后性，即纠纷已经出现或者即将出现，当事人为了维护合法权益而请求公证机构对电子数据进行固定。此时由公证机构去进行证据保全有两点弊端：第一是公证处保全的电子数据仅仅是保全之日的数据，并不能对电子数据产生的全过程进行证明；第二是公证机构此时保全的电子数据可能是已经被篡改过的数据，如本文案例中用人单位申请公证机构进行的考勤电子数据保全就难以排除其在导入

---

⑥ 李勇："打造公证公信行业文化，为青年公证人才搭起激扬青春的舞台"，载《中国公证》2012 年第 5 期。

过程中被篡改的合理怀疑，从而直接影响了该电子数据的证明力。因此，电子数据证据的事前性和公证业务的事后性这一矛盾必将影响到电子数据作为证据使用时的证明力大小，这也是公证行业不得不考虑的现实情况。

（三）电子数据的新颖性与常规公证的传统性之间的矛盾

电子数据是以电子、光学、磁或者其他类似手段生成、发送、接受或存储的信息来证明案件事实的。与传统证明案件事实的书证、物证等证据相比，电子数据具有内在实质上的无形性和外在样式的多样性，即具有与传统证据迥然相异的新颖性。公证的效力之一为证据效力，即通过公证行为使各式信息具有法定证明力，但是在面对电子数据的新颖性时，目前的公证行业却显得有些无能为力，如手机短信电子数据。现实中申请人提出手机短信公证而被公证机构拒绝受理的案件比比皆是。传统公证方式不仅对一些常见的电子数据难以公证，更对电子商务中的最新需求也难言已做好准备，如美国公证行业所开展的网站点击量公证、单个销售品种在线交易量的公证。⑦ 就笔者所知，目前我国公证行业既无相关的法律规定，也未见实际的操作经验。因此电子数据的新颖性与常规公证的传统性之间的矛盾也对传统公证行业带来了重大挑战。

三、公证行业服务电子数据证据的优越性分析

电子数据随着电子商务的蓬勃发展与繁荣在民事诉讼活动中发挥的证据作用日益凸显，尽管如前文所述目前的公证行业在服务电子数据证据作用上有一些欠缺，但是笔者认为公证行业可以建立统一的网络公证平台来弥补上述的欠缺，并且从长远上看公证行业通过建立统一网络公证平台在服务电子数据证据上有着无与伦比的优越性。

第一，公证制度拥有优越的社会信用优势。在民事诉讼活动中，最主要的证据原则是“谁主张，谁举证”原则，但是针对电子数据的易变性等特征，如果当事人直接提供电子数据作证据使用既存在取证难的问题，也存在电子数据证明力低的问题。例如，在医疗纠纷中，针对医院提供的电子病历，患者往往主张各医院的电子病历系统均由医院本单位建立、管理和维护，难以排除医院可以随意篡改电子病历的合理怀疑，进而质疑电子病历的可靠性，从而导致电子数据的证据力低下，甚至不为法院所采信。⑧ 相反，公证行业却拥有无可替代的社会信用优势，这是因为作为拉丁公证体系的我国公证制度从建立开始就采用了大陆法系的模式，始终行使国家证明权，公证机构也一直具有半官方的特征，半个世纪以来公证人都具有国家公职人员的身份，并且随着公证行业健全的赔偿基金、责任保险等配套保障，⑨公证行业通过建立统一网络公证平台介入电子数据既能充分发

---

⑦ 张楚：“美国的网络公证行动”，载《中国公证》2005 年第 10 期。

⑧ “北京市朝阳法院调研发现电子病历有些乱”，资料来源 http://www.cqn.com.cn/news/zgzlb/diliu/603569.html。

⑨ 李莎：“国际电子商务中公证应用探析”，中国政法大学 2010 年硕士学位论文。

挥电子数据的证据作用,也能为公众所接受。

第二,公证行业的公益性有助于保障电子数据公证的客观真实。目前,电子数据绝大部分都与证券、银行、能源、医疗等资金雄厚、技术力量强的垄断企业或商业巨头有关联,上述垄断企业也对电子数据的研究与开发投入了大量的人力物力。但是这些垄断企业或商业巨头因为其自身是以营利为目的的,其行为具有逐利性。比如,在大量的电子商务中其本身就是交易的一方,因此他们提供的电子数据在客观性、中立性等方面很难有说服力。公证机构则不然,我国《公证法》第6条规定:"公证机构是依法设立、不以营利为目的,依法独立行使公证职能、承担民事责任的证明机构。"相较于垄断企业或者商业机构的逐利性,公证机构的公益性、责任的独立性等自身特性使其从传统的公证行业进入电子数据公证行业成了水到渠成的必然之举。诚如学者所言:"将传统的公证业务拿到网络上进行,网络成为公证机构履行公证职责的另一种平台。"⑩

第三,公证行业独特的法律职业身份有助于破解电子数据法律"瓶颈"问题。我国法律体系很早就注意到了电子数据在民事活动中的作用,其主要体现在相关法律制度上。例如,1999年通过的《合同法》第11条规定:"书面形式是指合同书、信件和数据电文(包括电报、电传、传真、电子数据交换和电子邮件)等可以有形地表现所载内容的形式。"2004年通过的《电子签名法》是我国第一部针对电子商务的立法,其明确了电子签名的法律效力、认证等问题,对保障电子交易安全、解决电子交易纠纷具有重要作用。尽管我国在电子数据应用方面的立法有了很大进步,但不容否认的是我国电子数据的立法在总体水平和贯彻落实程度上都远落后于发达国家,依然有很多法律障碍矗立在电子数据和公证行业之间。笔者认为,公证行业从业人员的独特法律职业身份有利于发现和解决电子数据证据在适用过程中的新问题。目前公证行业已经提高了准入门槛,公证员的任职条件就是必须具有法律职业资格,也就是说公证职业是继法官、检察官、律师之后的第四法律职业,法律专业水平较高。因此在目前我国电子数据方面立法缺乏的大背景下,结合我国国情如社会体制、配套环境等,针对电子数据公证行业既能为当事人提供切实可靠的证据法律保障,也能充分发挥其法律专业知识。⑪

第四,公证行业的实践探索有助于进一步服务电子数据证据。对于电子数据作为证据使用,无论是国际还是国内都早已有了各种探索与实践。例如,加拿大魁北克省的公证活动已经介入了电子签名,并且在《魁北克民法典》、《魁北克公证法》、魁北克公证人工会订立的《公证人职业道德规范》和《信息技术法》中找到立法支持;美国联邦国会通过的《国际与跨州商务电子签名法》则允许在各种交易中实施电子公证;⑫日本现行的《公证人法》也已引入了电子公证制度,通过对电子签名法、公证人法的修正,使电子公证相关法令得到完善;⑬德国公证也对电子数据有所涉及,主要有电子证书、电子联络法与电子

⑩ 高富平著:《电子商务法律指南》,法律出版社2003年版,第770页。
⑪ 张楚:"网络公证对我国电子商务发展的特殊意义",载《信息化》2007年7月31日。
⑫ 高富平著:《电子商务法律指南》,法律出版社2003年版,第770页。
⑬ 张文章主编:《公证制度新论》,厦门大学出版社2005年版,第354页。

文本认证、官方电子登记制度等。[14] 同样，我国公证行业也对电子数据进行了探索。例如，2000 年 9 月我国司法部研究决定在南京成立"司法部网络公证研究课题组"，经过一年多的深入探索研究，已完成全国网络公证计划大纲并研制开发了中国公证网身份审核系统、在线招投标公证应用系统，在网上实现了身份验证、证据保全、安全交易、法律监督等公证业务。[15] 同时，我国部分公证机构也摸索开发出了"智慧保险箱"、"公证证据宝"、"公证云"等专为电子数据公证服务的平台。

四、结语

电子数据成为信息化时期新的"证据之王"将是无可争议的，而基于公证制度的证据效力职能与电子数据所具有的无形性、易破坏性等特征，公证行业与电子数据证据的应用必将有着更深远与密切的联系。尽管目前的公证行业与电子数据证据适用的要求上有些许欠缺，但是由于公证制度与公证行业具有无与伦比的优越性，笔者认为面对电子数据证据的广泛适用，公证行业通过建立统一网络公证平台来服务电子数据证据上必将大有作为。

---

⑭ 中国公证协会赴德培训考察团："德国公证制度考察感悟"，载《中国公证》2008 年第 2 期。
⑮ 姚杰："我国将建立统一网络公证平台"，载《信息网络安全》2002 年第 4 期。

亟待完善的电子商务公证制度

韦　伟*

一、中国电子商务发展展望

21世纪是互联网的时代，电子商务也越来越成为贸易活动的主流方式。据联合国发表的报告显示，2010年预计全球电子商务的交易额可以达到1万亿美元，未来10年全球贸易的1/3将以网络贸易的形式来完成。2004年7月据中国互联网络信息中心（China Internet Network Information Center，CNNIC）调查，我国8700万网民中，经常利用网络购物的人群已近635.1万，在最近一年内通过网站购买过商品和服务的达到了37.8%，打算在未来一年内利用网络购物（有网上购物意向）的达到了58%，即将超过5000万网民，2004年电子商务交易额超过8000亿。因此，电子商务在中国的发展前景极为可观，我们完全有理由相信，在21世纪，电子商务将逐渐成为中国人民生活的主要方式。

二、中国电子商务发展的积极条件

（一）中国发展电子商务的基础设施正逐渐完善

目前中国发展电子商务的基础设施正逐渐完善。据统计，在2004年，中国通信光缆线路总长度达338.4万公里，固定电话用户达3.124亿户，移动电话用户达3.34亿户，全国电话用户总数达6.5亿户，2004年12月30日，我国网民达到9400万，上网计算机台数4160万台，域名数43.2万，网站数66.8万。互联网网络带宽增加，国际出口带宽总量已达6万M。宽带接入取得了大幅度的增长，用户数达2500万户。全年上网计算机数、CN的域名数、网站数等都继续保持了超过20%的高增长速度。互联网使用率、网民的分布和层次都有了较大的改善和提高。这些为电子商务的开展提供了硬件支持。

* 北京市长安公证处公证员。

（二）中国发展电子商务的法律体系逐渐完善

近些年来，中国颁布实施了一系列有关电子商务方面的法律、法规，形成了基本完善的电子商务发展所需的法制环境。2004 年 8 月 28 日，全国人大常委会表决通过了《电子签名法》，并于 2005 年 4 月 1 日起施行。随后，最高人民法院、最高人民检察院公布了《关于办理利用互联网、移动通讯终端、声讯台制作复制、出版、贩卖、传播淫秽电子信息刑事案件具体应用法律若干问题的解释》，国家食品药品监督管理局公布了《互联网药品信息服务管理办法》，信息产业部制定了《中国互联网络域名管理办法》，交通部办公厅发出了《关于实施电子舱单数据接收工作的通知和关于启用国际海运网上备案系统的通知》，国家发展和改革委员会、商务部、公安部、铁道部、交通部、海关部署、国家税务总局、中国民用航空总局、国家工商行政管理总局联合发出了《关于促进我国现代物流业发展的意见的通知》等，而各地结合本地实践也先后颁布了一系列地方性法规和规章。这些为电子商务的有序开展提供了重要保障。

三、中国电子商务发展的主要障碍——电子商务认证制度存在严重的缺陷

虽然电子商务的发展前景是客观的，但与传统交易模式相比，电子商务也存在更大的潜在风险。这主要体现为商务交易双方的真实身份难以确认，交易中产生的各类证据（电子数据）难以有效保存或者缺乏可信度。据美国的一项调查显示，在每天网上发生的 130 万件网上拍卖交易行为中，涉及诈骗的甚至达到 1%。2003 年，仅美国就为盗用他人身份的骗子们付出了 330 亿美元。① 因此，安全问题成为影响电子商务健康有序发展的最主要因素。如果安全问题无法有效的解决，则势必影响人们对电子商务的使用预期，影响电子商务的发展，甚至有可能影响整个社会信用程度，影响社会的安定团结和稳定，无法绘制和谐社会的蓝图。

为降低安全风险，各国普遍建立了 CA（Certification Authority）认证制度。根据《联合国电子资金划拨的法律指南》的规定："认证是以有形方式、电子方式或其他方式对信息的认定，使接收者得以确定该信息来自所表明的来源。"认证的功能结构主要包括：生成和管理使用者密钥、CA 密钥；签发并管理电子商务证书等。参加电子交易的各方向认证机构申请电子商务证书时，应当提交有关身份证明并经认证机构验证，然后签发证书。证书一般记载持证人的名字、证书有效期以及他的公开密钥等。在电子交易进行时，一方可以向对方提交证明自己身份的证书，对方可要求认证机构验证双方身份并加以确认。②

---

① 马维克："电子商务与网络公证"，载《情报杂志》2004 年第 9 期。

② 李鹏："电子公证论纲——以电子商务为进路"，载《河南司法将官职业学院学报》2004 年第 3 期。

中国目前已建立电子商务安全认证机构约 60 个。上海、北京、广东等众多省、市和银行、电信等行业都建立电子商务认证中心。这些机构颁发的认证既包括免费证书,也包括收费证书,而且认证体系比较混乱。其中既有领域性安全认证中心,也有区域性认证机构,还包括部分企业建立的商业性电子商务认证机构。在这些认证机构中,银行、电信系统或网络公司,本身就是营利性服务企业,因此其建立的认证机构,很难保证认证的权威性和中立性。而且,多数机构不具备审查电子合同合法性的法律职业水平,只能审查合同的真实性。另外,认证服务不承担法律责任。而从国外的实践做法来看,CA 证书应由一个具有权威性和公正性的第三方来完成,该第三方中介机构应具有中立性并且不以营利为目的。因此,目前中国的 CA 中心是不符合国际惯例的。

四、建立统一的电子商务认证制度

为了改变目前电子商务认证体系的混乱,中国应该成立全国统一的或区域统一的电子商务公证网络中心。我国司法部网络公证研究课题组于 2002 年已完成全国网络公证计划大纲,并研制开发了中国公证网身份审核系统、在线招标公证应用系统,提出了系统解决电子商务信用与安全的一整套解决方案。该方案的核心内容包括"网上身份审核确认"、"网上数据备份保全"、"电子提存"三项服务,同时还将网络公证研究拓展到大型电子商务 BtoB 交易网、大型企业、自建电子商务网、行业性的专业电子商务交易网以及网上证券等多方面的应用领域。整个服务系统已经设计完成,应用软件进入试运行阶段,能根据网上交易客户的不同需求提供服务。因此,围绕该系统建立起统一的中国电子商务网络公证中心是可行的,它能够实现认证机构的权威性和中立性,是一种有益的选择模式。

针对网上身份审核确认、网上数据备份保全、电子提存等服务内容,电子商务认证机构主要业务范围包括以下几个:(1)大型电子商务领域;(2)网上招标投标领域;(3)网上证券领域;(4)专业电子商务网领域;(5)企业自建大型电子商务网领域;(6)网上银行等金融领域;(7)网上侵犯著作权等侵权行为;(8)网络域名注册、变更等领域;(9)其他诸如网站浏览量、网上拍卖、网上抽奖等在网络中进行的身份、数据或支付有安全信用隐患的领域。

在该系统下,认证程序如下:

(一)申请与受理

交易各方经协商一致,达成合同之后,登录公证网络平台,将经电子签名的电子合同加密后传送到电子商务公证网络中心提出公证申请,由电子商务公证网络中心予以证据保全确认,指定电子公证员办理,交易各方就成为公证当事人。电子公证员受理后,开始初步审查,与当事人就双方主体资格、意思表示、合同内容等各方面在公证网络平台系统聊天密室交谈,将交谈内容制作电子谈话记录,由当事人加具电子签名后予以证据保全确认,也可通过密码验证或向电子签名认证服务机构查证,确认电子商务行为的真实性与合法性。

(二)公证审查

电子商务公证网络中心的电子公证员受理当事人的电子商务公证申请后,在制作公证书之前,需要对当事人申请公证的事项及提供的有关的证明材料从事实和法律两方面进行全面调查和核实工作。审查是电子商务公证的最重要、最基本环节,也是区别于CA认证机构的关键所在,它是公证机构融入电子商务认证系统的优势所在。审查的内容主要包括以下几个方面:

1. 审查当事人的主体资格。电子公证员监督当事人将电子签名提交电子商务公证网络中心验证,并需要审查当事人的主体资格,主要包括:对自然人审查其行为能力,而对单位组织需要审查其是否合法设立、名称、法定代表人、是否拥有与电子商务行为相应的资证等。

2. 审查意思表示是否真实,有无欺诈、胁迫、重大误解、乘人之危等意思表示不真实的情况。

3. 审查交易客体。重点审查客体的真实性、合法性和确定性,重点关注合同是否真实存在,标的是否确定,是否损害社会公共利益和违反法律、法规、社会道德的规定。

4. 审查电子合同内容是否完善、合法。审查合同文字是否准确,有无歧义,模糊字眼,多重解释。

(三)公证调查

为确认公证事项的真实性、合法性,电子公证员应该到网络中心以外进行实地核实、查证、取证工作。调查取证是法律赋予公证机构的重要职权,也是为保证公证真实而施加的重要义务。调查可通过自行调查或者委托调查的方式进行。办证人员必须客观真实全面地收集证据,并且认真、系统地分析审查判断证据。

(四)出证

电子公证员根据审查和调查的结果,对符合出证条件的电子商务公证,在法定期限内,根据法定程序审批、制作,并向当事人发送公证书。

(五)公证书的送达、备份

电子公证员出具的电子公证书除通过网络平台送达当事人外,还应保存于网络平台,允许当事人凭电子签名自由查询,并备份防止意外。③ 公证机关应该对电子公证书永

---

③ 涂斌华:"电子商务与公证法律问题研究",资料来源 http://www.lunwennet.com/thesis/2003/7597.html。

久保存。

五、结论

如上所述，司法部研发的中国公证网身份审核系统、在线招标公证应用系统仅是未来中国电子商务认证制度的一种选择。但无论今后建立的是何种模式的电子商务认证体系，公证机构都应该在其中发挥重要的作用。公证机构的参与方式主要包括两种：第一种参与方式是通过电子公证员直接参与电子商务的认证。电子公证员是具有公证员资格和电子商务公证网络中心成员双重资格的公证人员，通过公证网络平台独立办理电子商务公证事务的公证业务人员。第二种参与方式是电子商务认证机构和公证机构相分离。电子商务认证机构负责交易双方真实性的认证，而公证机关负责对交易的合法性进行公证。仅通过电子商务认证机构认证的事项不具有公信力，即不具有证据力、执行力和法律行为成立要件的效力，而只有经过公证机构公证的事项才具有公信力。目前，在现实中我国只有少数的网络公司和公证机构实现了网上交易与公证的结合，并且这种结合还处在一个非常简单的层面上。例如，1999 年北京公证处在其网页开办“电子公证公告牌”，进行网络交易主体资格确认服务；2000 年 4 月 1 日，上海市公证处创办的“上海公证”网站开通，成为第一个能受理在互联网上提出公证申请的网站，主要受理网上拍卖公证及网页证据保全申请。但公证机构深度介入电子商务领域的尝试还没有开展，这对电子商务的健康、有序发展是极为不利的。因此，笔者在这里建议，为了电子商务领域和中国经济的长远发展，一方面，我们应该建立起有中国特色的电子商务网络认证体系，并加强公证机构的介入力度，为电子商务保驾护航；另一方面，应该提高公证人员的素质，并推行电子公证员资格考核制度。对于经过考核，能够掌握电脑网络基本知识，熟悉公证网络平台的硬件、软件环境，能在公证网络平台上独立操作，办理电子商务公证事务的公证员，经司法行政机关考核合格的，取得电子公证员任职资格，并且电子公证员还要经常接受网络安全方面的培训，以更新知识，适应电子商务的发展需要。最后，所有电子公证员的电子签章必须由司法行政机关特别备案。

浅议大数据时代下公证行业的应对

姚　娟* 　孙亚莉**

近年来，大数据这个概念越发被人们所熟知，它已经涉及人们的日常生活，并影响政府机关、公司企业、媒体组织等群体，成为一个被普遍关注的话题。当前，智能手机、便携电脑等以数据为载体的现代化科技用品广为普及，数据信息无时无刻不在我们的生活工作中扮演各种角色，包括网购、社交和参与政治、维护公民个人权益等。当今时代之所以被称为大数据时代，不仅仅是由于人们已经能够更加便捷、全面、广泛、深入地接触到各类的数据，更重要的是，这些信息被搜集利用的门槛已显著降低，它们不再只是专家领域讨论的话题，而是能够为我们每一个人所用的财富，甚至成为社会基础设施建设的一部分。正如解放日报报业集团社长尹明华在中国传媒大会上所说的："我们已经从信息时代走到了数字时代和智能时代，如果数据被赋予背景，它就成了信息；如果数据能够提炼出规律，它就是知识；如果数据能够借助于各种各样的工具在分析的基础之上为我们提供正确的决策，它就是资源。"大数据技术的战略意义不在于掌握庞大的数据信息，而在于对这些含有意义的数据进行专业化处理。换言之，如果把大数据比作一种产业，那么这种产业实现盈利的关键，在于提高对数据的"加工能力"，通过"加工"实现数据的"增值"。我们真真切切地生活在大数据时代，参与其中，必将受益无穷。而目前，国内对大数据的应用领域还较为狭窄，主要集中在金融、物流、公共三个领域。

公证行业对大数据的关注已然兴起。在2013年10月召开的中国互联网创新与知识产权保护高峰论坛上，有资深公证员就大数据与公证的主题进行了发言，并介绍了所在公证处与企业合作开发新产品的情况；在2013年11月中国公证协会举办的第二届"青年公证人讲坛"上，也有青年公证员结合大数据时代下的公证阐述了关于创新的观点；中国公证协会正在扎实推进的全国公证遗嘱备案查询平台，一定程度上也是大数据的实在应用。所谓"法与时转则治，治与世宜则有功"，在大数据时代扑面而来的情况下，公证如何参与运用、加强决策、升级服务，是需要认真加以思考并迅速展开相关实践的重要研究

* 北京市长安公证处公证员助理。
** 北京市通州区检察院公诉一处工作人员。

课题。

一、掌握数据的公证行业符合大数据时代参与者的特征

掌握十分多样化的数据，是大数据的基本特征之一，公证执业信息汇集的客观情况符合这一基本特征，公证行业大数据时代参与者的身份毋庸置疑。一方面，公证机构在办理公证业务的过程中会积累大量原始真实的信息。申办公证的当事人需要向公证机构如实说明申请公证事项的有关情况，提供真实、合法、充分的证明材料，这些证明材料所反映出的事实的真实性、完整性和关联性，在某些情况下会高于其他部门和机构。典型情况如继承权公证当事人提交和公证人员审查的证据。另一方面，在办证过程中形成的信息和办证结果本身也是可以用来研究和决策的信息。目前，行业统计数据及公证机构的办证情况分析就是基于这些信息。

公证行业所掌握的数据如果能够被有效地利用起来，不仅可以统筹公证工作，使之更有针对性和效率，使公证服务更加便民和主动，更重要的是，它能够成为国家治理和公民参与政治、经济、社会生活各方面的信息来源。然而事实上一部分的数据限于技术层面的不足与保密义务的制约，并没有被充分利用起来。以 2013 年 3 月为例，国务院常务会议确定了五项加强房地产市场调控的政策措施，催生了之后房地产交易的爆发。许多人都想在“国五条”实施之前处置房产，在一段时间内，公证机构变得非常忙碌，用昆明市明信公证处拉丁鹰法律工作室的话讲，是“公证机构仓促应对突来的办证高峰”。政策的发布导致办证数量激增，幸而没有看到因为工作量大而出现错假证的报道，但在办证高峰过去后，除了报表上展示的具体统计数字相应增加，并没有看到公证行业就相关现象和数据作出分析和研判。

在大数据时代，人们需要的并不仅仅是数据，而是主动搜集有用数据、分析与利用数据的能力。谁能掌握这种能力，谁就能在新的形势下占据主动。我国行政、司法机关已经开始尝试利用数据。例如，2013 年人民法院失信被执行人名单信息公布与查询平台正式开通，且最高人民法院已与中国工商银行、中国农业银行、中国银行、中国建设银行、交通银行等金融机构以及相关职能部门和征信部门就此项工作达成一致，逐步共享失信被执行人名单信息，由这些单位依在融资贷款、市场准入等方面对失信被执行人施以信用惩戒。这其实反映了大数据时代的普遍参与性，即大数据的运用范围在不断延伸扩展。当国家司法、行政机关都在探索适度公开信息并利用掌握的有效数据服务于民之时，公证机构亦应考虑如何利用自身的优势开拓独特的大数据业务。

二、公证行业利用大数据能够实现对内和对外的双重价值

利用大数据，重点是如何将数据转化成可利用的资源。公证行业将掌握的有用数据进行分析归类后，必定能够有效地服务于自身发展以及职能作用的实现。

（一）实现数据对外服务价值的可能性

以亚马逊为例，网页上的“猜你喜欢”栏目通过对海量数据的分析，来推断不同用户的个性化喜好，从而推荐相应的产品。公证机构是否可以从中获得些许的灵感以更好地满足市场需求？当然公证不同于一般的商品，法律也不允许公证机构以纯广告化的形式推广产品，否则既不符合公证机构自身的地位与权威，也会有损在民众中的公正中立之形象。但是，这并不阻碍公证机构探索符合自身性质与职能的数据利用方式。比如，公证机构与其他服务类机构如中介公司、律师事务所、金融机构、知识产权代理机构等建立合作关系，办理类型化、批量化的相关公证，必然会掌握特定服务需求信息和客户信息，如果能够对这些数据进行有效的归类分析并制定相应产品，就能够方便这些服务类机构针对特定业务内容或者服务对象进行更加科学的规划设计。当然，推动这种对外价值的实现必须十分谨慎，不能盲目跟风，毕竟公证机构不同于一般的商业机构，获得并维系公信力应当成为整个公证制度得以持续运行以至良性发展的基本底线和根本要求。

数据的利用，公证行业已有成功例证。据中国公证协会网站显示，全国公证遗嘱备案查询平台开始运行，北京市方正公证处于 2014 年 1 月 2 日上午办理的一份遗嘱公证信息成功上传，成为全国公证遗嘱备案查询平台的第一份备案数据。平台的运行可以看作是公证行业积极参与到大数据业务的显著体现，也反映出公证行业掌握数据的独特性，它不仅真实、有效、充实，更具有极大的潜在价值。我国每年订立的公证遗嘱超过 10 万件，此外还有大量自书、代书、录音、口头遗嘱等。当遗嘱人死亡后，如何查询被继承人生前所立的遗嘱特别是最后一份遗嘱成为分割被继承人遗产的关键。中国公证协会设立统一的查询平台，对于解决继承纠纷、提升公证遗嘱的法律效力、保障立遗嘱人及其继承人的合法权益具有重要作用。全国遗嘱备案网上查询的实现，体现了公证行业与时俱进、积极利用数据资源的务实作风。如果抵押担保备案、个人信用状况、房地产公证状况、个人学历、身份信息状况等全国统一的网络平台都能够逐步建立完善，公证必然能够发挥更为举足轻重的作用。

（二）利用数据产生对内服务的价值

任何行业的发展都必须以牢牢把握时代潮流为前提，积极参与其中，实现自我提升。当前，很多国家机关都在极力推行电子政务，通过政府信息化建设和大数据应用提高政府决策的科学性和精准性，提升政府预测预警能力以及应急响应能力，节约决策成本。以财政部门为例，基于云计算、大数据技术，财政部门可以按需掌握各个部门的数据，并对数据进行分析，作出的决策可以更准确、更高效。同时，也可以依据数据推动财政创新，使财政工作更加高效、更加开放、更加透明。公证也可以将自身掌握的数据合理归类、综合分析，方便行业间的交流沟通，实现信息的对接与一致化，减少重复工作和遗漏的出现，提高办事效率。另外，根据数据信息，有效分析公证业务的种类及其相应需求的淡旺季表现，如每年寒暑假期间涉外公证需求的大幅上升，对于工作人员与工作任务的分配具有重要意义，有利于实现人力物力资源利用率的最大化。

2013年，北京市公证行业已经在推动数据信息的共享和利用方面取得了一定进展，将用两年时间逐步建立起以市司法行政机关和市公证协会为主导的全市公证信息平台。公证机构未来可以将已经办结的公证抵押登记、公证遗嘱、不予受理、拒绝公证、办结公证事项涉及的不动产抵押登记等信息及时上传，实现资源信息共享。同时，对于当前十分困扰公证行业的不法分子利用虚假材料骗取公证书的问题，公证信息平台会将相关虚假信息立即锁并列入“不良记录”黑名单，避免反复行骗的可能性。北京市司法局还计划借助该平台逐步向社会公开公证机构的业务范围、办理公证程序、公证服务收费标准、对公证工作的承诺以及每名公证人员的执业情况和诚信档案。

三、在大数据时代行业发展的“瓶颈”

大数据时代毕竟刚刚兴起，很多问题都亟待解决，技术支持、政策扶植、文化基础、民众舆论基础等方面都在探索中。对于公证行业而言，首要的是思考四个关键问题。

第一，在实现公证业务数据化的过程中，数据高端技术的支持是十分必要的。很多政府机关已经与具有先进技术的数据公司合作，公证行业也可以将统一寻求可靠的数据技术公司作为途径。

第二，参与数据化潮流绝不仅仅是技术层面的问题，它对公证行业工作的方式、程序、质量和管理，乃至公证从业人员的思维方式和自身素质必将带来深刻的影响。因此，要从关系公证行业前途命运的高度来认识此种技术因素介入公证领域的重要意义。

第三，如何提高民众对于公证机构迈入数据化时代的认可接受度、参与度也是一个值得考量的问题。我国是个数据文化匮乏的国家，数据的公信力较弱、系统化不足、质量水平不高、民众参与度较低是我们当前必须直面的现实。公证机构要想全面有效地利用数据信息，尤其是使之服务于推广对外业务，如果没有民众对于相关信息真实性、价值性的积极认可和广泛接受，也只能是纸上谈兵。因此，在全社会形成“用数据来说话、用数据来管理、用数据来决策、用数据来创新”的氛围，公证行业同社会其他组织和成员一样责无旁贷。

第四，在使用相关数据的过程中，公证行业如何保障公民、法人及其他组织等的隐私权不被侵犯，这是必须高度重视、认真对待的问题。大数据时代最大的挑战就是个体信息极易被泄露，民众安全感岌岌可危。实践中，网站注册信息被大量公开、快递单信息被随意倒卖的报道屡见不鲜。如果公证机构使用数据触碰到了这敏感的一点，必然得不到社会的认可，更遑论提升公证公信力了。要保障数据利用只为特定的正当目的服务，在决策实施前做好论证，避免别有用心者利用而出现南辕北辙的结果。

要素式公证书

——非讼文化的现实解读

郭岳萍*

法律文书包括诉讼类文书和非诉讼类文书，前者包括法院出具的判决书、检察机关出具的公诉意见书等，而公证机构出具的公证法律文书则是非诉讼类文书的典型代表。

非讼是中国传统法律文化的重要价值取向，它是对社会安定与秩序的追求，建立起的是法律的内在权威，从而使人们自觉地产生法律认同。多种非诉讼法律手段在现代社会的运用和发展，有利于避免“诉讼万能主义”，更好地帮助人们解决现实问题，使法律成为公众内心习惯的一部分，增强法律的亲和力。

公证是一种非诉讼的司法制度，它是一国法律制度重要的组成部分，它所追求的制度价值即预防纠纷，减少和简化诉讼、维护交易安全、提高交易效率、确保当事人意思自治、保证公证的准确性及有较高的救济效率等均体现于它的证明活动之中，而公证证明活动又是依靠公证书来呈现的。公证书根据不同的划分方法，可作不同的分类，按照其语言表达方式的不同，可以划分为格式公证书和要素式公证书。格式公证书顾名思义就是按照固定的格式来写公证证词，其好处在于规范并有利于提高工作效率，对简单明了或批量化的公证事项比较适用，缺点是格式繁多，僵化且严重束缚公证人员主观能动性的发挥。要素式公证书因其包括必备要素和选择要素两部分，则可以由公证人员根据个案不同的实情况，在选择要素中客观全面的书写公证证词。要素式公证书与格式公证书相比更具灵活性和全面性，更符合实际需要。

英国著名法学家和哲学家，制度法学创始人之一的麦考密克说过“法学其实不过是一门法律语言学”，语言是世间变化最大的事务，每个时代都有自己的语言，因此每个时代也都有自己独特的法律语言。我们这个时代纷繁复杂，经济发展突飞猛进，法律服务的领域不断拓展，尤其在非讼领域，法律制度和法律语言的陈旧，表现在法律文书领域，格式化公证书相对简单化、固定化、模式化，已经不适应公民日益发展的法律需求，因此实施和推广要素式公证书是适应社会经济发展和公民法律需求的必经之途。

---

* 北京市公证协会经济业务委员会委员，北京市长安公证处业务三部主任。

宁致远先生说过："法律文书属于上层建筑中的一种文化现象，它的产生必然要经过一个较长的时期，而且要随着经济基础的演变而不断演变，演变过程必然是十分漫长的。"前文述及我国法律的非讼传统，在经济飞速发展的当代，人们普遍运用非诉讼的法律手段来预防纠纷，提高交易的安全性。公证作为一种准司法制度，公证机构出具的公证文书既像诉讼类法律文书一样有约束力、执行力，体现着国家的意志和国家的权利，也较诉讼类法律文书有更宽泛的领域，可适用于公民法律生活的方方面面，体现了我国法律文化的非讼传统。司法部于 1998 年启动要素式公证书改革，2000 年正式发文试行并于 2001 年起推行合同协议、保全证据和现场监督三类要素式公证书。2008 年 12 月 30 日司法部又发文自 2009 年 7 月 1 日起在全国推行继承、强制执行要素式公证书及法律意见书格式。至此，已经有五类公证文书告别定式，走向要素式。合同协议类公证事项是公民法人通过合约的形式来规范双方之间的权利义务关系，之所以办理公证的目的就在于由公证人员先进行法律审查，保存证据，尽可能避免日后的诉讼。继承类公证事项，其要素式公证书含有确权的内容，如果当是人之间有争议，就没有必要也不可能选择公证，而必须去法院打继承权官司。至于强制执行公证事项，其要素式公证书也含有确权的内容，当事人选择该项公证，就是为了避免诉讼的烦琐程序，在债务人不按约履行还款义务时，公证机构出具的执行证书含有执行力，不必经过诉讼程序，通过法院的执行部门直接执行即可。很多法律专业人士，如律师，以及公民个人、公司企业选择办理保全证据类公证，目的在于解决争议，而实践中，解决争议的方式已经不再局限于诉讼一种形式，很多当事人持保全证据类公证书通过诉讼以外的方式解决了争议。2009 年 12 月司法部的发文中将法律意见书纳入要素式范畴，其意义不仅在于对要素式公证书的推行，更重大的意义在于对于公证机构作为法律专业部门起草和出具法律意见书的合法性和可行性的确认，"扩大了"公证的业务范畴。我国的法律制度近似于大陆法系国家的法律制度。在大陆法系国家，公证人是公证职能的执行者，是经国家授权，为社会提供法律服务的法律专业人士。现代意义上的公证人，其提供的法律服务已经不局限于法律证明，还包括提供法律建议、起草法律文书等，涉及所有非诉讼的法律服务领域。公证人提供的法律服务不同于律师，公证人在各方当事人之间保持中立，为整个交易服务，是各方共同的咨询人。公证处出具的法律意见书针对的是非讼法律事项，是典型的"非讼"法律文书。

相比法院出具的"判决书"，仲裁机构出具的"仲裁裁决书"等法律文书，格式公证书简单固定，体现不出公证事项的复杂，即体现不出法律所规范的社会生活的复杂，也体现不了公证员作为法律专业人士的法律水平，从单纯的受众角度来看，会认为公证书的简单说明了公证机构所从事的法律事务的简单化，甚至给受众公证处不是法律部门的印象，所以司法部把推行要素式公证书作为深化公证工作改革的一项重要内容。要素式公证书因其具有的灵活性，而更具有生命力。通过对要素式公证书的解读，可以看到法律人和普通民众对法律的运用，对法律词汇的运用。要素式公证书可以概括我们这个时代的风貌，可以管窥非讼文化的一角。

例如，这样一篇要素式公证书：

公证书

(2006)京×内经证字第×××号

提存人:北京×××食品有限公司

营业执照号码:企合京总副字第×××××号

住所:北京市东城区××××大街×号××大厦×座×层

法定代表人:×××

委托代理人:××,女,中华人民共和国居民身份证号码:1101×××××

提存受领人(债权人):北京××××房地产投资管理有限公司

住所:北京市××区××镇××东里××号楼××层

法定代表人:××

公证事项:提存公证

提存人北京×××食品有限公司于二〇〇六年二月十二日向本公证处提出申请,申请本处对其应向北京××××房地产投资管理有限公司交付的房屋租金人民币壹拾伍万元办理提存公证。

提存人北京×××食品有限公司称:

1. 提存人与北京××××房地产开发有限公司于二〇〇二年十月九日、十月三十一日、二〇〇三年二月十四日分别签订了关于北京市××区××××大街×号××公寓×座×层西部房产的《租赁合同》和《补充合同》;北京××××房地产开发有限公司将上述出租房产出售给北京×××房地产投资管理有限公司后,通知提存人北京×××食品有限公司从二〇〇六年一月一日起向提存受领人北京××××房地产投资管理有限公司交付房屋租金。

2. 提存人自接到北京××××房地产开发有限公司通知之日起即开始向北京××××房地产投资管理有限公司交付上述房产二〇〇六年第一季度的房屋租金人民币壹拾伍万元,但由于北京××××房地产投资管理有限公司未按《租赁合同》第三章第E条的规定提供房屋租赁发票,也未告知其银行账号,使提存人至今无法直接向北京××××房地产投资管理有限公司履行交付义务。

经本处审查:

1. 提存人北京×××食品有限公司与北京××××房地产开发有限公司签订的上述《租赁合同》及其《补充合同》合法、有效;北京××××房地产开发有限公司将出租房产北京市××区××××大街2号××公寓×座×层西部(×座首层西北角号房)出售给北京××××房地产投资管理有限公司的事实明确;提存人提出向提存受领人交付房屋租金的义务已过履行期限;

2. 提存人提出的其无法直接向提存受领人履行交付义务,因此向本公证处申请办理提存公证的理由符合《提存公证规则》第五条规定。

兹证明提存人北京×××食品有限公司的代理人××于二〇〇六年二月十二日来到本公证处,将北京市××区××××大街×号××公寓×座×层西部房产二〇〇六年第一季度的租金人民币壹拾伍万元提存于本处。

附件：

1.《租赁合同》及其《补充合同》；

2. 北京××××房地产开发有限公司要求北京×××食品有限公司向北京××××房地产投资管理有限公司交付租金的通知；

3. 北京××××房地产投资管理有限公司购买出租房产的证明和发票；

4. 提存人无法向债权人交付标的物的说明。

这篇要素式公证书表述的公证事项是法律赋予公证制度最重要的职能之一——“提存”，它的意义在于以清偿为目的的提存公证具有债的消灭和债之标的物风险责任转移的法律效力，以担保为目的的提存公证具有保证债务履行和替代其他担保形式的法律效力。通过浏览这篇要素式公证书，我们可以清晰地看到公证员办理的是债务提存，提存的原因、提存的数额及提存的法律依据等，公证书用语准确精炼、表达明确，基本合格，但稍显遗憾的地方是没有将公证处已经通过发函的形式通知债权人领取提存款及如不及时领取，超过法律规定的期限，提存款将收归国有的事实写在公证书内。

提存类要素式公证书，尤其是债务提存类的要素式公证书，最为透彻地反映了人们的法律选择，用非讼的手段来解决债权债务关系问题，不必动用诉讼的公器，就依托一项很好的法律制度，解决了债务清偿问题。所以要素式公证书是非讼法律文化的一种最好的注脚，写好要素式公证书不仅是对公证员的工作要求，一篇篇着实庄重精炼的公证书也是在续写法律文书的历史，丰富我们时代的法律语言，甚至是影响着人们的法律思维和习惯，功莫大焉，不可小视。加强对要素式公证书各方面的研究和学习，是我们作为公证人要做的功课。以此文作为笔者对要素式公证书学习的开篇，期待反映在社会受众眼中的要素式公证书是灿烂之花、清泉之水，是有用有益之物。

方寸之间彰显公证内涵

——要素式公证书改革有感

于　坤*

公证活动作为公证机构依照法定程序对民事法律行为、有法律意义的事实和文书的真实性、合法性进行审查和证明的活动，其最终结果将由公证书来承载和体现。因此，公证书的内容，不仅应当蕴含公证工作的重要环节，也应彰显公证制度的价值和内涵。

要素式公证书的施行和推广，使公证书不再拘泥于千篇一律的既定格式，它赋予公证员在公证书表述上更大的灵活性和自主空间，使公证员能够充分运用自己的法律素养和文字表达功底，在公证书的字里行间传达工作的价值和内容，厘清责任和风险，因此，要素式公证书承载的内涵不容小觑。笔者认为，要素式公证书应体现如下几个方面内涵。

一、要素式公证书应体现对公证程序的尊重

程序正义是公证的生命所在。在我国，公证制度一向被视作程序性的制度而存在，公证立法的内容也大多以实务性的操作规程为主，公证机构和公证员对待证事项真实性、合法性的审查和证明，必须建立在遵守公证程序规则的基础之上。如何体现对公证程序的尊重？以往都由公证卷宗来反映，即卷宗所留存的办证材料来可以固定并再现我们的工作内容和过程，体现我们对程序的尊重。然而公证卷宗毕竟只是内部性的材料，无法向社会公开公示。这或多或少影响了公证程序的透明性，而要素式公证书则为我们提供了空间，使我们可以将公证审查程序记载于公证书中，向当事人、利害关系人以及公证书的使用者、潜在信赖者公示，这种做法不仅可以向人们传达公证工作的制度内涵，也可以约束公证机构和公证员的行为，体现公证工作对当事人的尊重和保护，从而赢得社会公众的认可。

---

* 北京市公证协会宣传工作委员会委员，北京市长安公证处公证员。

(一)程序意识的体现——证词结构

公证活动从受理之初到公证书的出具、公证卷宗的归档,是由一系列前后相继的环节组成的。针对某一具体的公证事项所出具的公证书,应当反映公证机构在不同阶段的活动内容。

证词结构是反映整个公证活动的框架,是程序意识贯彻各个公证环节的体现。对证词结构的把握,应当与《公证程序规则》的规定相契合,即证词结构应当包括以下内容:(1)当事人的主体资格情况,委托代理人、法定代理人情况等;(2)当事人提出公证申请的情况;(3)当事人提交的办证材料及公证机构对其进行审查、受理公证的情况;(4)公证机构对当事人所申请办理的公证事项依据相应程序规则进行审查、询问、核实、告知的情况;(5)公证机构依据相关法律、法规出具公证书,证明相关事项的结论情况等。

(二)程序透明的体现——证词内容

证词内容是对公证活动的表述,可以向公证当事人和利害关系人展示公证机构的办证程序,提高公证活动的社会公信力。

要素式公证书的证词可以按照《公证法》及《公证程序规则》的要求,反映公证工作的过程、审查核实的内容、对办证材料的采信以及得出证明结论的依据等。例如,对于申请人是否具有申请办理公证资格的审查活动,可以表述为:"申请人××于××年×月×日向本处申请办理××公证,并提交了××材料,经本处初步审查,认为申请人××所申请办理的上述公证事项属于公证机构的业务范围,且属于本处执业区域范围,符合《公证法》第××条、《公证程序规则》第××条所规定的公证机构受理公证申请的条件,故依法受理××的公证申请。"公证机构对当事人提供的办证材料所做的审查、向出具单位进行的核实(房管局、工商局、派出所、档案部门等)或者向知情人的了解等,也可以在公证书中予以表述:"本公证员于××年×月×日前往被继承人生前所在单位××公司人事处调取并查阅、摘抄了被继承人××的人事档案,据该档案中的材料记载……"此外,对于公证机构无法审查或没有审查的内容,也可在公证书中予以表述,如"本处未对声明书内容的真实性进行审查和证明,仅对声明人的签署行为进行证明"。公证书中明确公证机构审查和没有审查的内容,可以起到两个方面的作用,一是善意提醒公证书的使用方,合理判断公证书使用的范围和程度;二是合理划分公证机构的责任,减轻执业风险。

(三)程序合法的体现——证词结论

证词结论是公证机构审查活动的结果,也是体现程序合法的重要组成部分,原因在于:一是表明公证结论有实体法的依据。例如,对于某些公证事项(继承公证、合同公证、赋予强制执行效力公证等),证词结论部分需要援引相关法律法规条文,如此一来公证结论有据可查,表明公证活动对法律的遵守。二是表明符合公证程序的要求。例如,对于某些程序规则所要求的必须"由二人共同办理"的公证事项,如保全证据、现场监督等,结论部分可以表述成“申请人所举办的××活动，系在本公证员及公证员助理××的现场监督之下进行……”体现了公证活动的程序合法性。

二、要素式公证书应体现公证员的法律判断

公证工作包括两个方面内容：一是对待证事项的事实审查；二是对证明结论的法律判断。如果事实审查是寻找论据，那么法律判断则包含了论证、推理的过程。前面所讲的对公证程序的尊重，其中就包含了对待证事项的事实审查，在此我们仅探讨对证明结论的法律判断。

公证活动中的法律判断不同于司法裁判活动中的法律判断。司法裁判活动中的法律判断地更多体现在法律适用上，即司法审判机关有权依据法律法规对发生争议的实体权利义务归属进行裁判。公证活动中的法律判断则更多地体现在公证审查当中，是为公证机构行使证明权提供法律支持的。

法律判断是一系列活动的组合，包括法律依据的锁定、法律事实的认定及证明结论的逻辑推导等。公证审查中的法律判断主要有以下几个方面：

1. 对当事人主体的法律判断，包括当事人是否有相应的民事权利能力和民事行为能力、代理人是否有相应的代理权、当事人与所申办的公证事项是否有利害关系、当事人是否适格等。

2. 对所申办公证事项的法律判断，包括该项公证是否属于公证业务范围、是否可由该公证机构管辖、是否造成对他人合法权益的侵害、是否违反社会公德或公序良俗等。

3. 对实体权利的法律判断，包括该项权利是否存在其他共有人、法律是否允许做此处分、是否处分受限或有其他权利瑕疵等。

4. 对其他事项的法律判断，包括公证事项对当事人可能产生的法律意义及后果、与当事人办理公证的目的和用途有无差异、哪些事项需要履行告知和提示义务等。

以往的公证书对上述审查中的法律判断活动鲜有描述，大多停留在公证员的内心层面，而要素式公证书则提供了展示公证员法律素养的广阔舞台。如果事实审查需要公证员具备去伪存真的甄别力和洞察力，法律判断则需要公证员具备扎实全面的法律功底和缜密严谨的逻辑能力。要素式公证书不仅应当展现法律事实的内容，还要展现由法律事实到证明结论的逻辑推导过程，也就是说，不仅要言之有据，还要言之有理。在公证员的法律判断过程中，应当涉及证明材料的采信、法律事实的认定、法律条文的援引以及因果关系的推导等。因果关系的推导要层层递进，逻辑清晰，条理分明，论证充分。法律条文的援引应准确，若涉及依据众多法律条文的，因证词不宜冗长，可以只列明援引的主要法律条文，后面则可加上后缀“……等相关法律法规的规定”。在要素式公证书中加入法律判断的内容，可以使公证书的证明结论更有说理性，体现公证行业的职业价值。

三、要素式公证书应体现公证员的告知义务

公证告知制度是指在公证程序中，公证机构和公证员应当向当事人及利害关系人告知有关权利义务、法律意义及后果的公证制度。《公证法》和《公证程序规则》已将其纳入其中，列为公证机构及公证员应当履行的一项法定义务。要素式公证书的推广为公证机构和公证员履行告知义务提供了更多的方式和途径。公证告知制度体现了对公证当事人及利害关系人知情权的尊重和保护，也体现了公证职业的价值和公证员作为法律专业人士的素养。公证员在办证过程中告知当事人与公证事项相关的权利义务、法律意义、法律责任及后果，可以帮助当事人正确理解法律规定，从而使其对自己的行为做出正确判断和选择。对于公证告知的内容及形式，法律上并没有统一强制性规定，大都由承办公证员根据不同的公证事项自行决定。目前，较为普遍的告知形式是在公证申请表、谈话笔录或专门的告知书中告知，其特点都是作为卷宗材料由公证机构存档保管，而当事人则无任何书面文件。作为非法律专业人士，有些当事人本身理解法律就很困难，虽经公证员告知，也难免因时间长久等因素而出现遗忘告知内容、未能准确记忆告知内容等情况发生，因此公证机构可以考虑将重要的告知内容在要素式公证书中予以表述，提醒当事人和利害关系人及时行使权利。例如，对于当事人设立遗嘱将财产遗赠给法定继承人之外的人时，可以考虑在证词结尾表述："根据《中华人民共和国继承法》第二十五条第二款的规定，受遗赠人应当在知道受遗赠后两个月内，作出接受或者放弃受遗赠的表示。到期没有表示的，视为放弃受遗赠。"在办理法定继承过程中，如果有继承人放弃继承的，证词中可以表述："……本公证员已告知继承人××：继承人因放弃继承权，致其不能履行法定义务的，放弃继承权的行为无效；继承人放弃继承的，对被继承人依法应当缴纳的税款和债务可以不负偿还责任。"

四、要素式公证书应体现与诉讼制度的衔接

公证制度是以预防纠纷为主的非诉制度，而诉讼制度则是解决纠纷的司法救济制度，两种制度各自在不同的领域发挥作用，并共存于法律职业共同体当中。公证制度则以其特有的证据效力、强制执行效力，不时介入诉讼活动，成为审判机关认定事实、裁定执行的依据。

考虑到公证书在诉讼当中的重要作用，公证词的撰写就不再允许公证机构闭门造车、自说自话了。公证书作为证据材料，在诉讼当中要接受原被告双方的举证、质证，公证书所证明的事实在多大程度上会被法院采信，不仅取决于案件当中的证据链是否完整等其他因素，也取决于公证词表述是否专业、客观、准确、全面、严谨，因此，要素式公证书的撰写要考虑到今后的诉讼使用，要尽量与诉讼衔接。这就要求我们做到以下几点：一是要使用法言法语，尤其是对于客观事实的描述，涉及专业词汇的，一定要尽量使用法律

上的措辞和用语。例如,在撰写关于现场送达公证词当中使用"留置"对送达行为予以描述等。二是要使用证据学的思维撰写证词。对于必备要素和选择要素的表述要考虑今后诉讼的使用,对于关键性的事实要准确细致描述。三是要尽到告知义务。对于影响当事人权利行使的事项要准确告知。例如,在办理赋予强制执行公证当中对债权人申请出具执行证书期限的告知等。

现代社会越来越强调开放和透明,要素式公证书的实施和推广,即是公证制度逐渐开放和透明的体现。较定式公证书而言,要素式公证书以其结构严谨、逻辑鲜明、内涵丰富的特点,承载了更多的公证制度内涵和理念,也充分体现了公证工作的价值和意义。对于公证机构和公证员而言,应当好好运用要素式公证书这一空间和平台,加强公证词写作逻辑和写作技巧的磨炼,使其承载更多的专业价值和内涵,向社会公众呈现更加专业的职业素养。

对《公证撤销后被证文书效力问题的延伸解读》一文的延伸思考

李嘉健*

公证因故被撤销，想来应是一个极为特殊和罕见的情况，但因为工作性质的原因，笔者自觉“时常”能够看到公证被撤销的公告、判决以及新闻，因而也不由自主地对公证撤销的相关问题展开思考。近日读到中国公证协会副会长段伟在《中国公证》杂志 2013 年第 7 期发表的《公证撤销后被证文书效力问题的延伸解读》一文，十分赞同其中提到的一些观点，作者用公式化的方法来诠释公证书的形成过程更是让人眼前一亮。通过阅读这篇文章，笔者再次不由自主地发散思维，并借此机会梳理一下之前的思考，漫谈自己的一些看法。

一、当公证“合法性”原则面对“实质重于形式”原则

“实质重于形式”原是财会行业的一项重要原则。我国《企业会计准则——基本准则》（财政部令第 33 号）第 16 条规定：“企业应当按照交易或者事项的经济实质进行会计确认、计量和报告，不应仅以交易或者事项的法律形式为依据。”近来，金融行业和某些法律服务行业也开始利用类似的原则分析法律问题。例如，近来在信托领域引发震动的“安信信托诉昆山纯高”一案中，对于法院认定“《信托贷款合同》仅是抵押登记的表面形式，其实质是为实现《信托合同》中所约定的抵押权登记，因此确认了该案中抵押权的效力及抵押权人的优先受偿权”这一情形，有专业律师评论“这一透过现象看本质，抛开形式认定实质并据未登记的主债权认定各方当事人权利义务的做法，让当下各信托公司在各式创新中仅仅为了登记机关的要求（有时甚至是违法的要求），而另外签订《债务协议》以进行抵押登记的做法得到了司法确认”。① 规避“不合理的”、“滞后”的法律和政策成

* 北京市长安公证处公证员。

① 吴娟萍：“从昆山·联邦国际信托纠纷一审判决看现行信托业实践的司法确认”，资料来源 http://www.trustlaws.net/News_Study_TitleList_Content.asp×？NewsID=4034。

了经济发展过程中许多行业竞相研究的热点，律师作为法律服务行业的翘楚为这些研究和实践出谋划策。看到这里，作为进入法学院之后就被教育“法律必须被信仰”、进入行业之后便恪守“合法性”信条不移的公证同人，应当作何感想呢？

“合法性”作为公证的一项原则，本无可厚非，亦应当坚持。现在摆在我们面前的问题是：如何界定合法？由这个问题又会引申出数个二级问题：什么是违法（非法）？合法和违法之间有没有一个中间地带，即“既不合法也不违法”？哪些是绝对不能违反的“强行法”？甚至，那个萦绕在我们脑海中鬼魅的、上升到哲学层面的问题也会在此处不合时宜地冒出来：什么是法？

上述信托案例中，律师可以说登记机关的要求是“违法”的，所以要签订“阴阳合同”，用“阳合同”来“应付”登记机关；法院可以说充分分析了案情事实，用抛开“阳合同”的“形式”，认定“阴合同”下附的“实质”来保障当事人的利益。信托公司可以说国家的相关规定阻碍了资本的流动，所以信托行业要“创新”，设计一种“规避”金融管制的方案，人们要看到其促进经济发展的“落脚点”。借款的公司可以说按照有关部门的“政策”，我们无法筹措到资金，所以找信托公司想了办法，我们没有“违法”，相关的政策或不具有法律的效力。唯独公证员会说本案的当事双方在交易过程中“以合法形式掩盖非法目的”，所谓的“规避”行为与国家的规范性法律文件相抵触，应当承担相应的后果，受到负面的评价。这样的说法，从舆论的反馈上看是最符合公众的认知和符合法律的规定。

然而有意思的是，这个案件中恰恰存在了公证的身影。根据判决书显示，原告和被告就《信托贷款合同》、《抵押协议》和《资金监管协议》办理了赋予强制执行效力的公证。由于没有看到公证书，按照常理推断，被赋予强制执行效力的文书应当是这些文件中的《抵押协议》。问题在于，根据上文的分析，它能够被公证吗？

目前的大环境，依然是经济发展为重，在潜在的经济危机爆发之前，市场行为的不稳定和不确定还会继续。2013 年 6 月发生的银行“钱荒”现象让公众认识到“影子银行”的实力；担保公司、投资公司、信托公司雨后春笋般成立，私募股权投资、证券投资基金、私募企业债、信托计划等资本市场投融资方式令人眼花缭乱。归根到底，有的人（法人，下同）钱多，有的人缺钱，有钱的人按照法律规定不能往外借钱，缺钱的人从银行借不到钱，没有金融许可证的中介机构踩着违法的红线进行资本的运作。公证行业身处这样的大环境下，实在很尴尬。一方面，促进和保障社会经济依法有序发展是公证的重要职能之一，从计划经济时代公证机构就承担了相关的任务，公证机构介入当下的资本市场提供法律服务理所应当。另一方面，当下资本市场的运行规律和运行现状使得传统的公证业务逐步萎缩：真正通过有金融许可证的单位取得贷款并签订债权文书的情况越来越少；银行等金融机构为节约成本开始放弃强制执行公证；《民事诉讼法》修改后的“实现担保物权特别程序”使债权人多了一条不选择强制执行公证的风险解决途径，也让律师看到了又一个挖墙脚的机会。一个现实的问题是：面对眼前这个“合法性”越发缺失的“市场”，公证行业应该怎么办？

《公证程序规则》第 48 条规定，申请公证的事项不真实、不合法的，公证机构应当不予办理公证;第63条规定,公证书的基本内容违法或者与事实不符的,应当作出撤销公证书的处理决定。因此,对于缺乏"合法性"的民事行为,无论其"实质"再怎样冠冕堂皇,只要违反了"形式",就当拒绝公证。上文所述案例中的赋予债权文书强制执行效力的公证,如果严格按照法理分析,是不是应当属于被撤销公证书的范畴呢?

在《公证撤销后被证文书效力问题的延伸解读》一文中,作者提出"被证文书与公证证词都属于公证书本身,是构成公证书这一事物的必要组成部分,两者不可以分开"的观点。对于这一点,只要对公证理论和拉丁公证沿革稍有了解的人都应该认同。此外,就目前公证行业力所能及的层面,确立公证书"不可分"的原则可以在一定程度上先行体现公证制度的价值,扭转公众对公证只是签字盖章的错误认识。只是,这样的确立的外在表现形式有些尴尬:最直观的表现是在撤销公证书上,撤销公证书则连证词带法律行为一并无效,后续的反应一般应是公证机构作为被告的损害赔偿之诉。若不愿涉诉,倒推回去就意味着公证机构不能有过错,就意味着公证书不能被撤,就意味着公证过程不能有瑕疵,就意味着公证人员不能不依法依规办证,可是在这样的"常态"下,"不可分"又难以证明了。

综上,在目前的经济环境下,商事经济方面的立法与资本市场的实践在速度上不相适应,导致了一些名为"创新"实为"规避"本质为"违法"的行为不断产生。这些行为的主体又想要通过公证的方式将自身的风险降到最低,这时就产生了公证与这些行为的外在矛盾以及公证行业发展所面临的内在矛盾。在坚守公证内容"合法性"的同时强化公证书"不可分",是树立公证形象和体现公证价值的现实需要。

二、笔录、告知与公证程序

在每本公证卷宗涉及的材料中,差异最大的应当是笔录的内容;在不同的公证机构办理公证,差异最大的应当是告知的内容。笔录、告知以及其他公证书和证明材料以外的材料在公证中的作用和意义是什么? 是一个值得思考的问题。

公证的告知义务是有明文规定的。《公证法》第27条第2款规定:"公证机构受理公证申请后,应当告知当事人申请公证事项的法律意义和可能产生的法律后果,并将告知内容记录存档。"《公证程序规则》第21条规定:"公证机构受理公证申请后,应当告知当事人申请公证事项的法律意义和可能产生的法律后果,告知其在办理公证过程中享有的权利、承担的义务。告知内容、告知方式和时间,应当记录归档。"对于这两个条文及公证告知义务过于宽泛的问题,行业内已有同人撰文批判。② 实践中,笔者所在的公证处有通用的权利义务告知书和根据具体公证内容不同而分项的告知书,当事人在一项公证中最多要签署三张制式的告知书。近来针对外籍人士在办证过程中无法顺利阅读中文版告知书的情况,翻译部门的同事也主动建议制作英文版本的告知书。由此也可见签署告知

② 王艳凤:"公证告知不必归于宽泛",载《中国公证》2013年第5期。

书的工作在公证办证环节中受公证人员重视的程度。

相比之下，笔录的形态就更加五花八门。笔者见到过有的老公证员的笔录，公证员问"你来做什么公证?"当事人的回答根据实际情况有长有短，接下来就是在笔录上签字。也就是说，一问一答一签字，就构成了一份笔录。也有的笔录十分详细，典型表现在遗嘱公证中：有些公证员做完一份笔录的过程，一方面是把《民法通则》、《继承法》、《婚姻法》、《物权法》等法律规定中的相关内容复述了一遍；另一方面还要在"告知"之外探索当事人的内心世界，立遗嘱人是否自愿有无被胁迫、为什么把财产给某个家人而不是其他的家人、这样立遗嘱家人是否会有意见、家人如果知道立遗嘱人来公证处立遗嘱会不会发生行为和态度上的转变，等等。这样的一番谈话下来，公证人员充分向当事人告知了相关的法律后果，也充分了解了当事人的家庭亲属状况；充分尊重了当事人的意思表示，也充分考察了当事人的神志清醒状态。笔录内容贯穿整个公证办理过程，篇幅也相当可观。

《公证程序规则》第29条第1款和第2款规定："采用询问方式向当事人、公证事项的利害关系人或者有关证人了解、核实公证事项的有关情况以及证明材料的，应当告知被询问人享有的权利、承担的义务及其法律责任。询问的内容应当制作笔录。询问笔录应当载明：询问日期、地点、询问人、记录人，询问事由，被询问人的基本情况，告知内容、询问谈话内容等。"解析这条规定，便能够得出一个等式：笔录 = 当事人陈述 + 告知 + 形式要件。问题产生了，既然笔录里应当有告知的内容，为什么还要单独让当事人签署告知的文件?

用律师和法院的笔录作比较研究会更加直观一些。律师事务所的接谈笔录和法院的庭审笔录绝大部分内容是当事人的陈述，包括经过确认的事实或者仅是当事人所讲、无其他佐证的内容，当事人在笔录上签字，确认的是笔录上记载的内容是否"属实"，签字行为代表了当事人自认"属实"，如果事后反悔，要么归于无效，要么承担相应的不利后果。可见，在律所和法院的笔录中，记录事实是最大的作用，告知不是没有，但只发挥辅助功能，在这一点上与公证笔录有着很大的区别。因此，笔者认为，应当将公证告知和笔录的功能进行界定，虽不必泾渭分明，但尽量避免目前笔录里混杂着大量告知的内容，甚至是本末倒置的表象。

抛开法律的规定和理想的憧憬，从实证的角度研究，如果去问公证人员告知书和笔录中的告知的意义是什么，很多人会给出这样一个答案：防范风险。这个答案听上去没有什么错误，随着公证执业风险的越发增大，防范风险成为公证人员在日常工作中十分上心的事项。仍以遗嘱公证为例，除了上文所述的"事无巨细"的公证笔录之外，再加上全程录像，应该说是能经得住任何检验了。

但是，告知和笔录在多大程度上能够起到防范风险的作用?

公证机构的风险，或者具体到公证员执业的风险，一个明确的指向是公证机构撤证后的赔偿和法院判决公证机构承担过错责任的赔偿。前一种情况，相信公证机构会全力维护公证书的有效性和公证员的利益(实际上公证责任的机构本位意味着维护的是公证处的利益本身），在此不作详谈。有人向法院控诉公证机构有过错，公证机构用告知书或者笔录进行抗辩的情况又是怎样的呢？根据资料表明，在北京市的房屋委托书公证涉诉案件中，公证处没有识别出“真证假人”，而公证行为对于诉讼中原告的损失又存在着因果关系的情况下，公证处毫无争议地是要给予赔偿。也就是说，在这种情况下，公证员让公证申请人说上一万遍“我是×××，是位于×××处房产的所有人，我确认以上说过的内容均属实”，再在告知书和笔录上签署一万遍的名字，也并不能作为诉讼中公证机构用以免责的抗辩事由。推而广之，遗嘱公证中，无论遗嘱公证书因为任何原因被法院认定为无效，遗嘱继承变为法定继承，如果遗嘱受益人起诉公证处要求赔偿损失，告知和笔录作为证据的意义和能力微乎其微。因为在公证机构作为诉讼当事人的情况下，告知和笔录最多能起到“死无对证”的书证作用，况且在正常的法律思维下，法院和对方当事人根本不会把它当作一份有意义的证据来审查。

还有一种普遍的情形，公证机构并不是诉讼参与人，而公证档案要作为法官用以确认事实的证据，由当事人依法申请或者由法院依职权调取后到庭审中使用。典型的事例还是出现在遗嘱公证中，非遗嘱受益人的继承人质疑公证遗嘱的效力，或主张逝者不具备完全民事行为能力，或主张遗嘱不是逝者真实意思表示。在这种情况下，有的法院会要求公证机构向其提供手写遗嘱、笔录、录音录像等公证卷宗中的材料。这种情形下，全面翔实的笔录或可以为公证员减少麻烦，但从公证制度的功能和价值实现上分析，告知书和笔录的作用在目前的实践中是被放大了的，也是不正常的。

在《公证撤销后被证文书效力问题的延伸解读》一文中，作者指出“在我国司法审判实践中，遗嘱公证因未充分履行公证程序（如录音、录像）而被人民法院撤销的情形较为多见”，并且提出“公证不应因程序错误和瑕疵而被撤销”的观点。笔者进一步认为，公证程序的作用不在于外部对抗而在于内部规范。

一方面，从当事人想要办理公证至取走公证书使用自然要经过一定的程序。对外而言，当事人能感知的是申请、询问、受理、收费、领证；对公证机构内部来说，则是受理、起草、审批、制证、出证。笔者的观点是，对于公证当事人及利害关系人，公证当事人所见到或者利害关系人可能所见到的程序没有问题，就不能够以程序为理由质疑公证书的效力。例如，公证申请人没有在申请表上签字，出具公证书后当事人本人要求撤销公证书，在不考虑其他的条件下，尚有一定法理上的依据，具备启动投诉处理程序的基本前提。而利害关系人要求撤销前述公证书，公证处就应当要求提供其知晓这一事实的初步证据，才能够启动后续的投诉处理程序，因为“申请表未签字”不属于利害关系人“可能所见到的程序”。至于笔录、录音录像等归入公证卷宗的材料，无论当事人还是利害关系人，都没有权利在公证书具有法律效力的状态下申请作为其私人间争议的证据进行调取，更没有权利用公证卷宗中的材料作为证据来否定和撤销公证书，法院亦不应当纵容当事人无任何理由或证据的情形下申请调取公证卷宗中的材料。公证书的法律效力特别是证据效力不容无缘由地被挑战。

例如，在遗产争议中，一方当事人主张法定继承，没有任何证据；另一方当事人主张遗嘱继承,并持有遗嘱公证书。主张法定继承的当事人质疑遗嘱公证书的真实性,并要求法庭调取手写遗嘱、谈话笔录或录像光盘。笔者认为,在这种情况下,除非有相反的证据,法院应当认可公证书的效力,不支持调取公证卷宗材料的请求。于公证书而言,维护了其独立性和证明力;于法院而言,减少了其因诉讼产生的成本;于一些当事人而言,遏制了其无理的滥诉。将"尊严"一词赋予公证书看似夸张,但公证书如今的肆意被挑战只能让公证行业的形象进一步被减损。诉讼中的一份公证书和一份商事合同,从表面上的法律规定看公证书的证据证明力要大于商事合同,但是有哪一份商事合同会被当事人质疑签订的时候没有录像,不能确保是签署者的真实意思表示?又有哪一份商事合同会被当事人质疑可能没有达成一致,要提交双方谈判时的磋商记录或者一方就签署合同事宜的内部的会议纪要?质疑是要通过举证完成的,举证的规则是再熟悉不过的"谁主张,谁举证"。公证卷宗材料不应被认为是最高人民法院《关于民事诉讼证据的若干规定》中当事人因客观原因不能自行收集的证据,可申请由人民法院调查收集,更不能仅仅因为公证机构"有"这样的存档就可以随意地查看和调取,甚至质证。如果公证书都不能被认同,恐怕没什么书证能自证清白了吧。

另一方面,对于《公证程序规则》规定的"严重违反公证程序,应当撤销公证书",有必要予以分析。首先从本条文的性质上看,属于义务性规则,表现为"对义务主体的约束,为人际互助、维护社会安全提供保障"。[③] 而这样的义务性规则,特别是涉及程序的规则,一般出现在行政法律规范当中,因为行政权确实有必要被要求做到程序公平、公正、公开,被要求给予行政相对人尽可能多参与行政行为的条件和机会。公证机构不是国家行政机构,公证书的作用在于证明而不是对参与人进行权利限制或者监督管理,因此对于出发点就是"为人际互助、维护社会安全提供保障"的公证行为,不应当也没有必要使用具有强烈行政意味的"程序安全"来保障相对人的社会安全。我们更不应像某些刑事辩护律师那样"唯程序论",将程序的地位和意义上升到一种妖魔化的程度。依照那些刑辩律师的观点,在刑事诉讼中,无论是侦查、起诉这些必经的流程,还是司法鉴定、行政机关出具公文书证(典型如交通事故认定书)这些辅助的事项,一定要盯住程序中的每一个环节,一旦发现程序上的问题,就有机会整个推翻实体上确定的事实或结论。如果公证程序也这样被人拿着放大镜观察,会让我们的工作更加畏首畏尾、重心偏离。实际上这些刑事或者行政领域的强制性要求,对于公证行业来说并不适用。其次从本条文的字面上来看,何为"严重违反",并没有明确的内涵及外延的界定,这就使得条文成为一条不具有裁量标准的裁量性规则,无论是对公证机构的把握、公证当事人的理解,还是对人民法院的具体审判都带来了基于不确定性的困扰。从能够见到的法院判例上来看,公证当事人未亲自填写公证申请表、公证机构跨区域执业、代书的遗嘱中代书人或见证人未签名等事由都成为了撤销公证书的理由,都属于"严重违反公证程序"的范畴。而是否适当,却都值得商榷,至少从笔者的角度来看,仅是未签署公证申请表而在其他相关文件上都有

③ 张文显主编:《法理学》,高等教育出版社 2007 年第 3 版,第 119 页。

签字、公证书也正常使用的情况,应当确认公证当事人的真实意思表示和公证书的效力,而不构成撤销公证书的理由。

综上,笔录的最大目的是固定事实,在已收到的证明材料之基础上进一步向申请人确认事实,取得公证机构认为实有必要的申请人的承诺(自认),起到一个辅助证明的作用。告知的冗余大可不必,提示当事人欺诈行为的法律后果便足够。毕竟在要素式公证书中,把想要表达的内容写在公证书证词里比写在笔录或告知里更管用;在定式公证书中,把当事人本身和提交的材料审查清楚,想再出风险也不容易。告知和笔录绝不是防范公证执业风险的"灵丹妙药",反而是自欺欺人的"缘木求鱼"。告知和笔录作为留存的档案,没有必要拿给公证机构以外的任何人看,即使法院有调阅的权限,也不应无条件地提供,因为公证书的形式、功能和作用就可以满足诉讼活动的需求。告知和笔录属于公证程序的组成部分,公证程序的作用与行政程序和诉讼程序的作用不同,不在于外部对抗而在于内部规范。公证程序是为实体服务的,实体的成果——公证书才是公证行业最大的价值表现。

三、结语

中国公证距离"我们书写的是法律"有多远?不想这个问题的人自然不会想,想这个问题的人目前也只能是想想。公证人书写法律的本领可以学习,也并不困难,问题是书写法律的机会在哪里?段伟副会长对这个问题的回答是"机会在于重构流程",笔者回应他这是一场你死我活的斗争。且不去谈包括机构体制在内的行业发展的大问题,关于公证业务固守的方法和拓展的路径,面对卧榻之侧已有人酣睡的局面装作视而不见,津津乐道跃跃欲试的方向却是南辕北辙。回归公证本源,实在任重道远,需要不懈努力。

刍议公证接待中的审查

——兼从四个案例谈“望、闻、问、切”

于 坤*

公证审查贯穿在整个办证过程中，无论是与当事人面对面的接待环节、受理后的调查核实环节，还是起草证词后的领导审批环节，每一环节都重点涉及对公证事项的审查。然而，在这些审查环节当中，公证接待中的审查尤为重要，因为在整个办证过程中，这是唯一可以与当事人面对面接触，向其了解和询问办证诉求，直接进行倾听、观察并感知待证对象，从而判断能否办理公证以及预测办证风险的机会。

一、公证审查的对象和内容

笔者认为，公证审查的对象和内容包括两个层面：事实审查和法律审查。事实审查的侧重点在“真实性”上，主要是对当事人所申办的公证事项是否真实，即是否确实存在过或发生过进行审查，其内容包括对其所提交材料和陈述的真伪进行甄别，对其有效性、确定性、一致性等进行辨认。在事实审查的过程中，既包括对人的审查，也包括对物的审查。法律审查的侧重点则在“合法性”上，主要是对当事人所申办的公证事项是否合法，即是否为法律所允许和认可，甚至是否符合社会公认的道德准则、行为惯例和公序良俗等进行审查。

从公证立法上，对事实审查和法律审查的要求也同样得到反映。根据《公证法》和《公证程序规则》的相关规定，“公证机构办理公证，应当根据不同公证事项的办证规则，分别审查下列事项：(一)当事人的身份、申请办理该项公证的资格以及相应的权利；(二)提供的文书内容是否完备，含义是否清晰，签名、印鉴是否齐全；(三)提供的证明材料是否真实、合法、充分；(四)申请公证的事项是否真实、合法”。从上述规定来看，前三项是有关事实审查的要求，既包括对人的审查，也包括对物的审查；第四项则是有关法律审查的要求。既然明晰了公证审查的对象和内容，那么在接待工作中如何审查？如何拿

* 北京市公证协会宣传工作委员会委员，北京市长安公证处公证员。

捏尺度才能既照顾当事人的感受，体现对其的尊重，又能恰到好处地向其了解我们需要掌握的信息于细微处发现问题？笔者将在下面与大家一起分享亲身经历的几个案例，谈一谈自己的体会，望大家多提建议。

二、公证审查的技巧——“望、闻、问、切”

公证接待中我们与大多数当事人都是初次见面，对其申办何种公证事项、能够提供哪些证明材料、证明材料的来源出处以及申办公证的真正用意和目的等一无所知，而值班时的接待工作还有时间要求，不能让当事人等候太长时间，公证员需要在短暂时间内迅速进行审查。在这短暂时间内要完成看材料、问问题、解质疑、做决断等一系列工作，甚至还要提供公证法律咨询、澄清法律误解、适时提出建议……在一系列紧张的工作当中，稍有疏忽就容易出现纰漏。因此，接待工作中的风险不容小觑，而要化解和规避办证风险，就要对审查工作予以足够重视，还要掌握一定的方法和技巧。

（一）望：仔细观察、甄别真伪

通过仔细观察，一是要审查当事人的身份和民事能力，即当事人提供的证件是否真实、是否与其本人相符、是否具有办理该项公证所应具备的民事权利能力和民事行为能力以及当事人的行为举止谈吐是否异常等；二是要审查当事人提供的证明材料是否真实、相互之间有无矛盾之处、证明材料的出具机关是否有权出具等。

笔者在接待中曾遇到一对来办理委托公证的当事人夫妻，两人都50岁左右，要委托他人出售房产，二人所提供的办证材料真实齐全，委托人身份与证件相符，并无任何异议。笔者通过与其二人交谈询问，也没有发现任何问题，随即为其办理。然而在办理过程中笔者发现一个小细节，即当笔者将公证申请表、委托书、谈话笔录等文件交给二人签字时，都是丈夫一方主动接过文件并仔细阅读，然后确认无误自己签字后再交给妻子签字，并用手指在文件的签字位置示意妻子签字，妻子才一笔一画地歪歪扭扭写上自己的名字。妻子在办证和签字过程中并没有阅读上述文件，也没有提出任何问题。笔者心生疑虑，虽然当事人的材料没有问题，委托人也具有签字的能力，但是无论如何妻子一方也不能这么不关心自己签署的委托书吧，仿佛置身事外的样子！笔者决定试探性地问一下妻子，“我看您签字签得挺认真的，这些文件您就不看一下吗？是不是打印的字体太小您看不清楚啊？”妻子随即说：“我不认识字，就会写自己的名。”笔者随即补充说：“要不我给您念一下吧，您是委托人，这些签字的文件您应该知道是什么内容。另外我们笔录要稍微修改一下，要把我给您念文件的内容反映进去。”委托人欣然同意，笔者对工作又进行完善……

通过这件事，让笔者明白了接待工作中仔细观察的重要性，心中有疑惑就要随时提出来并得到合情合理的解释。在接待工作中保障和落实当事人的公证权利、履行告知义务，并不仅仅体现于当事人签字的一纸文件，我们的公证职责也并不止于当事人签字画押即可。如果当事人看也不看就签文件，甚至根本就不认字而只会签自己的名字，那么公证书在使用中真正发生问题或出现风险的时候，仅有当事人签字的一纸文件并不能当然成为我们免责的护身符。因此，公证接待当中容不得半点马虎和侥幸，只有仔细观察，才能洞悉异常，甄别真伪。

（二）闻：用心聆听、捕捉微妙

通过认真聆听，一是要审查当事人申办公证事项的真实意图，是否有规避法律之嫌，是否有以合法形式来掩盖非法目的；二是要通过其言语表达是否流畅、是否停顿磕绊、是否相互矛盾等来判断其所述情况是否真实。此外，也可通过语言表述中透露的气息态度，如积极、坚定、犹豫、勉为其难或闪烁其词等来进行辅助判断。

笔者在接待中曾经遇到这样一个案例，有位女士到我处办理继承权公证，要继承其父母留在银行的存款。该女士是20世纪70年代生人，其父母均为20世纪20年代生人，年龄相差近50岁。该女士还向本处提供了其本人的独生子女证，证明其父母只有她一个子女。此外，更重要的是，该女士已在外地某家公证处办理了继承其父母在该地所遗房产的继承权公证。在该继承权公证书中，已对该女士的唯一法定继承人身份进行了确认。笔者心中虽有几分疑虑，但是既不能无视上述继承权公证书的存在，也不能从当事人提供的材料中找到漏洞，很是为难。于是在接待过程中，笔者花了很长时间与当事人交谈，以期通过深入交谈向当事人详细了解情况。当事人有较高的文化水平，在此过程中也很配合理解，并向公证员详细介绍了家庭情况以及其父母晚婚的原因，并讲述在特定历史年代下其父母的遭遇。笔者感觉这位女士还是很坦诚的，所有的表述也合情合理，与她提供的材料也能相互印证。整个谈话过程基本上都是该女士在说话，笔者感觉她的好多话似乎都像是倾诉，虽然有些与笔者问的问题或办理该项公证毫无关系，但是笔者也并未打断，该女士就一直说了很多，直到一句话引起了笔者的注意，之前是笔者问她：“您父母亲就您一个孩子啊？那个年代挺少的。”这个问题在谈话中笔者曾经换着说法问过几次，但是前几次问时她都回答说只有她一个孩子，然而在谈话最后笔者找个机会又一次问她时，她却说：“如果他们有自己的孩子，就不会有我了。”语气和神情很是落寞。笔者感觉似乎她并非父母亲生的孩子，于是在谈话快结束的时候，笔者也直接问她：“您是您父母亲生的吗？”她说：“不是，我是被抱养的，这也是不久前父母去世后才确认的，以前我也只是怀疑。”然后尴尬地笑了一下，眼中含泪。当事人说完这话后，笔者并未向对其他恶意隐瞒情况的当事人一样对她心生憎恶，因为从将近两个小时的谈话中，笔者除了感受到这位当事人的坦诚之外，还感受到了她在确定身世不久连自己都不知如何面对时，又要面对我这样一个陌生人询问时的那种欲言又止和无从说起的困窘，她并不是刻意隐瞒，而是在等待诉说的机会和积攒诉说的勇气，或是在谈话中向我暗示和传递这种信息，只是她在感情上还无法直接说出口，难怪她会在谈话中说许多与公证事项无关的事情，并不时回忆她的父母和她的儿时。

笔者认为应该感谢这位当事人的坦诚和勇气，这并不是每个当事人都能做到。通过和这位当事人谈话，使笔者懂得在公证审查中要做个倾听者，给当事人足够的时间去酝酿情绪，不要急着催促他们赶紧谈完签字。有些情况当事人之所以没有说，并不都是恶意隐瞒，有时只是无法启齿，尤其是涉及个人隐私方面的；有时是法律意识欠缺，认为这些情况说和不说都一样，没有区别……所以，在面对我们同样陌生的当事人时，我们要学会耐心倾听。倾听，同样是公证审查的一项技能。

（三）问：有的放矢、层层深入

通过询问，一是要了解当事人申办公证的原因和背景情况，了解其办证意图；二是要了解当事人或公证书的使用部门对于公证书的形式有无具体或特殊要求，此点尤以涉外公证书典型；三是要了解涉及待证事项的基本情况，判断能否公证。此外，通过询问，还可以直接反映当事人对事务的认知、判断和识别能力，从而对民事行为能力进行审查。

在接待工作中笔者曾经遇到一位有脑梗后遗症的当事人，该当事人在其助理陪同下来到公证处办理委托他人在外地代为购房的委托书公证。在开始接待过程中，笔者并不知晓当事人是脑梗后遗症患者，最初所有的情况都是当事人的助理向公证员讲述，当事人本人则在一旁认真倾听并不时点头附和一下，偶尔还会加几句话。在当事人所讲为数不多的话中，笔者听出当事人语音含糊，需要仔细听才能听出来说什么，而且当事人的手会时不时抖一下。笔者对其民事行为能力产生疑虑，随即询问当事人是否身体不舒服，当事人告诉笔者其本人是脑梗后遗症，但是恢复得很好，除了话说得不是很清楚，手会偶尔抖之外，思维意识都是很清楚的。为了更客观地判断其民事行为能力，笔者请其助理暂时回避，向当事人单独进行了谈话和询问，并由公证员助理对谈话和询问过程进行了现场录像。在谈话过程中，笔者询问了当事人的身份、办证原因、受托人情况、委托事项等相关内容，并向其解释了相关法律意义和后果，当事人在此过程中能够有条不紊地回答笔者的问题，还逐字逐句大声念了委托书的内容，虽然其语速较慢、语音较含糊，但是完全能反映其思维意识的清晰状况。此外，在办理过程中，当事人明白笔者是对其思维意识有顾虑，还特意告诉笔者其本人是一名广告导演，即将参与一部大型宣传片的制作，无暇顾及买房事宜，故而委托他人代办。虽然其有脑梗后遗症，但是目前工作能力都没任何问题，思维意识很正常，有关其参与宣传片制作的情况在网上也可以查到相关资料，请我们放心为其办理。

通过层层询问，笔者可以确信当事人在办理公证时具有完全行为能力，也打消了笔者心中原有的脑梗后遗症患者都无法办理公证的误区，更让笔者懂得了平等对待每一位当事人的含义。询问过程，是我们办证接待中最普通不过的工作，但是也最容易赋予个人感情色彩和主观意识。通过上述案例，笔者以为，询问过程应该是客观、公正的，避免因当事人的个体差异而将自己感情色彩和主观偏见带到询问过程甚至公证审查过程当中，这样才能使询问工作起到真正作用，在严格审查的同时，让当事人享有平等的办证机会。

（四）切：果敢决断、切中要害

在接待工作当中，除了仔细观察、认真聆听以及有的放矢的询问之外，还要针对该项公证找准关键问题，果断决策是否符合受理条件。

笔者在一起遗产继承公证当中曾经遇到一位继承人是聋哑人，无法和笔者进行直接言语交流，但其有一定文化程度，可以书写，笔者遂手写笔录，将需要询问的问题写下来，当事人也将回答的内容写下来，通过这种一问一答的方式完成询问过程。在询问过程中，笔者发现当事人很聪慧，有时笔者的问题还没有写完，甚至写到半句话的时候，当事人就频频点头知道要问的问题是什么，然后流畅地书写自己的答案。虽然当事人的女儿能够充当聋哑手语翻译，但因笔者不懂聋哑手语，为避免在询问中旁人对其回答问题进行提示或干扰，就先让其女儿予以回避，待询问过程完成后才让其女儿又通过聋哑手语方式向当事人进行了解释。虽然当事人在书写笔录答案时，有个别字是错别字，如同音异义字或笔画不正确等，但笔者认为这些书写上的瑕疵并不代表当事人的行为能力有瑕疵，相反能够客观地反映当事人的受教育和文化程度。而且更有意思的是，当事人在书写笔录答案时，有好几处使用了能反映其语气和感情色彩的标点符号，如在表达强烈肯定时使用了感叹号等。这些能反映语气和感情色彩的标点符号在我们日常打印笔录中都是不常用的，而此时通过当事人的手写呈现出来，反倒生动形象地反映了当事人在接受询问时的感受，更具真实性、可信性。对于一名聋哑人而言，具备这样的文化程度已是不易，我们在办理此项公证时不能过多纠结于当事人书写错别字这样的瑕疵，关键是通过其言行举止，哪怕是书写错别字这样的行为，也可以从另一反面反映其真实的行为能力状况，无须过多纠结于无关重要的细节问题。

三、公证审查中的证据规则与内心确信

公证审查中无论是事实审查还是法律审查，都是通过对当事人提交的证据材料来完成的，在审查材料的过程中，既要遵循一定的证据规则，又要运用一定的经验法则、逻辑规则。

1. 当事人所提交的证据材料首先要符合证据的真实性、关联性和合法性要求。真实性是要求当事人提交的证据材料来源真实、内容属实，无任何伪造、篡改、冒用等情况，是对证据加以采信的初步条件；关联性是要求当事人提交的证据材料与其要求证明的对象之间有内在关联，即能够直接或间接佐证待证对象，与待证对象无关的证明材料应予剔除；合法性是要求当事人提交的证据材料来源合法、正当使用，即是通过合法手段和途径取得，无任何非法占有、窃取、盗用等情况。

2. 对当事人所提交证据材料的证明力大小、强弱，证据链是否完整，证据之间是否一致、有无关联等进行审查时，要遵循一定的证据规则，可适用直接证据优于间接证据、书证优于物证、公文书优于私文书、书面证据优于言词证据等证据规则进行判断，此外还可

参考最高人民法院《关于民事诉讼证据规则的若干规定》中对证据适用的相关规定。在当事人提交的若干证据材料当中，要筛选出对证明对象最直接、最权威、最有效的证据材料。

3. 在审查材料过程中，除了依据一定的证据规则之外，还要针对具体的公证事项根据经验法则、逻辑规则和自己的理性良心对证据材料的取舍和证明力进行判断，并最终形成内心确信，从而为公证证明内容的确立提供可靠依据。

执行救济与公证债权文书

蒋笃恒*

公证债权文书的地位，有赖于人民法院的强制执行的力度。由于公证债权文书具有类似人民法院裁判文书的性质，因此，法院对公证债权文书无须进行实质审查和严格审查。但作为利害关系最紧密的被执行人，自有迫切冲动从程序上实体上寻找瑕疵，以求达到不予执行公证债权文书的目的。执行救济制度的确立，为这些人提供了正当的程序和途径，而人民法院也借此得以明晰公证债权文书有无瑕疵、瑕疵的严重程度。执行救济制度从无到有，意味着公证行业在办理公证债权文书时有必要更加严格，以应对可能面临的吹毛求疵。

一、有关执行救济的规定

执行救济，是指执行当事人或案外人的合法权利因执行机关的执行行为受到侵害时，所设立的一种补救方法，包括执行异议和执行复议。在《民事诉讼法》修改前，我国执行救济制度主要体现在案外人对执行标的物提出异议。严格地讲，多年来我国没有建立程序性救济制度，更没有真正意义上的执行复议制度。

执行救济制度立法上的粗疏与漏洞带来了负面效应，导致执行权的行使比较集中，且缺乏有效的监督和制约。受到既有诉讼传统的影响，执行机构倾向对债权人债权的实现，执行程序观念淡薄，忽视对当事人和案外人合法权益的保护。从执行实践来看，违法或不当的执行行为既可能侵害当事人或利害关系人的程序性权利，也可能侵害其实体权利，需要有相应的执行救济程序，以矫正违法或不当的执行行为，维护执行当事人、案外人的合法权益。在执行程序中变更或追加当事人以及不予执行仲裁裁决或公证债权文书，关系当事人或案外人的实体权利义务，审查程序往往也比较随意，有的不公开进行听证，法律文书的作出也不严谨，有的甚至不以裁定的方式作出，而且由执行法院的执行机

* 中国公证协会公证质量评估委员会委员，北京市公证协会经济业务委员会委员，北京市长安公证处副主任。

构一次性处理完结，对当事人或案外人权利的保护不利。

全国人大常委会于2007年10月通过的《关于修改〈中华人民共和国民事诉讼法〉的决定》，对执行程序作了不少重要修改，确立了当事人及其利害关系人对执行行为的异议权以及不服异议处理的申请复议权。修改后的《民事诉讼法》第202条规定："当事人、利害关系人认为执行行为违反法律规定的，可以向负责执行的人民法院提出书面异议。当事人、利害关系人提出书面异议的，人民法院应当自收到书面异议之日起十五日内审查，理由成立的，裁定撤销或者改正；理由不成立的，裁定驳回。当事人、利害关系人对裁定不服的，可以自裁定送达之日起十日内向上一级人民法院申请复议。"但在随后的司法解释里，并未涉及执行异议和执行复议的具体程序。据了解，有关程序规则尚在酝酿中。

《民事诉讼法》修改之前，北京市高级人民法院于2007年1月出台的《关于民事执行中建立复议制度的若干规定（试行）》规定，自2007年5月1日始，当事人对执行法院追加变更被执行主体、案外人异议、不予执行仲裁裁决或公证债权文书作出的裁定不服的，可以向上一级法院申请复议，由上一级法院再予审查并作出最终的裁决。2008年，为适应修改后的《民事诉讼法》，又出台北京市高级人民法院《关于适用〈中华人民共和国民事诉讼法〉执行程序部分及其司法解释若干问题的指导意见（试行）》（以下简称《指导意见》），对执行异议和复议的范围进行了调整，但对公证债权文书的异议和复议程序基本没有变化。由于没有最高人民法院的司法解释，本文只能针对北京市高级人民法院的规定进行解读。

二、对《指导意见》的解读

（一）关于执行异议的提出和审查处理

1. 对执行行为异议的对象、当事人和利害关系人以及执行行为的范围进行规定、明确。一是对违反"法律"的含义予以明确，规定执行过程中，当事人、利害关系人认为执行法院的执行行为违反法律及司法解释规定的，可以依照《民事诉讼法》第202条的规定提出异议。二是对当事人和利害关系人进行界定。当事人指申请执行人和被执行人，包括被追加或者变更的申请执行人和被执行人以及因参与分配进入到执行中的其他债权人。利害关系人指对执行标的享有共有权、优先购买权等权利，或因执行行为可能使其利益受到直接损害的当事人以外的自然人、法人或其他组织。

2. 对提起异议的时间、应当提交的材料等予以规定。一是规定案件执行完结后，当事人、利害关系人对执行行为提出异议的，按照执行监督程序办理，并明确中止执行、本次执行程序终结不属于本规定所指的执行完结。二是规定异议申请书的要素以及异议应当提交的材料："当事人、利害关系人对执行行为的异议，应当采用书面形式提出，异议申请书中应当明确其认为违法的具体执行行为及其违反的具体法律或司法解释规定，并附以下材料：

(1)异议人身份、主体资格证明、授权委托书等材料；

(2)有关执行行为发生的相关证明材料。

利害关系人提出异议的，还应当提交其与执行行为存在直接利害关系的证明材料。”

3. 规定执行异议的立案受理与审查。一是规定对于申请主体合格、提交材料齐备的执行异议申请，执行法院立案部门应当在接收材料后及时立案。对于经审查不属《民事诉讼法》第202条规定的执行行为异议的，应当裁定不予受理。二是规定执行异议审查的组织、审查方式、审查中执行实施机构的配合、当事人撤回异议的处理等。

(二)关于执行裁决的审查处理

首先，《指导意见》第14条规定对关系当事人实体权益的两项裁决事项，应由执行审查机构进行听证并作出裁定：一是申请执行人申请变更或者追加被执行主体的；二是被执行人申请不予执行国内仲裁裁决或者公证债权文书的。《指导意见》并规定当事人不服执行法院就上述事项作出的裁定，可以向上一级人民法院申请复议。

其次，第27条针对不予执行仲裁裁决或者公证债权文书的情形，规定申请审查和复议期间执行措施的采取：“在对不予执行仲裁裁决或者公证债权文书申请审查和复议期间，申请执行人申请对被执行人的财产采取控制性措施的，执行法院应当及时采取。被执行人提供合法有效的担保，可以暂缓采取处分性措施。”

此外，在相关复议规定的条文中，根据执行裁决涉及实体权利争议的特点，作了相应的特别规定。例如，第15条规定当事人、利害关系人针对裁决事项申请复议的，还应按执行案件相对人的人数提交副本，并提交与争议事实有关的证据。第16条第3款规定针对裁决事项申请复议的，执行法院还应当在收到复议申请书之日起5日内将复议申请书副本送达其他当事人或利害关系人。

(三)关于执行复议程序

《指导意见》第15条至第25条对复议申请的提出、移送、立案、审查、裁定等作了明确详尽的规定。其中，关于复议的审查和处理，包括以下内容：(1)复议审查组织，规定复议案件由上一级人民法院执行审查机构进行审查，实行合议制度。(2)复议审查范围，规定上一级人民法院应当对申请复议的有关事实和适用法律进行审查。当事人、利害关系人超出执行异议请求范围之外的复议请求，上一级人民法院不予处理；当事人、利害关系人提出执行法院异议审查程序违法的，不属复议审查范围。(3)复议期间证据的提交与审查，规定当事人和利害关系人申请复议所提供的证据，一般应当是在执行法院作出裁定之前已经提供的证据。当事人和利害关系人提交新的证据，可能推翻原裁定认定的事实的，上一级人民法院应当组织对新的证据进行质证。依照新的证据作出裁定的，裁定书中应当写明新证据提交的时间。(4)撤回复议审查和撤回执行申请的处理，规定复议申请人撤回复议申请的，上一级人民法院可以裁定准予撤回，执行法院应按原裁定执行。当事人向执行法院撤回执行申请的，上一级人民法院应当裁定终结复议程序。(5)复议裁定，复议有两种处理结果：一是裁定驳回复议申请，维持原裁定；二是裁定撤销或者变更原裁定。《指导意见》明确规定上一级人民法院裁定撤销执行法院作出的驳回异议裁定的，应当同时裁定撤销或变更该异议裁定所维持的执行行为。(6)关于复议裁定的效力和送达。上一级人民法院作出的复议裁定为终审裁定，一经送达立即发生法律效力。裁定直接送达有困难的，当事人或利害关系人有确认送达地址的，依确认地址以法院专递方式邮寄送达；没有确认地址的，可以依照执行依据载明的地址邮寄送达。

三、执行异议和复议的范围

异议的事由，是这次《民事诉讼法》修改中争议比较大的问题，也是在起草司法解释的时候比较关注的一个问题。条文的范围宽，很多人提出来，这么宽的一个范围会不会导致当事人和利害关系人动不动就提出异议，如果被执行人滥提异议，会不会使债权人的权力受到影响，反而过犹不及。到底异议的事由限制在什么样的范围内？哪些情况下可以提出异议？这确实是条文在适用过程中的关键。对这个范围如何把握，各地法院都希望能够对这个行为作一定的限制。最终，这个问题还是没有解决，司法解释回避了这个问题。

具体到针对公证债权文书的异议，大致可以列举出以下几类：

（一）实体错误

《民事诉讼法》规定公证债权文书"确有错误"是不予执行的条件，债权不存在或数量不符合事实属于大家公认的"确有错误"。

实践中，确实存在一些这样的案例，曾有一信用社，签订贷款合同后实际并未放款，在合同到期后就申请执行证书，那个公证处居然就出具了执行证书。这属于债权根本不存在。

还有债权金额不符合事实的，有的债务人已经履行了部分还款义务，执行证书没有查证，执行标的仍然是全部债权。当然，有的执行证书中的利息或违约金的计算方式有误，导致执行的数额不对。

实践中也有保证人或抵押人认定错误的情况，如在签订原保证合同和抵押合同时，虚假的或冒充的保证人或抵押人出面签合同，此种情形虽然已经构成了诈骗，但公证债权文书"确有错误"。在执行过程中，真正的权利人一旦出现并提出异议，自无执行的可能。

（二）程序瑕疵

"确有错误"这四个字是很艺术的，可伸可缩，可大可小，往大的范围靠，可以涵盖公证的各个环节。虽然具体的列举式的范围没有规定，但大家心中还是有一些基本概念，程序瑕疵有可能影响当事人或利害关系人的实体权利时，才有可能认定"确有错误"，至于执行证书中错了一个无关紧要的字等问题属于可以改正或补正的范围，即使当事人提出异议，也不会导致人民法院裁定不予执行。

一直悬而未决的还是公证债权文书的范围问题。2000年9月最高人民法院与司法部《关于公证机关赋予强制执行效力的债权文书的联合通知》（以下简称《联合通知》）中，规定了六类债权文书可以赋予强制执行效力，抵押合同、保证合同并未明确列入。很多债务人的律师以此为突破口，制造了不少麻烦。其实这个问题在理论上的争论早已分出高下，认为抵押合同、保证合同不能赋予强制执行效力的一方只有论点，几乎讲不出什么理由来支持，而支持论者则头头是道，从公正到效率，从国外到国内，一一论证，无不契合。从实践中来讲，大多数法院均默认了在对借款合同赋予强制执行效力的同时，对其从合同（抵押合同或保证合同）赋予强制执行效力的做法。《中国公证》2010年第2期刊登的徐梁栋的《执行名义视角下的赋予强制执行效力公证新思考》介绍了此类案例，刘疆的《强制执行公证争议问题研究》在开篇用了很大的篇幅阐述这个问题，有心的同志可以研读揣摩其中端倪。

另一个重要的方面是出具执行证书之前的核实问题，虽然没有规定核实是必要程序，但《联合通知》里规定公证机关在出具执行证书之前应当审查"（一）不履行或不完全履行的事实确实发生；（二）债权人履行合同义务的事实和证据，债务人依照债权文书已经部分履行的事实"。审查这些内容应当与债务人核实，而不能仅靠债权人的单方面说辞。实践中发生的执行标的错误的案例，如果公证机关向债务人、担保人核实，就能避免错误。现在很多法院已经将是否核实情况列为受理公证债权文书执行申请的条件。当然，核实问题也比较复杂，找不到人怎么办？债务人不配合或胡说一气怎么办？公证同人对此也有所研究：中国公证协会《办理具有强制执行效力债权文书公证及出具执行证书的指导意见》第9条规定："公证机构可以指导当事人就出具执行证书过程中双方当事人的举证责任和对债务人（或担保人）不履行或者不适当履行债务的核实方式作出约定，可以约定采用信函核实方式或电话（传真）等核实方式。"此外，还有执行承诺的约定、公证笔录等，都属于办理赋予强制执行效力公证的基本程序，在此就不一一列举了。

四、结语

强制执行公证在公证领域里的分量是毋庸置疑的，据说在2009年已占据了北京公证收费的半壁江山。联想起笔者1995年进入公证界，开拓金融业务，可谓是步履艰难，一遍一遍地向银行大佬们讲述强制执行公证的优势，大佬们问的总是同一句话：你们的公证书，法院给执行吗？

现在国家法治环境改善、国家实行阳光工资，越来越多的法院不难为公证债权文书了。遇到当事人和利害关系人异议，只要不是实体错误，执行员一般用口头方式就直接驳回了，大家在观念上已经形成了执行异议多为拖延执行妨碍执行的看法。公证界迎来了难得的发展期，在短短几年时间里，强制执行公证获得了较大发展，股份制商业银行自是积极，国有大银行也不复抵触，担保公司、典当行更是极力参与，强制执行公证蓬勃发展。然而，一把利剑始终悬在公证人的头上，那就是《民事诉讼法》及《公证法》规定的，“公证书确有错误的，人民法院不予执行”。如果说以前，问题在于法院配合与否，而2007年修改后的《民事诉讼法》对执行异议及执行复议的规定，则推动强制执行公证从程序上到实体上直接面对广大当事人的质疑、律师全方位地挑刺以及人民法院的审查。

执行救济制度确立的目的在于规范执行行为，保护当事人和利害关系人的合法权益。从另一方面来看，笔者认为，这一制度对公证债权文书制度的影响将是全方位的，不管是实体权利还是程序操作，公证员都必须考虑到人民法院的监督、当事人的异议、律师们在“鸡蛋里挑骨头”。如果应对得当，公证行业内部自律、对外与法院积极沟通、加深了解，争取把一些成熟的做法以法规或司法解释的方式固定下来，这个挑战则成了难得的机会。

总之，我们在办理赋予强制执行效力公证时，可以设想有一双眼睛——可能是走投无路的债务人的，也可能是个一心想崭露头角的律师的——在暗中窥视着你，你的每一个操作细节、些微的错误，都有可能被提出来加以审视、无限地放大。

债权文书强制执行公证走向成熟的重要一步

周志扬*

2015年5月5日,最高人民法院《关于人民法院办理执行异议和复议案件若干问题的规定》(法释〔2015〕10号)(以下简称《异议复议规定》)公布并正式生效。在全文5500多字、总共32条规定中,第10条和第22条是有关赋予债权文书强制执行效力公证的规定。对于公证行业来说,这连同标点符号仅仅308字的两条规定,却不啻于久旱甘霖,字字玑珠。公证行业振奋的情绪,映射出《异议复议规定》对债权文书公证业务发展的重要性。而从更高的视角审视最高审判机关的这两条规定,意义其实更为宏阔深远,影响所及也远远不止于公证行业。

一、促进了多元化纠纷解决机制的构建

近年来,司法改革的力度越来越大,这次《异议复议规定》出台,确立了赋予债权文书强制执行效力公证的执行救济制度,并对公证担保债权能否执行以及不予执行的标准问题作出了规定,可以说是一个减缓和纾解当前诉讼案件激增的压力,建立多元化纠纷解决机制的范例。

执行救济制度是保护当事人、案外人合法权益,填补因执行机构的执行行为使其遭受侵害的一种补救制度,包括执行异议和执行回转。对于执行异议,《民事诉讼法》第225条规定:"当事人、利害关系人认为执行行为违反法律规定的,可以向负责执行的人民法院提出书面异议。当事人、利害关系人提出书面异议的,人民法院应当自收到书面异议之日起十五日内审查,理由成立的,裁定撤销或者改正;理由不成立的,裁定驳回。当事人、利害关系人对裁定不服的,可以自裁定送达之日起十日内向上一级人民法院申请复议。"在第227条对案外人的权利也作了相应规定。

《异议复议规定》第10条首次对驳回不予执行公证债权文书申请裁定的救济方式,

* 中国公证协会常务理事,中国公证协会公证宣传文化工作委员会主任委员,北京市公证协会会长,北京市长安公证处主任。

即执行异议和执行异议复议的具体程序作出了规定，明确当事人不服驳回不予执行公证债权文书申请裁定的，可自收到裁定之日起10日内向上一级人民法院申请复议。上级法院经审查理由成立的，裁定撤销原裁定，不予执行该公证债权文书；理由不成立的，裁定驳回复议申请。这个规定为当事人和案外人寻求司法救济提供了正当的程序和途径，同时，由作出原裁定法院的上级人民法院行使异议复议权，能够更加客观、中立地确定公证债权文书有无瑕疵以及瑕疵的严重程度。

公证机构和人民法院、人民调解等不同的纠纷解决机构，根据不同社会主体的诉求，运用不同的纠纷解决方式，通过不同的纠纷解决程序，共同构成多元化的纠纷解决机制，为满足社会的多元需求提供了自由选择的途径。

二、标志着债权文书强制执行公证走向成熟

赋予债权文书强制执行效力公证法律制度的建立始于33年前的《公证暂行条例》，之后的《民事诉讼法》、《公证法》作了进一步的规定，而《异议复议规定》则使这项制度趋于完善。该项制度从在立法层面有法可依，到在实践层面全面施行并逐步走向成熟，大致经历了四个阶段。

第一阶段：1982年4月至2000年9月，以1982年《公证暂行条例》和1991年《民事诉讼法》为标志。《公证暂行条例》第24条规定："……经过公证处证明有强制执行效力的债权文书，一方当事人不按文书规定履行时，对方当事人可以向有管辖权的基层人民法院申请执行。"1991年4月9日第七届全国人大四次会议通过《民事诉讼法》，在基本法上确立了赋予债权文书强制执行效力公证的法律地位。之后，经全国人民代表大会常务委员会2007年10月28日、2012年8月31日两次修改，形成今天的《民事诉讼法》第238条："对公证机关依法赋予强制执行效力的债权文书，一方当事人不履行的，对方当事人可以向有管辖权的人民法院申请执行，受申请的人民法院应当执行。公证债权文书确有错误的，人民法院裁定不予执行，并将裁定书送达双方当事人和公证机关。"

赋予债权文书强制执行效力公证法律制度的建立，是为了充分尊重公证事项当事人意思自治，更好地发挥公证法律制度预防纠纷、减少诉讼的作用，但在20世纪的18年中，这个制度和与之相对应的公证业务均无大的起色。1998年，笔者随领导去南方调研，各地公证机构和公证人员很少有人办过赋予强制执行效力的债权文书公证。究其原因，一是只有单一法条缺少实操规定，公证人员不知如何办理；二是许多基层法院对这项制度设计了解不多，不知如何把握，甚至有法官认为赋予强制执行效力的债权文书公证抢了法院的诉讼业务，一律不予执行。

第二阶段：2000年9月到2008年12月。针对实践中存在的问题，2000年9月21日，最高人民法院、司法部发布《关于公证机关赋予强制执行效力的债权文书执行有关问题的联合通知》（以下简称《联合通知》），明确了赋予债权文书强制执行效力公证的条件和范围。为了便于执行，《联合通知》设计了执行证书制度，明确了当债务人不履行或者

不适当履行义务时，债权人须持原公证书及执行证书方可向有管辖权的人民法院申请执行，同时明确了公证机构出具执行证书时应当审查的内容。《联合通知》使债权文书公证真正从立法层面走向司法实践，彻底改变了前18年问津者寥寥的局面。此后，各地公证机构顺应市场经济的发展，与银行等金融机构合作，办理了大量债权文书公证，有效地防范了金融业的经营风险，维护了金融机构的合法权益，对于那一时期中国经济特别是民营经济的快速发展起到了维护和推动作用，并且减轻了法院审判的压力，节约了司法成本。

第三阶段：2008年12月至2015年5月。《联合通知》发布后，公证机构开始大量办理债权文书公证，在各地法院的支持配合下，债权人的权利得到有效保护。伴随业务发展，公证实践中又出现了新的问题。一些债权文书中约定当债务人不适当履行义务时债权人可向法院起诉，同时又约定可直接申请公证强制执行；还有一些债权人没有在民诉法规定的申请执行期限内向法院提出债权文书强制执行申请，而直接向法院提起民事诉讼。对于类似的诉求，各地人民法院的认识也不尽一致。最高人民法院民二庭关于《青海省西宁市花园南街房管所等与中国工商银行青海省分行营业部等借款担保合同纠纷上诉案》[（2001）民二终字第172号判决书]认定债权文书公证可诉的判决作出后，引起法律人的诸多质疑。西北政法大学董少谋教授专评此案，认为具有强制执行效力的公证债权文书与法院生效裁判、仲裁裁决三者处于同一阶位，均为执行依据。既然债权人取得了一份具有法律效力的执行依据，就不能再取得另一份执行依据。[①] 公证业内专家刘疆指出，诉权作为宪法赋予民事主体的一项基本权利，非经法定程序不被剥夺。如果当事人不承诺放弃诉权，公证机构就无权出具执行证书，因为出具执行证书的结果实际上就是使当事人没有行使诉权就遭受强制执行。因此，承认公证书具有强制执行效力，就只能承认当事人承诺愿意接受强制执行就是放弃诉权。[②] 此后，立法机关、司法机关、公证行业多次调研论证，终于促成了最高人民法院《关于当事人对具有强制执行效力的公证债权文书的内容有争议提起诉讼人民法院是否受理问题的批复》（法释〔2008〕17号）的发布。该批复明确了具有强制执行效力的公证债权文书是否具有可诉性的法律适用问题，即经公证机构赋予强制执行效力的债权文书具有不可诉性，除非公证债权文书确有错误，人民法院裁定不予执行。至此，法学理论界、实务界多年以来的争论终于尘埃落定，画上了句号。

第四阶段：2015年5月5日，《异议复议规定》（法释〔2015〕10号）生效，标志着赋予债权文书强制执行效力公证法律制度进入新的阶段。

长期以来，与债权文书公证不可诉性同样众说纷纭的是担保债务能否赋予公证强制执行效力。上海、四川出现了不予执行案例，而北京、河北、广东、海南等多地法院则予以

① 董少谋：“具有强制执行效力的公证债权文书应排斥另行诉讼的法定效果——评最高人民法院（2001）民二终字第172号民事判决书”。

② 刘疆：“具有强制执行效力公证书的不可诉问题研究 ——兼析《公证法》第三十七条和第四十条的适用”，载《中国司法》2008年第9期。

执行,云南省高级人民法院和司法厅联合发文将担保协议纳入执行范围。2014 年 9 月,最高人民法院以〔2014〕执字第 36 号函复山东:“本案当事人……在公证活动中,提交书面证明材料,认可本案所涉……《抵押合同》、《保证合同》等合同的约定,承诺在合同、协议不履行或不适当履行的情况下,放弃诉权,自愿直接接受人民法院强制执行。但当债权人申请强制执行后,本案担保人却主张原本由其申请的公证事项不合法,对公证机构出具执行证书提出抗辩,申请人民法院不予执行,做出前后相互矛盾的承诺与抗辩,有违诚实信用原则,不应予以支持。公证机构依法赋予强制执行效力的包含担保协议的公证债权文书,人民法院可以强制执行。”③这个批复发出于《异议复议规定》通过前的 3 个多月,可以说是《异议复议规定》的前奏。

正如张根大法官所述,赋予强制执行效力的担保债务应当执行。赋予强制执行效力的担保债务能否执行,一直是实践中争议较大的问题,各地法院的做法也不尽统一。《异议复议规定》从扩大多元纠纷解决机制范围的理念出发,在第 22 条规定,公证机关依法赋予担保债务强制执行效力的,人民法院应予执行。被执行人仅以担保合同不属于赋予强制执行效力的公证债权文书范围为由申请不予执行的,不予支持。④

三、正确解读与适用《异议复议规定》

在当前诉讼激增,人民法院不堪重负的背景下,完善司法救济制度,明确经公证的债权文书有国家强制力作保证,当事人如不依约履行,将会被依法强制执行。这项制度能够有效地引导当事人通过债权文书公证解决纠纷,避免讼累,节省司法资源,在最大程度上尊重双方当事人的意思自治、体现诚实信用原则。《异议复议规定》在 2000 年通知的基础上进一步梳理了赋予强制执行效力的公证债权文书的内容,并结合我国经济飞速发展的现实与司法实践的现状,扩大了适用范围。其中,解决了公证担保债权能否执行以及不予执行的标准问题是一个新的亮点。

近年来,担保债权文书赋予强制执行效力公证需求旺盛,担保债权的强制执行已经在执行实践中普遍存在,尤其是银行的担保债权相当一部分均通过公证债权文书执行程序实现。《异议复议规定》适应社会经济的高速发展,确认了担保债权可以赋予公证强制执行效力,统一了裁判标准,有效解决了各地人民法院规定不一、同样的案情可能出现截然相反裁决的难题,对赋予债权文书强制执行公证今后的发展提供了支持与保障。

然而,“有权不能任性”,权力与责任、风险同在。笔者认为,公证人员在实践中应当正确解读和适用《异议复议规定》。以第 22 条为例,其中规定“仅对担保债务赋予强制执行效力未涉及主债务的,对主债务的执行申请不予受理”,我们不应理解为公证机构可以

③ 引自最高人民法院《关于含担保的公证债权文书强制执行的批复》(〔2014〕执他字第 36 号)。

④ 引自:“最高人民法院通报《关于人民法院办理执行异议和复议案件若干问题的规定》的有关情况”,载人民法院网。

单独审查担保合同并为其办理债权文书公证。赋予债权文书强制执行效力公证实践中，独立担保极为罕见，基本上都是受《担保法》规制的一般担保和连带担保，担保权的发生、转移或消灭均从属于被担保的债权。《担保法》第5条规定："担保合同是主合同的从合同，主合同无效，担保合同无效。"《物权法》第172条规定设立担保物权应订立担保合同，"担保合同是主债权债务合同的从合同，主债权债务合同无效，担保合同无效"。也就是说在没有审查主合同，确定主合同合法有效之前，担保合同处于效力待定的状态。实践中一些当事人往往因为主合同内容有瑕疵而不愿向公证机构提供，仅要求单独审查担保合同并赋予强制执行效力。如果一味迁就当事人的意志，不充分注意主合同的效力，一旦发生执行，后果难以预料。

毫无疑问，《异议复议规定》强化了公证书应有的效力，但我们也应该注意到，执行救济程序确立了对当事人债权的保护制度，同时也对债权文书公证的质量提出了更高的要求，公证人员在办理赋予债权文书强制执行效力公证时应当严格履行程序，认真审查债权文书中的主权利、从权利，以及所涉各方当事人的意思表示，确保强制执行公证文书的真实合法，在多元化纠纷解决机制的构建和完善中发挥更加积极的作用。

保全证据公证的有益实践

郭岳萍[*]　孙　亮[**]

证据制度是司法制度的重要组成部分，证据材料对于司法活动的结果有着极其重要的意义。对于某些法律适用没有难度及争议的案件（如典型的侵权行为、违约行为等），完善的证据材料对司法（审判）结果起着决定性的因素。道理很简单：依据清晰的法律事实，必然导致相应的法律（司法审判）结果，否则就是枉法裁判。因此，证据材料的选择及使用，对于当事人预期的司法结果起着十分关键的作用。公证证据是以保全证据为主要内容的证据材料表现形式之一，虽然它不是法定证据种类或理论证据分类之一，但其在司法实践中（特别是在提高司法效率方面）起着不可替代的作用。

一、案情回顾

北京博威文化艺术有限公司因诉中润典藏（北京）文化传播有限公司不正当竞争纠纷一案的需要，于2005年12月24日委派其代理人王某和武某向长安公证处提出申请，申请公证处对其前往浙江省湖州市湖州某印刷有限公司购买有关产品的过程进行现场监督，并保全购买产品过程中取得的相关证据。

公证处在审查申请人提供的各项申请文件均真实合法有效后，受理了该申请。2005年12月26日，公证处委派公证员郭岳萍和公证员助理孙亮随同申请人的代理人王某、武某来到位于湖州市某印刷有限公司的办公室（挂有营业执照），在该办公室内，被称为李某的男士将两套《圆明园四十景图》交给申请人的代理人，并收取了申请人的代理人交付的人民币1000元整。

2006年1月12日，北京博威文化艺术有限公司因同一案件诉讼的需要，再次委派其代理人王某及另一代理人张某向长安公证处提出申请，申请上述代理人赴中润典藏（北京）文化传播有限公司洽谈有关产品购买事宜的全过程进行现场监督，并保全洽谈过程

---

* 北京市公证协会经济业务委员会委员，北京市长安公证处业务三部主任。
** 北京市长安公证处公证员。

中取得的录音证据。

公证处在再次审查了申请人提供的各项公证申请文件均真实合法有效后，受理了该项公证申请，并委派公证员郭岳萍和公证员助理孙亮随同申请人的代理人王某、张某于2006 年 1 月 12 日下午来到中润典藏（北京）文化传播有限公司位于北京市丰台区莲花池莲香园小区的办公室和仓库，王某和张某与被称为李某的男士就购买《圆明园四十景图》等有关事宜进行咨询和洽谈；申请人对上述两段咨询和洽谈的过程进行了录音。

上述两项公证事项办理完毕后，长安公证处分别为北京博威文化艺术有限公司出具了（2005）长证内经字第 85477 号和（2006）长证内经字第 419 号保全证据类公证书，证明其购买《圆明园四十景图》及就《圆明园四十景图》等有关事宜进行洽谈的过程，公证人员均在现场监督；公证处为申请人北京博威文化艺术有限公司出具的公证书内附的《录音记录》系根据申请人就景图事宜进行洽谈的现场录制的录音文件的内容整理打印所得，与原始录音内容相符，申请人的代理人在上述洽谈过程中使用的录音笔内的录音文件在长安公证处被刻录为光盘一盘，该光盘经公证处加封后交申请人保存。申请人获取的两套《圆明园四十景图》经长安公证处加封后亦交申请人保存。

北京市第一中级人民法院于 2006 年 1 月 24 日受理了北京博威文化艺术有限公司诉中润典藏（北京）文化传播有限公司不正当竞争纠纷一案，于 2006 年 5 月 24 日对该案进行了公开审理，并于 2006 年 7 月 24 日对案件作出判决。该院的判决书中认定：2006 年 1 月 12 日，长安公证处的公证人员对博威文化艺术有限公司在中润典藏（北京）文化传播有限公司购买《圆明园四十景图》画卷产品的情况进行了公证，根据公证书附件《录音笔录》的记载，中润典藏（北京）文化传播有限公司法定代表人李某承认其销售了 1100 套《圆明园四十景图》，作为一个经营者，应当为自己在经营中的行为负责，不能以庭审辩称的属于“吹牛”而予以否定，故北京市第一中级人民法院以此为依据，判决中润典藏（北京）文化传播有限公司应当赔偿北京博威文化艺术有限公司经济损失人民币 400 万元。此外，公证购买的画卷产品及所附的画卷产品介绍说明书也作为了北京市第一中级人民法院在判决书中认定事实的一项重要依据，因公证购买的画卷产品中有介绍说明书，该说明书与北京博威文化艺术有限公司所销售的景图产品说明书有差异，进一步说明被告中润典藏（北京）文化传播有限公司销售的画卷产品并非直接来源于原告北京博威文化艺术有限公司，被告的行为正是反不正当竞争法所禁止的不诚信行为，应当承担相应的民事责任。

之后，中润典藏（北京）文化传播有限公司不服北京市第一中级人民法院的上述民事判决，向北京市高级人民法院提起上诉。其提出了介绍说明书与《圆明园四十景图》画卷不是一一对应、不可分割的关系，二者不一致不能证明该公司销售的《圆明园四十景图》画卷有其他进货渠道，公证录音属有疑点的孤证，不应采信，一审判决未说明 400 万元赔偿的依据等上诉理由。北京市高级人民法院审理后认定，中润典藏（北京）文化传播有限公司所说其销售的画卷产品系从北京博威文化艺术有限公司进货的主张不能成立，因为公证购买的画卷产品及所附的介绍说明书列明的署名等与北京博威文化艺术有限公司制作的《圆明园四十景图》画卷不一致。北京市高级人民法院同时认定，根据中润典藏（北京）文化传播有限公司法定代表人在公证录音中承认的销售数量和价格并结合其他因素来确定的赔偿数额基本正确，应予支持。故最终，北京市高级人民法院驳回中润典藏（北京）文化传播有限公司的上诉，维持原判。

《圆明园四十景图》是清代流传下来的历史画卷，具有一定的绘画艺术价值、园林研究价值和历史文物价值。该案宣判后，《新京报》等多家媒体及互联网上对此案都进行了报道，民间戏称此案为典型的"吹牛也上税"，而从行业实践的角度来看，此案的意义在于法院对公证证据的直接认定，并且根据公证取得的证据确定赔偿数额。

二、法律分析

保全证据公证是指诉讼开始前，公证机构根据当事人的申请，对与申请人的权益有关的、日后可能灭失或难以取得的证据采取一定的措施，先行予以收集、固定并进行保管以保持其真实性和证明力的活动。经过公证保全的证据，无论是通过诉讼还是非诉讼方式解决纠纷中都是非常有力的证据。现代诉讼理念要求法院在诉讼中处于消极被动的地位以确保其中立公正的形象，因此随着我国审判形式的改革，越发主张当事人自己举证，通过提供有效的证据来支持自己的诉讼主张。公证机构是行使国家证明权的中介机构，对原被告双方都不具有利益倾向，因此在当事人保全证据的过程中所起的作用日益凸显。

我国法律对公证证据的效力有明确的规定。例如，我国 1991 年《民事诉讼法》第 67 条规定："经过法定程序公证证明的法律行为、法律事实和文书，人民法院应当作为认定事实的根据。但有相反证据足以推翻公证的除外。"《公证法》第 36 条规定："经公证的民事法律行为、有法律意义的事实和文书，应当作为认定事实的根据，但有相反证据足以推翻该项公证的除外。"证据一经公证保全，就与法院依照法定程序收集、调查的证据具有同等法律效力，对此，我国相关的法律法规也有规定。例如，1992 年最高人民法院《关于适用〈中华人民共和国民事诉讼法〉若干问题的意见》第 75 条第 5 项也规定，已为有效公证书证明的事实，在诉讼中当事人无须举证。最高人民法院《关于审理著作权民事纠纷案件适用法律若干问题的解释》第 8 条规定："当事人自行或者委托他人以订购、现场交易等方式购买复制品而取得的实物、发票等，可以作为证据。公证人员在未向涉嫌侵权的一方当事人表明身份的情况下，如实对另一方当事人按照前款规定的方式取得的证据和取证过程出具的公证书，应当作为证据使用，但有相反证据的除外。"《关于公证机关赋予强制执行效力的债权文书执行有关问题的联合通知》第 1 条规定，著作权行政管理部门在查处侵权行为时，要求申请人和有关当事人提供证据的，应当对证据进行证据保全公证。对于公证机构出具的有关证据保全的公证文书，著作权行政管理部门应当作为查处侵权案件时认定事实的根据。最高人民法院《关于行政诉讼证据的若干规定》第 64 条规定："以有形载体固定或者显示的电子数据交换、电子数据以及其他数据资料，其制作情况和真实性经对方当事人确认，或者以公证等其他有效方式予以证明的，与原件具有同等法律效力。”

通观上案，公证证据对待证侵权事实起到了全方位证明效果，无论是侵权行为的存在以及侵权造成的损失数额计算，都得到了司法实践的认可，从而有效地维护了当事人的法律权益。

虽然法律对公证证据保全的概念、效力甚至办证程序都有相应的规定，但实践中，无论是法院，还是群众，对公证证据保全的意义认识还有不足，长安公证处办理的上述证据保全公证，成为当事人诉讼的有力证据，支持了当事人的诉讼主张，使当事人得以胜诉，得到司法救济。因此，通过此案可以说明公证证据保全是当事人通过法律手段维护自身合法权益最有利的手段之一。

保全证据公证中对利害关系人个人隐私信息的保护和使用限制

——从两个案例谈起

于　坤*

【案例一】

2009年的一天，甲公司委派律师向公证处申请办理网络页面的保全证据公证。乍听该公证事项非常普通，因为日常办理的保全证据公证中有相当数量的事项都是针对网络页面的保全证据，但是该事项又比较特殊，其特殊之处就在于当事人要登录“全国公民身份证号码查询服务中心”提供链接的“身份网”网站，输入张某的姓名和身份证号码两项信息进行比对，看其是否一致。进而再通过结果页面中显示的被核查人的身份证照片，确认其身份真伪，申请人要将此操作过程中显示的页面内容通过拷屏方式进行固定，办理保全证据公证。

因上述公证事项涉及申请人之外第三人张某的居民身份证内容，而居民身份证是我国目前公民个人身份信息的基本载体，个人身份信息一旦被泄露或被恶意不当使用，将会给公民个人生活带来诸多不便或造成负面影响。并且我国目前加强了对个人身份信息的保护力度，2009年2月28日第十一届全国人民代表大会常务委员会第七次会议通过的《刑法修正案(七)》将个人信息保护问题上升到了刑法高度。

基于上述考虑，公证员向甲公司的代理人询问了申请办理上述公证的原因及用途。据其代理人称，甲公司于2007年与张某签订了《房屋租赁合同》，将甲公司名下的一处房产租赁给张某进行经营使用，张某后于2008年将所租赁房屋转租给了另一家公司，因张某违反了上述《房屋租赁合同》中有关“禁止转租”的相关约定且拖欠租金，甲公司向中国国际经济贸易仲裁委员会提起仲裁。在仲裁审理过程中，张某缺席，甲公司依据《房屋租赁合同》中张某的身份证号码通过“全国公民身份证号码查询服务中心”网站所链接的“身份网”进行核查比对，并将比对的结果页面提交给仲裁庭作为张某的身份证明，但因

* 北京市公证协会宣传工作委员会委员，北京市长安公证处公证员。

张某缺席，仲裁庭无法对其本人身份进行审查确认，也无法对甲公司提交的身份核查结果页面内容的真实性进行审查，故要求甲公司前往公证机构对其登录“身份网”进行核查比对的过程及结果办理网络页面的保全证据公证。为证明上述情况，甲公司向公证员提交了与张某签订的《房屋租赁合同》、《仲裁申请书》、《仲裁通知》等相关材料。

【案例二】

某日，一位女士到公证处申请办理保全证据公证，保全的事项同样是网络页面的内容。与上述案例不同的是，该女士要登录携程网，将该网站中有关其丈夫和另外一名女士预订机票和酒店的网页内容进行保全。据该女士称，其是携程网的注册会员，因丈夫长期在上海工作，需经常预订机票，故夫妻二人一直是共用携程网的上述账号和密码预订机票，但大多数情况下是其丈夫在使用。该女士称不久前其丈夫提出离婚，其觉得很突然，夫妻双方协商未果，在其偶然一次使用上述账号预订机票时，发现该账号项下的历史记录中有几次是其丈夫和另外一名女士预定同一航班和同一酒店客房的内容，故其猜测丈夫是因为有外遇才提出离婚。而在上述历史记录中有其丈夫和另外一名女士的姓名、身份证号码、何时乘坐何架航班、何时入住哪家酒店客房等详细信息。该女士称其还未向丈夫询问上述事情，因担心携程网的上述信息被删除而无法举证，故申请办理上述保全证据公证。为证明上述所述情况，该女士向公证员提交了本人的身份证、户口本、结婚证等相关材料，结婚证上记载的丈夫的姓名、身份证号码等信息均与携程网上显示的资料内容相一致。

上述两个案例的共同点为，所保全的内容当中均涉及公证申请人之外的第三人，即利害关系人的个人隐私信息。

众所周知，保全证据公证是公证申请人为维护自身权益而对今后可能灭失或难以取得的证据进行固定、记载的公证事项。该项公证的申请人大多是站在自身立场、出于己方利益进行考虑的，一般只会对其本身需要的甚至是有利的、有证据价值的事实进行全面固定和保全。可以说，申请人对其所保全内容的选择具有私利性和主观倾向性，并且出发点首要是维护其自身权益，而公证机构出于“自愿公证”的原则，在符合法律法规和程序规则的前提下对于当事人所保全的内容也不会横加干涉。但是，如果申请保全的内容当中涉及利害关系人的个人隐私信息，而这些隐私信息的公布或不当使用有可能给利害关系人造成日常生活的负面影响甚至对其合法权益产生潜在威胁，那么在这种情况下，公证机构是否应该有选择性地发挥主观能动性，有所作为呢？

笔者认为，在保全证据公证中，如果保全的内容涉及公证申请人之外第三人，即利害关系人的个人隐私信息，公证机构应站在中立、客观的立场对公证申请人和利害关系人的利益进行评价和权衡。一方面基于证据在某种情况下可能灭失且当事人在诉讼中负有举证责任的考虑，公证机构对于符合法律法规和程序规则的公证申请无法拒绝受理；另一方面出于对记载利害关系人的个人隐私信息的公证书在使用中难以约束的担忧，公证机构应慎重审查并通过某种方式对于公证书的使用进行限制。正如法理所言，任何权利都不是绝对的。申请人有权在其权利遭受侵害之时通过公证的方式保全证据，为日后维权争取主动，而利害关系人亦有权保护其个人隐私信息不受非法窃取、公开及利用。虽然利害关系人保护其个人隐私信息不受侵犯的权利在遭遇公证申请人为维护社会公众所认可的法律秩序、道德规范和交易安全而行使的公证权利之时，要有条件地予以退让和削弱，但并非不受保护，更何况公证机构仅是依据当事人的单方申请受理公证，更无法对申请人所陈述情况的真伪进行考察和认定，而当事人申请办理公证的真实目的和用途也未必向公证机构如实告知，所以偏听偏信当事人的一家之言稍有不慎便会"助纣为虐"，成为被当事人利用和成就非法目的的工具。如果因此使利害关系人的个人隐私信息被不当使用而给其日常生活或名誉造成影响，公证机构难辞其咎。

因此，在办理涉及利害关系人个人隐私信息的保全证据公证中，公证机构要有意识地对其个人隐私信息进行保护，并通过适当手段对其使用范围进行限制，归纳起来，可以从以下几个方面进行考虑：

保护手段之一：对当事人是否与公证事项有利害关系进行审查。当事人要与公证事项有利害关系，这不仅是公证程序规则的要求，在保全证据公证中也是预防当事人滥用公证权利的有效审查方式，尤其在涉及利害关系人个人隐私信息的保全证据公证中，如果当事人与保全的内容没有丝毫利害关系，则要考虑当事人申办公证是否另有其他目的，不予受理。但是对于当事人与公证事项是否有利害关系的审查，则要依据当事人的陈述和提供的相关材料，公证员要依靠法律知识和经验常识对其进行甄别和判断，形成自己的认识，决定受理与否。在上述案例一当中，申请人是由于与利害关系人的仲裁审理需要才申请办理上述公证，且能够向公证处提交与其陈述相印证的《仲裁申请书》、《仲裁通知》等材料，完全能体现其与公证事项之间的利害关系。在上述案例二中，当事人是由于其婚姻当中的权利受到侵害才申请办理上述公证，且所保全的证据直接关系在今后诉讼当中对过错方要求赔偿的诉求能否实现，并且其提供的结婚证上的配偶身份信息完全能够与保全的内容相吻合，因此也符合公证受理条件中有关利害关系的要求。

保护手段之二：对取证手段是否合法进行审查。证据三大属性之一的合法性，就包含取证手段的合法，公证机构办理保全证据公证也应遵从此要求。另外，在最高人民法院《关于民事诉讼证据的若干规定》中，明确规定："以侵害他人合法权益或者违反法律禁止性规定的方法取得的证据，不能作为认定案件事实的依据。"对于涉及个人隐私信息的保全证据，其取得方式的合法可以体现为以下几个方面：一是要通过公开的途径取得，如通过申请人掌握的账号、密码或者政府机构公开的网站等，不能通过窃取、强取等方式；二是信息的来源或出处要有一定的权威性或知名度，以保证信息的准确性，避免捏造、编造的信息作为保全的对象；三是在获取利害关系人的个人隐私信息时要掌握好限度，对于与申办的公证事项明显无任何关联的其他信息不予保全，以控制和减少利害关系人个人隐私信息被公开的程度。在上述案例一当中，当事人申请查询的网站是"全国公民身份证号码查询服务中心"提供链接的"身份网"网站，而据该网站介绍，全国公民身份证号码查询服务中心是公安部成立的事业单位，负责建设、管理和运营"全国公民身份信息系统"，为政府部门及社会各界提供身份信息核查、人口数据统计等全国公民身份信息服务。因此，该网站是政府公开提供的核查身份信息的途径，具有一定的权威性，公证申请人通过输入在《房屋租赁合同》中记载的被核查人的姓名和身份证号码进行比对，获取的手段并未违法。在上述案例二当中，携程网在社会公众当中具有一定的知名度和认可度，当事人使用其自己掌握的账号和密码登录携程网查看信息，取得的手段并未"侵害他人合法权益或者违反法律禁止性规定"。

保护手段之三：对公证书的使用范围进行限制。任何权利的行使都是有界限的，一旦超越了某个界限，可能合法的就变成非法了，正当的就变成不正当了。对于涉及利害关系人个人隐私信息的公证书的使用更是如此。在受理审查之初，公证员依据当事人所陈述的申办公证的原因和用途进行审查并决定受理与否，但是在公证书制作完成并交当事人领取之后，又如何保证当事人按照原先陈述的范围进行使用？如何控制当事人不在范围之外滥用公证书或散播利害关系人的个人隐私信息？笔者认为，一是可以在公证书的证词当中明确写明公证书的使用范围，超越此使用范围的，公证书无效；二是对于不便公开展示的内容，可以另行装订予以密封，限制其只能在法院诉讼时当庭拆封展示，在其他情况下一旦拆封即无效；三是在谈话笔录中要告知当事人只能在所陈述的使用范围内合理使用公证书，如因不当使用给利害关系人的合法权益造成侵害，将自行承担相应的法律责任。在上述案例一当中，公证书制作时将证词与当事人下载打印的页面装订在一起，但是在证词中公证员注明"本公证书仅限用于提交中国国际经济贸易仲裁委员会进行仲裁使用，用于其他使用无效"。在上述案例二当中，因当事人下载打印的页面当中涉及利害关系人与他人预订机票、酒店等隐私信息，若当事人随意公开则会给利害关系人的日常生活和名誉等造成影响，故在公证书制作时并没有将下载打印的页面与证词装订在一起，而是将作为公证书附件的打印页面另行装订成册并装入信封密封，信封外部张贴有封条并加盖封存章，信封封皮上注明"系第××号公证书附件，仅限法院诉讼使用，用于其他使用无效"。此外在公证词中同样注明"本公证书附件共计××页由本处另行装订密封。本公证书仅限法院诉讼使用，用于其他使用无效"。通过上述方式来避免当事人对公证书不当使用的发生。

总而言之，保全证据公证作为当事人维护自身权益的有效方式已日益为社会公众所认可和接受，公证机构的价值和作用也日益提升。但是在涉及利害关系人个人隐私信息的保全证据公证中，公证机构除了围绕当事人维护权益提供法律服务之外，还应将视角放得更广一些，对当事人之外的利害关系人的利益也要予以权衡和保护，因为这也是对公证机构自身风险的考虑和规避。

对电子证据[①]保全公证若干问题的思考

李嘉健*

公证的三大效力在中国的具体实践：法律行为成立要件效力是一直以来孜孜以求的目标，强制执行效力有被其他制度取代的现实危险，只有证据效力似乎是十分稳定且高枕无忧的。按照我国的立法规定，公证是证明活动，公证机关是国家的司法证明机关；就是单看"公证"二字，"证"也体现了这个行业工作的主要内容，至少从公众的角度这样理解，并没有什么问题。随着时代的发展，在各种类型的证据中电子证据的作用和意义越发明显，也成了证据保全公证工作中的一个重点。从形式逻辑上讲，电子证据保全公证作为证据保全公证的一个种概念是不应当有争议的，因此，笔者在对电子证据保全公证的一些问题提出自己的浅见时，有些情况下也就囊括了对证据保全公证中共性问题的认识。

一、电子证据保全公证证明的是什么

关于这一问题，我们从两个行业指导性文件切入。

中国公证协会《办理保全互联网电子证据公证的指导意见》第 2 条规定："本指导意见所称保全互联网电子证据，是指公证机构利用计算机设备和技术，通过接入广域网固定、提取电子证据的活动。"第 4 条规定："公证机构受理公证申请后，除按照《公证程序规则》的规定向当事人进行告知外，还应重点告知下列内容并载入询问笔录……（三）公证机构仅对提取、固定互联网证据的过程的真实性作出证明……"第 13 条第 1 款规定："实名制邮箱的注册人或者非实名制邮箱的密码持有人申请办理保全互联网电子邮件公证的……公证机构受理后，应当审查保全电子邮件的行为是否存在侵犯他人通信秘密，个人隐私的情形。"

---

① 本文中所称"电子证据"，理论界和实务界也有表述为"网络证据"、"电子数据证据"、"互联网电子证据"等，概念内涵大致相同，外延略有区别。由于不影响本文论述，不做具体辨析。

* 北京市长安公证处公证员。

中华全国律师协会《律师办理电子数据证据业务操作指引》①第10条第1款规定："电子数据证据公证主要包括电子数据证据的内容公证(包括网页公证、电子邮件公证、聊天记录公证、手机数据公证等)、电子数据证据的存储位置以及软硬件环境公证、电子数据证据的文本公证、电子取证行为公证、镜像复制的行为公证、电子数据证据及取证报告的提存公证等。"第30条第1款规定："律师申请电子数据证据公证保全的,证明法律行为的公证可以由当事人或其委托的代理人进行行为操作,证明法律事件的公证应当由公证人员亲自进行行为操作。"

由于我国制定规范性文件没有附"理由书"的传统,法律文件尚无"立法理由书",作为行业指导文件,我们也无法看到相关表述后面制定者的原意为何。对比公证和律师两个行业的业务指导意见,会发现中国公证协会似乎将电子证据保全公证界定为对证据收集和固定的行为的公证,无论是在笔录中还是在实际操作中,关注的重点均在于"保全行为"。中华全国律师协会则按照大陆法系法理学的分类将待证事实分为了行为和事件,并进一步提出行为公证和事件公证应当由不同的主体完成,并又进一步说明无论是证明行为还是证明事件都是通过行为操作完成的。在这里就要向《律师办理电子数据证据业务操作指引》的制定者提出一些问题:什么是证明法律行为?什么是证明法律事件?什么是证明法律行为的行为?什么是证明法律事件的行为?

笔者并不精通法哲学,对于概念之间的辨析也能力有限,只能就自己的理解逐步展开谈谈认识。首先,电子证据保全是一个行为(是否为法律行为不论),这个观点应无争议。其次,对于电子证据保全这个行为进行证明是一个行为(是否为法律行为不论),这个观点应无争议。最后,对于电子证据保全的内容(实际上就是电子证据的内容)是行为还是事件的划分没有逻辑且没有意义,该内容并不能够直接引起一定民事法律后果,而是要通过证据的形式在民事诉讼活动或者其他活动中得以确认,进而引起一定的民事法律后果,这个观点请予以批判。用一个具体例子说明:甲的电子邮箱中存在一封乙发送给甲的电子邮件,内容是乙认可自己欠甲的金钱若干。现在甲向公证机构申请电子证据保全公证,公证机构出具的公证书证明的是什么?按照中国公证协会的指导意见,公证机构证明的是甲通过操作计算机,打开了一个邮箱,又打开了邮箱中的一个邮件,这样的一个行为是真实、合法的,同时证明活动本身是真实、合法的,而对于这个邮件内容涉及的金钱是劳务费还是赌资,是接下来要谈到的另一个层面的问题。

电子证据保全公证证明的是行为论的意义在于,能够确认公证机构在电子证据保全公证中不可能存在侵犯他人权益的情形,尤其是公证当事人的诉讼相对人的隐私权的情形。理由除了公证保全行为不满足侵权责任的构成要件之外,就是保全公证证明的是公证当事人的一个行为,而对于这个行为中所涉及的内容,可以在所不问。这一点实际上与购买商品证据保全公证的原理是相一致的,公证证明购买行为这一行为同样不可能侵

① 寿步、蔡海宁主编:《信息网络与高新技术法律前沿》(第6卷),上海交通大学出版社2013年第2版,第3~18页。

犯到商品销售者的权益。同样的，有公证同人提出“证据保全公证不可投诉或起诉”的观点，虽然这个观点在表述上还需要修订——投诉和起诉是当事人的法定权利，非依法不能限制，但其所要诠释的内涵与上面的行为论是基本一致的。

二、电子证据保全公证中的合法性审查的范畴是什么

根据前文的结论，电子证据保全公证中的合法性审查的范畴，是否不包括电子证据保全的内容呢？

对此，胡家祚公证员发表的文章中论述了自己的观点：“回归证据的本源，只要具备真实性、合法性、关联性即可，三个属性中真实性是最关键的，合法性是一个相对论的问题，一份归还赌债五万元的还款合同，对于债务的不合法性自然是毋庸置疑，但这份合同证明了双方存在赌博行为的事实，这一事实恰恰可成为行政机关进行相应行政处罚的依据，如果对合同进行公证，相对于行政处罚行为，对合同的公证行为不也就显得合法了吗？因此，公证对真实性的证明，本不应当受到善与恶、合法与非法的干扰，真实性的证明应是一个客观、中立的角度，公证活动中之所以会对很多事项难以确定是否可以办理，这恰恰就是受到了真实性、合法性应统一的思维影响。”②对于这样或类似的不必主观判断待证内容合法性的观点在公证同人中有不小的支持率，在这里笔者提出不同的意见：内容的合法性审查必须坚守，合法性审查程度因范畴不同而程度不同。

（一）合法性也是公证证明价值的命脉

这个小标题感性的程度高于理性，是因为笔者认为这个问题十分重要，如果仅仅放在文章最后的余论部分是不够的，以至于不惜打破文章的结构和风格在这里插议而不是插叙这个问题。如果放弃了合法性审查，公证会变成什么样子，笔者想过这个问题，并觉得后果是十分可怕的。

公证作为一种古老且生命力顽强的法律制度，其存在必然有不可取代的价值，这个价值中一定包含了法律的因素。公证人在法律职业共同体中与律师、法官、检察官等共存而没有被其他职业吞并掉，重要的原因在于公证人在法律服务方面对于社会公众的意义。同样，公证人没有把律师、法官这些职业吞并掉，也是因为那些法律职业人存在着他们在法律上的独特意义。目前，中国公证人的境遇和在法律职业共同体中的地位，我们当然可以轻轻松松地把它们归结到行业体制问题上来。但是抛开这个问题反观公证人自身和社会对公证的认识和评价，公证人作为法律人，公证职业作为法律职业的特点在何处体现？一方面，我们一定不会抛开自己是法律人的定位，即便公证机构最终走向中介组织的模式，我们也一定会说自己和房屋中介的客户经理不同，是懂得法律、通过了国家司法考试的法律中介者。（还有一个问题在于现在的房屋中介者在其涉及专业领域懂

---

② 胡家祚：“对公证若干本源问题的思考”，载《中国公证》2013 年第 12 期。

得的法律规范和应用真的比公证人少吗?)不管做什么形式的法律人,公证人的法律特质体现在哪里?会证明,还是会证明什么是真实的,还是会依照一个叫作程序的东西证明什么是真实的,而不去考虑各种实体法上的因素?另一方面,会依照一个叫做程序的东西证明什么是真实的恰恰是当下社会中很多人对我们的看法。一般当事人对“公证就是收费盖章”的认识一定不是基于公证人的法律素养得出的,一般当事人对“办公证要求材料太多、太麻烦”的认识不一定是基于公证人的法律素养得出的。我们在法律职业上的“兄弟”律师又怎么看呢?笔者不久前参加一个有律师和公证人共同交流的活动,律师向公证人提出了一个问题:律师想证明某年某月某日某时某分某地在下雨,并提供了相应的充足的证明材料,公证员是否给证明、出具公证书。律师进而提出他们的观点:所谓“有法律意义的事实”,公证员根本不用考量法律因素,只要做好证明就可以了,至于证明的内容律师拿去做什么用不需要公证员过问,至于证明的内容是否合法公证员也没有判断的权利而法官才有。显然,在这些律师的眼中,公证就等同于证明,只不过与一般的证明相区别,法律赋予了叫作公证人的人做出证明更高的证据效力。在现场有公证员也表示赞同律师的观点,认为只需审查真实性,合法性审查了也不作数。对此笔者只想问:如果是这样,成为公证人的法律资格有何用?有其他什么职业连审查真实性和客观描述也做不到,医生?作家?记者?还是财务人员?

老百姓为什么打官司要花钱找律师?因为律师懂得老百姓不懂的实体法和程序法而不是因为律师会演说有时间跑腿。同样,老百姓做公证是因为公证员可以根据法律实现他们预防纠纷化解矛盾的目的,而不是因为公证员会看着他们签字会在公证书上盖章。法律职业价值的命脉是法律,关于这一论点笔者认为可以是不证自明的。具体到公证,再具体到公证证明上来,合法性的审查和真实性的审查共同构成了公证证明价值的命脉。如果有一天所有人都对公证人说“你们只要证明签名属实就可以了”(笔者新近了解到著名的阿里巴巴公司对杭州的公证同人已经是这样表达),那么距离公证职业消失的日子也就不远了。

适度回归理性,对于前文中胡家祚公证员的观点,笔者是这样理解的:一份归还赌债5万元的还款合同,首先,其显然因与《公证法》第31条第7项相悖而不能公证,公证人应向双方当事人告知;其次,按照“公证是法律助益行为”③的观点,公证人应向双方当事人提供衡平的法律上的帮助,告知他们赌债在民法上属“自然债”概念,根据自然债的法理,该情形下法律不予介入,任其“自然”,即无强制力,非法律关系;④最后,对于违法事实,公证人可以行使宪法及相关法律赋予公民的举报权利,实现当事人受到“相应行政处罚”

③ 该观点由段伟、李全息在“公证过程与结果孰轻孰重”一文中提出,载《中国公证》2013年第8期。

④ 该表述引用华东政法大学李锡鹤教授在“法律债,还是人情债?”一文中的观点,资料来源http://www.civillaw.com.cn/article/default.asp?id=58905,另笔者推荐想要在民法理论方面开展研究的同人研读李老师的两部著作,《民法哲学论稿》(第2版)和《民法原理论稿》(第2版),对于一路接受了所谓民法学界主流观点教育的法律人而言,会带来完全不同的感悟。

的目的。公证人实现了职业人、法律人、公民的身份契合,并彰显了公证的价值。

(二)电子证据保全公证中的合法性审查的程度

分析电子证据保全公证的过程,笔者尝试概括如下:第一个层面,要有一个客观事实或待证事实;第二个层面,要收集证明这个事实的信息,信息是以电子数据的形式体现;第三个层面,通过某种行为对这个信息进行证据固定;第四个层面,给这个证据固定的过程套上公证证明的形式。为表达方便和直观,抽象为表 1 的形式,并引入一个想象的事例:

表 1

过程	客观事实/待证事实(层面一)	证明事实的信息(层面二)	证据固定(层面三)	公证证明的形式(层面四)
事例	某男偷情	某男电子邮箱中关于偷情的邮件	固定邮件的过程	过程装进公证书

依照笔者的观点,公证的合法性审查应当涉及层面二、层面三和层面四,且审查的程度要求越来越高,倒过来说,对于层面四的审查,必须严格按照《公证法》、《公证程序规则》、⑤《办理保全互联网电子证据公证的指导意见》等相关规范性文件办理,此处若有不合法极有可能会直接导致公证书被撤销;对于层面三的审查,只需要将重点放在取证的步骤上,最典型如申请人是否有资格进入电子邮箱,相当于一个适法性的审查;对于层面二的审查,可以进一步放宽.内容不显然违法,或有相应位阶上的实体法支持,或有法理支撑即可。如表 2:

表 2

过 程	客观事实/待证事实(层面一)	证明事实的信息(层面二)	证据固定(层面三)	公证证明的形式(层面四)
事 例	某男偷情	某男电子邮箱中关于偷情的邮件	固定邮件的过程	过程装进公证书
合法性	不审查	不显然违法	适法	严格合法
反 例	—	侵犯隐私权	破解密码进入邮箱	公证申请表未签字

基于公证实务经验的欠缺,笔者并不具备想象一个适当的事例能够将所有情况涵盖的能力,但表 2 基本上能够表明笔者对合法性审查所持的意见。即合法性审查是全面

---

⑤ 笔者一直以来持“公证程序无用论”的观点,但在公证程序规范性法律文件依然实施的情况下,必须遵守是无他的选择。

的，即便违法的行为或事实不会实质影响到公证活动的效力及不会产生公证损害责任纠纷。

三、什么是保全？——基于语词的辨析

在法律语境下的“保全”具有什么特别的含义？它是否为舶来品，是否能用前文中使用过的“收集”、“固定”作等量替换？考证的过程通常是有趣的，不确定的是会因资料的有限和资料收集的不全面而有可能找不到结果。经查找访问，相关信息列出如下：

（一）辞书类

1.《现代汉语词典》中对“保全”词条的解释是：“（1）保住使不受损失；（2）保护、维修机器设备，使正常使用。”⑥

2.《中国大百科全书·法学》中没有收录“保全”和“证据保全”的词条。

3.《法学词典（增订版）》中对“证据保全”词条的解释是：“由司法机关依法收存和固定证据资料以保持其真实性和证据力的措施。目的是使证据事实不致因时过境迁或其他原因而消失或遭到破坏，从而保证能被正确地应用。……对证据资料采取上述措施和方法加以收存、固定时，要注意将所保全的证据材料与案件事实之间的联系详加注明，如实反映，以确保其证据的真实性和证据力的稳定性。”⑦

4.《北京大学法学百科全书》中对“证据保全”（preservation of evidence）词条的解释是：“在证据有毁损、灭失或以后难以取得的可能性的情况下，为了保证其证明效力，由法院采取一定的措施加以保护和固定，确保其真实性、客观性的诉讼活动。……诉讼参加人申请证据保全应在诉讼开始后，进入调查阶段之前提出，一般情况下，法院不进行诉前证据保全，诉讼前证据保全由公证机关作出。”⑧

5.《法学大辞典》中对“证据保全”（Conservation of Evidence）词条的解释是：“由司法机关依法收集和固定证据资料以真实性和证据力的措施。”⑨

6.《牛津法律大辞典》中将“perpetuating testimony”翻译为“证据保全”，解释为：“大法官法庭为保全和保存证据所采取措施。”⑩

7.《英汉法律词典》中将“perpetuating testimony”翻译为“永久保存的证据”，而将“perpetuation of testimony/evidence”翻译为“证据保全，证据保存（备案）”。⑪

---

⑥ 中国社会科学院语言研究所词典编辑室编：《现代汉语词典》，商务印书馆 2005 年第 5 版，第 48 页。

⑦ 《法学词典》编辑委员会编：《法学词典》（增订版），上海辞书出版社 1984 年第 2 版，第 458 页。

⑧ 刘家兴等主编：《北京大学法学百科全书：民事诉讼法学·刑事诉讼法学·行政诉讼法学·司法鉴定学·刑事侦查学》，北京大学出版社 2001 年版，第 683 页。

⑨ 周振想主编：《法学大辞典》，团结出版社 1994 年版，第 710 页。

⑩ ［英］沃克著：《牛津法律大辞典》，李双元等译，法律出版社 2003 年版，第 861 页。

⑪ 《英汉法律词典》编写组编：《英汉法律词典》，法律出版社 1999 年版，第 587 页。

8.《元照英美法词典》中将“perpetuation of testimony”翻译为“证言的永久保存”，解释为：“将证人证言用证据保全的方法事先录取下来以供将来诉讼时使用，以防因证人可能死亡或丧失行为能力而导致证言丢失。”⑫

9. *Black's Law Dictionary* 中将“perpetuation of testimony”解释为：“The means or procedure for preserving for future use witness testimony that might otherwise be unavailable at trial.”⑬翻译成中文的意思为“保存证人证言以备将来使用的手段或程序，若无这些手段或程序那么证人证言可能在审判中无法作为证据使用”。

（二）法学教材及专著类

1. 江伟主编的《民事诉讼法》将“保全程序”定义为“以保障债权人在民事裁判中所确认的权利能够获得实现为目的的临时救济制度”，⑭将“证据保全”定义为“在证据有可能灭失或以后难以取得的情况下，法院根据诉讼参加人或利害关系人的申请或者依职权采取措施，对证据加以固定和保护的制度”。⑮

2. 何家弘主编的《新编证据法学》将“证据保全”定义为“即证据的固定和保管，是指用一定的形式将证据固定下来，加以妥善保管，以便司法人员或律师分析、认定案件事实时使用”。⑯

3. 何家弘主编的《证据调查》中认为“保全证据是收集证据的一个重要环节”，并进一步指出“证据的保全实际上就是要保护证据在诉讼活动中的价值。这有三层含义：第一是保护证据的特定价值，即防止证据遗失或被替换；第二是保护证据的证明价值，即防止证据变质或被损坏；第三是保护证据的法律价值，即防止证据因保全手续不健全而失去法律效力”。⑰

（三）规范性法律文件类⑱

1. 以“保全”为标题关键字进行检索：

（1）发布最早的规定是1988年最高人民法院《关于在一审判决后的上诉期限内原审法院能否采取诉讼保全措施的批复》，其中没有对“保全”进行定义。

（2）《房屋拆迁证据保全公证细则》（司法部第29号令）第2条规定：“房屋拆迁证据保全公证是指在房屋拆迁之前，公证机关对房屋及附属物的现状依法采取勘测、拍照或

---

⑫ 薛波主编：《元照英美法词典》，法律出版社2003年版，第1047页。

⑬ Bryan A. Garner, *Black's Law Dictionary* (*Ninth Edition*), WEST PUBUSHING CO., 2009, p. 1256.

⑭ 江伟主编：《民事诉讼法》，中国人民大学出版社2007年第3版，第272页。

⑮ 同上书，第222页。

⑯ 何家弘主编：《新编证据法学》，法律出版社2000年版，第245页。

⑰ 何家弘主编：《证据调查》，中国人民大学出版社2005年第2版，第194页。

⑱ 笔者通过访问北大法宝数据库进行规范性法律文件的检索，资料来源http://www.pkulaw.cn/。

摄像等保全措施，以确保其真实性和证明力的活动。”

（3）中国公证员协会《关于办理保全证据公证的指导意见》（公协字〔2004〕第23号）规定：“保全证据公证是指公证处根据自然人、法人或者其他组织的申请，依法对与申请人权益有关的，以及有可能灭失或者以后难以取得的证据、行为过程加以提取、收存、固定、描述、监督的活动。”

2. 以“保全”为全文关键字进行检索：

（1）发布最早的规定是1950年2月《最高人民法院对翼城县政府司法工作报告中请示薛凤娥、杨桂英命案问题和赵兰英军婚问题的批复》，其中提到：“刑事命案最经重视勘查，不仅要注意于尸体全身的内外检验，还要注意到犯所及尸身周围现场的一切事物情况，加以精细的勘验、查讯和记录。对于有关材料亦要加以扣押保全，以为侦查犯罪事实及发现犯人之用。如在初行勘查时不予注意，事后再度复查即困难重重，难以求得真相。”

（2）1950年10月最高人民法院华东分院《关于审判程序等几个问题的批复》中指出：“凡有先付执行必要的案件，可在判决主文内同时宣告；如原告要求先付执行，亦得依具体情况，酌令提供担保，先付执行。如判决前或判决后有保全债权之必要，亦可斟酌具体情况，以裁定准许先行扣押，但均应在裁定书末尾记明：‘本件准许抗告’。”

（3）1956年最高人民法院《关于哪些裁定准许上诉，哪些裁定不准许上诉问题的批复》中指出：“人民法院决定采取保全措施如查封、扣押、冻结、提供财产保证或先行给付的裁定，也是准许上诉的。”

（4）1987年最高人民检察院《关于自侦案件赃款赃物如何处理问题的批复》中指出：“对已转入其他单位或个人手中的赃款赃物，亦应先查明事实。同时应采取保全措施，该扣押的扣押，该查封的查封，并将证明上述事实的证据和扣押清单、查封赃款赃物法律文书附卷移送法院审理。”

（5）中国公证协会《办理具有强制执行效力债权文书公证及出具执行证书的指导意见》第17条规定：“公证机构办理具有强制执行效力的债权文书公证及出具执行证书，应当注意下列问题……（四）电话（传真）核实宜以录像、录音的方式保全核实过程……”

对上述资料进行归纳，总结出的结论如下：

1. “保全”一词属于在法律领域普遍使用，但未赋予特定含义，根据字面意思可以解释的术语。其中“保”可以理解为收集、保存、保管等，“全”一般理解为固定。

2. 保全的对象类型众多，证据是其中最大的保全对象，证人证言又是证据中相对最为需要的保全对象。

3. 保全的方式众多，几种重要的方法包括查封、扣押、拍照、摄像，也包括复制、鉴定、勘验、制作笔录等方法。

4. 传统上，法律行业对公证机构从事的证据保全工作认识有限。

5. 公证行业对自身从事的证据保全工作有清晰的认识，对证据保全本身的概念也努力形成了一定的通说。

6. 证据保全必须要保障的是真实性和证明力，合法性未被论及。

对此，笔者的观点是，证据保全应当有其存在的独特意义，公证证据保全应当有其存在的不可替代的意义。这两个意义反映在理论上，表现为证据保全与证据收集存在区别、公证证据保全与其他证据保全存在区别。

如上文所列举，在传统的证据法学理论中，证据保全是为防止诉讼中的证据丢失而采取的保管和固定证据的行为。然而在实践中，绝大多数的证据收集行为，理所当然都要对取得的证据进行保管和固定。换句话说，证据收集的内涵应当包括证据的保管和固定。这一点在电子证据中体现得尤为明显，收集证据而不固定证据，收集行为无意义。这样一来，证据保全和证据收集在概念上既形成交叉又存在包含关系，不符合形式逻辑。探讨证据收集和证据保全的区别，笔者使用表3来说明：

表3

过　程	客观事实/待证事实（层面一）	证明事实的信息（层面二）	证据固定（层面三）	公证证明的形式（层面四）
事　例	某男偷情	某男电子邮箱中关于偷情的邮件	固定邮件的过程	过程装进公证书
信　息和处理	事实信息寻找发现	电子信息获取	电子信息生成电子证据	证据经公证具备效力
概念界定	证据收集	证据收集	证据收集	证据保全

笔者认为，包括证据固定在内，对于信息的寻找、发现、获取都属于证据收集的范畴。证据保全并不是对证据收集进一步做固定，而是实际审查所获取的证据是否具有“真实性和证明力”，[⑲]该证据是否能够对待证事实起到证明的作用。证据保全作为一种活动或者程序，有其专属的内涵及范畴。

而公证证据保全作为证据保全的种概念，与同属于证据保全种概念的其他类型的证据保全必然存在形式逻辑上的区别，笔者认为这里的区别就是笔者不厌其烦强调的“合法性”。在诉讼案件中，法院审判的重点是争议事实，决定案件胜败的关键是对证据的质证、认定。如果有争议的事实都有相应的证据证明，而这些证据都在开庭前进行了真实性和合法性的审查确认，法院对案件的审判就会顺利和有效率。在拉丁法系的许多国家，公证机构或公证人归属法院管辖，公证人行使一部分法官的权力，会体现在公证过程中公证人的审查工作，公证书一旦作为证据提交法庭，可以直接认定事实。在我国，目前

⑲ 中国社会科学院语言研究所词典编辑室编：《现代汉语词典》，商务印书馆2005年第5版，第48页；刘家兴等主编：《北京大学百科全书：民事诉讼法学·刑事诉讼法学·行政诉讼法学·司法鉴定学·刑事侦查学》，北京大学出版社2001年版，第683页；司法部《房屋拆迁证据保全公证细则》第2条。

公证机构和人民法院不属于同一系统，但是二者存在渊源，且公证的强制执行效力和证明效力的直观体现是在法院。因此，如果公证证据保全在合法性审查上发挥作用，不但能够提高司法效率，在构建科学合理的诉讼法律制度上起到积极影响，而且能够提升公证的形象和影响力，提升公证证明效力的程度。诚然，“法院才有权力认定证据的合法性”这一说法十分正确，笔者完全赞同，但是，从上面这句话推导出“公证机构不必审查证明内容的合法性”，是不符合逻辑的。

四、如果中国民事诉讼不再实行非法证据排除规则，证据保全公证该如何办理？——代结语

目前，我国民事诉讼非法证据排除规则体现为最高人民法院《关于民事诉讼证据的若干规定》（法释〔2001〕33 号）第 68 条规定：“以侵害他人合法权益或者违反法律禁止性规定的方法取得的证据，不能作为认定案件事实的依据。”对其商榷和批判的论文和论著不少。[20] 鉴于该条文的规定，公证行业在证据保全中审查合法性且算是“有法可依”，对于类似于通过黑客手段进入他人电子邮箱获得电子邮件内容的公证申请是不予受理的。假设如果有一天中国民事诉讼不再实行非法证据排除规则，而如学者所言将其交由“法官依自由心证原则合理取舍为宜”，[21]我们的证据保全公证又该如何办理呢？本文留着这个问题进入尾声。余音是，不得不承认，上面的“自由心证”四个字对于笔者的吸引和诱惑远远大于“证明权”。

---

[20] 笔者新近看到的一篇文章，为张立平教授所撰写的“中国民事诉讼不宜实行非法证据排除规则”，载《中国法学》2014 年第 1 期。本文本部分的标题和内容皆缘起于该篇文章。

[21] 张立平：“中国民事诉讼不宜实行非法证据排除规则”，载《中国法学》2014 年第 1 期。

《关于适用〈中华人民共和国婚姻法〉若干问题的解释(三)》在公证实践中的影响与应用

武　军*

最高人民法院《关于适用〈中华人民共和国婚姻法〉若干问题的解释(三)》(以下简称本解释),是最高人民法院对现行婚姻法的有效补充,已经于2011年7月4日颁布实施。本解释涉及的诸多条款,如以个人财产支付首付款并在银行贷款,婚后用夫妻共同财产还贷,不动产登记于首付款支付方名下的不动产归属的认定以及父母为子女结婚购买不动产归属的认定等,都对婚内财产协议的约定产生直接影响,进而在公证实务操作中对公证员办理夫妻财产约定、离婚协议书等公证事项也提出了新的要求。作为公证服务的实际提供者公证员来说,深入、细致地学习和领悟本解释,才能处理好此类公证事务,为当事人提供满足他们需要的公证法律服务。

本解释是在《关于适用〈中华人民共和国婚姻法〉若干问题的解释(一)》(以下简称司法解释一)、《关于适用〈中华人民共和国婚姻法〉若干问题的解释(二)》(以下简称司法解释二)的适用过程中,结合现实生活中法院在受理婚姻家庭纠纷案件方面的新趋势、新类型,进一步作出法律适用的明确标准。下面仅就本解释中与公证工作相关的内容从以下几个方面谈谈笔者粗浅的认识。

一、公证接待过程中,在认定当事人夫妻关系方面的把握与应用

本解释第1条第2款作出规定:"当事人以结婚登记程序存在瑕疵为由提起民事诉讼,主张撤销结婚登记的,告知其可以依法申请行政复议或者提起行政诉讼"。

现实生活中,较早的结婚登记,尤其是偏远地区的婚姻登记机关,在办理结婚登记过程中,没有严格执行婚姻的登记管理办法,会出现如一方当事人未亲自到场办理婚姻登记、借用或冒用他人身份证明进行登记、婚姻登记机关越权管辖、当事人提交的婚姻登记

* 中国公证协会业务规则委员会委员,北京市公证协会会员事务工作委员会委员,北京市长安公证处业务五部主任。

材料有瑕疵等情况。在此类情况下取得的结婚证书内容上经常出现姓名的同义字、异体字，当事人结婚年龄的误填、错登等情况。这类在结婚登记程序上存在瑕疵，没有欠缺结婚的实质要件的情况，它的法律效力缺乏明确的法律规定。此条解释的出台意味着当事人以婚姻登记中的瑕疵问题申请宣告婚姻无效的，只要不符合《婚姻法》第10条关于婚姻无效的四种规定情形之一，法院就只能判决驳回当事人的申请，而不是将符合结婚实质要件但结婚登记程序上有瑕疵的婚姻直接宣告为无效。它所传递的适法意图是本着司法便民、利民的原则进行指引性规定，方便当事人解决纷争，切合设立无效婚姻制度的立法本意，不盲目扩大无效婚姻的范围。这在我们公证工作中，对于当事人提供的结婚证书上登记记载的内容，与其他身份证件不完全一致，证书上的部分信息明显属于误登，其他形式要件均真实无误，并且通过其他证明材料梳理能明确双方的夫妻关系，当事人对该婚姻关系本无异议的情况，“一刀切”地认定当事人的婚姻无效，从而拒绝受理当事人的公证申请，以及一律要求当事人回原登记机关换发结婚证的做法，显得过于武断，脱离了现行司法环境。公证员可以针对当事人办理公证的不同种类，在尺度的把握上有所区分，并在笔录中对当事人进行询问并翔实地记录当事人的陈述，同时做好告知，以期在我们的公证工作中也进一步贯彻和体现司法便民、利民的原则。

二、进一步明确一方个人财产的范围，对公证员审查当事人申请办理夫妻财产协议书和离婚协议书等提出了新要求

1. 明确夫妻一方个人财产婚后产生的孳息和自然增值不是共同财产，对我们审查、指导当事人订立夫妻财产协议的相关内容等提出了新要求

本解释第5条规定：“夫妻一方个人财产在婚后产生的收益，除孳息和自然增值外，应认定为夫妻共同财产。”

一般而言，夫妻一方财产在婚后的收益主要包括孳息、投资经营收益及自然增值。婚姻法规定了婚姻关系存续期间所得的生产、经营收益及知识产权收益归夫妻共同所有，2004年4月1日开始施行的司法解释二也明确规定一方以个人财产投资所得的收益为夫妻共同财产，但对孳息和自然增值这两种情形如何认定未予明确。本解释第5条的规定，笔者认为是符合公平、正义的立法原则的，这是对新婚姻法和司法解释一、司法解释二废止了最早关于夫妻双方婚前财产，共同生活8年以后归属共同所有之规定的进一步完善，适法意图相同。在公证实践和宣传中，必须认真做好对一方财产婚后产生的孳息和自然增值归属的法律解释，从而为当事人提供更好的法律帮助。根据我国婚姻法的规定，夫妻之间可以通过书面约定的方式改变财产的所有制，即共有财产可以通过书面约定为一方所有，一方所有的财产也可以通过书面约定为共有。因此，对于有这类意愿的双方，引导当事人对有话语权的财产根据自己的意愿重新明确归属，不仅是对司法解释三的良好运用，更体现了公证工作为促进和谐家庭、和谐社会所履行的职责。

2. 明确婚后一方父母出资为子女购买不动产且产权登记在自己子女名下的应认定

为夫妻一方的个人财产，对办理委托、继承、遗嘱等公证所提出了新要求

本解释第7条规定："婚后由一方父母出资为子女购买的不动产，产权登记在出资人子女名下的，可按照婚姻法第十八条第（三）项的规定，视为只对自己子女一方的赠与，该不动产应认定为夫妻一方的个人财产。由双方父母出资购买的不动产，产权登记在一方子女名下的，该不动产可认定为双方按照各自父母的出资份额按份共有，但当事人另有约定的除外。"

这样的处理是符合中国国情与社会常理的，因为在实际生活中，父母出资为子女结婚购房往往倾注一生积蓄，一般也不会与子女签署书面协议，如果发生问题时一概将房屋认定为夫妻共同财产，势必违背了父母为子女购房的初衷和意愿，实际上也侵害了出资购房父母的利益。这种制度安排有助于纠纷的解决，同时给公证工作也提出了新的要求。公证的本质是预防纠纷，领会好现行法律解释的意图，从源头做起，正是公证员在法律共同体中作用的体现。这要求我们在审查当事人的财产状况时，需要问明购置财产的来源，不能仅仅根据房产证记载的发证时间在双方婚后就直接认定为夫妻共同财产，也不能听一面之词，必须向夫妻双方了解情况。比如，在办理卖房委托书公证时，认定谁作为委托人就是一个重要的环节，这关系到出售房款的归属，从而还可能引起由一方财产进行投资的收益、孳息、自然增值的进一步财产关系的变化。如果没有尽到合理的审查义务，就想当然地将房产认定为夫妻共同财产，将来引发的后患会直接影响到我们的工作和社会公信力。同理，在处理继承、遗嘱等公证事项时，对于夫妻财产还是个人财产的认定也需要多一层审查和核实，反映在笔录中就有必要对购房款项的来源进行询问，以及对当事人提供的购房款项来源证明材料的采集和审查。关于第2款"由双方父母出资购买的不动产，产权登记在一方子女名下的，该不动产可认定为双方按照各自父母的出资份额按份共有，但当事人另有约定的除外"，这项规定在审判离婚案件时便于司法认定和统一裁量尺度，但不能直接决定离婚后财产的归属状况，还需要在这个原则的指引下双方予以协商，因为离婚以后双方很少有意愿按份联名共有一套房产从而将房产在离婚后过户至两个人名下。房产肯定还是要按照有利于使用用途的原则进行分割，只不过对不动产的自然增值、孳息、投资收益可以据此原则进行分配。那么在当事人申请夫妻财产约定公证时，针对此种情况，公证员就可以对该项规定的现实意义进行讲解、释明，提示当事人在本款规定的宗旨下，对将来如果发生离婚的情况，本着预防纠纷的出发点，可以事先通过书面协议的方式对不动产的归属，自然增值部分的补偿以及孳息、投资收益的分配等做好约定。

3. 明确了按揭房产的归属，对公证离婚协议书时审查当事人约定内容提供了法律指引

本解释第10条规定："夫妻一方婚前签订不动产买卖合同，以个人财产支付首付款并在银行贷款，婚后用夫妻共同财产还贷，不动产登记于首付款支付方名下的，离婚时该不动产由双方协议处理。依前款规定不能达成协议的，人民法院可以判决该不动产归产权登记一方，尚未归还的贷款为产权登记一方的个人债务。双方婚后共同还贷支付的款

项及其相对应财产增值部分，离婚时应根据婚姻法第三十九条第一款规定的原则，由产权登记一方对另一方进行补偿。明确离婚案件中一方婚前贷款购买的不动产应归产权登记方所有。”一方按揭购买的房产，在婚后双方共同还款，房产证取得时间是在婚后，房产究竟属于一方婚前财产还是以房产证登记时间在婚后就认定为双方的共同财产，这是一直在我的公证工作中没有明确解决的困惑。如果仅仅机械地按照房屋产权证书取得的时间作为划分按揭房屋属于婚前个人财产或婚后夫妻共同财产的标准，则可能出现对一方显失公平的情况，因一方在婚前已经通过银行贷款的方式向房地产公司支付了全部购房款，买卖房屋的合同义务已经履行完毕，即在婚前就取得了购房合同确认给购房者的全部债权，婚后获得房产的物权只是财产权利的自然转化。本条司法解释正是体现了公平正义的原则，解决了公证员在受理涉及按揭房产的有关公证时，对房产归属在确认上的困惑。按揭房屋在双方离婚时无非是要约定产权和债务的归属两方面，产权归属明确了，债务也应由婚前买房人自行承担，因为婚前一方与银行签订抵押贷款合同，银行也只是审查一方的资信及还款能力才同意贷款的，其属于法律意义上的合同相对人，故离婚后应由其继续承担还款义务。之前办理过的离婚协议书中对于此类情况，当事人约定的情况也基本上是遵循了这个原则进行，即房产产权仍归属原产权购房人，债务也由其自行承担，有的给予对方经济补偿，有的未约定，因此说本条解释是顺应民意、符合国情的。该条司法解释出来，公证员据此对当事人在办理离婚协议书公证时进行讲解、宣传，也算“师出有门”了，当然公证员可以在办理公证的时候提醒共同还贷一方当事人有权利要求对方就共同还贷期间房屋的增值部分给予经济补偿。

4. 减轻了公证员办理处分房地产公证事务的执业风险

本解释第 11 条规定：“一方未经另一方同意出售夫妻共同共有的房屋，第三人善意购买、支付合理对价并办理产权登记手续，另一方主张追回该房屋的，人民法院不予支持。夫妻一方擅自处分共同共有的房屋造成另一方损失，离婚时另一方请求赔偿损失的，人民法院应予支持。”

本条解释的出台，对保证房地产交易安全起到了积极作用。根据诚实信用原则，房地产买卖合同缔结后，买卖双方都应该守约执行，但是房地产价格受政策影响较大，价格波动频繁，实际生活中，因当初出售房产的价格低于现有水平而以一方当事人不知情主张房屋买卖无效的案例并不鲜见。这种现象不仅严重影响房地产交易安全，同时构成对善意第三人权益的损害，对社会诚信也是一种背叛。之前司法解释一第 17 条曾规定：对于夫妻一方因日常生活需要而处理夫妻共同财产的，任何一方均有权决定；夫或妻非因日常生活需要对夫妻共同财产做重要处理决定，夫妻双方应当平等协商，取得一致意见。他人有理由相信其为夫妻双方共同意思表示的，另一方不得以不同意或不知道为由抗辩善意第三人。想必是形势所迫，本解释必须对解释一的这项再加之明确，直指房地产，不必再纠结于是否属于日常生活需要或重要处理决定的约束。

之前的公证实务中，如办理卖房的委托书公证和出售房地产的买卖合同公证，一般情况下要求夫妻双方到场才给予办理。但是依据该条司法解释，一方申请，公证处可否受理？笔者认为，是完全可以受理的，但需要在谈话笔录中告知申请人出售夫妻共同共有的房屋应该征得另一方的同意，如果未征得另一方同意，出现有损该方利益的，离婚时出售人有可能要承担损失赔偿，公证员在此只需要起到一个告知义务就可以了，不然基于现在焦点案例没有个下文，公证员岌岌可危，一个售房的委托书，推诿现象极为严重，也不利于公证行业的发展和提供便捷、高效公证法律服务的现实需要。在证据材料的收集方面，可以注意收集居间合同、产权登记申请表、配偶同意出售声明书等材料。

5. 办理公证离婚协议书时，公证员对申请人签署的协议生效条款的审查应遵循本解释第 14 条的规定

本解释第 14 条规定："当事人达成的以登记离婚或者到人民法院协议离婚为条件的财产分割协议，如果双方协议离婚未成，一方在离婚诉讼中反悔的，人民法院应当认定该财产分割协议没有生效，并根据实际情况依法对夫妻共同财产进行分割。"明确规定当事人协议离婚未成则事先达成的附协议离婚条件的财产分割协议不生效。

读到这条司法解释时，笔者脑海里闪现出在接待室遇到的一个案例，一名英国妇女起诉中国籍丈夫离婚，双方持律师事务所代书的一份《离婚协议书》来我处申办公证，其中协议书的生效条款是：本协议经双方签字后生效。公证员就此事与起草该份协议的女方律师进行了电话沟通，希望双方将协议的生效条款更改为双方办理了离婚手续后生效，律师以《合同法》第 25 条、第 44 条为据，态度强硬表示这种约定有法可依并无不妥，不能修改就是女方的真实意思表示。公证员遂以《合同法》开宗明义第一章一般规定中的第 2 条为由表示如不变动，无法受理。《合同法》第 2 条规定："本法所称合同是平等主体的自然人、法人、其他组织之间设立、变更、终止民事权利义务关系的协议。婚姻、收养、监护等有关身份关系的协议，适用其他法律的规定。"离婚协议显然是与当事人身份证关系密切相关的协议，应当适用婚姻法的相关规定。双方当事人在婚姻关系存续期间达成的离婚协议，对子女抚养和财产分割等问题所作出的约定，是以双方到民政部门办理离婚登记或到法院解除婚姻为前提条件的。婚姻没有解除该协议对夫妻双方都没有法律约束力，只有该条件成就时，约定的内容才发生法律效力。且不说办理离婚手续时任何一方的意思表示都有权利改变，在协议的缔结和办理完毕离婚手续之间还有可能发生任何一方当事人身故或和好如初的情况，离婚协议书如何以签署而认定生效？其生效条款理应适用与当事人身份关系相关的法律，而不是根据《合同法》第 25 条和第 40 条来认定。既然《合同法》第 2 条都有了原则性规定，就此看来本条司法解释，似乎没有必要写。但是审判工作实践当中，当事人双方事先达成的离婚协议的效力问题，往往成为了离婚案件争议的焦点，可见其被列出来直接指导审判工作是有着重要的现实需要和指导意义。毕竟大量由律师起草或当事人自行拟定的离婚协议书的生效条款都自然而然地约定以双方签署生效，办理《离婚协议书》公证的比较寥寥。所以本条司法解释的强调，有着现实的指导意义，也使得今后我们办理离婚协议书的公证时就生效条款的约定不再出现无意义的沟通。

三、在办理继承公证中提出的新要求

前面所提到的本解释第7条和第10条规定，在办理继承公证的过程中对于公证员判断是夫妻共同财产还是一个个人财产，从而决定遗产范围的影响前面已有所提及，在此不再赘述，仅谈谈本解释第15条对办理继承公证的启示。该条规定"婚姻关系存续期间，夫妻一方作为继承人依法可以继承的遗产，在继承人之间尚未实际分割，起诉离婚时另一方请求分割的，人民法院应当告知当事人在继承人之间实际分割遗产后另行起诉"。在办理继承公证时，继承人放弃继承还是接受遗产是在自有意志下做出的，无须征得配偶同意。继承开始于被继承人的死亡，但继承开始和实际分割遗产之间通常会间隔较长的一段时间，在此期间，继承人的婚姻有可能发生变化，确实存在起诉离婚的另一方请求分割遗产的情况。因为在婚内的继承所得原则上属于夫妻共同财产，虽然遗产分割在离婚后，但是继承始于被继承人死亡开始。根据本条解释，能否主张分割还是要等待实际分割遗产后进行，意思就是如果继承人接受了继承，配偶可以起诉分割，但是如果继承人放弃继承权，则无可分割的遗产，无讼可诉。那么它对我们公证工作有什么影响呢？笔者认为，在办理继承公证的时候，对于继承人的婚姻状况还是有必要在笔录中询问并做好告知，即如果在被继承人死亡后，遗产分割前离婚的，即便是继承人是在离婚后办理了继承手续，其继承的财产，原配偶还是有权利要求分割的，告知清楚后，你自己选择权衡利弊放弃还是继承，这样公证处可以省得很多不必要的缠讼和投诉。

四、其他对传统业务的新要求

本解释第16条规定："夫妻之间订立借款协议，以夫妻共同财产出借给一方从事个人经营活动或用于其他个人事务的，应视为双方约定处分夫妻共同财产的行为，离婚时可按照借款协议的约定处理。"本解释条款也是指导审判实践的，但是作为公证员，我们不能不考虑它对我们公证工作的影响。本条司法解释专门来规定夫妻之间的借款协议在离婚时的处理原则，而实际在公证实务中，也许因本人办证的局限，夫妻之间签署借款协议并办理公证的较为少见。出台本解释后，也许会有夫妻以签署借款协议的方式来处理一方的经营活动，毕竟经营活动的风险盈亏难料，但正常的家庭生活质量还是理应得到保护的。在正当环境下的夫妻间借款协议应该约定双方的权利义务、违约责任、还款期限、强制执行等，才能保证夫妻双方的财产利益同时不影响家庭生活又有利于开展经营活动，这对公证员积累办证经验和提高业务素质无疑提出了更高的要求。当然，在办理此类借款协议时，如何辨别当事人是正当的借款协议还是有逃避债务或掩盖其他违法目的，对公证员来讲更是挑战。

简论我国现行夫妻财产制及相关公证案例的思考

黄竞瑶*

据民政部数据显示，我国离婚人数已连续8年递增。在2011年，全国有120多万对夫妻喜结连理，但劳燕分飞的夫妇却有196万多对。目前，北京、上海等一线大城市的离婚率已超过30%。据专家预测，中国的离婚数量在未来几年中还会持续增长。一向崇尚"家和万事兴"这一古训的中国，正遭遇婚姻动荡的冲击。

10年前，国人需要得到单位的批准才能离婚。所以，出于社会压力，很多人维持着几十年的不幸婚姻。与其父母一代不同，现在的年轻人敢爱也敢恨。他们极为崇尚自由，"离婚自由"自然包含其中。如今，"中国式离婚"已成为一个世人关注的社会现象。随着我国社会主义市场经济的发展和住房制度的改革，夫妻共同财产结构出现了多元化，尤其是房屋、车辆、股权等价值较大的财产在夫妻共同财产中往往占有相当大的比例。在当下的离婚案件中，单纯的解除婚姻关系不再是案件的主要矛盾，夫妻财产问题和子女的抚养问题已逐步成为案件争议的焦点与核心。

一、夫妻财产制的概念及特征

婚姻家庭关系是身份关系与财产关系的统一，财产关系是婚姻家庭得以延续发展的基础，也是夫妻关系的核心。婚姻财产制，也叫作夫妻财产制，是指关于夫妻婚前财产和婚姻所得财产的归属、管理、使用、收益、处分，以及债务的清偿、婚姻关系解除时财产清算等方面的法律制度。①

笔者认为，夫妻财产制与民法中的一般财产关系相比，具有以下特征：

* 北京市长安公证处公证员。

① 李志敏著：《比较家庭法》，北京大学出版社1988年版，第109页。

1. 夫妻财产制根植于生产力发展水平，具有很强的民族性和历史性。②

在所有的法律中，婚姻家庭法是受一国传统文化影响最深的法律，并同时受制于社会多重因素的综合作用，必然使之长期保持本民族的风格并体现出强烈的历史延续性。所以，在选择财产制的形式时，不能单纯从立法技术上考虑，而必须与一国的历史相联系起来。

2. 夫妻财产制的主体仅限于涉婚的男女。

夫妻财产制的主体是特定的，既可以是准备缔结婚姻关系的男女，也可以是在婚姻关系存续期间的合法夫妻，还可以是已经解除婚姻关系但夫妻共同财产尚未分割完毕的离婚男女。只有上述主体，其财产关系才能适用夫妻财产制的相关法律规定。

3. 夫妻财产制具有可依附性和可变性。

夫妻财产制具有双重属性。首先是依附性，即其财产属性从属于人身属性，一旦当事人之间的身份关系发生变化，财产属性必定也就随之改变。此外，该制度还具有可变性，体现在夫妻双方在婚姻关系存续期间可以重新约定，从而改变财产制的类型；又或因一方由法院强制终了原有财产制而另行分别财产制等。

4. 夫妻财产制不具有等价性、有偿性。

夫妻财产制作为一种具有经济内容的财产制形式，是以男女平等为原则，以保护家庭中的弱者为理念，以维护婚姻关系的稳定、实现家庭的一系列功能为出发点的。当事人只要具有了适格的法律身份（结为合法夫妻），对夫妻共同财产就享有了平等的权利与义务。多数情况下，即便在婚姻关系解除时，一方也享受平等分割夫妻共同财产的权利。即使是在夫妻双方约定实行分别财产制的情况下，在婚姻关系存续期间，对无个人财产或个人财产较少的一方，也有一定的占有、使用对方财产和受对方扶养的权利；在婚姻关系终了之时，也常常赋予没有职业收入的家庭主妇参与盈余分配的权利，即《婚姻法》第40条规定的补偿权。

二、我国现行夫妻财产制及相关法律规定

我国现行《婚姻法》(2001年修订)明确规定了三种夫妻财产制，即法定共同财产制、个人特有财产制和约定财产制，前两者又可称为法定财产制。其中，法定财产制与约定财产制两者的适用原则是“有约定从约定，无约定从法定。”换言之，约定财产制排斥法定财产制而优先适用，即具有优先效力。

对于法定共同财产制，《婚姻法》第17条作出了原则性规定，既规定了夫妻共同财产的主要构成，又规定了“夫妻平等”的处置原则。随后，最高人民法院先后颁布了三个司法解释，即最高人民法院《关于适用〈中华人民共和国婚姻法〉若干问题的解释（一）》（以下简称为《婚姻法司法解释（一）》）、最高人民法院《关于适用〈中华人民共和国婚姻法〉

② 孔祥瑞、李黎著：《民法典亲属编立法若干问题研究》，中国法制出版社2005年版，第119页。

若干问题的解释(二)》(以下简称《婚姻法司法解释(二)》)、最高人民法院《关于适用〈中华人民共和国婚姻法〉若干问题的解释(三)》(以下简称《婚姻法司法解释(三)》),以更好地指导司法实践工作。其中,《婚姻法司法解释(一)》第17条,《婚姻法司法解释(二)》第11条、第12条、第14条、第19条及《婚姻法司法解释(三)》第5条,《婚姻法司法解释(二)》第15~18条、第20条及《婚姻法司法解释(三)》第10~16条、第18条分别对夫妻共同财产的平等处理权、夫妻共同财产的范畴、法院对夫妻共同财产的具体处置方式予以明晰。上述这些法律条款主要体现了法定共同财产制中的婚后所得共同原则。

对于个人特有财产制,《婚姻法》第18条规定了夫妻个人财产的范围;《婚姻法司法解释(一)》第19条则明确了在一般情况下,夫妻一方财产不因婚姻关系延续而转化为共同财产的问题;《婚姻法司法解释(二)》第13条、第22条及《婚姻法司法解释(三)》第7条分别对军人的个人财产与父母出资购买的不动产的权利归属作出具体规定。上述这些法律条款主要体现了夫妻财产制中的个人特有财产制。

对于约定财产制,主要体现在《婚姻法》第19条。该条款对夫妻双方可约定的财产范畴、所有制的形式以及所处置的财产比例作出了细致的规定,同时要求该等约定必须符合法定形式,即以书面形式出现。在没有约定或约定不明的情况下,将导致上文所述的优先适用效力丧失而适用法定共同财产制或个人特有财产制,来处理相关财产。

三、以现实案例引出问题

笔者以公证员的视角出发,就实际工作中遇到的以下两个案例进行反思,旨在引起业内人士及广大读者的关注和思考。

案例一:甲、乙申请办理离婚协议书之补充协议的公证,标的物为机动车。

甲、乙双方向公证处提交了如下材料:身份证、户口本、离婚证、离婚协议书、行驶证、车辆登记证。经审查,甲、乙原系夫妻关系。在协议离婚时,将甲方婚前购置的一辆马自达轿车协议约定为乙方所有,双方签署了《离婚协议书》并在民政局备案。但双方随后在办理该车过户手续时,车管所告知他们离婚协议约定不明确,要求他们到公证处办理补充协议书的公证,将标的物约定明确。原来,甲、乙双方在协议离婚时,在《离婚协议书》中只是简单地约定"甲方名下的一辆白色马自达轿车归乙方所有",而没有将该车的型号、车架号及车辆登记证编号一一列明,从而导致双方无法顺利办理车辆的过户登记手续。

案例二:甲、乙申请办理离婚协议书之补充协议的公证,标的物为房产。

甲、乙双方向公证处提交了如下材料:身份证、户口本、离婚证、经公证的离婚协议书、购房合同及发票、抵押借款合同、还款清单、房屋所有权证。经审查,甲、乙原系夫妻关系。乙现欲以在其名下的,于2004年贷款购买的一处房产(以下简称房产)作抵押向银行借款,该房产所涉及的银行贷款已于2006年11月还清并办理了解抵押的手续。甲、乙是在2007年4月结婚,2008年11月双方协议离婚,在协议离婚时,双方签署了《离婚协议书》并经公证处公证。该协议书中约定:“双方无房产;各自衣服均归各自所有;无债权债务义务。”现贷款银行无法审查用于抵押的房产是否系乙的个人财产,故要求他们到公证处办理关于上述房产的补充协议书的公证。

公证处能否受理上述两件申请办理离婚协议书之补充协议的公证呢？笔者认为不可以,具体原因如下:

依现行《婚姻法》第 19 条第 1 款的规定:“夫妻可以约定婚姻关系存续期间所得的财产以及婚姻前财产归各自所有、共同所有或部分各自所有、部分共同所有。约定应当采用书面形式。没有约定或约定不明确的,适用本法第十七条、第十八条的规定。”不难看出,虽然法律赋予了涉婚男女在订立婚姻财产协议时有广泛的自由,双方可以遵循意思自治原则对全部或部分的婚前、婚后财产之所有制形式在各自所有、共同所有或部分各自所有、部分共同所有这三种形式下自行协商确定,但并未规定将一方的个人财产约定归属为另一方所有的情形。

所以,在案例一中,甲、乙双方将甲方的婚前财产(马自达轿车),而不是夫妻共同财产,在离婚财产协议中约定为乙方个人财产,这本身就违反《婚姻法》第 19 条的规定。再者,对该车辆,除他们在《离婚协议书》中的潦草约定外并无其他具体的、文字性的书面约定。可见,实属约定不明。其直接法律后果是排除该等不明约定而适用《婚姻法》第 17 条、第 18 条的规定,对所涉财产按照共同财产或个人特有财产处理。故该车现有的权属情况应认定为甲方的个人财产,公证处不应为他们办理离婚财产补充协议公证。如将该车约定为乙方所有确为甲、乙双方的真实意思表示,则此种行为也系民事法律行为中的“赠与行为”,而非婚姻法上的财产约定。笔者认为,承办此类公证事项应按照赠与合同办理,其法律关系的准据法是《合同法》而非《婚姻法》。

案例二中对于甲、乙的公证申请,公证处亦不应受理。除部分理由同案例一外,乙婚前贷款购买的房产,虽在与甲结婚前就将上述贷款还清,但甲、乙结婚、离婚间隔的时间如此短暂,且经公证的离婚协议书内容又太过简单,实在让人觉得蹊跷。此案中,为了证明该房产系乙的个人财产,公证员进一步要求乙提供与甲结婚之前的未婚证明、与甲离婚之后的未再婚证明,乙均称没有办法提供,故在该房产“被共有”的可能性不能排除的情况下,不能为他们办理离婚财产补充协议书公证。

四、办理夫妻财产协议公证的思考

(一)对离婚协议书及其补充协议重要性与适用范围的思考

离婚协议书及其补充协议,是指即将解除婚姻关系的夫妻双方所签署的关于财产分割、子女监护与探视、配偶扶养、子女抚养等诸多方面的书面协议。离婚协议书必须为书面形式,由夫妻双方当事人签字,并经法院或婚姻登记管理部门认可才具有法定效力,这是办理离婚手续的法定要求之一。因此,离婚协议书是一份非常重要的法律文书,它不仅仅是办理协议离婚手续的必备材料，而且也是确定子女抚养、财产分割等问题的法律依据。同时，也是双方发生争议和纠纷后，人民法院解决离婚后财产、子女等纠纷的法律依据。

在司法实践中，办理离婚案件时，当事人经常忽视离婚协议书的书写，认为只要能快速办理完离婚手续就万事大吉了。而有些离婚登记机关对离婚协议的内容也不重视，一味讲究形式主义。只要《离婚协议书》上写有“夫妻双方自愿协商解除婚姻关系”、“双方无子女”、“财产分割已经完毕，双方对此无争议”就给办理离婚登记。更有甚者，有些民政婚姻登记机关还有《离婚协议书》示范格式文本，只要当事人按格式抄一下就完事了。这样做表面上省时省事，但万一发生争议，依据过于简单的《离婚协议书》往往不具有可操作性，根本无法判明是非、解决争议。更甚者一些人为了实现不法目的、规避法律又或钻法律的空子，如凭离婚协议逃避计划生育、对抗债权人、对抗人民法院的审判和执行等，导致恶意离婚、假离婚者屡屡得逞。

任何自由都不是绝对的，婚姻财产协议及离婚协议均是基于身份关系而产生的财产协议，并不是一个无所不包的法律文件。除应对相关财产的处置在《离婚协议书》中详尽约定外，笔者认为，离婚协议及其补充协议中的财产部分，应主要涉及双方需要在离婚时进行分割，但尚未分割又或尚未分割完毕的在夫妻关系存续期间以双方共有形式存在的财产，可包括全部共有或部分共有的婚前、婚后财产。依《婚姻法》第 19 条的规定，双方以书面形式作出明确约定的以 AA 制形式所有的婚前、婚后财产则不应纳入其中。在没有此等约定或约定不明的情况下，才可按法定共同财产或个人特有财产处理。

（二）认定夫妻双方关于“财产约定”条款的性质或效力时，法律适用的思考

婚姻家庭领域的协议常常涉及财产权属的条款，特别是婚姻财产协议及离婚协议。从性质上分析，它是一种民事法律行为，本应当适用民事法律行为的基本理论。但与一般的财产协议不同，它是亲属法中的行为，对该等协议中夫妻双方关于“财产约定”条款性质或效力的分析必须立足于身份法律行为的特殊性。在我国《合同法》第 2 条已明确规定“婚姻、收养、监护等有关身份关系的协议，适用其他法律的规定”的情况下，对这类特殊的协议应该首先适用《婚姻法》及相关司法解释的规定，而不适用《合同法》。

但事无绝对，这也不等于全部排斥《合同法》及有关民事法律的适用，只有当《婚姻法》没有明确规定，导致无所遵循时，又或指明适用其他民事法律条文时才会适用《合同法》及《民法通则》的有关规定。正如案例一中“赠与行为”的认定与《婚姻法司法解释（三）》第 6 条所规定的撤销“婚前或婚姻关系存续期间的赠与”适用《合同法》第 186 条的规定。

（三）对公证员办证原则的思考

从本文所述的两个案例可以看出，公证实践中，特别是当事人提出的由婚姻关系所引出的财产公证申请时，公证员首先应尽审慎的注意义务。必须认真审查申请人的婚姻

状况，包括未婚、已婚、离婚、再婚、多次再婚等情况，均应要求当事人提供真实、充分、合法、有效的证明材料，以达到剔除合理怀疑，形成内心确定的审查程度。严谨、扎实的办证作风是每个公证员所必须坚守的职业操守，只有这样才能把好关，达到预防纠纷、减少诉讼，推动社会和谐发展的目的，而不能一味追求办证数量与经济效益，无限放大可能作出假证、错证的风险。

在案例二中，纵然甲、乙执意说是贷款银行让他们办理公证，以说明抵押房产的权属情况，并一再拿着房产证、购房合同、还款清单等文件要求公证处出证。但公证员必须以确凿、全面的事实为出证根据，不能仅以上述文件材料为凭，在乙不能自行提供相关婚姻状况证明，即该房产“被共有”的可能性不能全面排除的情况下，错误出证。此等情况下，公证员完全可以秉着为当事人排忧解难的态度，建议甲办理声明书的公证。即甲可以发表就该房产与乙在婚姻关系存续期间和离婚时没有夫妻财产协议书，甲与该房产没有关系，不享有任何权利的声明书。至于该房产是否是乙的个人财产，就需要乙自行提供相关婚姻状况证明来求证了。

赠与合同中的撤销权制度研究

韦　伟*

一、赠与合同的性质

根据《合同法》第185条的规定，赠与合同是赠与人将自己的财产无偿给予受赠人，受赠人表示接受赠与的合同。赠与合同的特点主要有以下几个：(1)赠与合同是转移标的物所有权的合同。(2)赠与合同是双方法律行为。即当事人双方意思表示一致合同才能成立，若一方表示赠与，而另一方不接受，则赠与合同不能成立。(3)赠与合同为单务、无偿合同。赠与合同一般仅赠与人单方负履约义务，且在赠与合同中，受赠人在接受赠与物时，无须向赠与人支付相应的对价。(4)赠与合同为诺成合同。虽然理论界对赠与合同是实践合同还是诺成合同一直争论不休，但是从《合同法》的有关规定来看，赠与合同为诺成合同，当事人意思表示一致即成立，无论赠与的财产是否交付。

赠与合同的上述特点，使得赠与人与受赠人在合同中权利义务出现了不对等的情况。一般来说，赠与人单方面负有义务，受赠人单方面享有权利。因此，为了协调赠与人与受赠人之间的利益关系，法律赋予赠与人以撤销权。撤销权根据自身性质的不同，又可以分为任意撤销权和法定撤销权。

二、赠与合同中的任意撤销权

(一)任意撤销权的行使

1. 任意撤销权的概念

任意撤销权是指在赠与合同成立后，赠与物交付之前，赠与人享有基于自身的意思表示撤销赠与的权利。《合同法》第186条规定赠与人享有任意撤销权，即赠与人在赠与财产的权利转移之前可以撤销赠与。

* 北京市长安公证处公证员。

2. 任意撤销权的理由

赠与人任意撤销权的享有是由赠与合同单务、无偿的性质所决定的。由于受赠人接受赠与属于纯受益行为，赠与人在赠与财产权利转移之前，因各种原因撤销赠与，受赠人一般也不会受到什么损失。其目的就是赋予赠与人与受赠人达成合意后法定要件实现前以悔约权，使赠与人不致因情绪冲动，思虑欠周，贸然应允将不动产等价值贵重物品无偿给予他人，既受法律上的约束，遭受财产上的不利益。①

（二）任意撤销权的限制

赠与人在行使任意撤销权时要受到一定的限制，法律对该权利的行使所作限制主要包括以下几点：

1. 时间上的限制，即赠与人必须在赠与财产的权利转移之前撤销赠与。所谓赠与财产的权利转移之前，具体而言，对于动产，根据《物权法》第23条的规定"动产物权的设立和转让，自交付时发生效力"。动产的权利转移以是否交付为界限。在此，对于动产的交付形式，根据《物权法》第25条至第27条的规定，不同的交付形式，其法律行为发生效力的时间不同，其权利转移的时间也不同。对于不动产和需要登记的动产，需在登记之前撤销。

2. 范围上的限制，即具有救灾、扶贫等社会公益、道德义务性质的赠与合同或者经过公证的赠与合同，赠与人不得任意撤销。因为上述赠与合同涉及社会公益和道德义务，这类赠与不仅仅是合同双方当事人之间简单的法律关系，其更多的是涉及社会公众利益，所以从维护社会稳定的角度出发，法律限制此类赠与合同赠与人任意撤销权的行使。而经公证的赠与合同，赠与人在进行公证的过程中，公证员都会对其赠与行为的法律意义和有关法律后果进行详细的告知，且从维护国家公证机构公信力和合同的严肃性出发，法律同样禁止赠与人任意撤销其赠与。

三、赠与合同中的法定撤销权

赠与合同中的法定撤销权，是指在法定事由出现时赠与人撤销赠与的权利。该种撤销权的行使必须具备法定事由，只要具备了法定事由，不论赠与的标的物如何，是否交付或登记，是否经过公证，赠与人均可以行使撤销权。我国《合同法》总则第54条和分则第192条对赠与人的法定撤销权分别作了详细的规定，其中由于在订立合同时显失公平主要是针对有对价的双务合同而言，因此不能作为赠与合同撤销的事由。所以，赠与合同中赠与人的法定撤销权主要包括以下几种情形。

① 王泽鉴著：《民法学说与判例研究》（一），中国政法大学出版社1998年版，第414页。

(一)赠与人因重大误解订立的合同

根据最高人民法院《关于贯彻执行〈中华人民共和国民法通则〉若干问题的意见(试行)》(以下简称《意见》)第71条的规定:"行为人因对行为的性质、对方当事人、标的物的品种、质量、规格和数量等的错误认识,使行为的后果与自己的意思相悖,并造成较大损失的,可以认定为重大误解。"鉴于此项规定,赠与人因自身过错而对赠与内容等发生误解时,其所从事的赠与行为可以撤销。

(二)因欺诈、受胁迫而作出的赠与行为

《意见》第68条和第69条规定:"一方当事人故意告知对方虚假情况,或者故意隐瞒真实情况,诱使对方当事人作出错误意思表示的,可以认定为欺诈行为";"以给公民及其亲友的生命健康、荣誉、名誉、财产等造成损害,或者以给法人的荣誉、名誉、财产等造成损害为要挟,迫使对方作出违背真实的意思表示的,可以推定为胁迫行为"。当发生欺诈和受胁迫的情形,赠与人可以依据《合同法》第54条的规定行使撤销权以维护自身合法权益。

(三)乘人之危的赠与行为

根据《意见》第70条的规定:"一方当事人乘对方处于危难之机,为牟取不正当利益,迫使对方作出不真实的意思表示,严重损害对方利益的,可以认定为乘人之危。"当发生上述情况时,赠与人可以依法行使撤销权。

(四)受赠人严重侵害赠与人或者赠与人的近亲属

由于赠与合同较之其他种类的合同更注重当事人之间的感情基础,所以,若受赠人严重侵害赠与人或赠与人的近亲属时,赠与合同赖以存在的感情基础将不复存在,赠与的本意也随之不复存在,因此,在这种情况下法律赋予赠与人有权撤销赠与。在此需要注意的是如何判断"严重侵害",以及判断标准是什么。由于法律上没有明文规定,则造成了实践中的操作困难。我国台湾地区的"民法"规定受赠人的行为须为应受刑法处罚的程度,若仅为一般侵权行为而不构成犯罪,则不发生赠与人的撤销权。② 也就是说,受赠人的侵害必须严重到受刑法追究的程度,但是,若以是否追究刑事责任为衡量的标准,对于赠与人的权利保护又极为不利。在现实生活中,往往发生受赠人对赠与人的侵害虽未达到刑事犯罪的程度,但是却对赠与人同样造成了严重的伤害,如造成赠与人的精神创伤等,故严重侵害的判断标准应为对赠与人或其近亲属造成的不良影响的轻重程度。这里可以根据散见于《民法通则》以及最高人民法院《关于民事侵权精神损害赔偿责任若干问题的解释》、最高人民法院《关于审理人身损害赔偿案件适用法律若干问题的解释》、

② 何俊辉:"论赠与合同的撤销与拒绝履行",载《湖南省政法管理干部学院学报》2002年第8期。

《刑法》的规定进行司法判断。

（五）受赠人对赠与人负有扶养义务而不履行

对于何为"扶养"，以及此"扶养义务"指的是法定的义务还是约定的义务，学者们对此众说纷纭。而单从立法本意来看，此处的"扶养"应包括"抚养、扶养和赡养"。因为，法律赋予赠与人法定撤销权，其目的就是为了保护赠与人能够在情势发生变化的时候维护自身权益。所以，对"扶养"进行扩大解释符合立法本意。而"扶养义务"的性质是法定还是约定，法律没有明确的规定，有的学者认为，受赠人对赠与人的扶养义务既可以是法定的，也可以是约定的。这是由赠与人撤销权的立法目的决定的。如果仅仅把此处的扶养义务限定为法定的，势必会限制和剥夺赠与人通过行使撤销权来保护其权利。③ 但是，从《合同法》第 192 条第 2 项来看，约定的扶养义务可以归入赠与合同约定的义务之中，故笔者认为，此处的扶养义务应该仅指法定的义务。

（六）受赠人不履行赠与合同约定的义务

赠与合同虽然是单务、无偿合同，但是也应该尊重当事人的意思自治，即只要受赠人在接受赠与时自愿承担约定的义务，那么就应该接受该负担的约束。若受赠人违反与赠与人之间的约定，在此情况下，为了对赠与人的损害进行救济，法律则赋予赠与人以法定撤销权。但实践中往往发生赠与人基于此款而任意行使其法定撤销权，从而损害受赠人合法权益的情形。在合同法上，不履行约定的义务包括完全的不履行、迟延履行、不适当履行等多种情况，是否只要受赠人有以上任何一种情况，赠与人都可以行使法定撤销权呢？法律是一种平衡器，对于任何一方的权利保护都应该是公平的。因此，笔者认为虽然赠与合同有诸多特殊之处，但是，在保护赠与人的合法权益的同时也应该注重对受赠人权益的保护，而不能恣意允许赠与人对受赠人权益的损害。在受赠人完全不履行包括拒绝履行和根本违约的情况下，赠与人可以行使法定撤销权。但在不完全履行或者部分履行的情况下，法律应该视情况而定，赠与人可以针对受赠人的不完全履行或者部分履行行使相应的撤销权。这样既能维护赠与人的利益，也可以避免赠与人法定撤销权的滥用而导致受赠人权益的损害。

法定撤销权的行使有一定期限的限制，经过该除斥期间则法定撤销权即消灭。《合同法》第 192 条第 2 款规定，赠与人行使撤销权自知道或应当知道撤销原因之日起一年内行使，超过一年不行使的，该撤销权即消灭。我国《合同法》第 193 条还规定了因受赠人的违法行为致使赠与人死亡或者丧失民事行为能力的，赠与人的继承人或者法定代理人可以自知道或者应当知道撤销原因之日起六个月内行使撤销权。当出现适用法定撤销权的情形时，若法律不对赠与人的此项权利的行使规定期限，那么受赠人的权利永远处于不安的状态。这既不利于赠与人权益的保护，同时也不利于社会秩序的稳定。因

③ 赵俊劳："论赠与合同中赠与人的法定撤销权"，载《商洛师范专科学校学报》2000 年第 3 期。

此，法律一方面赋予赠与人法定撤销权，另一方面又对此项权利的行使限制一定的期限，从而达到保护和约束的目的。

四、赠与合同中撤销权制度的完善

上述中国《合同法》中所规定的赠与合同的撤销权制度有一定的缺陷和遗漏，笔者认为今后立法应该从以下几个方面加以完善。

（一）当赠与目的落空时应赋予赠与人相应的撤销权

赠与目的落空，是指赠与人对受赠人的赠与，有一定的目的性，或帮助受赠人完成某项工作，或帮助受赠人解决某个问题，当赠与的目的不能实现时，应赋予相应的撤销权。在此种情况下，应该从第三方的角度去判断赠与目的是否实现，而不能从赠与人或受赠人的角度去衡量，因为无论从哪方的角度去衡量赠与目的是否实现都将有失公平。

（二）附负担赠与的撤销权应受到限制

《合同法》第191条规定，“附义务的赠与，赠与的财产有瑕疵的，赠与人在附义务的限度内承担与出卖人相同的责任”。在附义务的赠与中，受赠人并非通常意义上的纯获利益，而是要履行一定的义务。尽管此项义务并非赠与合同的对价，但是法律上也应该对纯获利益的赠与和附义务的赠与区别对待，以便平衡当事人之间的权利和义务。在附义务的赠与合同之中，赠与人应该视受赠人履行义务的程度而相应地行使其撤销权，在受赠人已经依约履行其应尽的义务，那么在这种情况下赠与人不得单方行使撤销权；在受赠人不完全履行约定的义务时，赠与人只能在未履行义务的范围内行使撤销权。而且，法院在判断撤销权的行使是否合理之时，还要分析所负担的义务的程度。所负担的义务越苛刻，越接近对价，赠与合同就越类似于等价有偿的买卖合同，此时撤销权就越应受限制。反之亦然。

（三）违反信赖利益的撤销权应受限制

除了《合同法》上所规定的不得任意撤销的情形外，赠与人行使单方任意撤销权还应有另一种限制，即不得损害受赠人的信赖利益。富勒在其《合同损害赔偿的信赖利益》一文论述到：“基于对被告之允诺的信赖，原告改变了他的处境。例如，依据土地买卖合同，买方在调查卖方的所有权上支付了费用，或者错过了订立其他合同的机会。我们可以判给原告损害赔偿以消除他因信赖被告之允诺而遭受的损害。我们的目的是要使他恢复到与允诺作出前一样的处境。在这种场合受保护的利益可以叫作信赖利益（The

Reliance Interest)。”④在赠与合同中，就是指当赠与合同成立后至财产权利转移之前，受赠人因合理地信赖赠与人的赠与允诺而为一定的行为，从而使自己处于一种若合同不履行即会遭到不应有的损失的境地时所产生的具有法律可保护性的利益。⑤ 对受赠人信赖利益的保护，是诚信原则和缔约过失责任的体现，这样既可保护善意当事人的合法权利，也有利于维护正常的交易秩序和促进善良风俗，符合社会的实际需求。

五、结论

针对赠与合同的撤销权问题，有的学者提出，应该赋予赠与人在“穷困状态下的撤销权”。笔者对此持有不同的观点，“穷困状态下的撤销权”的提出是基于《合同法》第195条的规定，“赠与人的经济状况显著恶化，严重影响其生产经营或者家庭生活的，可以不再履行赠与义务”。本条规定实际上赋予了赠与人“穷困之际的不履行权”，⑥而这种不履行权的行使仅针对赠与人尚未履行的部分，赠与人可以不再履行，已经履行完毕的部分，赠与人不得要求受赠人返还。赠与合同更多情况下是由赠与人的单方意思表示而启动，因此，赠与人对于自己的赠与行为，其后果及自身承受能力都应有一定的考虑。故尽管在赠与之后发生情势上的变化，此时，也不宜再赋予赠与人以撤销权，一方面可以敦促赠与人谨慎履行赠与行为，另一方面也是防止赠与人滥用撤销权以损害受赠人的合法权益。

赠与合同的撤销权问题，实质上涉及赠与人和受赠人双方的利益关系。法律一方面基于赠与合同的单务、无偿的性质赋予赠与人一定的撤销权，另一方面为了维护社会的交易秩序，防止赠与人滥用这一权利而任意损害受赠人的利益，法律又对赠与人行使撤销权进行了严格的限制。因此，如何正确地适用法律成为一线法律工作者们需要认真考虑的问题。法律源于生活，又高于生活，只有具体问题具体分析，针对具体的赠与情形去分析考量才能正确适用法律，从而更好地维护当事人合法权利。

---

④ ［美］L. L. 富勒、小威廉·帕迪尤：“合同损害赔偿中的信赖利益”，载《民商法论丛》（第7卷），法律出版社1997年版，第413页。

⑤ 满洪杰：“赠与合同中的信赖利益”，资料来源 http://www.civillaw.com.cn/article/default.asp?id=26673。

⑥ 易军：“探析《合同法》第195条所定权利的性质”，载《华东政法学院学报》2003年第5期。

浅析遗嘱信托公证

韦　伟*

遗嘱信托公证，是指对遗嘱信托进行的公证。遗嘱信托，是指立遗嘱人按照自己的意愿，以遗嘱形式的单独行为设立的信托。即作为委托人的立遗嘱人通过遗嘱的形式，将财产权转移给受托人，由受托人按照立遗嘱人（即委托人）设立的信托目的，或指定的受益人的利益，以自己的名义管理和处分信托财产的行为。

一、信托制度在中国的涅槃与重生

信托是英国衡平法创造的一项重要制度。我国早在20世纪初就在上海成立了通商信托公司，并且在1925年中央信托局建立时，全国的大银行几乎都设立了信托部。但中华人民共和国成立以后，信托业务被取缔。改革开放以后，我国的信托业务才以"得人之信，受人之托，理人之财，履人之嘱"为经营原则迅速地发展起来。中央各部委、金融机构、各省市和有些县政府几乎都设立了各自的信托投资公司。我国相继开办了房地产资金存款、资金运用、委托业务、代理业务以及兼营业务等。据不完全统计，20世纪80年代末，全国的信托公司曾达到1000多家。但实际上由于制度和管理上的缺陷使原来的信托机构从事的几乎都是商业银行的业务，即贷款和证券业务，而非真正意义上的信托业务。为此，中央政府及其具体职能部门从1988年到1998年的10年间，先后对信托业进行了四次大规模的清理和整顿，使信托公司的数量由原来的1000多家降到239家。1998年广东国际信托投资公司因经营不佳而破产，央行以此为契机，对我国信托业进行了第五次清理和整顿。在清理整顿中，通过合并、重组和撤销，使信托公司的数量由第四次整顿后的239家降到58家。2001年10月1日，我国颁布了起草时间长达8年的《信托法》。紧接着在2002年六七月，又先后发布了《信托投资公司管理办法》和《信托投资公司资金信托业务管理暂行办法》。至今，我国已经出台了很多有关信托方面的规章，为我国信托事业的发展奠定了法律基础。

* 北京市长安公证处公证员。

但是,《信托法》中所允许的自然人之间的民事信托却发展缓慢,几乎不被老百姓采用。究其原因,在于信托的"双重所有权"的特点,难以完全融入大陆法系国家的物权法制度。不要说普通百姓难以理解,就是法官和律师这些法律专业者都很不熟悉,更遑论运用了。

但笔者认为,现实需求的增长必将使得我国信托业即将迎来新的春天。遗嘱信托也必将走入百姓的生活。

二、遗嘱信托与普通遗嘱相比的优势

遗嘱信托在国外是一种普遍采用的处理遗产的方式。例如,戴安娜王妃、梅艳芳、"流行乐之王"迈克尔·杰克逊都是通过遗嘱信托的方式来处理自己的遗产的。世界首富比尔盖茨也早就设立了一份遗嘱信托,准备将自己的全部财产在死后用于公益事业。我国自改革开放以来,社会经济迅速发展,个人财富日益增多,但也带来了很多新问题,主要包括:第一,家庭财产的继承。因财产的继承而引发的纠纷层出不穷,亲友为遗产分配而反目的屡见不鲜。如何有效解决财产继承,减少因分配而产生的纠纷,使家庭永远和睦,成为一个值得关注的社会问题。第二,遗产的管理和运用。如何确保遗产在被继承人死后按照其意愿运用,防止继承人因缺乏管理能力或者任意挥霍而使遗产流失。第三,如何保证在继承人突然死亡或者丧失民事行为能力的前提下仍然能够有效地管理遗产。第四,如何面对即将开征的赠与税和遗产税。为此,遗嘱信托将拥有广阔的发展空间。

与普通遗嘱相比,遗嘱信托具有多方面的优势。

(一)克服遗赠制度的缺陷

按照法律的规定受遗赠人必须于继承开始后 2 个月内作出接受遗赠的意思表示。由于我国《继承法》对于受遗赠人向谁、怎样才算作出有效的意思表示等没有作出明确的规定,导致遗嘱人死亡后,受遗赠人可能无法及时作出意思表示。另外,理性的遗嘱人考虑到自己的遗嘱可能不会实现因而会不选择遗赠的方式处分身后财产。遗赠制度由于存在上述缺陷而不能达到充分实现遗嘱人的意思自由的目的。通过遗嘱信托遗嘱人可以选择合格的受托人执行遗嘱,而且不需要受益人(相当于受遗赠人)作出接受的意思表示遗嘱信托就可以生效,从而会克服遗赠制度不能充分实现遗嘱人的意思自由的缺陷。

(二)达到遗嘱人保护弱势者的目的

我国《继承法》确立了继承权平等原则,但实践中这一原则难于执行。《继承法》明确规定,继承权男女平等;婚生子女、非婚生子女、养子女和有抚养关系的继子女与亲生子女享有平等的继承权;养父母和有抚养关系的继父母与生父母享有平等的继承权;同父母的兄弟姐妹、同父异母或者同母异父的兄弟姐妹、养兄弟姐妹、有抚养关系的继兄弟姐妹享有平等的继承权。如果当事人采用遗嘱信托制度,由遗嘱人在信托文件中任意选择受益人,委托人去世后,受托人按照委托人的意愿执行信托文件,在继承人中分割遗产。对比起诉讼的方式,遗嘱信托是对于弱势者预设的保护措施,可以在受托人的主持下,不必经过高成本的诉讼就可实现所有(继承人)受益人的合法权益,以从根本上保障继承权平等。

(三)能发挥后位继承的相关功能

所谓后位继承是指遗嘱人在遗嘱中写明在继承人死亡时由指定的人继承该继承人所继承的遗产的制度或指定继承人应于某种条件成就时应将所继承的财产转移给其所有人的制度。简言之,后位继承人就是遗嘱人对于遗嘱指定继承人的继承人。我国继承法上并没有规定此种制度,学界对此存在肯定说和否定说两种对立的学说。其焦点在于为了保护遗嘱人的意思自由能不能突破大陆法系的所有权理论的限制?从继承人的角度考虑,既然遗产所有权从遗嘱人死亡时已经转移,死者就不能再支配其生前的财产,而后位继承制度实际上是允许遗嘱人处分继承人的财产所有权,这与大陆法系民法理论是不符的,对于继承人也是不公平的。但是,从遗嘱人的角度考虑,遗嘱自由是继承法的重要原则,遗嘱人通过遗嘱设定后位继承人应该是遗嘱自由的体现。对这一难题,完全可以通过遗嘱信托来解决:即由遗嘱人(委托人)在生前制定的遗嘱(信托文件)中指定继承人、后位继承人(均为信托受益人);信托生效后,由受托人按照信托文件的规定即使前位继承人受益,又在规定的情况发生时,让后位继承人受益。这一做法既最大限度地实现了遗嘱自由,又通过信托架构使受托人保有遗产所有权,仅仅将价值意义上的财产收益转交给受益人,避开了在大陆法系设定后位继承人时,遗产所有权业已转移给前位继承人,因而遗嘱对于继承人的财产不能进行处分这一障碍。

(四)克服遗嘱执行人法律地位不明确的缺陷

《继承法》第16条第1款规定:“公民可以依照本法的规定立遗嘱处分个人财产并可以指定遗嘱执行人。”法律仅仅规定公民可以指定遗嘱执行人,但遗嘱执行人的法律地位或性质并不明确,这给司法实践带来很多困难。学界对此形成四种学说:第一种为机关说,认为遗嘱执行人为被继承人法律上所承认利益的机关;第二种为限制物权说,认为遗嘱执行人对于遗产享有限制的物权;第三种为任务说,认为遗嘱执行人如同破产管理人一样负有法律上的任务;第四种为信托受托人说,认为遗嘱执行人既非代理人也不是固有职责而是信托关系的受托人。而通过遗嘱信托就可以完全解决这一问题。根据《信托法》的规定,委托人、受托人和受益人的法律关系是明确的,各方的权利、义务和责任也是明确的。

(五)能发挥遗产整体效用

《继承法》第29条明确规定,遗产分割应当有利于生产和生活需要,不损害遗产的效用。根据这条规定,对于不宜分割的遗产,可以采取折价、适当补偿或者共有等方法处理。

原则上坚持遗产要在继承人中分割的做法会产生如下几个方面的缺陷:分割遗产的过程需要支出分割费用;分割遗产容易产生不必要的纠纷;继承开始后遗产分割前,所有的继承人、受遗赠人对于遗产享有共有权,会导致遗产管理处于混乱的状态,使遗产遭受不必要的损失。如果遗嘱人选择遗嘱信托制度,则上述弊端可以得到克服。其一,根据信托的要求,遗产(实物)由受托人保有,收益权归继承人享有,遗产实物完全可以不分割。继承开始后,受托人直接介入对遗产的管理,避免了管理混乱所带来的遗产贬值,再经过受托人对于遗产的专业化管理,容易达到保值增值的目的。其二,在需要分割遗产的情况下,由于受托人是一个中立的、专业化水平较高的角色,具有较强的处理遗产信托的能力,受托人主持分割遗产可以避免纠纷的发生,使遗产的分割达到合理、公平、效用的目的。

(六)有利于保护债权人

继承法规定,遗产在分割之前应该首先被用来清偿被继承人生前欠下的债务,相应地,如果遗产在尚未清偿债务之前就已经分割,则继承人、受遗赠人需要承担相应的法律责任。表面上看这种规定在极尽能事地保护债权人,实际上隐含着许多对债权人不利的因素:被继承人死亡的消息由于种种原因可能并不会为债权人知悉;因为遗产分割使债务人(被继承人)变成多个(继承人),原来简单的债权债务关系变得复杂,增加了债权人讨债成本;由于我国还没有建立起完善的个人财产公示制度,因而很难做到根据继承人、受遗赠人继承遗产的数额确定其承担债务的范围。如果采取遗嘱信托制度,首先债权人利用信托财产公示制度并查阅信托财产的有关账簿,债权人会很清楚遗产的去向,从而避免了继承人隐匿财产、逃避债务的可能。而且,债权人可以首先要求受托人在信托财产的范围内清偿债务,以免向每一个债务人进行个别追偿。

三、遗嘱信托公证中应该注意的问题

遗嘱信托,既要遵守信托法的规定,也要遵守继承法的规定。在办理遗嘱信托公证中,应该注意审查以下事项。

(一)主体是否合格

1. 委托人的资格

《信托法》第19条规定,遗嘱信托的委托人应当是具有完全民事行为能力的自然人。

2. 受托人的资格及其选任

(1)受托人的资格

《信托法》第24条规定,遗嘱信托的受托人应当是具有完全民事行为能力的自然人、

法人。2001年颁布的《信托投资公司管理办法》中对从事营业信托的受托人资格进行了规定。据此，设立信托投资公司，必须经中国人民银行批准，并领取《信托机构法人许可证》。在一般的合同信托中，未成年人签订的信托合同无效。遗嘱信托由于是单方行为，因此如果选任未成年人作为受托人，不作为信托无效处理，应该选任新的受托人，以尽量维护信托的效力。当然，公证中应该尽量提醒遗嘱人选任具有完全行为能力的自然人担任受托人。遗嘱信托中如果对于受托人的资格有一定要求，则公证机关应该审查受托人是否具有该特殊资格。如果受托人出现《继承法》第7条规定的丧失继承权的情形，应该认为受托人不再具备委托人高度信任的条件，因此属于《信托法》第39条规定的"法律、行政法规规定的其他情形"，应该终止其职责，受益人可向法院申请选任新的受托人。所以，公证机关也要审查该受托人是否已经丧失了继承权。

(2)受托人的选任

由于没有获得受托人的承诺，或者即使获得了承诺但情况发生很大变化时，预定成为受托人的人可能不接受该指定。在遗嘱中，可以先设定如果甲不行，则由乙来担任，但如果指定的受托人都不接受，则要由受益人选任新的受托人；如果遗嘱中规定不是该受托人就不进行信托，该信托终止。另外，如果受托人无行为能力时，可以成为选任新受托人的事由，信托依然成立。在遗嘱信托中完全没有指定受托人时，一般认为应该尊重设定信托的遗嘱人的最终意愿，尽量使其有效。根据遗嘱，可以把受托人的选任委托给第三人，如遗嘱执行人。从遗嘱执行人来说，必须独立于继承人的意思让第三人担任受托人，且不能根据被继承人生前的委托合同，只能根据遗嘱。

3. 受益人的资格

《信托法》第43条规定，受托人可以是受益人，但不得是同一信托的唯一受益人。另外，根据《信托法》第11条的规定，受益人或者受益人的范围必须确定，否则信托无效。《继承法》中规定遗嘱只能选定生存的人被继承人，最多也只能为已经受孕的胎儿留出特留份。与普通遗嘱不同，遗嘱信托中的受益人可以是现实中不存在的人（多为还未出生，甚至没有怀孕的情形）。另外，死者、动物（如宠物狗）和无生命物（如先祖的坟墓）不得作为受益人。

4. 信托监察人

《信托法》第64条规定，在公益信托中应设置信托监察人。

（二）意思表示是否真实

这项要求是所有民事法律行为生效的基本条件。公证机关应该注意审查遗嘱人意思表示是否真实，有无受胁迫或者受欺骗等情况。

（三）信托财产确定、合法

《信托法》第11条规定，信托财产必须能够确定，委托人不得以非法财产或者信托法规定不得设立信托的财产设立信托，否则信托无效。委托人设立信托须有确定的财产。

没有确定的信托财产，信托当事人之间的权利和义务就失去了对象，受益人的信托利益也失去了依托。因此，确定的信托财产是设立信托的基本条件之一，当信托财产不能确定时，信托自不生效力。

设立信托不仅要有确定的财产，而且该财产还必须合法。这里所称的合法包括两层含义：一是在设立信托前，设立信托之财产由委托人合法拥有。如果该财产系委托人非法占有（如强占他人之财产、盗窃之财产等），以该财产设立的信托当然无效；如果遗嘱信托的遗嘱人以非属自己的财产设立信托的该信托亦属无效。二是委托人设立信托之财产还须是法律允许的财产。根据《信托法》第 14 条的规定，法律、行政法规禁止流通的财产，不得作为信托财产，如毒品、武器弹药就不得作为信托财产。法律、行政法规限制流通的财产，依法经有关主管部门批准后，可以作为信托财产，如黄金在我国为限制流通物其流通须经相关部门批准。因此，当委托人以不得设立信托的财产设立信托时，该信托不生法律效力。

另外，根据《信托投资公司管理办法》第 45 条的规定，信托投资公司接受由其代为确定管理方式的单笔信托基金不得低于人民币 5 万元，因此，如果遗嘱人委托信托投资公司担任遗嘱信托的受托人，应该审查遗嘱信托财产的价值是否超过 5 万元。

（四）信托目的必须合法

《信托法》第 11 条规定，信托目的不得违反法律、行政法规或者损害社会公共利益，否则信托无效。信托目的违法是指以违法为目的而设立的信托，主要是指委托人设立信托有规避法律强制性规范或违法的主观意愿并通过信托的方式来实现其愿望的信托。信托目的违法的情形多种多样，如为犯罪目的而设立的信托，为规避法律的强制性规定而设立的信托等。

对于在同一信托中如有两个以上的目的，且这些目的既有合法又有违法时，如何确定其合法性问题，我国现有信托立法对此尚无明确规定，但《民法通则》第 60 条规定：“民事行为部分无效，不影响其他部分的效力的，其他部分仍然有效。”因此，只要信托目的的合法与否具有可分性，就应分别确定其效力。即合法目的的部分有效成立，目的违法的部分则无效。但目前的公证实践一般要求内容必须完全合法，否则不予公证。因此，对于信托目的部分无效的，应该提醒遗嘱人仅将合法目的的部分单独公证。

信托目的如果损害社会公共利益，该信托亦属无效，这是基于民法公序良俗原则的要求。我国《民法通则》第 7 条规定：“民事活动应当尊重社会公德，不得损害社会公共利益，破坏国家经济计划，扰乱社会经济秩序。”一般认为，这一规定就是公序良俗原则的法律表述，它要求民事活动除应遵守法律外，也应遵守社会公共秩序，符合善良风俗。公序良俗原则为大陆法系国家的民法典普遍采用，其意义在于适度约束民事主体的行为，使之与社会公共利益得以协调。

同时，法律还专门指出，不得专以诉讼或者讨债为目的设立信托，否则信托无效。专以诉讼或者讨债为目的设立的信托，是指委托人设立信托的唯一目的就是通过设立信托而由受托人提起诉讼或帮其追讨债务。由于专以或主要以诉讼或者讨债为目的设立信托有可能增加诉讼,激化矛盾,无助于债务纠纷的解决,因此,各国立法均对其予以限制,不承认其效力。

(五)信托必须采用书面形式

《信托法》第8条规定,设立信托,应当采取书面形式。因此,遗嘱信托必须采用书面形式,这同时也是公证规则的要求。并且,应该记载下列事项:(1)信托目的;(2)委托人、受托人的姓名或者名称、住所;(3)受益人或者受益人范围;(4)信托财产的范围、种类及状况;(5)受益人取得信托利益的形式、方法。除前款所列事项外,可以载明信托期限、信托财产的管理方法、受托人的报酬、新受托人的选任方式、信托终止事由等事项。(《信托法》第9条)另外,根据《遗嘱公证细则》第13条的规定,遗嘱应当包括以下内容:(1)遗嘱人的姓名、性别、出生日期、住址;(2)遗嘱处分的财产状况(名称、数量、所在地点以及是否共有、抵押等);(3)对财产和其他事务的具体处理意见;(4)有遗嘱执行人的,应当写明执行人的姓名、性别、年龄、住址等;(5)遗嘱制作的日期以及遗嘱人的签名。遗嘱中一般不得包括与处分财产及处理死亡后事宜无关的其他内容。如果遗嘱信托缺少上述内容的,应该提醒遗嘱人补充,遗嘱人不予补记的,应当拒绝公证。

(六)符合法律、行政法规的规定

还要注意遗嘱信托是否符合其他法律、行政法规的规定。例如,应该遵守《继承法》有关特留份的规定。如果要设立公益信托和确定其受托人,应当经有关公益事业的管理机构批准。

浅谈继承公证程序的完善

郑　俊*

基本案情:2009 年 4 月,申请人甲向某公证处申请办理继承权公证,并提交了经过公证的继承人乙自愿放弃被继承人名下所有财产继承权的声明书。据申请人提交的材料显示,被继承人与其妻子在婚姻存续期间共生育两个子女,即甲和乙;被继承人自与其妻离婚后至其死亡之日止未再结婚;被继承人的父母均先于其死亡。2009 年 5 月该公证处出具了内容为申请人甲继承被继承人全部遗产的继承公证书。

2010 年 6 月申请人丙持(2009)×证民字第××号公证书(内容为"丙是被继承人的儿子"的亲属关系公证书),请求上述公证处撤销其所出具的由继承人甲继承被继承人全部遗产的公证书。经查,丙确为被继承人在中国的非婚生子女。

继承公证是公证机构根据继承法及相关法律和公证申请人的申请,对继承人继承行为的真实、合法性予以证明。继承公证业务也是公证机构的一项传统重要业务。但由于在立法层面上关于继承公证的许多法律制度均没有明确的规定,以致公证机构在办理继承公证时存在诸多困扰。本文尝试以上述继承公证的真实案例为切入点,浅谈关于继承公证制度的完善。

一、继承公证的概述

(一)继承公证的概念及分类

公证是指公证机构根据自然人、法人或者其他组织的申请,依照法定程序对民事法律行为、有法律意义的事实和文书的真实性、合法性予以证明的活动。继承公证,即指公证机构根据继承人的申请,依法定程序对继承人继承行为的真实性、合法性予以证明的活动。

根据遗产分配依据的不同,继承公证可分为法定继承公证和遗嘱继承公证。法定继承公证是指被继承人生前未立遗嘱,或者遗嘱被撤销等导致被继承人的遗产只能依据继

* 北京市长安公证处公证员。

承法及相关法律来分配；遗嘱继承公证是指根据被继承人的生效遗嘱来分配其遗产的公证。

（二）继承公证的性质

要完善现行的继承公证制度，对继承公证性质的定位则必不可少。关于继承公证的性质，在公证界有着不同的观点。

1. 继承公证是继承权确权公证

有观点认为继承公证的本质属性是依法行使国家证明权的一种司法性的证明活动。[①] 该种观点认为公证作为我国司法制度的组成部分，具有司法权属性，或者说公证是一种准司法权，反映在继承公证上，继承公证就带有继承权确权的色彩。但是，在我国司法权是法院享有的对纠纷当事人的事实和法律主张进行判断，以维护法律权威的终局性权力。[②] 与司法权作为一种判断权不同，依据我国《公证法》的规定，公证只是对当事人没有争议的事项所做确认的证明，而不受理争议事项，更不对争议进行终局性判断。[③]

2. 继承公证是继承权归属之确认公证

有的观点认为继承公证是对继承权归属之确认，即继承权公证为一确权性质的法律文书，确认当事人的权利义务归属。[④] 但笔者认为，继承权产生的前提是继承人与被继承人之间依法定身份关系享有的一种固有的法律地位，其存在的基础是法律规定的身份关系，只要有这种法定的身份关系存在，继承人就不能自行放弃或转让，除非因法定的事由而当然丧失。继承人选择或者放弃继承权都是其行使继承权的外化表现，而非其取得继承权的途径。继承权的取得、丧失均无须宣告，无须经过任何形式或司法程序来确认，即继承公证并不是对继承人享有继承权的确认。

3. 继承公证是对继承权的宣告或公示

有观点认为继承公证是对继承权的宣告或公示，但是笔者认为，宣告或公示都有着向众人明示的意思。虽然在目前的实践中，公证机构出具的继承公证书绝大部分是用于继承人到遗产所属的相关部门如银行、保险公司、房产登记交易大厅办理取现或者更名手续，但是从现有继承公证的实际作用来看，继承公证所起到的是继承权执行依据的作用，并不能向众人明示或者宣告继承权之归属，更起不到让潜在利害关系人了解遗产继承权属法律状态的作用。[⑤]

4. 继承公证是对继承人依法享有合法继承权这一法律事实的证明

结合《公证法》对公证的定义以及《民事诉讼法》对公证效力的规定，笔者认为，继承

① 余光辉："公证法（草案）若干问题的思考"，载《中国司法》2005年第5期。

② 孙万胜著：《司法权的法理之维》，法律出版社2002年版，第4页。

③ 根据《公证法》第31条"有下列情形之一的，公证机构不予办理公证：……（四）当事人之间对申请公证事项有争议的……"

④ 薛凡："公证文书的种类"，载《中国公证》2006年第4期。

⑤ 田菁："继承公证中的相关法律问题探讨及制度构想"，复旦大学2010年硕士学位论文。

公证的实质是对继承人依法享有合法继承权这一法律事实的证明。公证的效力之一是证据效力，而继承公证的效力亦是一种公证证据效力的体现。因此笔者认为，继承公证其实质是对继承人对遗产依法享有既得继承权这一法律事实的证明。

二、继承公证程序存在的问题

继承公证是对继承人依法享有既得继承权这一法律事实的证明，但是在目前的公证实践中，针对继承人依法享有既得继承权这一法律事实的证明，却存在很多问题。

（一）遗漏法定继承人

无论是遗嘱继承公证还是法定继承公证，法定继承人的确定是继承公证的前提和基础。但是结合继承公证实践我们发现，法定继承人的确定却成为了继承公证中的一大难题，如本文背景案例中继承人丙在继承公证中被遗漏就是典型的例子，同样的事实还发生在宁德市的继承公证中。⑥ 2009年10月22日，中国公证协会第五届常务理事会第九次会议通过了《办理继承公证的指导意见》（以下简称《意见》），为公证机构办理继承类公证业务提供了有效的办证规范。根据《意见》的要求，继承人向公证机构提供的亲属关系证明是指：（1）被继承人或者继承人档案所在单位的人事部门出具的证明继承人与被继承人之间具有亲属关系的证明；（2）基层人民政府出具的证明继承人与被继承人之间具有亲属关系的证明；（3）公安机关出具的证明继承人与被继承人之间具有亲属关系的证明；（4）能够证明相关亲属关系的婚姻登记证明、收养登记证明、出生医学证明和公证书。⑦ 同时根据《意见》的立法本意，上述四种亲属关系只要具备其一，就能证明继承人和被继承人之间的亲属关系，但是在实际操作中却存在很多问题。

首先，由继承人或者被继承人档案所在单位的人事部门出具亲属关系证明，可能存在人事部门出具亲属关系证明不能够客观证明继承人和被继承人之间亲属关系的情形。一方面，许多没有人事档案管理权的单位多将员工个人档案委托给人才市场等第三方单位保管。相比于人事档案由单位自己来保管，人事档案由第三方单位保管存在的最突出问题是档案内容更新不及时甚至于不更新，人才等第三方单位仅仅发挥的是人事档案“存放”的作用，由其出具的人事证明必然难以客观、真实地反映出特定的亲属关系。另一方面，由于在我国对不同群体的人事管理制度不一致，有的相对严格，有的根本不作严格管理，所以出现有的当事人根本没有人事档案，或者不清楚自己的档案存放在何处，或者在一些档案管理较松的人事单位，当事人为了掩盖真实的亲属关系，而和档案管理人员串通，隐瞒部分档案材料，从而导致公证机构在核实亲属关系时受到误导或欺骗。所

⑥ “宁德私生子四赴厦门争房产，欲状告公证处被驳回”，资料来源 http://www.chinadaily.com.cn/hqgj/jryw/2013-03-22/content_8570921_2.html。

⑦ 参见《办理继承公证的指导意见》第3条第3款。

以，在现行人事档案管理制度未统一的大环境下，公证机构依据当事人档案存放单位的人事部门出具证明文件来证明继承人和被继承人之间的亲属关系存在很大的风险。

其次，由基层人民政府出具亲属关系证明存在基层人民政府不予合作的问题。公证机构基于对乡、民族乡、镇人民政府和城区范围内的街道办事处等基层政府公信力的认可，往往在继承公证中会直接采信他们所出具的证明。但是实践中存在的问题是基层人民政府不愿意出具相关的亲属关系证明。一方面，基层人民政府认为其并不掌握辖区居民的真实亲属关系情况；另一方面，为了避免因出具相关的关系证明而引起的行政诉讼或者国家赔偿，基层人民政府多会以没有认定基层人民政府具有给当事人开具此类证明义务的法律依据为由来拒绝出具此类证明。

最后，由公安机关出具证明继承人和被继承人之间有亲属关系的证明也存在困难。《意见》规定"公安机关"可以作为亲属关系的出证主体，而公安局基层派出所是县级公安机关的派出机构，应当可以作为出证主体。派出所是公民户籍档案的主管机关，其应当掌握当事人的亲属关系信息，从法律层面和实践层面考虑，由公安机关作为出具亲属关系证明的主体是妥当的。但是，由于我国目前的户籍信息尚未全国联网，导致公安机关所记载的户籍信息并不能涵盖公民的全部社会关系信息，如关于非婚生子女的亲属关系，通过户籍机关就难以查询到其父母的信息，往往只能通过医学鉴定的方式来确认。同时，户籍信息和婚姻登记信息也未联网，从而造成公安机关所记载的当事人婚姻信息与真实的婚姻情况不相符的情况极其普遍。

（二）缺乏小额遗产继承公证简易程序

继承公证是通过对继承人继承行为的真实性、合法性予以证明来保护继承人对被继承人遗产所享有的合法权利，但是在继承公证的实践中，经常出现继承人主动放弃继承被继承人遗产的情形。究其原因是因为继承人办理继承公证所花费的人力、物力、时间成本远大于其从被继承人处所继承财产的价值。

依据《公证法》、《公证程序规则》及《意见》的规定，公证机构办理继承公证的条件之一是申请人须提供被继承人的死亡证明、被继承人和继承人的亲属关系证明、遗产证明以及其他相关材料。继承公证是继承人取得被继承人遗产的一项重要便捷程序，需要当事人提供上述证明材料从法律的角度上讲是合理的。通过公证继承遗产和通过诉讼程序继承遗产是我国现行法律制度关于继承的两项主要途径。相比于通过诉讼程序继承，公证的预防纠纷、减少诉讼的功能在遗产继承方面更充分体现出来。继承公证途径既方便快捷，又符合民众的传统"厌讼"的心态，同时也是对司法资源的节约。

但是，当被继承人遗产低于一定数额时，如果继承人依旧完全需要提供上述所有的证明材料，按着正常的继承程序来办理，那么继承公证程序就失去了其相对于诉讼程序的便捷性，从而失去继承公证的立法本意。笔者在咨询时就曾遇到这样的案例，当事人拿着被继承人6000元的存单来咨询如何办理继承公证，当听到需要提供被继承人的父母、配偶、子女等相关证明文件，并且需要第一顺序继承人都到场，收费标准是2%，最低收费200元后,当事人决定不办了。当事人的这种决定是正常的,但更多却是无奈的,小额遗产成了名副其实的"鸡肋"。因此,对于这种小额遗产继承,如何能为继承人提供高效、便捷的继承公证程序,充分发挥公证的预防纠纷、减少诉讼的功能成了公证行业不得不面对的现实问题。

三、完善继承公证程序的必要性

随着经济社会的发展,个人所拥有的财产相比过去有了巨大的变化,依据特定的亲属关系来继承遗产已成为民事主体的一项重要民事权利。继承公证程序作为民事主体继承遗产的一项重要途径,完善现行继承公证程序中的问题,有着很大的必要性。

(一)民法的平等原则要求法定继承人的权益应受到平等保护

民法的基本原则是民事立法、司法和民事活动具有普遍指导意义和约束功能的基本行为准则,其效力贯穿于整个民事法律制度。我国民法中的平等原则是指民事活动中一切当事人法律地位平等,[⑧]即任何自然人、法人在民事法律关系中民事权利能力平等、民事主体地位平等、民事权益平等受法律保护。《公证法》作为民事法律制度的重要组成部分,其关于继承的公证程序亦应体现出民法的平等原则,对所有法定继承人的权益予以平等的保护。但是,在继承公证实践中经常出现的遗漏法定继承人现象则是现行公证法律制度对法定继承人合法继承权益保护不力的直接体现。作为自然人,无论其是否是婚生子女、或者人事档案、户籍登记完整与否,只要符合我国《继承法》规定的法定继承人条件,其就应享有完全的继承权,继承权益受到法律的平等保护。

(二)公证文书的证据效力要求应健全继承公证程序

继承公证后,涉及遗产为不动产、机动车辆、股票、公司股权等需要将遗产的所有权人变更到继承人名下时,相关部门会要求继承人持继承公证书来办理更名手续,继承公证作为对继承人继承行为的真实性、合法性进行的证明,此时继承公证文书所发挥的是公证的证据效力。虽然现行立法并没有将继承公证列为办理遗产更名手续的前置程序,但相关部门,尤其是登记机构,包括涉及不动产登记的房地产登记部门和涉及公司变更登记的工商行政管理部门,均不约而同地在对财产办理继承时,要求继承人需提交继承公证书。其原因在于,公证机构本身的独立性和中立性优势,在保障财产流转的安全、稳定性方面,由公证机构来证明遗产的归属,是当前法制背景下的优先选择。我国《民事诉讼法》对公证文书的证据效力有明确规定,[⑨]基于公证文书的特殊证据效力,其既证明继

---

⑧ 梁慧星著:《民法总论》(第3版),法律出版社2007年版,第45页。

⑨ 参见《民事诉讼法》第69条:"经过法定程序公证证明的法律事实和文书,人民法院应当作为认定事实的根据,但有相反证据足以推翻公证证明的除外。"

承人为遗产所有人的法律地位，也排除其他对遗产有主张权利的人。因此，继承公证程序更应科学、合理，提高其可操作性，进而充分发挥公证在保障遗产所有权流转的安全性方面的证据效力。

（三）法的效率价值要求完善小额遗产继承公证程序

效率是指以同样的资源消耗取得最大的效果或者从一个给定的投入量中获得最大的产出。效率与秩序、自由和正义一样，既是一个社会的重要美德，也是任何谋求发展和进步的社会所必然追求的价值目标。一个因循守旧、不求效率的法律制度，即便是他在形式上做到了秩序的稳定、社会分配的公平，也不能说是一个正当而完善的法律制度。现代社会的法律，从实体法到程序法，从根本法到普通法，从成文法到不成文法，都有或应有其内在的经济逻辑和宗旨，其自身的运行机制也要体现效率的价值标准。在资源配置效率方面，法律应通过其特有的权利和义务、责任制度的调节，避免社会资源的浪费。

目前我国关于继承公证的程序规定，虽然依照该程序能完全继承到被继承人遗留的遗产，但是从法律制度的效率价值角度来看，却有不完善之处。如公证收费，根据国家物价部门的标准，如果继承标的不足 1 万元的，公证费用都按最低标准 200 元收取，有时公证费用比继承的遗产还多，再考虑上申请人所花费的时间成本、人力成本等，所以有时当事人咨询完继承公证的办理程序后，宁可不要那些存款也不愿耽误那么多的时间和精力。对于此问题，有学者曾提出通过降低继承公证的收费标准来维护继承人的权益，但是笔者认为，关于小额遗产继承公证，即使降低了收费标准也不能真正实现法律的效率价值，最终还是需要通过完善继承公证程序来实现继承人权益的保护。

四、完善继承公证程序的建议

针对继承公证实践中所出现的公证程序不完善问题，为了体现民法的基本原则和法的基本价值，笔者建议我国的继承公证程序应从如下进行完善。

（一）合理确定法定继承人范围

继承公证程序中法定继承人被遗漏的原因之一是我国《继承法》关于法定继承人范围的规定存在不足。依据《继承法》的规定，被继承人的配偶、父母、子女，对公、婆尽了主要赡养义务的丧偶儿媳，对岳父、岳母尽了主要赡养义务的丧偶女婿都能成为第一顺序法定继承人，且第一顺序法定继承人所享有的继承权是平等的。法定继承人范围过于宽泛既增加了继承公证程序的复杂程度，增大了法定继承人被遗漏的可能性，也降低了继承公证效率。

对于尽了主要赡养义务的丧偶儿媳或者女婿（以下简称丧偶儿媳或女婿）成为第一顺序法定继承人，笔者认为该规定值得探讨。如果被继承人有两个及以上子女，且每个子女又都有自己的子女，那么当被继承人子女先于被继承人去世，丧偶儿媳或者女婿在尽了主要赡养义务成为第一顺序法定继承人时，可能会出现被继承人仍在世的子女、丧偶儿媳或女婿、因为代位继承而成为第一顺序法定继承人的被继承人丧偶子女的子女都将成为第一顺序法定继承人。此时将会出现的问题是丧偶儿媳或女婿和被继承人仍在世的子女尽了相同的赡养义务，但是在继承被继承人遗产时，丧偶儿媳或女婿及其子女将作为两个法定继承人来继承遗产，而被继承人仍在世的子女将只能作为一个法定继承人来继承遗产，不公由此产生。因此，笔者建议取消丧偶儿媳或女婿成为第一顺序法定继承人的规定，这样既能缩小第一顺序法定继承人的范围，维护被继承人其他生存子女的继承权，也能降低法定继承人被遗漏的可能性，维护公证的社会公信力。

（二）建立规范的社会信息管理平台

继承公证程序中遗漏法定继承人除了现行法律对于法定继承人的界定存在不足之外，另一个原因是因为我国目前没有统一的公民社会信息管理平台。随着人事档案记载在继承公证中所发挥的作用逐渐削弱以及公证机构只有核实权而没有调查权的客观现状，笔者比较赞同应由国家建立一套完整、规范、可供社会共享的公民社会信息管理系统，建立和完善科学合理的信息登记和查询制度，优化整合各类信息资源，解决公证机构办理继承采证难的问题。[⑩]

虽然也有公证同人主张通过设立公证公示制度来弥补继承公证程序中遗漏法定继承人的现象，[⑪]但是由于公示制度的效力是从程序上排除了在公示期间未及时申报的法定继承人的继承权，该公示的法律效果应由法院来宣判，这样将加大法院的工作职责。同时，动辄几个月的公示期间将造成继承公证办理期限的延长，以及增加继承公证的费用，如此规定将更不符合法的效率价值，因此对该项建议持保留态度。

（三）建立小额遗产继承简易公证程序

小额遗产继承公证是现行继承公证程序中的问题之一，遗产少、继承手续烦琐使得小额遗产对继承人来说犹如“鸡肋”；对于公证机构和公证员，小额遗产继承公证和一般的继承公证所承担的核实义务和风险责任是一样的，但其收入却远小于一般的继承公证。尽管公证机构是不以营利为目的的证明机构，但其独立承担民事责任的性质决定了公证机构和公证员对于小额遗产继承公证的积极性普遍不高。因此，针对小额遗产继承公证程序中出现的问题，笔者认为我国公证法应规定类似于民事诉讼程序中的简易程序，确立继承公证中的小额遗产继承简易公证程序。

小额遗产继承简易公证程序的设立应以简化继承人所提交的证明文件及收费和降低公证机构与公证员的执业风险为立足点，从而使得继承人不再因为烦琐的继承手续和

---

⑩ 丛礼湘：“继承公证中亲属关系证据采信应当注意的几个问题”，载《中国公证》2011 年第 10 期。

⑪ 童家彬：“关于建立继承公证公示制度的设想”，载《法制与社会》2011 年第 1 期（上）。

高昂的公证费用而放弃小额遗产继承,也使得公证机构和公证员能降低执业风险,充分发挥公证机构不以营利为目的的公益性。《关于办理继承权公证的指导意见(草稿)》第20条对小额遗产继承简易公证程序有明确规定:"对继承数额不超过5000元的存款、有价证券的公证申请,如公证机构认为继承法律关系简单明确,可以在申请人签署保证书后,仅对继承人提交的被继承人的死亡证明、财产凭证和全体法定继承人与被继承人的关系证明做形式审查后出具公证书。"该条简化了继承人提交的烦琐证明文件,对公证员的审查核实义务也作了弱化,只要求公证机构对所有的证明文件作形式审查,并由申请人签署保证书。虽然最终出台的《关于办理继承权公证的指导意见》并未保留对小额遗产继承的简易公证程序,但是笔者认为,为了充分保护继承人的合法权益和发挥公证机构的公益性,应确立小额遗产继承简易公证程序。

新形势下继承公证办理的新尝试

郑　俊*

一、案例

被继承人去世后，其唯一遗产为一处房产。经审查，被继承人的法定继承人共有5位，即其5位子女，分别是A、B、C、D、E。5位子女都主张继承被继承人的上述遗产。按照传统的继承公证做法，只需办理5位继承人共同继承该遗产，将房产登记在5位继承人名下即可，但该案例的特殊性在于，5位继承人不愿意将房登记在5人共同名下，原因如下：

一方面，房产如果登记在5人名下，那么出售房产的时候手续过于复杂。根据法律规定，夫妻一方在婚内继承的遗产，如无特殊约定，该遗产为夫妻共同财产。房产登记在5位继承人名下，那么5位继承人要出售该房，则需要5位继承人的配偶也要出现，对于离婚或者丧偶者，还需提供未再婚证明，售房程序的复杂性可见一斑。

另一方面，5位继承人，其中有两人名下有房，如果继承后登记在其名下，该房将属于二套，而在出售房产时，根据现行政策，售房者将不能享受"首套房"等相关的税费减免。

如果房产不登记在某些继承人自己的名下，那就相当于该继承人自愿放弃了遗产继承权，但是对于该继承人来讲，可以在形式上放弃，但是实际的权益不能侵犯，即这种放弃必须是附"条件"的。至于这种"条件"能否实现或者附"条件"放弃者的权益能否得到保护，5位继承人在办理继承公证手续时，希望公证机构能为其提供建议，保护好"放弃者"的权益，解决好"放弃者"的担忧。

二、引言

继承公证作为公证行业的一项传统业务，在协助当事人办理继承手续、发挥公证公信力和缓解法院的审判压力等方面都发挥了重要作用。据2013年中国统计年鉴显示，

* 北京市长安公证处公证员。

人民法院处理遗产继承案件仅占到公证机构的10%左右。[①] 但是随着时代的发展，个人所积累财富的大幅增长和婚姻关系变化的高频化，在办理继承公证手续时，继承人对继承公证的业务办理，也提出了新的要求，如前述案例。本文将结合上述案例的办理，针对新形势下继承公证的业务办理进行探讨和分析。

三、放弃继承权能否附“条件”

案例中，5位继承人都主张继承遗产，都又不愿将继承体现在公证书中，即遗产继承人的放弃是要附“条件”的。所谓的附“条件”，也就是无论最终遗产由谁来继承，但是继承人应得到的权益是不能丢失。那么，继承公证中能否附“条件”，或者能否附案例中的这种“条件”呢？

继承人放弃继承能否附条件，对此理论界和实务界的普遍观点是认为放弃继承不应该附条件，其主要有以下几点原因：

第一，接受和放弃继承不得附条件，是世界各国和地区共同遵循的普遍规则，《德国民法典》、《意大利民法典》、《俄罗斯新民法典》有明确规定，其他国家和地区虽无明确规定，但都在法学理论上、司法实践和判例中体现了该规则。[②]

第二，放弃继承权的行为性质属于单方法律行为。单方法律行为即以单方的意思表示即可产生、变更或消灭某种法律关系的行为。如果允许放弃继承权行为附条件，那么该放弃行为就因为条件是否成立的不确定性，导致将放弃继承权行为转化为了双方或者多方法律行为，从而造成继承法律关系因放弃继承权行为的不确定性而变得缺乏稳定性，这样既不利于遗产权属的确定，发挥物之效用，也不利于其他继承人地位的确定和被继承人之债权人权利的保护。

第三，我国最高人民法院《关于贯彻执行〈中华人民共和国继承法〉若干问题的意见》第46条关于“继承人因放弃继承权，致其不能履行法定义务的，放弃继承权的行为无效”的规定，已从侧面反映出我国继承法是不允许继承人以放弃继承权为条件而不履行法定义务的。

对于继承人放弃继承权能否附条件，本文暂不作讨论。但是对于本文案例中，继承人以“放弃继承”之形，得“接受继承”之实的做法是否合法、得当，笔者认为有必要进行讨论。

第一，讨论放弃继承权能否附条件，首先要明确“条件”的含义。所谓“条件”，是指将来发生的决定法律行为效力的不确定的事实。“条件”属于意思表示的一部分，决定民事法律行为固有效力的发生、存续或者消灭。其特征之一在于其是将来的、不确定的、可能

① 周志扬：“公证对于继承法律关系调整作用无可替代”，资料来源 http://www.chinanews.com/gn/2014/12-30/6923976.shtml。

② 王薇：“外国继承的接受与放弃制度比较研究”，载《重庆社会科学》2007年第1期。

发生也可能不发生的事实，具有未来性和或然性。“条件”就是在意思表示中规定民事法律行为的效力，被确定作为“条件”的事实必须满足下列条件：必须是作出意思表示时尚未发生的将来事实；必须是发生与否不能确定的事实。

明白了“条件”的含义，再回到本文案例中，首先，我们发现继承人放弃继承所附的“条件”，其实并不符合附条件民事法律行为中关于“条件”的定义。继承人所附的“条件”是明确的，如要补偿多少钱，这是在办理继承手续时就已经确定好的，也就是为必然会发生的，其并不具有或然性、不确定性。继承人所附的这种“条件”，也并不影响被继承人死亡后其财产归属的确定和法律关系的稳定，也不悖于继承法的立法宗旨。

第二，我国最高人民法院《关于贯彻执行〈中华人民共和国继承法〉若干问题的意见》第46条的规定旨在防止“继承人因放弃继承权，致其不能履行法定义务”，这与案例中继承人的附“条件”放弃是截然不同的，至少案例中继承人的“放弃”并未影响到其法定义务的履行，因为放弃者只是行“放弃继承”之形，而得“接受继承”之实，对于其法定义务的履行，无任何损害。

第三，案例中继承人的附“条件”放弃，本质上属于一种附“对价”的放弃。至于这种放弃能否附对价，行业内有持赞同的观点。③ 对此，笔者也认为这种附“对价”的放弃是可行的。一方面，继承法属于私法范畴，私法追求“法无禁止即可为”；另一方面，这种附“对价”的继承方式，在实践中普遍存在并有广泛的社会需求，其与继承法律制度的价值取向并不冲突。

四、放弃继承和提存协议并用

针对上述案例，最简单的处理办法应该就是将房继承在一个名下无房的继承人名下。这样办理，既能避免房产在出售时需要全部继承人及配偶都出现的烦琐手续，也能保证该房产在出售时享受首套房的相关税费减免政策优惠。但是问题在于，对于放弃继承遗产的继承人权益如何保护，因为对于上述遗产，5位继承人在实际上都是主张继承的。

在此种情况下，结合上文的讨论，笔者建议在所有继承人在办理继承手续的同时，并办理提存公证。具体为，被继承人的遗产由A(假如A名下无房)一个人继承，B、C、D、E 4位继承人都发表放弃继承权声明书，明确表明其自愿放弃对被继承人遗产的继承权。而作为A对B、C、D、E的补偿和对价，由A对B、C、D、E支付一定的补偿款并签署协议，对于所支付的款项，要申请由公证机构提存。此种做法的优势很明显，既能保证出售房产时的便捷性，也能享受相应的税费减免，同时，也能在实际上满足了B、C、D、E 4位继承人的合法权益。

办理提存公证的原因在于，一方面能维护继承人A的合法权益，毕竟A拿出了大笔

③ 胡家祚："继承公证若干问题的再认识"，载《中国公证》2009年第10期。

钱款补偿 B、C、D、E 4 人，其根本目的是要将房产通过继承顺利登记到自己名下。而在受理继承公证申请时，公证机构并不能保证一定能出具公证书，如果公证机构在核实相关证明材料时发现该继承公证并非如 A、B、C、D、E 5 人所陈述那样，如遗漏继承人或者被继承人的债权人主张权利等，最终导致公证机构不能正常出具公证书，那么对于 A 来讲，如果未办理提存公证，则 A 的合法权益将处于风险之中。如果 B、C、D、E 4 人能顺利配合还好，否则，该继承公证可能陷入更复杂的情况之中。

另一方面，将补偿款由公证机构予以提存能切实保护 B、C、D、E 4 人的合法权益。放弃遗产继承能否附条件一直在理论界和实务界有着争议，一旦继承人 A 主张 B、C、D、E 4 人为自愿放弃继承遗产，当然在办理继承公证时 B、C、D、E 也必须表明其为自愿放弃，而拒绝支付 4 人的补偿对价，那么 B、C、D、E 的合法权益的保护也陷入又一轮的诉讼程序之中。这与当事人起初看重继承公证的便捷性的初衷又自相矛盾。

因此，通过办理补偿款的提存协议公证，既能保护继承人 A 的合法权益，也能保护 B、C、D、E 的合法权益。但是在实践过程中，主动申请办理该提存协议公证的当事人并不多。经笔者分析，其主要原因可能为，一方面，继承的一方（如 A）在申请办理继承手续时无法提供足额的资金用于提存。在北京，一处房产少则价值百万，继承人多为继承房产后将其出售再予以平分售房款，现在却要求在出具公证书之前就将相应的款项予以提存，确实存在一定难度。另一方面，申请人不愿意申办提存的原因可能是基于提存的费用和亲属之间的原始信任。

对于当事人不愿意申办提存公证的，为了避免风险，承办公证员需在办理此项公证业务时，对放弃继承权的继承人做详细的询问笔录。首先询问其是否自愿放弃继承，对其对被继承人遗产继承或者放弃的态度做明确的询问并加以固定；其次应告知其风险并在笔录里进行记录。毕竟，对于继承人放弃其继承权的真实意思表示，公证机构是无法真实核实的，只需进到相应的告知义务即可。

五、放弃继承和补偿协议并用

与第一种方法相比，此种方法在办理继承公证手续时各申请人未对补偿协议申办提存公证，此种做法可能更适合于继承人中任何一方都无法拿出相应的补偿款用于提存的情形。

继续讨论本文的案例，其具体操作为：继承人 A 申请继承被继承人的遗产，在办理继承公证手续时，由继承人 B、C、D、E 分别发表自愿放弃继承权声明书。至此，关于被继承人遗产的继承手续就算完毕。在办理继承手续的同时，5 位继承人再签署一份补偿协议书并申办公证，协议书的主要内容就为继承人 A 补偿继承人 B、C、D、E 相应的款项，当然，关于补偿的数额，应该与继承人 B、C、D、E 实际继承的财产数额相当。

这么操作，首先能保证遗产的顺利继承，使继承法律关系得以稳定。无论是由哪个继承人来继承，只要有补偿协议来托底，对于其他放弃遗产继承权的继承人来讲，其自身的合法权益都是可以获得保证的。

当然,对于受偿人(放弃继承权人)来讲,补偿协议与提存协议的区别在于,受偿人所获得补偿的途径和法律风险不同。签署补偿协议后,受偿人获得补偿,是需要补偿人积极依照补偿协议履约,一旦发生补偿人不能依照补偿协议及时、全额支付补偿款,那么受偿人势必要进行法院诉讼,这可能从根本上违背了受偿人当时放弃遗产继承的本意。同时,因为补偿协议经过了公证,未及时得到补偿的继承人,可能返回公证处,主张其并非"自愿"放弃继承,而造成公证机构工作的被动性。而提存协议则不然,受偿人获得补偿款,是从公证处提取,公证机构的中立性完全平衡了双方的权利义务,对各方的保护也是最全面的。因此,考虑到风险,笔者更建议当事人采用第一种方法。

六、经协商的析产协议

继承公证所要解决的核心问题主要包括确定被继承人的遗产范围、明确被继承人的法定继承人或者受遗赠人、确定遗产最终由谁来继承等。在常规的继承公证中,公证机构对遗产最终由谁来继承往往采用的是排除法,即法定继承人中,排除自愿放弃继承的,剩余的就是最终的遗产继承人,至于继承人继承的份额等信息并不必然体现。但是随着当事人对继承公证要求的增加,公证机构能否对排除法予以扩展而最终确定遗产的继承人呢?

我国《继承法》第15条规定:"继承人应当本着互谅互让、和睦团结的精神,协商处理继承问题。遗产分割的时间、办法和份额,由继承人协商确定。协商不成的,可以由人民调解委员会调解或者向人民法院提起诉讼。"既然法律规定了对于继承可以协商,那么笔者认为针对案例中继承是否可以如此办理:

继承人A、B、C、D、E都申请继承遗产,同时5人又另行签署一份《析产协议》,协议里明确写明:"遗产由A一人继承,A在继承遗产后,在约定的时间内以不低于一定的价格将房出售,并将售房款平分给其他四位继承人;如果A有任何违约行为,将承担相应的违约责任。"正是基于所签署的《析产协议》,所以出具的继承公证书中关于遗产继承的法律依据将扩到《继承法》、《合同法》,关于由谁继承遗产的表述也变为"被继承人的法定继承人为A、B、C、D、E,依据五人所签署的《析产协议》约定,由A最终继承上述遗产"。

这种做法与前两种做法的区别在于,在继承公证书中其余4位继承人也是作为继承申请人而出现,而不再是放弃继承权人。但是B、C、D、E 4人虽然作为继承申请人出现,最终遗产的继承人却表述为由A一人继承,其依据是根据5人签署的《析产协议》。这种做法,表现为继承人对遗产处理的协商,体现着私法自治的精神。

当然,此种操作的风险在于继承人A继承遗产后,如果不按《析产协议》履约,也将导致B、C、D、E 4人出现操作二中所出现的困境,因此公证机构在办证过程中,应对法律风险进行明确告知。

七、结语

公证机构作为法律服务机构，其服务功能是首要的。对于继承公证事务中出现的新需求，我们不能墨守成规，更不能加以无视，而应在法律范围内予以积极响应。只有如此，才能切实发挥公证行业的专业特长，体现公证文书的价值和公证行业的公信力。

“死者所购”房产是否属于遗产之法律分析

陈豪彬*

近日接待了一位当事人丁某，其父亲丁大在1998年去世，一年后其父原单位通知凡单位职工可购买单位福利房，丁某听说后，觉得是个机会，于是就以其父亲的名义向原单位申请购房，并享受其父亲的工龄减免了部分房款。同年，其父亲原单位以丁大的名义为丁某办理房产证，并由丁某支付了全部的购房款。2013年2月20日，国务院常务会议确定五项加强房地产调控的政策措施，民间简称“国五条”。各地在落实“国五条”时都出台了相应的实施细则，其中以北京最为严格，明确“自3月31日起禁止京籍单身人士购买二套房；严格按个人转让住房所得的20%征收个人所得税，出售五年以上唯一住房免征个税……”丁某想赶在京版“国五条”实施之前将其父亲名下的房产出售，以免承担20%的个税，但是在前往房屋管理部门询问出售事宜时，被告知需要办理继承手续。丁某前来我处咨询继承权公证事宜，在审查了丁某提交的房屋所有权证和丁大的死亡医学证明后，笔者产生一个疑问：为什么在其父去世一年后，其父单位和丁某签订了购房合同，而房屋管理部门却将房屋所有权证办理登记在丁大的名下？上述房产是否属于丁大的遗产？在本文中，笔者主要想讨论的是上述房产的定性，即是否应当按照遗产处理？

笔者查阅了我国法律法规中对涉及不动产作为遗产的相关规定，主要有如下法律法规：

1.《物权法》第29条：“因继承或者受遗赠取得物权的，自继承或受遗赠开始时发生法律效力。”

2.《房屋登记办法》（中华人民共和国建设部令第168号）第12条第2款规定：“有下列情形之一，申请房屋登记的，可以由当事人单方申请：……（三）因继承、受遗赠取得房屋权利……”第32条规定：“发生下列情形之一的，当事人应当在有关法律文件生效或者事实发生后申请房屋所有权转移登记：……（四）继承、受遗赠……”

3.《土地登记办法》（中华人民共和国国土资源部令第40号）第7条规定：“土地登记应当由当事人共同申请，但有下列情形之一的，可以单方申请：……（三）因继承或者遗赠

* 北京市长安公证处公证员。

取得土地权利的登记……”

结合相关法理和上述规范性法律文件的规定，可以看出本案中所涉及的房产如果被认定为遗产，丁某只要在没有争议的情况下顺利办理继承公证手续后，凭继承权公证书即可前往房屋和土地管理部门单方申请办理所有权变更，此种情形也就不需要在此讨论。但是，涉案相关房产恰恰是丁某在其父亲丁大去世一年后以其自己名义购买，只是登记在了被继承人丁大名下，并非是被继承人丁大死亡时所遗留的个人财产。同时，被继承人丁大的原单位根据现行房改政策为丁某在购买上述房产时用其父亲的工龄为丁某减免了部分房款，根据1994年《国务院关于深化城镇住房制度改革的决定》第18条的规定，城镇住房改革的数量和享受形式是：只能享受一次，且以家庭为单位。那么，丁某因使用其父亲的工龄所购买的房产中是否需要考虑丁某的母亲占有相应的份额？

就此类似问题，原建设部（现住房和城乡建设部）在1999年在《关于唐民悦房改产权认定问题的复函》（建住房市函〔1999〕005号）中作出如下答复：“按照目前我国城镇住房制度改革的有关政策，按成本价或标准价购买公有住房以城镇职工家庭（夫妇双方）为购房主体，且每个家庭只能享受一次。本案中，唐民悦按房改政策购买住房时享受了其配偶的工龄优惠，该住房应当视为其夫妇双方共同购买。因此，我司认为，该住房应视为唐民悦与其配偶共有财产。”

除此之外，最高人民法院也曾就同样的问题于2000年作出司法解释，《关于在享受本人工龄和已死亡配偶生前工龄优惠后所购公房是否属夫妻共同财产的函的复函》（〔2000〕法民字第4号）中指出：“夫妻一方死亡后，如果遗产已经继承完毕，健在一方用自己的积蓄购买的公有住房应视为个人财产，购买该房时所享受的已死亡配偶的工龄优惠只是属于一种政策性补贴，而非财产或财产权益。夫妻一方死亡后，如果遗产没有分割，应予查明购房款是夫妻双方的共同积蓄，还是配偶一方的个人所得，以此确认所购房屋是夫妻共同财产还是个人财产；如果购房款是夫妻双方的共同积蓄，所购房屋应视为夫妻共同财产。”

由上述两个法律解释可以看出，配偶一方以另一方的工龄购买的住房是否属于夫妻共有财产存在争议。按原建设部的解释，根据我国城镇住房制度改革的有关政策，政策购房是以家庭为单位，夫妇双方任何一方都有权购买，且每个家庭只能享受一次。所以原建设部认为，夫妻双方以任何一方的名义购买了政策住房并享受了工龄减免，那么所购房产应视为夫妇双方共同购买。最高人民法院则认为，应视具体情况而定，不能一概而论，应多方面考虑以及通过购买时资金来源定性是否属于夫妻共同财产。单就这两个法律解释来看，应当以最高人民法院的解释为准，因为司法解释的效力要高于行政解释。遗产是公民死亡时遗留的财产，工龄优惠只是一种政策性补贴，而不是财产或财产权益。但有戏剧性的是，最高人民法院在2013年2月18日以“与现行房改政策不一致”为由，将《关于在享受本人工龄和已死亡配偶生前工龄优惠后所购公房是否属夫妻共同财产的函的复函》于2013年4月8日正式废止。

在分析了相关规范性法律文件之后。笔者认为，丁某当初不具有购买其父原单位福利房的资格，根据相关政策规定，按成本价或标准价购买公有住房以城镇职工家庭（夫妇双方）为购房主体，具有购房资格的应该是丁某的父亲丁大或者是丁大的配偶（也就是丁某的母亲）。因丁大已经去世不再享有民事权利，那么应该将购房资格确定为丁大的配偶，由丁大的配偶与丁大的原单位签订购房合同，并向房屋登记管理部门申请变更所有权人，将房产登记在丁大的配偶名下。现在因最高人民法院的相关司法解释已废止，根据依然有效的行政解释，该房产因丁大的配偶享受了丁大工龄优惠，所以应认定为丁大和其配偶的夫妻共同财产；对于房产中属于丁大享有的份额，才能作为丁大的遗产依照法定继承办理继承手续。至于丁某的购房出资额，其可以在遗产分割前通过主张债权，来维护自身的权利。

继承公证中被证明人生存状况认定标准探析

张 浩*

继承权公证是公证机构的传统业务之一。在此类业务中，大多数的被继承人平均年龄在70岁左右，[①]其父母作为法定继承人是否健在？往往是令当事人及公证机构双方都大伤脑筋的问题。近年来，少数公证机构在办理继承公证过程中，出现了僵化理解和执行"谁主张，谁举证"的情况，无论被继承人的父母年龄多大，都"一刀切"地要求当事人提供书面证据予以证明，遭到了很多当事人和媒体的诟病，认为公证机构罔顾自然规律和基本常识索取当事人无法提供的证据，影响了公证机构的社会形象。[②] 而公证机构对此也颇为纠结，按照传统理解，查明被继承人父母的生存情况是公证机构的法定职责之一，公证机构缺乏类似法院宣告当事人死亡的权力，如果没有当事人提供的书面证据作为线索，公证机构很难查证认定被继承人的父母已经死亡，也因此无法排除其继承权。因这两种站在各自立场上截然相反的认识，给公证机构的形象和程序正当性造成了负面影响。如何合理界定当事人和公证机构的举证责任和办证标准，既符合相应的自然规律和客观情况，又保障公证工作的科学性、严肃性，是一个比较重要的问题。笔者结合自身的办证经验，认为应按照情况采用不同的证明标准，不妥之处，请同行批评指正。

一、严格证明标准

在被证明人最小推断年龄小于等于100岁时，当事人有义务提供包括书面死亡证明在内的直接证据，并经公证机构查证属实后，可以认定被证明人已经死亡。

中国历史上有早婚的习惯，从宋朝到清朝的法定婚龄一般都是男16岁，女14岁。民国时期通过的《民法亲属篇》虽将法定婚龄提高到男18岁、女16岁，但是由于"早结婚，

---

* 中国公证协会公证文书研究委员会委员，北京市公证协会信息化工作委员会副主任，北京市长安公证处副主任。

① "中国第六次人口普查：人口平均预期寿命达74.83岁"，资料来源 http://news.timedg.com/2012-08/10/11528660.shtml。

② "遗产公证，公证处要求提供祖父母死亡证明，祖父母都是清末年代人，去哪里开？"，资料来源 http://www.110.com/ask/problem/2490352/。

早得子，早享福"的思想牢牢地扎根于民众之中，很多人的实际婚龄仍低于法定年龄。即便现在，在我国的广大农村地区，低于法定婚龄结婚生子的都大有人在。有些地方甚至都有男十五六岁，女十三四岁结婚生子的。③ 因此，被继承人的年龄可以作为推断其父母年龄的一个依据，但不能作为唯一依据。

所谓最小推断年龄是指根据我国社会经济文化状况不同，以一定的低限婚育年龄为前提，通过子女的年龄推断出的其父母（被证明人，下同）的年龄下限。如果以上述结婚年龄为下限，某被继承人2014年去世时年龄为85岁，其档案未记载父母年龄，如其亦无兄、姐，我们可以推断其父亲最低年龄在102岁以上，其母亲最低年龄在100岁以上，此即为被证明人的最小推断年龄。

随着我国社会的发展以及医疗水平的提高，我国人口平均寿命不断提高。2010年全国第六次人口普查中，全国总人口1,332,810,869人，其中男682,329,104人，女650,481,765人，总体上男比女多。其中，90～99岁总人口1,948,286人，占总人口的十万分之146。100岁及以上人口共计35,934人，其中男8852人，女27,082人，百岁及以上人口占总人口的十万分之2.696。④ 在百岁以上年龄段，女比男高出3倍以上，表明女人总体上更加长寿。

从上述数据上来看，中国人活到100岁及以上的概率要远远低于活到90岁以上，二者相差约54倍。从较为稳妥的角度出发，如果一个被证明人其推论年龄介于90～100岁，那么对于公证机构而言，一般应适用严格证明标准，即要求当事人提供书面直接证据对其生存情况进行证明，不宜依靠其他证据或者仅凭当事人陈述就推定其已经去世。

二、高度盖然性证明标准

在被证明人最小推断年龄介于100～110岁（北京市可以采取这个界限点，根据目前掌握的信息，在北京市居住的人口中最高年龄没有超过110岁⑤）时，当事人可不提供死亡证明，但有义务提供相关的间接证据并经公证机构查证属实后，可综合推定被证明人已经死亡。

例如，在某继承公证案中，被继承人生于1934年，原籍江苏农村，1952年到京参加工作，在历次填写档案时，20世纪50年代将父母的姓名、年龄都填写在内（据此可知其父亲生于1907年，其母亲生于1910年），到20世纪60年代填写档案时还填写了父母的姓名和年龄，到20世纪70年代填写档案时仅填写了母亲的名字和年龄，未写父亲的名字和情

③ "揭秘云南'早婚村'：少女12岁结婚13岁怀孕14岁生子"，资料来源http://news.qq.com/a/20141120/054856.htm。

④ "中国2010年人口普查资料"，资料来源http://www.stats.gov.cn/tjsj/pcsj/rkpc/6rp/indexch.htm。

⑤ 2001年报道，资料来源http://health.sohu.com/16/37/harticle15323716.shtml；2006年报道，资料来源http://news.xinhuanet.com/society/2006-03/09/content_4279502.htm；2009年报道，资料来源http://beijing.qianlong.com/3825/2009/03/04/135@4891009.htm。

况。到1983年填写档案时还填写了母亲的名字。但是到1994年退休时最后一次填写档案时连母亲的名字也没有填写。现在被继承人2014年去世，在办理继承时，其子女称因为被证明人分别在20世纪70年代初和80年代末在江苏老家去世，因其老家没有其他亲属，不方便开具相关死亡证明，申请不向公证机构提供被继承人父母的死亡证明。另查，在被继承人的档案中，未发现填有除其父母之外在江苏原籍生活的亲属。

在上述案例中，是否可以推定被证明人已经去世？公证机构有两种不同意见：第一种意见认为当事人必须提供被证明人的死亡证明，公证机构应以严格证明标准对此进行审查，以排除被证明人生存的可能性；第二种意见认为当事人不是必须提供被证明人的死亡证明。因为根据被继承人填写档案的习惯和常理推断，正常情况下如果其父母仍健在，其在填写档案时就会继续填写其姓名及年龄，不会产生遗漏。反之，没有填写就是说明已经去世。此外，从年龄上推断，被继承人的父亲在2014年时已经107岁，其母亲已经104岁，目前依然生存的概率很低。从盖然性角度分析，推定被证明人已经死亡的可信度较大。

对上述意见，笔者赞成第二种。在一般情况下，公证机构对证据的审查固然应该坚持严格证明标准，但是，在对于高龄人群是否生存的问题上，是否都应严格坚持这一标准？值得商榷。因为人口迁徙、人事更迭、档案管理不健全等各种原因，当事人在搜集此类证据时一般都会遇到较大的困难，限于时间精力等因素，无法提供此类证据的也不在少数。虽然通过确权诉讼等方式也可以解决此类问题，但是往往耗时较长，也并不必然减少当事人的负担。我们公证机构最本质的功能还是提供公证法律服务，不能罔顾当事人的各种困难，仅仅一味地强调自身的风险，应该在证据审查制度上探索符合客观规律和公证特性的证据审查制度，以便在公平和效率之间建立最佳的平衡。因此，在一定情况下采用高度盖然性证明不仅符合客观规律，更加符合人民群众的实际需要。

从理论上说，在事实真伪不明的情况下建立推定的方式，是证明学采取的一种方法，一方面降低了证明标准，另一方面减轻了证明负担，使证明行为更有效率。⑥ 当然，这种降低证明标准的做法必须首先得到立法者或者规则制定者的支持，因为这种做法必然会存在一定的风险，有可能给公证机构和当事人造成损害。如何在降低证明标准以提高效率和弥补或然性损害之间达到平衡，是需要认真考虑并建立相应制度的问题。事实上，鉴于在此类问题并没有颁布明确的规则，很多公证机构实际上都在采取严格证明标准和高度盖然性证明标准相结合的办法以解决实务中的此类问题。

综上，使用高度盖然性标准的前提是无法查证真伪，或者查证真伪的成本很高，并且通过对现有证据的审查，并没有反证的存在，而且现有证据在逻辑上以及情理上可以得出同一性的假设，即当事人主张的某种情况可以通过推论的方式进行认定。

⑥ 龙宗智著：《证据法的理念、制度与方法》，法律出版社2008年版，第21页。

三、无须证明标准

在被证明人最小推断年龄大于110岁时，当事人可不提供死亡证明和相关间接证据，公证机构审查过程中如未发现反证，可推断认定被证明人已经死亡。

同上，因为北京市人口统计中未发现超过110岁的，在北京市办理继承公证时，如果推断出在北京市居住的被证明人年龄超过110岁，则不需要提供证明材料对其生存情况进行证明。在河北省以114岁为免查界限点，[⑦]在山东省以116岁为免查界限[⑧]都是可以成立的。同理，我们公证业界完全可以根据此类新闻报道作为办证依据，以免除当事人的相关举证义务。

根据目前掌握的资料，2014年中国有据可查的寿星最大年龄128岁，前十名平均年龄119.7岁，来自7个省份、6个民族。前十位寿星中包含1男9女，前三位老人均来自新疆地区。其中，最长者为来自新疆疏勒县的128岁维族老人阿丽米罕·色依提，她的长寿秘诀是：永葆童心、歌声不断。[⑨]那么，如果当事人申请办理继承公证时说被继承人的父母是来自新疆或者唱歌爱好者，公证员还是更加谨慎一点吧！

---

⑦ "'山东第一寿星'离世 享年116岁 横跨三个世纪"，资料来源 http://www.jiaodong.net/aixin/system/2014/03/19/012225608.shtml。

⑧ 同上。

⑨ "中国十大寿星名单出炉 128岁长寿老人永葆童心"，资料来源 http://society.people.com.cn/n/2014/1021/c1008-25880134.html。

对《公证法》第40条的理解

——析北京市东城区人民法院裁定驳回原告徐某诉长安公证处请求撤销公证书一案

北京长安公证处调研检查部

一、案情简介

2000年6月,徐某的父亲向长安公证处(以下简称我处)申请办理遗嘱公证,遗嘱的内容是要将自己的房产遗赠给照顾其生活起居10余年的保姆。我处公证员依照程序审查相关材料后,受理了公证申请,并依法为其出具了遗嘱公证书。

2002年3月,徐某的父亲过世,徐某是其唯一法定继承人。当徐某得知其父已将房产通过公证遗嘱的方式遗赠给他人继承后,对我处出具的遗嘱公证书提出质疑并申请撤销该公证书。我处经复查后认为,该公证书的办理符合公证程序及相关法律、法规的规定,遗嘱处分的财产是立遗嘱人的个人合法财产,遗嘱的内容是立遗嘱人的真实意思表示。为了充分尊重立遗嘱人的意愿,维护公证当事人处分自己财产的合法权益,我处作出了不予撤销的决定。

2004年11月,徐某以我处为被告,向北京市东城区人民法院提起民事诉讼,请求法院撤销该遗嘱公证书。法院受理了此案,适用民事诉讼简易程序进行了审理。审理后法院认为,"原告的诉讼请求不属于人民法院受理民事诉讼的范畴。因此,原告的起诉不成立",裁定驳回原告的起诉。上诉期内,徐某未上诉,裁定生效。

2006年3月1日《公证法》实施以后,徐某以该法第40条为依据,再次以我处为被告向北京市东城区人民法院提起民事诉讼,请求法院撤销该遗嘱公证书。法院受理了该案,适用民事诉讼普通程序,公开开庭进行了审理,开庭当日还邀请有关部门、人员及媒体进行旁听。我处出庭应诉,并主要围绕以下两点进行答辩:第一,原告能否以《公证法》第40条为依据起诉我处;第二,原告请求撤销公证书的诉讼请求是否属于民事诉讼的受案范围。开庭审理经法庭调查、法庭辩论、法庭调解等环节,双方没有达成一致意见,合议庭宣布休庭进行评议。

二、裁定理由及结果

合议庭评议后，作出口头裁定并当庭宣判。在事后下达的书面裁定中，法院认为，“当事人、公证事项的利害关系人对公证书的内容有争议的，可以就该争议向人民法院提起民事诉讼。现原告对被告作出的（2000）长证内民字第02576号公证书有异议，但因被告所作的公证书的公证事项是证明立遗嘱人徐××在被告处的公证员面前，在所立遗嘱上签字这一客观发生的事实，被告不是公证事项的当事人、利害关系人，对公证的事项不享有民事上的实体权利义务，故原告对公证书的内容有争议而起诉被告，属被告主体有误；加之，原告的主张不属于民事诉讼的受案范围，亦不属于《中华人民共和国公证法》第四十条所调整，原告的起诉依法不成立。综上所述，依据《中华人民共和国民事诉讼法》第一百零八条之规定，裁定如下：驳回原告徐××的起诉……”上诉期内，徐某未上诉，裁定生效。

三、本案焦点透视

2006年3月1日正式实施的《公证法》，虽然确立了以民事诉讼方式解决公证纠纷的救济模式，但是，公证机构是否在任何情况下都可以成为该民事诉讼的被告？针对公证书的任何诉讼请求是否都可以提交法院解决？这些都直接涉及对新法条文的准确理解与适用。

本案中，原告徐某以《公证法》第40条为法律依据起诉我处，请求法院撤销公证书，其焦点，在于如何准确理解及把握《公证法》第40条的立法原意。尤其在该条字面表述并不是很明确，同时又缺乏相应立法及司法解释的情况下，更可借助司法案例的形式，消除歧义，澄清误导，明确立法的真正含义。

四、从本案裁定解读《公证法》第40条

本案是《公证法》实施以后，在全国范围内首例作出裁判的以公证处为被告、请求法院撤销公证书的案件。本案的裁定，不仅从司法实践的角度科学地解读了《公证法》第40条的法律含义，也在客观上引导当事人、公证事项的利害关系人对公证书的内容发生争议后，选择正确、经济的纠纷解决途径，可以视为司法实践对《公证法》第40条所作的较佳诠释。

（一）对公证书的内容有争议提起民事诉讼时，应当以谁为被告？

《公证法》第40条规定：“当事人、公证事项的利害关系人对公证书的内容有争议的，可以就该争议向人民法院提起民事诉讼。”由于该条对被告主体资格的表述不甚明确，单

从字面上理解很容易产生歧义，使人误以为是以公证机构为被告提起诉讼。然而该条的立法本意却是，当事人、利害关系人对公证事项有实体争议的，可以以其他当事人、利害关系人为被告提起民事诉讼解决争议，而不是以公证机构为被告。这一点，在由法律出版社出版，全国人大法工委副主任王胜明和司法部副部长段正坤主编的《中华人民共和国公证法释义》一书中已明确说明。该书编著者曾直接参与了公证立法活动，能够从立法的本意出发阐释《公证法》，因而该释义应当视作对《公证法》条文的权威解释。

由此可以看出，《公证法》第40条所要解决的，是当事人、公证事项的利害关系人对公证事项的实体权利义务所产生的争议。要获得纠纷的最终、一次性解决，诉讼的原被告双方应当与该争议有实体上的权利义务关系。而公证机构并非公证事项的当事人、利害关系人，它对公证事项不享有实体上的权利义务。它所出具的公证书，只是对已存客观事实的一种记录、固定、再现和证明，多数情况下只是作为一种证据存在。既然公证机构不是发生争议的实体权利义务的主体，那么，它就不应当参与解决该争议的民事诉讼。《公证法》第40条所规定的其实是对一般民事争议的解决，与公证机构并无任何联系，只是由于该争议针对的是公证事项的实体权利义务，所以才在《公证法》中作了规定。其初衷原本是要告诉当事人、利害关系人在对公证书内容发生争议后，如何更好地保护自己的权益，但立法上的这种处理反而容易引起误导，以致实践中出现了像本案这样的典型案例。从法理及立法本意上理解，《公证法》第40条所规定的民事诉讼被告，指的就是发生实体权利义务争议的相对方，而不是公证机构。

正如本案裁定所述，"……但因被告所作的公证书的公证事项是证明立遗嘱人徐××在被告处的公证员面前，在所立遗嘱上签字这一客观发生的事实，被告不是公证事项的当事人、利害关系人，对公证的事项不享有民事上的实体权利义务，故原告对公证书的内容有争议而起诉被告，属被告主体有误……"

具体就本案而言，遗嘱公证书本身只是证明"×××于×年×月×日来到我处，在我的面前，在前面的《遗嘱》上签名"这一客观发生的事实，只要这一事实是客观真实的，遗嘱内容是当事人的真实意思表示，遗嘱的内容及形式符合国家相关法律的规定，公证程序没有瑕疵，那么公证书本身就没有问题。

如果对公证书的内容，即公证事项——当事人所立的遗嘱内容有争议，如立完遗嘱后遗嘱受益人实施了应当被剥夺继承权的行为，或者遗嘱人又对遗产进行处分从而产生了新的权利人，等等。这些涉及实体继承法律关系的争议，应由当事人、利害关系人以争议的相对方为被告通过法院诉讼解决，与公证机构没有实体上的任何联系。

（二）撤销公证书之诉是否属于人民法院受理民事诉讼的范围？

我国法律对人民法院受理民事诉讼的案件范围是有明确规定和限制的。《民事诉讼法》第3条规定："人民法院受理公民之间、法人之间、其他组织之间以及他们相互之间因财产关系和人身关系提起的民事诉讼……"除此之外的案件，除非有法律的明确规定，否则人民法院是无权主管的。

撤销公证书之诉由于不涉及具体的财产及人身关系，只是单纯地要求公证机构撤销公证书，不符合《民事诉讼法》第 3 条的规定。是否作为特例，将其纳入民事诉讼的受案范围，在制定《公证法》的过程中，立法部门也作了反复研究，但是最终，还是将撤销公证书之诉排除在了民事诉讼的受案范围之外。

在此，我们可以回顾一下立法部门的研讨过程。早在《公证法（草案）》二次审议稿中，曾对撤销公证书之诉作了规定，该草案第 39 条第 2 款规定："公证当事人及公证事项的利害关系人对公证机构撤销或拒绝撤销公证书有异议的，可以向人民法院提起民事诉讼。"但是，在全国人大法律委员会提请全国人大常委会审议公证法草案时，却删去了此规定，具体见 2005 年 8 月 23 日《全国人大法律委员会关于〈中华人民共和国公证法（草案）〉审议结果的报告》。报告中对此事是这样说明的，"有些常委委员提出，草案二次审议稿第 35 条关于当事人可以就公证书内容的争议向人民法院提起民事诉讼的规定，已经能够解决当事人的实际问题，这一款（即前引《公证法（草案）》二次审议稿的第 39 条第 2 款）的规定是不必要的。法律委员会经同司法部、最高人民法院研究并取得一致意见，建议删去这一款"。在全国人大法律委员会将该报告及《公证法（草案）》三次审议稿提交给全国人大常委会后的第五天，即 2005 年 8 月 28 日，全国人大常委会即审议通过了该草案。也就是说，《公证法》将撤销公证书之诉排除在了民事诉讼的受案范围之外。这一点，也为本案裁定所肯定："……原告的主张不属民事诉讼的受案范围……"

《公证法》之所以没有将撤销公证书之诉纳入民事诉讼的受案范围，主要是考虑到撤销公证书不仅对纠纷解决没有任何实质意义，反而还增加纠纷解决的成本。即使公证书撤销了，发生争议的事实仍然存在，当事人之间的实体权利义务关系还是没有得到确认。即使赢得了撤销公证书之诉，也还需通过另外一场民事诉讼解决实体及赔偿问题，包括权利义务主体、责任划分、责任方式、赔偿数额等。这样不仅增加了当事人、利害关系人寻求救济的成本，也无形中浪费了司法资源。因此，在诉讼之初，当事人、利害关系人就应向真正的侵权人主张权利。《公证法》第 40 条和第 43 条也对两种情形作了规定：如果仅仅是对公证书的内容有争议，则要以第 40 条为依据，以其他当事人、利害关系人为被告，提起一般民事诉讼；如果由于公证机构或公证员的过错而给当事人、利害关系人造成了损失，则可以第 43 条为依据，以公证处为被告提起公证赔偿诉讼。这样针对每种情形只单独设置一个程序，不仅可以满足当事人、利害关系人维护自身权利的需要，也有利于实现民事诉讼的经济、便捷，体现司法对纠纷的最终、一次性解决。

具体到本案而言，原告徐某提起诉讼，是对遗嘱受益人的继承权产生质疑，而不是对公证书所证明的立遗嘱人在遗嘱上签名这一客观事实有异议。原告希望通过诉讼最终解决的，是遗产的继承问题，而不是公证书撤销与否的问题。原告提出撤销公证书的诉讼请求，是希望借此达到撤销公证遗嘱的目的，从而否定遗嘱，使其无效。但是，看一下我国《继承法》的相关规定就会明白，遗嘱只有遗嘱人自己可以撤销、变更，其他任何人包括法院都无权撤销、变更。法院虽然有权认定遗嘱是否有效，但也仅在遗嘱人在订立遗嘱时行为能力欠缺、意思表示有瑕疵，或遗嘱系伪造、篡改，或遗嘱受益人丧失继承权时，遗嘱才无效或部分无效。即使公证机构撤销了遗嘱公证书，也只是撤销了对遗嘱的证明，而并不是撤销或否认遗嘱。该遗嘱虽然不再是公证遗嘱，但至少还是自书遗嘱，遗嘱的内容仍然有效，原告要彻底解决遗产的继承问题，必须再提起一个以其他当事人、利害关系人为被告的继承权纠纷的诉讼。这样下来，原告要解决一个争议，就必须针对两个不同的被告，提起两次不同的诉讼，这样的程序设计未免不太科学和合理。因此，《公证法》将撤销公证书之诉排除在了民事诉讼的范围之外。

五、本案的启示

（一）正确理解《公证法》第40条的科学含义，引导当事人选择正确的救济途径

本案给我们的最大启示，就是如何正确理解《公证法》第40条的科学含义，如何引导当事人在对公证书的内容发生争议时，选择正确、合法、便捷的方式来维护自己的合法权益。

较以往相比，《公证法》的一个很大进步，就是注重了对当事人、公证事项的利害关系人的保护，以民事诉讼方式取代了行政复议、行政诉讼方式来解决有关公证书内容的争议及赔偿问题。立法设置的初衷是好的，但由于表述不够明确，才造成社会公众对《公证法》第40条在理解上的歧义，发生争议后盲目以该条为依据起诉公证处。由于选错了被告，不仅无法追究真正侵权人的责任，还耽误了对自身合法利益的维护，获得败诉的结果。因此，在遇到此类情况时，我们要与当事人、利害关系人进行沟通，引导其选择正确的解决途径。

（二）撤销公证书之诉不属于人民法院的受案范围

由于撤销公证书之诉对实体权利义务纠纷及损失赔偿问题的解决没有实质意义，而《公证法》第40条和第43条又为当事人提供了充分的救济途径，因而将撤销公证书之诉排除在了民事诉讼的范围之外。

但这并不意味着公证书是不可撤销的，只是不能通过民事诉讼的方式撤销。在公证书内容违法或与事实不符的情况下，当事人、利害关系人可以按照《公证法》第39条以及2006年《公证程序规则》的相关规定，向出具公证书的公证机构申请复查；对公证机构作出的撤销或者不予撤销公证书的决定有异议的，还可以向地方公证协会投诉。

六、结语

由于本案涉及对《公证法》第40条的理解和适用，尤其是对公证机构在公证纠纷中民事诉讼被告主体资格的认定、民事诉讼的受案范围等，因此，法院裁判将直接影响法院今后对类似案件的处理，更关乎《公证法》第40条在司法实践中的准确适用。

北京市东城区人民法院对徐某诉我处请求撤销公证书一案的审理及裁判，准确适用了《公证法》，以司法裁判的形式正确解读了该法第 40 条的法律内涵，反映了立法原意和宗旨，发挥了人民法院在司法实践中阐释法律、适用法律的功能，为法院今后解决涉及公证书内容争议的案件确立了很好的司法案例，也为公证机构处理此类涉诉案件提供了很好的司法借鉴。

图书在版编目(CIP)数据

公证论谭:纪念《公证法》颁布十周年文集 /
北京市长安公证处编. —北京:法律出版社,2016. 3
ISBN 978 - 7 - 5118 - 9237 - 9

Ⅰ. ①公… Ⅱ. ①北… Ⅲ. ①公证制度—中国—文集
Ⅳ. ①D926. 6 - 53

中国版本图书馆 CIP 数据核字(2016)第 049899 号

责任编辑/沈小英 刘晓萌 **装帧设计**/李 瞻

出版/法律出版社 **编辑统筹**/财经出版分社
总发行/中国法律图书有限公司 **经销**/新华书店
责任校对/杨锦华 **责任印制**/吕亚莉
印刷/固安华明印业有限公司

开本/787 毫米×1092 毫米 1/16 **印张**/24. 75 **字数**/510 千
版本/2016 年 4 月第 1 版 **印次**/2016 年 4 月第 1 次印刷

法律出版社/北京市丰台区莲花池西里 7 号(100073)
电子邮件/info@ lawpress. com. cn **销售热线**/010 - 63939792/9779
网址/www. lawpress. com. cn **咨询电话**/010 - 63939796

中国法律图书有限公司/北京市丰台区莲花池西里 7 号(100073)
全国各地中法图分、子公司电话:
第一法律书店/010 - 63939781/9782 **西安分公司**/029 - 85388843 **重庆公司**/023 - 65382816/2908
上海公司/021 - 62071010/1636 **北京分公司**/010 - 62534456 **深圳公司**/0755 - 83072995

书号:ISBN 978 - 7 - 5118 - 9237 - 9 **定价**:78. 00 元

(如有缺页或倒装,中国法律图书有限公司负责退换)